国家社科基金项目（17BMZ130）资助成果

高铁对民族地区旅游经济的空间效应测度及动力机制研究

胡北明　雷蓉　左文超　著

图书在版编目（CIP）数据

高铁对民族地区旅游经济的空间效应测度及动力机制研究／胡北明，雷蓉，左文超著．—北京：中央编译出版社，2023.7

ISBN 978-7-5117-4286-5

Ⅰ.①高… Ⅱ.①胡… ②雷… ③左… Ⅲ.①高速铁路-影响-民族地区-地方旅游业-旅游业发展-研究-中国 Ⅳ.①F592.7

中国版本图书馆 CIP 数据核字（2022）第 176716 号

高铁对民族地区旅游经济的空间效应测度及动力机制研究

责任编辑	兰　鹏　周雪凝
责任印制	刘　慧
出版发行	中央编译出版社
地　　址	北京市海淀区北四环西路69号（100080）
电　　话	（010）55627391（总编室）　（010）55627311（编辑室）
	（010）55627320（发行部）　（010）55627377（新技术部）
经　　销	全国新华书店
印　　刷	北京时捷印刷有限公司
开　　本	710毫米×1000毫米　1/16
字　　数	432千字
印　　张	32.25
版　　次	2023年7月第1版
印　　次	2023年7月第1次印刷
定　　价	98.00元

新浪微博：@中央编译出版社　　　微　信：中央编译出版社（ID: cctphome）
淘宝店铺：中央编译出版社直销店（http://shop108367160.taobao.com）　（010）55627331

本社常年法律顾问：北京市吴栾赵阎律师事务所律师　闫军　梁勤
凡有印装质量问题，本社负责调换，电话：（010）55626985

序　言

时间和空间是社会经济活动存在的基本形式,对时间和空间的利用程度及构建水平直接影响着社会发展和经济效率。任何社会经济活动的发生都是在一定的时空框架中去实现,因此在现实中时间和空间是很难分开的。哲学上,时间是宇宙事件发生顺序的度量,空间则是运动的表现形式,时空相互依存,见证着事物的演化秩序和规律;时间是流动的、空间是既定的,因此主流经济学对事物空间效应问题的研究,往往是基于时间一并考察,即所谓四维空间。如果说时间和空间是客观自然不变的存在,时空观却是人们对时间和空间的主观感知,显然受到现代科技和生产力发展水平的影响。高速铁路(以下简称"高铁")作为现代社会的新型交通工具,以其快速、高效等特点对旅游业产生影响,正是基于其改变了人们对时空的认知,产生了新的高铁出行时空观。从时空观角度分析研究高铁发展对旅游经济的时空配置,可以看出,在空间距离相等的条件下,高铁使得点对点之间位移所需的时间大幅缩短,空间的可达性明显提高。正是基于此,高铁发展改变了出行时空观。

行,是动物的重要特性。雁飞千里、鹰击长空、鱼类洄游、动物迁徙,从陆地到海洋,大千世界,动物行进的画面随处可见。人类社会的产生、繁衍及兴盛离不开一个"行"字。而出行方式的变化,更直接影响到人们的生活方式和思维习惯。畜力代步工具的出现,带来了人类出行方式的第一次变革；借助于自然力的舟船的出现，让人们领略到"千舟已过万重山"之快感；蒸汽机的诞生，让人们出行的时空障碍越来越小，"朝发夕至"的交通工具，真正实现了"千里江陵一日还"之境界。由此可见，交通工具的变革，改变了人类的生活、工作，改变的是社会生产力的发展，其核心是提高了"速度"，速度可为我们赢得时间，可成倍提高我们利用时间的效率；速度还扩大了人类活动的空间，使我们的视野变得更加开阔。法国哲学家保罗·维希留（Paul Virillio, 2006）曾言："20世纪的欧洲哲学史，基本上可视为回应速度变迁冲击的历史，其实就是一部交通史。"

高铁，作为现代工业文明之成果，发端于日本，发展于欧洲，兴盛却在中国。20世纪初，孙中山先生在其《建国方略》中指出：铁路之多寡是国之贫富之标志；20世纪70年代，邓小平同志坐上日本新干线时感叹："有催人跑的意思。"如今我们欣喜地看到，中国高铁的发展成为了国人的骄傲，成为了中国外交的一张靓丽名片。截至2019年底，中国高铁已达3万余公里，占世界高铁的三分之二强。高铁的建设促进了区域之间的经济联系和优势互补，促进了区域内资本、技术、人力、信息的快速流动，从而使得城市群间人流、物流以及信息流的效率与质量的提高，拉动沿线经济和城市群的区域联系，带动相互间的经济发展，形成城市间的紧密联系。高铁的贯通不仅改变了区域经济发展格局，也完美构建起从"四纵四横"到"八纵八横"的高铁走廊带。贵广、沪昆高铁拉近了贵州、云南等西部经济欠发达地区与上海、广州等沿海经济发达地区的距离，彼此之间，虽不能同饮一江水，但却能"廊桥"相通，对西部民族地区的经济带动效应明显，有利于消除区域发展壁垒，将西部民族地区的资源优势转变为现实的经济优势，统筹区域协调发展，进而实现区域大开放的格局。高铁建设还极大地缩短了时空距离，让旅途不再漫长；改善了出游品质，增加了人们的幸福感和获得感；带动了文化旅游的井喷，稀缺旅游资源得到充分开发；改变了旅游资源的配置格局，区域旅游竞争力得到大幅提升，产业结构得到进一步优化和调整……中国高铁以更快的速度赋能一切生产要素，以更好的质量和效率不断放大着"乘数效应"，重构了中国经济发展的版图。

《高铁对民族地区旅游经济的空间效应测度及动力机制研究》是胡北明教授基于其国家社科基金课题项目而完成的一部旅游学专著。该成果较为系统地分析了高铁作为一种新型交通工具对区域旅游产业发展的影响，并基于空间视角，探讨了区域旅游产业对高铁的空间响应效应。该成果展现了旅游经济学研究的创新思维和学术火花，其研究思路、研究内容、研究方法和主要结论，对旅游学研究以及西部民族地区的旅游业发展具有重要的理论贡献和现实意义。主要体现在以下几个方面。

其一，研究思路的清晰性。该成果构建起高铁发展对旅游业从主体到客体的影响分析框架，研究者并没有直接探讨高铁对旅游业的影响，而是从对主体——旅游者的影响分析入手，在厘清高铁对旅游者的影响机制及路径的基础上，进一步探讨其对旅游发展的客体——旅游业的影响；在具体探讨高铁发展对某一要素影响分析的同时，研究者又采用了从现象到本质的哲学分析范式，从高铁发展对某一旅游要素影响的现象分析入手，进一步采用定量分析的方式探讨其影响路径或机制。因此该成果采用了"主体至客体"的影响分析逻辑以及"从现象到本质"的哲学分析范式为其研究基本思路框架特征。

其二，研究内容的系统性。高铁发展对区域旅游经济的影响是具有系统性的，绩效只是高铁发展对旅游经济影响的结果，而欲有效厘清高铁对区域旅游经济的影响机制，必须从高铁发展对区域旅游经济的影响过程的角度入手。本成果系统地构建起"高铁与旅游者""高铁与旅游可达性""高铁与旅游经济绩效"以及"高铁与旅游空间结构"四个维度的空间效应框架，提出了"十二个研究命题"，研究者正是基于此十二个命题而展开研究，每一个研究命题既可独立成章，也相互联系和支撑。其系统内在关系为：高铁发展首先影响的是旅游发展的主体——旅游者的时空观，从而影响其旅游消费行为，而旅游者的消费是旅游经济的主要衡量指标；高铁对旅游发展的客体——旅游业的影响，首先表现在影响旅游目的地的可达性，改变区域旅游目的地之间的经济联系，从而对区域旅游经济绩效带来量的影响，而区域旅游经济绩效量的变化，表现为区域旅游经济的空间结构的演变。

其三，研究方法的创新性。首先，空间效应问题的研究，主流经济学研究常采用经济计量的相关研究方法，本成果在采用常用空间计量方法的基础上，还引入了空间计量经济模型，分析和探讨区域之间旅游经济的空间相互关系和空间溢出效应。其次，定量研究是本成果研究的基本方法，但研究者在探讨高铁发展对旅游消费者行为的研究中以及区域旅游发展模式的研究中将介于定量研究和定性研究的定性比较分析方法（QCA）引入到旅游经济问题的研究，更为清晰的探讨了高铁发展对旅游经济影响的前因构型路径。再次，研究者在探讨高铁对区域旅游空间结构的影响研究中，又将社会网络分析（SNA）引入其中，对区域旅游流网络空间结构的演变进行了评价。最后，旅游经济的空间效应问题，空间呈现是非常重要的内容，研究者通过构建空间信息数据库、旅游经济社会属性数据库以及游客属性调查数据库等 GIS 数据库，并采用 GIS 空间分析技术探讨高铁交通体系与旅游经济绩效的时空格局演化，识别空间溢出效应的时空异质性特征与分布模式。

其四，研究结论的合理性。高铁发展对区域旅游经济的影响研究并非是一个全新的课题，但针对于我国西部民族地区而言，旅游资源的富集优势在高铁的时空压缩效应下，必定表现出更为明显的空间效应特征。就高铁与旅游者而言："高铁发展强化了后现代旅游消费行为特征"；"高铁时代，自我效能感和获得感在旅游消费者行为的调节效应"。高铁与旅游可达性："高铁开通缩小了区域旅游可达性空间分布的差异"；"经济学意义上的可达性对区域旅游经济联系的影响更为深刻"。高铁与旅游经济绩效："高铁开通对民族地区旅游经济发展水平具有显著的促进作用，但也表现出明显的地区差异"；"高铁对区域旅游经济的效率影响较为复杂，总体上促进了综合效率和规模效率的提升"；"高铁发展强化了区域旅游经济的溢出效应"。高铁与旅游空间结构："高铁发展缩小了区域旅游发展的差异，削弱了核心城市的极化作用，强化了旅游经济溢出和扩散效应，区域旅游经济发展趋于均衡化方向发展"；"旅游经济因地区异质性，对高铁表现出不同的空间响应效应：极化效应、扩散效应、叠加效应以及过滤效应"。这些结论是合理的，也是富有新意的。

2019年7月，我与胡北明教授乘坐高铁去陕西汉中出差，一同回忆起十年前自驾去汉中做项目的场景，原本需要八小时的车程，我们两小时就到达了目的地，不禁慨叹："高铁真是改变了我们的时空观！"北明提到他正在做一个关于高铁对旅游影响的国家社科基金课题，现近尾声，邀请我为他的结题成果作序，有鉴于此，并欣然应允。2020年6月他发来了结题文稿，细读之余，在为我的学生取得如此之成果欣慰之时，提笔写下此感受，是为序。

王挺之
2020年8月于四川成都

前　言

生产力是推动社会进步最活跃、最革命的要素，高铁是先进生产力的典型代表。在习近平新时代中国特色社会主义经济思想的指引下，中国高铁人砥砺前行、励精图治，实现了从探索到突破、从制造到创造、从追赶到领跑的飞跃。[①] 中国高铁的发展被广泛认为是人类的一项伟大成就（路风，2019），成为引领世界铁路发展的重要力量和服务"一带一路"倡议、服务经济社会发展，以及提高人民美好生活水平的国之重器；[②] 中国高铁的发展反映了国家作为创新者激进创新的成果，以及国家作为行动者的意义（路风，2019）。截至2019年年底，中国高铁营业总里程达到3.5万公里，稳居世界第一。

党的十九大做出了中国特色社会主义进入新时代、中国社会主要矛盾已转化为人民日益增长的美好生活需要和不平衡不充分的发展之间的矛盾等重大政治论断。由于历史的缘由，我国东西部地区之间经济发展的不平衡、西部民族地区经济发展不充分，但我国西部民族地区却保存了富集的旅游资源，成为我国重要的旅游目的地。"十三五"期间，西

[①] 资料来源：国家铁路局《高铁经济学导论》编写组：《高铁经济学导论》，北京：中国铁道出版社2018年版。

[②] 资料来源：国家铁路局《高铁经济学导论》编写组：《高铁经济学导论》，北京：中国铁道出版社2018年版。

部民族地区的旅游发展在实现脱贫攻坚和全面小康的道路上发挥了重要作用。

改革开放以来，我国政府高度重视民族地区经济社会发展（魏后凯，2018），在国家政策有力支撑和自身战略发展下，黔桂云①等民族地区旅游经济得到快速发展。在铁路建设上，中国铁路总公司认真贯彻落实党中央、国务院部署，高度重视民族地区铁路规划建设，以民族地区对外联系通道、国际互联互通通道、资源开发性铁路和配套枢纽建设为重点（龚普康，2016），黔桂云从2013年到2018年间陆续开通高铁线路9条，占全国高铁线路数量的12.7%；旅游总收入由2009年的2339亿元（分别占地区和全国GDP的13.11%和0.67%），到2018年的26175亿元（分别占地区和全国GDP的49.34%和2.91%）。旅游产业在黔桂云地区中的支撑作用日益凸显，并成为脱贫攻坚的重要产业。因此，研究高铁开通对黔桂云民族地区的旅游经济的影响问题，探讨民族地区旅游经济发展响应高铁的空间效应及影响机制，对民族地区旅游发展具有重要的实践价值：有助于提高旅游交通规划的科学性，为政府合理制定旅游交通投资顺序和投资规模提供政策指导；有助于提升民族地区旅游经济绩效水平，促进旅游生产要素的合理配置，优化区域旅游空间结构；有助于促进民族地区旅游合作机制和模式的制定，推动黔桂云三省旅游业协调发展，实现旅游脱贫和全面小康目标。

高铁旅游作为旅游发展的一种新形态，为区域旅游经济的研究提供

---

① "黔桂云"分别指贵州省（以下简写为贵州）、广西壮族自治区（以下简写为广西）和云南省（以下简写为云南），传统对于三省（区）简称为"滇黔桂"，是从地理学意义上从北到南的方式进行排序，本研究是基于高铁背景下探讨其三省区旅游业的发展问题，作者更多考虑交通区位的影响和意义，近年来随着南昆、贵广、沪昆、渝黔、成贵等高铁的开通，贵州演变为中国西南地区东西、南北的交通枢纽，也处于三省（区）地理交通的中心，因此在三省（区）简称排序时，按照交通枢纽关系将贵州排第一简称；同时，本课题基于研究者的地缘关系，是以贵州为核心，兼顾其他二省（区）展开；事实上，贵州近年来旅游业发展超出了云南以及经济更发达的广西，也是将其排在第一进行表述的原因之一。考虑到简称的押韵，将云南省简称为"云"而非"滇"，因此在本书写作中将三省（区）统一简称为"黔桂云"或"黔桂云三省"，特此说明。

了一个崭新的领域和方向。本书着眼于研究高铁发展对区域旅游发展的空间效应问题，探索高铁旅游的时空演变规律及演化机制，中国高铁网络化建设和民族地区蓬勃发展的旅游业为本研究提供了现实可能和难得的机遇。本书坚持以习近平新时代中国特色社会主义经济思想为指导，坚持统筹推进"五位一体"总体布局和协调推进"四个全面"战略布局，注重把马克思主义政治经济学的基本原理与中国社会主要矛盾变化及新时代中国高铁发展的具体实践相结合，以西部民族地区黔桂云三省为研究对象，以推动民族地区旅游经济的高质量发展为目标，历经四个研究阶段：一是总体框架论证设计阶段，经过了多次论证设计以及两轮专家咨询，最后形成了"高铁与旅游者""高铁与可达性""高铁与旅游经济绩效"以及"高铁与旅游空间结构"四个维度，十二个研究命题的研究框架；二是数据及资料收集阶段，通过实证调研发放问卷千余份，访谈200余人，通过各种方式收集高铁与旅游的相关文献2000余篇，论著100余部，通过电话、信函等方式获取研究对象三省区39个市州10年的相关数据7000余条；三是集中写作阶段，课题组划分为四个小组，每组负责一个研究维度，集中研讨、集中写作，数易其稿；四是论证完善阶段，采取多种方式邀请业内外知名专家学者对成果提意见，最终修改完善定稿。

本书基于主体至客体的影响分析逻辑，以及现象到本质的马克思哲学分析范式，建构起了四个研究维度、十二个研究命题的分析框架，共六章内容。

第一章，研究导论。主要分析研究背景、研究意义，提出探讨和审视的主要命题；介绍本书研究对象的基本概况以及案例选取的典型意义；阐述本研究思路、研究框架；分析涉及的基本理论、界定基本概念，介绍基本研究方法。

第二章，高铁对旅游消费者行为的影响研究。本章首先通过问卷调查及访谈调查的方法，基于设计产品与服务解决方案（SPSS软件），分析旅游消费者行为在高铁开通前后变化特征，了解旅游者在决策行为、消费行为以及时空行为变化的表象规律；其次，通过构建结构方程模型，分析高铁发展对旅游消费者行为影响的内在机制；最后引入定性比较分析，进一步探索高铁发展对旅游消费者行为影响的触发机制及触发模式。

第三章，高铁对区域旅游可达性的测度及空间格局演变。本章首先在系统梳理可达性的理论模型基础上，测度了高铁开通后，黔桂云三省已通高铁城市的可达性（日常可达性、加权平均旅行时间以及旅游经济潜能）的演变及其特征；进一步构建了旅游经济联系模型，测度高铁开通前后，黔桂云三省26个已通高铁市州旅游经济联系强度、联系总量的变化情况，并通过构建回归模型分析高铁开通前后可达性对区域旅游经济联系的影响分析。最后，基于黔桂云39个地州城市旅游经济增长值和增长率空间变化表象，引入定性比较分析方法（QCA），进一步研究黔桂云三省旅游经济增长的路径及模式，以旅游经济隶属度为核心指标，探索了高铁发展通过改变区域之间旅游经济联系强度，来影响区域旅游经济的发展，从而带来区域旅游经济空间分异的变化。

第四章，高铁对区域旅游经济绩效的空间效应测度研究。本章在高铁发展与旅游经济绩效分别量化测度的基础上，从时空二维视角探讨高铁与旅游业两系统之间的时空关系。

首先，基于业绩的视角，构建区域旅游产业业绩发展的综合评价指标，采用双重差分（DID）方法，构建高铁发展对区域旅游经济业绩影响的评价模型，并采用异质性模型和中介效应模型对高铁发展对区域旅游经济发展水平的异质性和中介效应进行检验，探索高铁发展对区域旅游发展水平的影响机制。

其次，采用数据包络分析（DEA）和曼奎斯特模型（Malmquist）对区域旅游发展效率进行评价，分析在高铁背景下其效率的时空演变特征，采用Tobit模型，探索高铁对区域旅游经济的综合效率、纯技术效率以及规模效率的影响，并采用中介效应模型，厘清高铁发展对区域旅游经济发展效率的影响机制。

第三，采用系统耦合度和耦合协调度评价模型评价区域旅游发展的业绩与效率的耦合关系及时空演变特征。研究发现高铁开通后，区域各市州的旅游绩效耦合度在不同程度上都得到了提高，高值耦合市州大多位于高铁沿线或邻近区域，在空间上呈现出"无序—多点—极化"演化模式；耦合协调度在时间维度呈现出与耦合度一致的发展趋势，但在空间演化上表现出以中心城市为核心沿高铁沿线市州扩散的趋势；区域的耦合类型逐渐集中于高绩高效、低绩低效两种，且"双低"耦合占比较高。

最后，借鉴空间计量经济学思想，引入影响旅游发展业绩与效率的重要控制变量，构建高铁发展及其维度对旅游发展业绩与效率影响的多种空间面板计量模型，以时间距离、欧式距离等多种空间权重矩阵为依托，定量测度高铁发展对旅游经济绩效的直接影响和空间溢出效应，揭示高铁发展的空间溢出效应对旅游经济绩效的影响机理。将地理加权回归思想引入空间面板计量模型中，在此基础上探讨高铁发展对旅游经济绩效的直接影响和空间溢出效应在地理空间上的异质性，运用空间格局分析方法分析其分布特征与空间模式，揭示其空间格局形成机理；在界定黔桂云三个省级区域旅游空间结构的基础上，探讨核心区、过渡区与外围区高铁发展对旅游经济绩效的空间溢出与回流效应，揭示区域内部和区域之间的空间溢出机理。

第五章，高铁对区域旅游经济空间格局的影响及动力机制研究。

本章首先采用首位度指数、位序规模法则、偏移—分享法则以及区域旅游经济空间分异指标等多个方法和指标，探索高铁开通前后区域旅游经济首位度演变特征、旅游经济的扩散效应特征和扩散态势以及区域旅游经济空间分异的绝对差异、相对差异和经济聚集度，指出高铁发展正是造成了区域旅游经济空间分异的原因。

其次，进一步探索区域旅游经济空间分异的高铁效应。区域旅游经济空间分异是区域旅游产业发展结果在空间上的表现，而区域旅游产业的发展结果差异是由旅游发展主体旅游者在空间流动过程中形成的。因此，本节将基于旅游流的视角，在大数据背景下利用网络文本数据，采用社会网络分析（SNA）方法对研究区域的旅游流网络结构（网络密度、网络距离、核心—边缘结构、凝聚子群、结构洞、中心性）在高铁开通进行的演变进行分析和评价，进一步通过网络结构评价指标分析研究区域旅游经济的高铁效应的几种表现，并分析这几种高铁效应在研究区域的具体表现特征。

第三，高铁对区域旅游经济空间效应的动力机制研究。本节首先构建回归方程模型探讨高铁开通前后区域旅游发展的关键因素，并进一步以此关键因素的演变的基础，探讨高铁带来虹吸效应、扩散效应、过道效应及叠加效应四种效应对应的旅游节点的关键因素的演变情况，从而归纳和提炼高铁对区域旅游经济空间效应影响的动力机制。

最后，高铁时代黔桂云区域旅游空间结构的优化。本节在基于前三节的基础上，以"点—轴"理论以及"核心—边缘"理论的指导下，提出了研究区域节点的空间结构优化、旅游发展轴线的空间结构优化和旅游发展区域的空间结构优化，从"点—线—面"三维视角，分析高铁时代区域空间结构的优化对策。

第六章，研究结论及总结。对本书成果的主要结论进行系统梳理和总结，提出研究的创新点和研究不足，对进一步研究进行展望。

本书是课题组对高铁旅游所做的初步探索，高铁旅游的研究内容丰富、博大精深，还有更多深层次、更新的问题需要激发各方力量共同探索。书中难免有不妥和差错之处，敬请广大读者和同仁批评指正。

课题负责人：胡北明

2020 年 8 月 20 日

目 录

第一章 导 论 ………………………………………………… 1
  一、研究背景 ……………………………………………… 1
  二、问题提出 ……………………………………………… 26
  三、研究对象 ……………………………………………… 37
  四、研究意义 ……………………………………………… 47
  五、研究思路及研究目标 ………………………………… 50
  六、基本理论、概念及研究方法 ………………………… 54

第二章 高铁对旅游消费者行为的影响研究 …………………… 76
  一、高铁发展与时空压缩：旅游消费者行为后现代特征演变 … 76
  二、高铁发展对旅游消费者行为的影响机制及触发模式研究 … 98
  三、本章小结 ……………………………………………… 122

第三章 高铁对旅游可达性影响测度及旅游经济联系空间格局演变 …………………………………………………………… 127
  一、高铁对黔桂云三省沿线城市旅游可达性影响测度 ……… 127
  二、高铁对黔桂云三省沿线城市旅游经济联系的影响研究 … 147
  三、高铁背景下可达性对区域旅游经济联系影响的定量研究 ……………………………………………………… 167

四、区域旅游经济联系的高铁效应、空间分异及旅游发展
模式 ……………………………………………………… 177
五、本章小结 …………………………………………………… 199

第四章 高铁发展对区域旅游经济绩效的影响研究 ……………… 206
一、高铁对旅游业发展业绩的空间效应测度及影响机制研究 …… 208
二、高铁对旅游业发展效率的空间效应测度及影响机制研究 …… 234
三、高铁背景下旅游经济绩效的时空动态格局及耦合关系
研究 ……………………………………………………… 268
四、高铁发展对区域旅游经济空间溢出效应的影响研究 ……… 290
五、本章小结 …………………………………………………… 329

第五章 高铁对区域旅游空间结构的影响及动力机制研究 ……… 335
一、高铁时代黔桂云三省区域旅游经济空间结构的演变 ……… 336
二、区域旅游流网络空间结构的演变及高铁效应分析 ………… 353
三、高铁对区域旅游流网络空间结构影响的动力机制研究 …… 388
四、高铁时代黔桂云三省旅游空间结构的优化研究 …………… 403
五、本章小结 …………………………………………………… 419

第六章 结论与讨论 ………………………………………………… 425
一、主要结论 …………………………………………………… 425
二、创新之处 …………………………………………………… 429
三、研究不足及展望 …………………………………………… 431

参考文献 …………………………………………………………… 435

后　　记 …………………………………………………………… 478

附　录 ··· 482
　　附录一　关于游客乘坐高铁出游行为的调查量表 ·············· 482
　　附录二　贵州省旅游基础数据 ·· 489
　　附录三　广西壮族自治区旅游基础数据 ······························ 491
　　附录四　云南省旅游基础数据 ·· 493

第一章 导　论

一、研究背景

(一) 交通变革与旅游业发展

从罗马大道到蒸汽机的发明带来蒸汽火车和汽车的使用再到宽体客机的生产，每一次交通方式的变革都深刻影响着区域经济的发展。旅游是非定居者的旅行和暂时居住而引起的现象和关系的总和[①]，尽管该定义遭到了诸多质疑（王敬武，2010），但大多数学者接受了其"异地性"的特征，也即是"旅"是旅行，外出，即为了实现某一目的而在空间上从甲地到乙地的行进过程；"游"是以外出游览、观光、娱乐等目的所作的旅行，二者合起来即旅游。这个特性决定了旅游者从客源地到目的地的空间移动现象是实现旅游的前提条件，那么连接客源地和目的地之间的旅游交通就成为了旅游活动实现和开展的前提条件。因此交通方式的变革也必将深刻影响着区域旅游发展和旅游空间的演变，每一次交通技术的革新，都能使旅游者以更快速度、更低的花费、更舒适的旅行方式和环境让旅游者走得更远（Theobald，1994）。19世纪蒸汽火车的运

[①] 国际旅游科学专家协会（AIEST）采纳，简称旅游的艾斯特定义。

行，极大促进了英国国内滨海度假旅游的发展，为英国国内旅游奠定了基础（Robinson，1976）；20 世纪汽车的量产和使用对欧洲以及北美洲陆上旅游的兴盛带来了极大的推动作用（Nelson & Wall，1986）；航天技术的发展以及民用航空交通系统的完善，为大众出国甚至是跨洲旅游提供了条件（Prideaux，1993）。

由此可见，现代旅游业产生和发展与交通运输业发展紧密相连（表1-1）。

表 1-1 中国旅游业发展与交通方式的相关性分析

旅游指标 \ 交通方式	相关性	高速公路（里程）	铁路（客运量）	航空（客运量）
入境旅游收入	P 值	0.0026	0.0000	0.0001
	系数（t 值）	-1.089***（-4.29）	1.708***（8.02）	1.407***（7.48）
国内旅游收入	P 值	0.0032	0.0000	0.0000
	系数（t 值）	-1.193***（-4.15）	1.947***（11.42）	1.629***（13.05）
旅游总人次	P 值	0.0016	0.0000	0.0000
	系数（t 值）	-0.792***（-4.66）	1.273***（19.08）	1.062***（23.69）
入境旅游人次	P 值	0.2131	0.0134	0.0152
	系数（t 值）	-0.043（-1.35）	0.103**（3.16）	0.084**（3.08）
国内旅游人次	P 值	0.0016	0.0000	0.0000
	系数（t 值）	-0.823***（-4.65）	1.322***（18.3）	1.103***（22.55）

注：*** 表示在 0.001 水平显著；** 表示在 0.05 水平下显著；* 表示在 0.1 水平下显著。资料来源：《中国统计年鉴（2009—2018）》以及《中国旅游统计年鉴（2009—2018）》。

中国旅游业发展（2009—2018 年）的统计数据表明，也基本符合这一规律。由表 1-1 所示，无论是旅游收入还是旅游人次，以及旅游总人次、国内旅游人次、入境旅游人次，都不同程度上表现出与各项主要交通方式的显著相关性（入境旅游人次与高速公路相关性不显著）。在所有交通方式中，其中受铁路交通的影响最大（对应系数值最大）。交通发展与旅游的相关性和紧密联系主要表现在以下三个方面。

1. 交通成为了旅游业发展的重要组成部分

从旅游需求的角度来看，交通是旅游者外出旅行的先决条件，从目的地到客源地（外部交通）、目的地之间（中转交通）、景区内部（内部交通）以及从目的地返回客源地，每一次旅游活动的完成，都离不开一定的交通工具。从旅游供给来看，交通是区域旅游产业发展的命脉，旅游交通是目的地旅游系统的重要组成部分，是连接客源地系统和目的地系统的纽带（Kaul, R. N., 1985）；从区域旅游产业发展来看，交通运输业作为旅游业的重要组成部分，其旅游创利也构成了旅游产业发展的重要部分。根据《中国旅游统计年鉴》数据，国际游客（入境旅游）中，交通费用占旅行费用的一半以上，国内游客在旅游交通的花费也成为其旅游消费结构中的重要部分。

2. 交通对旅游业产生了重要影响

现代旅游业的发展往往离不开快速、便捷、舒适的旅游交通，交通的便利程度往往成为了旅游业发达程度的重要标志（保继刚，2003）。从旅游业的发展规律来看，凡是旅游业较为发达的地区，其旅游交通体系也必定较为完善。主要表现在：

①交通对旅游目的地选择的影响。交通成本是游客选择旅游目的地的一个因素（Martin & Mitt, 1988），旅游者长途旅行受交通因素的影响更为显著（Crouch, 1994）。

②交通对旅游资源开发的影响。由于旅游资源的开发价值依赖于旅游者的到访实现，因此交通很大程度上影响着旅游资源吸引力的实现，落后的交通必将影响旅游资源开发（Prideaux B., 2000）。田野（2019）的研究表明，旅游资源越富集的地区，其旅游交通的可进入性越好。

③交通对旅游产业发展的影响。旅行活动的开展是由交通条件、交

通路线来决定的，区域旅游交通和其他基础设施将对整个区域旅游产业的发展产生重大影响。李如友、黄常州（2015）的研究表明，交通基础设施对区域旅游发展的作用存在双重门槛效应，交通基础设施对经济欠发达地区的旅游发展影响尤为显著。

3. 旅游业对交通的促进作用

交通作为区域旅游发展条件，客观上对旅游发展产生重大的影响，但旅游发展带来的交通需求也同样对交通发展带来促进作用，二者表现出相辅相成、相互影响的需求与供给的辩证关系。

首先，表现在旅游者的出行需求的特殊性。例如快捷、安全以及舒适性的要求，必将促进交通方式的变革，对交通运输的结构、价格以及服务方式等多方面产生影响。其次，区域旅游产业的发展需要交通，客观上促进了新的交通线路的开通和交通方式的变革，王兆峰、罗瑶（2015）利用 PSR 模型研究表明，旅游对交通的促进作用，主要表现在交通对旅游业发展的响应机制上，即旅游业的发展，对交通运输系统形成需求压力（P），造成交通在结构、价格以及服务方式上形成紧张状态（S），为了缓解这种紧张状态，交通运输部门不得不主动采取改善交通条件、提升交通运输水平等各种对策，从而促进交通方式、交通技术等的变革，带来交通的发展。以铁路交通为例，由于成本、舒适性的缘由大部分旅游者更愿意选择铁路出行，随着旅游业的发展，对铁路交通的需求越来越大，同时对铁路交通的旅行时间以及舒适性提出了更高的要求，铁路的几次提速以及高铁的产生和发展可以说与旅游业的快速发展的需求分不开。

综上论述，交通在旅游发展中起着非常重要的作用。基于系统论的视角，旅游交通系统无论是在雷珀（Leiper，1990）的"哑铃型"旅游系统中（见图 1-1），还是在规划学者甘恩（Gunn，2002）旅游功能型系统中（见图 1-2），都是其重要的组成部分，是连接客源地和目的地以及旅游需求和供给两端的重要连接系统。

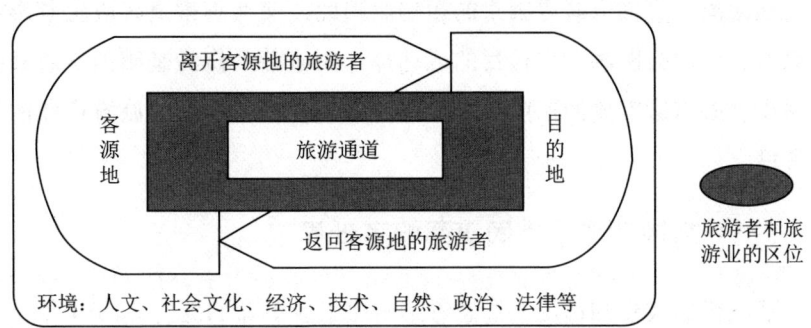

图 1-1 "哑铃型"旅游地理系统模型

资料来源：Leiper，1995。

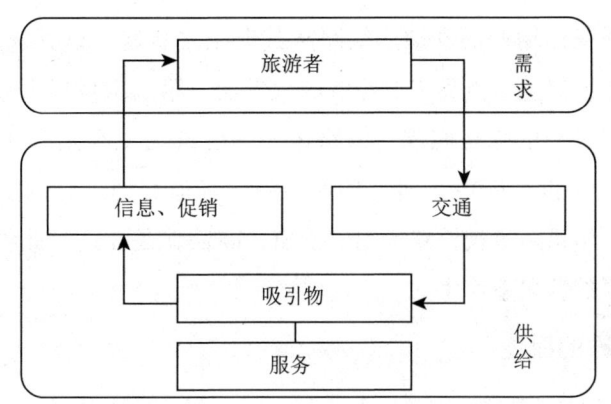

图 1-2 旅游功能系统模型

资料来源：Gunn，2002。

从旅游目的地的角度看，交通是旅游发展的基础条件，发展旅游必须首先发展交通，通过交通才能将旅游目的地（供给）与旅游客源地（需求）有效连接起来，才能吸引旅游者前来旅游，因此交通水平的高低往往决定了区域旅游目的地的旅游发展水平（保继刚，2003）。从客源地（旅游者）的角度来看，旅游者在进行旅游目的地的选择时，除了目的地吸引物因素外，成本因素（时间成本、费用成本）是其必须首先考量的重要因素，而时间成本和费用成本往往受到客源地与目的地之间的交通距离、交通方式等因素的影响。因此,交通因素直接决定和影响了旅游者的出行距离和出行目的地选择;而旅游者作为基础消费者其数量多少,必将影响旅游产业及其他行业的发展,进而影响旅游产业的发展程度。

(二) 高铁改变了中国更影响了世界

蒸汽机的改良和运用,标志着第一次工业革命的诞生。1814 年英国人乔治·斯蒂芬森 (George Stephenson, 1781—1848 年) 发明的第一台蒸汽机车,以及 1825 年由乔治·斯蒂芬森亲自设计的第一条全长约 27 公里,由斯托克顿 (Stockton) 到林顿 (Darlington) 的铁路的出现,标志着近代铁路运输业的开端。铁路从其诞生之日起,以其快速、便利、经济的优势,促进了世界工业经济的大发展。第二次世界大战后,随着公路与航空运输的强势崛起,铁路运输一度成为了夕阳产业。20 世纪 70 年代,由于世界能源危机、环境污染、其他交通工具的安全性等问题,人们开始重新审视铁路运输的价值。高铁就是在适应此种社会经济发展的需要的背景下产生的。

1. 高铁的概述

(1) 高铁的界定

高铁是高速铁路的简称,高铁是由专用线路、高铁列车和专用控制系统等组成的一个系统,高铁是一个系统概念,不是个体概念 (胡启洲,2018),高铁是具有国际性和时代性的概念,不同国家在不同时代对高铁的界定不同。

国际铁路联盟 (UIC) 对高铁的定义是:新建线路时速在 250 公里/小时,既有线路改造时速在 200 公里/小时以上,1985 年在日内瓦签署的《国际铁路干线协议》又将新建客运专线时速提高到 350 公里/小时以上。

日本是最早开通高铁民运的国家,1970 年日本在《全国新干线铁路整备法》中规定：列车在主要区间以200公里/小时的时速运行的称为高铁。较之于高铁较为落后的美国，其将运营速度高于145公里/小时以上，就称之为高铁。

中国在2013年2月施行的《铁路主要技术政策》中规定：高铁为新建线路运行速度为250公里/小时以上（含预留），初期运营速度在200公里/小时以上的客运专线铁路。

（2）高铁的特征

高铁是目前陆路运输工具中运行速度最快、运营里程最长、承载能力最强的交通运输方式。高铁与其他运输工具（汽车、飞机、普通货车等）相比，具有明显优势。

1）运能

运能是高铁的主要技术优势之一。统计表明，高铁的运载量是航空运输的10倍、高速公路的5倍（图1-3）。与普通铁路相比，单列普通列车由于其可超员、可挂节厢，加上停站多座位利用率高，其运能比单列高铁运能大2.5倍。但由于普通列车较低的速度，高铁在实际输送旅客的运能远比普通列车大。

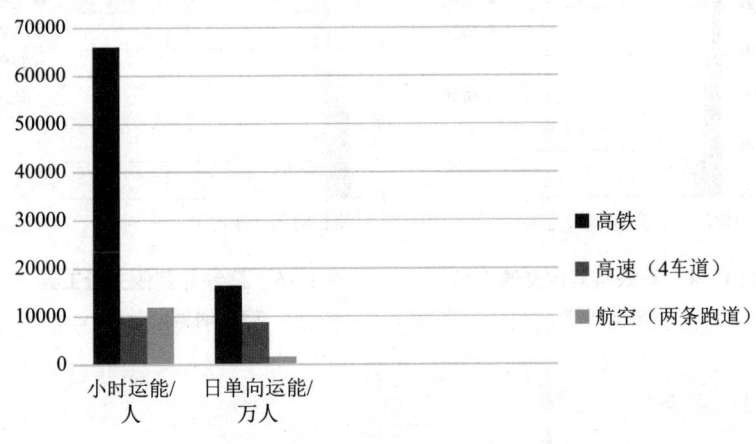

图1-3　高铁、高速及航空运能对比图

2）速度

速度是高铁技术水平的主要标志。高铁技术成熟的国家，速度成为了其主要追寻的目标，法国、日本、德国、西班牙、意大利和中国高铁的运行速度分别达到了300公里/小时、330公里/小时、280公里/小时、270公里/小时、250公里/小时、350公里/小时，其中中国高铁是现运行速度最快的高铁。高铁在速度上基本上领先了大部分交通工具，只慢于磁悬浮列车和飞机，但磁悬浮列车的高昂造价以及运营的劣势，以及飞机易受到不稳定天气情况的影响，使得高铁具有选乘上的较大优势（图1-4）。

相较于高铁的速度而言，旅游者更关心的是同样的行程所需的旅行时间。以北京至上海为例，在正常的天气情况下，乘坐高铁的旅行时间与飞机不相上下，远远高于普铁和高速公路（图1-5），但飞机的飞行极易受天气的影响，使得高铁成为了中短途旅行旅客的首选。

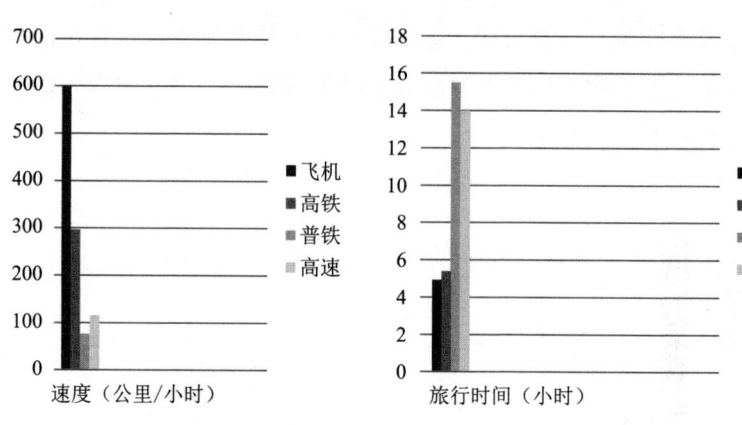

图1-4 高铁与其他交通工具速度对比　　图1-5 高铁与其他交通工具旅行时间对比

3）安全性

高铁自问世以来，就成为各国的主要交通工具。据统计，2018年中国高铁的运能达到6805亿人·公里（表1-2）。但几乎未发生过重大的行车事故，也没有因事故而引起人员伤亡，这是世界各种现代交通运输工具所少有的。据中国铁道科学研究院在"我国高铁的社会成本及其对社会贡献"课题研究中所公布的数据，我国交通运输每亿人公里交通事故死伤人数中，公路为10.5（24.88）[①] 人，铁路为0.29（0.72人）。高铁的安全优势明显。

表1-2 世界高铁主要国家或地区的运能分析[②]

数据截至：2020年2月27日　　　　　　　　　　　　　　单位：十亿人·公里

年份	2010	2011	2012	2013	2014	2015	2016	2017	2018
中国	46.3	105.8	144.6	214.1	282.5	386.3	464.1	577.6	680.5
中国台北	7.5	8.1	8.6	8.6	8.6	9.7	10.5	11.1	11.6
日本	77.4	81.4	86.0	89.2	91.0	97.4	99.6	101.4	103.6
韩国	11.0	13.6	14.1	14.5	14.4	15.1	16.3	14.9	15.3
法国	51.9	52.0	51.1	50.8	50.7	50.0	50.5	58.3	56.8
德国	23.9	23.3	24.8	25.2	24.3	25.3	27.2	28.5	31.1
西班牙	11.7	11.2	11.2	12.7	12.8	14.1	15.1	15.5	16.1
意大利	8.0	8.3	9.6	11.6	11.7	13.6	15.3	9.8	9.8
其他国家	7.3	10.5	14.8	15.2	18.2	20.0	22.6	24.5	26.0

4）准点率

准点率高也是高铁深受旅客欢迎的原因之一。高铁由于由精确的计算机专用控制系统控制运行，其出发和到达时间精确到分，同时高铁对风雨雪雾等恶劣天气的应对能力较高，一般天气状况，几乎对高铁出行没有任何影响（表1-3）。由于高铁控制系统设备可靠性和运输组织水平高，高铁正点率极高，深受游客青睐。

---

① 括号前数字表示每亿人公里中的交通事故死亡人数，括号内表示受伤人数。
② 数据来源：国际铁路联盟（UIC）官方网站：https://uic.org/，查阅时间：2020年3月22日。

表1-3 天气对各种交通方式运行的影响

天气	高铁	飞机	高速公路
大风	一般	大	较大
浓雾	一般	很大	很大
暴雨	大	很大	很大
冰雪	大	很大	很大

5)能耗

所有交通工具,几乎都是能源消耗的大户,能耗比也是评价交通运输方式优劣的重要指标。高铁利用电力牵引,不消耗宝贵的石油等液态燃料,可利用多种形式的能源(表1-4)。其能耗比除了普通列车外,几乎都优于其他交通工具。

表1-4 不同交通方式平均每人公里能耗①

交通方式	普通列车	高铁	公共列车	小汽车	飞机
能耗:克/(人·公里)	403.2	571.2	583.8	3309.6	2998.8
能耗比	1	1.3	1.5	8.8	9.8
能源	电力	电力	汽油或煤油	汽油或煤油	汽油或煤油

6)环境影响②

现代交通工具对环境的影响也是各国发展交通时的一个重要考量。高铁运行使用的是二次能源——电力,以电力牵引的高铁其碳排放量为零,基本上没有污染,对环境影响较小。统计表明:公路运输为0.902千克/人,火车为0.109千克/人,飞机为635千克/人。其次,从噪声的角度,如果以航空运输每人/公里产生的噪声记为1,汽车则为0.2,高铁则为0.1。最后我们以每人公里污染治理成本进行衡量,以高铁每人公里治理成本为1,则高速公路达3.76,而飞机达5.21。

---

① 胡启洲、李香红、曲思源:《高铁简史》,成都:西南交通大学出版社2018年版。
② 胡启洲、李香红、曲思源:《高铁简史》,成都:西南交通大学出版社2018年版。

7) 建设占地①

一般而言，双线高铁（350公里/小时）路面路基宽为9.6米—11米，而四车道高速路面的路基宽为26米，双线高铁的用地为46666.7平方米/公里，而四车道高速占地达70000平方米/公里，也即高铁占地只有高速的2/3，但是高铁的小时客运量却是高速的4倍，同时，高速交通还需要配备大量停车场，占用大量土地。与普通铁路相比，高铁基本上都是高价运营，节约了更多用地；与飞机相比，一个大型机场的占地面积相当于1000公里双线高铁的用地。高铁在建设用地上亦具有明显优势。

8) 经济性②

高铁不但促进沿线农村城市化进程，创造更多就业机会，而且投资回收快。据统计，中国250公里/小时的高铁建设成本为0.8亿元/公里，350公里/小时的建设成本为1.3亿元/公里。但是高铁创造的直接经济效益是其投入的2.4倍，也即是其投入乘数效应为2.4。

同时，高铁带来直接经济效益外，还具有显著的社会效益。据统计，京沪高铁的社会成本为0.3239元/（人·公里），高速公路的社会成本为0.6594元/（人·公里），民航的社会成本为0.7476元/（人·公里），其比例为1∶2.036∶2.308，也即在完成同等运量的情况下，京沪高铁每年节省的社会成本就达223亿元，6至7年的总额就相当于收回了全部投资。此外，高铁还可拉动沿线地区的经济增长，带动区域就业，促进区域旅游发展等。高铁的舒适性也越来越受到旅游者的青睐。

2. 世界高铁的发展③

根据国际铁路联盟（UIC）对高铁发展历史的梳理，将高铁发展历

---

① 国家铁路局《高铁经济学导论》编写组：《高铁经济学导论》，北京：中国铁道出版社2018年版。
② 国家铁路局《高铁经济学导论》编写组：《高铁经济学导论》，北京：中国铁道出版社2018年版。
③ 国际铁路联盟（UIC）官方网站：https://uic.org/，查阅时间：2020年3月22日。

史划分为 3 个阶段。

（1）19—20 世纪从铁路诞生到高铁

世界铁路的发展史，其实就是一部速度竞赛史。很容易想象，1829 年乔治·斯蒂芬森那辆令人印象深刻的"火箭"机车时速达到 50 公里，代表了铁路从一开始就对高速的真正考虑。很快，铁路的运行速度被一个又一个的记录打破，1854 年的 130 公里/小时，20 世纪初的 200 公里/小时。但这些仅仅是铁路的最高时速记录，而即便是到 20 世纪 30 年代的在电力机车或柴油驱动的情况下，真正的列车时速也最多达到 180 公里/小时和 135 公里/小时。在快速的航空交通以及方便、私密性高且能提供点对点服务的公路交通冲击下，铁路交通陷入了被人遗忘的境地。

（2）1964—1981 年，从日本的新干线到法国高铁系统（TVG）

高速铁路的速度记录由法国在 1955 年实验达到了 331 公里/小时，但高铁的真正诞生却是在日本。1964 年 10 月 1 日，日本国家铁路公司开始运营一条全新的 515 公里标准轨距铁路，即 Tokaido 新干线，从东京中心到大阪。

新干线运营取得巨大成功，特别是对战后日本的社会经济带来重大影响。欧洲多个国家，特别是法国、德国、意大利和英国开始了"未来客运铁路"的建设。法国修建了 TVC 东南线、大西洋线；德国修建了汉诺威-维尔茨堡线、曼海姆-斯图加特线；意大利修建了罗马-佛罗伦萨线。欧洲高铁诞生，但与新干线概念形成鲜明对比的是，欧洲高铁与既有铁路完全兼容，这在很大程度上制约了欧洲高铁系统的进一步发展。

（3）1981—2009 年高铁服务遍布全球

在 TGV 取得巨大成功之后，每个欧洲国家都在寻找新一代具有竞争力的中长距离客运铁路服务，有些是通过开发新技术，有些是通过进口。1988年意大利和德国、1992年西班牙、1997年比利时、2003年英国和2009年荷兰加入了欧洲提供高铁服务的国家集团。与此同时，其他国家和地区也出现了类似的案例，如2003年的中国（大发展是在2008年以后）、2004年的韩国以及2009年的土耳其。世界高速铁路统计情况见表1-5。

表1-5 世界高铁统计[1]

数据截至：2020年2月27日　　　　　　　　　　　　　　单位：公里

区域	国家或地区	开通运营	在建	拟建	规划	总计
非洲	埃及	—	—	910	300	1,210
	摩洛哥	200	—	139	975	1,314
	南非	—	—	—	2,390	2,390
亚太地区	澳大利亚	—	—	—	1,749	1,749
	中国	**35,388**	**5,250**	**1,071**	**257**	**41,966**
	中国台湾	354	—	—	—	354
	印度	—	—	508	4,126	4,634
	印度尼西亚	—	—	712	—	712
	日本	3,041	402	194	—	3,637
	哈萨克斯坦	—	—	—	1,011	1,011
	马来西亚	—	—	—	335	335
	新加坡	—	—	—	15	15
	韩国	893	—	49	—	942
	泰国	—	253	431	1,958	2,642
	越南	—	—	—	1,600	1,600
	奥地利	254	281	71	—	606

[1] 国际铁路联盟（UIC）官方网站：https://uic.org/，查阅时间：2020年3月22日。

(续表)

区域	国家或地区	开通运营	在建	拟建	规划	总计
欧洲	比利时	209	—	—	—	209
	捷克	64	—	666	318	1,048
	丹麦	56	—	—	—	56
	爱沙尼亚	—	—	213		213
	芬兰	1,120	—	—	—	1,120
	法国	2,734	—	—	1,725	4,459
	德国	1,571	147	81	210	2,009
	意大利	921	327	—	—	1,248
	拉脱维亚	—	—	265		265
	立陶宛	—	—	392		392
	挪威	—	—	—	333	333
	波兰	224	—	805	875	1,904
	葡萄牙	—	—	—	596	596
	俄罗斯	—	—	1,080	1,549	2,629
	西班牙	3,330	1,293	676	—	5,299
	瑞典	—	11	150	589	750
	瑞士	144	15	—	—	159
	荷兰	90	—	—	—	90
	英国	113	230	320	—	663
拉丁美洲	巴西	—	—	—	511	511
中东地区	巴林和卡塔尔	—	—	—	180	180
	伊朗	—	1,336	117	1,651	3,104
	以色列	—	—	85	—	85
	沙特阿拉伯	449	—	—	—	449
	土耳其	594	1,652	789	4,384	7,419
北美洲	加拿大	—	—	—	290	290
	墨西哥	—	—	—	210	210
	美国	735	763	1,659	449	3,606

(续表)

区域	国家或地区	开通运营	在建	拟建	规划	总计
非洲(3)		200	—	1,049	3,665	4,914
亚太(13)		39,930	6,186	3,036	11,051	60,203
欧洲(19)		10,576	2,023	4,648	6,195	23,442
拉美(1)		—	—	—	511	511
中东(6)		1,043	2,988	991	6,215	11,237
北美(3)		735	763	1,659	949	4,106
合计		52,484	11,960	11,383	28,586	104,413

3. 中国高铁的发展

中国地广物博，铁路作为中国交通运输的骨干，在国民经济发展中起着重要作用，为我国经济建设作出了重要贡献。改革开放以来，我国国民经济持续高速发展对铁路运输的需求越来越大，然而与其他行业相比，中国铁路发展却相对滞后，各大铁路干线运输能力长期超负荷运行，中国经济发展对铁路运输的需求常常得不到满足，铁路已成为制约我国经济社会发展的"瓶颈"，如何摆脱这种"瓶颈"制约的困境，高铁的建设已迫在眉睫。从20世纪90年代开始，中国高铁发展经历了从无到有、从弱到强，从"跟跑"到"并跑"再到"领跑"的过程，实现了从"技术引进"到"中国制造"再到"中国创造"的飞速发展历程（国家铁路局《高铁经济学导论》编写组，2018）。

（1）1990—2012年：实验及起步阶段

中国的高铁发展较晚，但发展迅速。中国的高铁发展从1990年就进入研究论证实验阶段，并于2003年自己设计、建设开通第一条真正意义上的全长404公里的高铁——秦沈客运专线，在中国高铁发展史上具有里程碑意义。2004年1月，国务院常务会议讨论并通过了中国历史上第一个高铁建设规划《中长期铁路网规划》，提出了建设超过1.2万公里的"四纵四横"快客运专线网的目标①，运营速度设定在200公里/小时以上，把中国的高铁梦及远景规划向世界进行了展示。2008年8月，中国第一条具有自主知识产权、运营速度最快的（即时速度达350公里/小时）京津城际铁路的开通运营，标志着中国在高铁技术上迈入了先进行列。随后的3年时间，武广（武汉—广州）、郑西（郑州—西安）、沪甬（上海—宁波）、沪杭（上海—杭州）高铁相继开通，特别是2011年7月京沪（北京—上海）高铁的开通运营，中国自主研发的"复兴号"动车组在京沪高铁上双向首发，并创造了486.1公里/小时的世界最高运营速度。

（2）2013年至今：飞速发展阶段

党的十八大以来，中国高铁获得了飞速发展，无论是投产规模还是投资规模均达到了历史最高位（表1-6）。2016年7月，国家发改委、交通运输部及中国铁路总公司联合发布了《中长期铁路网规划（2016—2030）》，在"四纵四横"高铁的基础上，构筑"八纵八横"②高铁主通道，拟通过区域连接线衔接、城际铁路补充的高铁网，实现省会城市高铁通达、区际之间高效便捷相连的目标。到2030年，基本实现内外互联互动、区际之间多路畅通、省会高铁连通、地市快速通达、县域基本覆盖的高铁网络。

---

① 根据中华人民共和国铁道部《中长期铁路网规划（2008年调整）》，中国高铁发展以客车速度为每小时200公里以上"四纵四横"客运专线为重点，加快构建快速客运网的主骨架。"四纵"是指：北京—上海客运专线；北京—武汉—广州—深圳（香港）客运专线；北京—沈阳—哈尔滨（大连）客运专线；上海—杭州—宁波—福州—深圳客运专线。"四横"是：徐州—郑州—兰州客运专线；上海—杭州—南昌—长沙—昆明客运专线；青岛—石家庄—太原客运专线；上海—南京—武汉—重庆—成都客运专线。

② "八纵"通道：沿海通道、京沪通道、京港（台）通道、京哈—京港澳通道、呼南通道、京昆通道、包（银）海通道、兰（西）广通道。"八横"通道：绥满通道、京兰通道、青银通道、陆桥通道、沿江通道、沪昆通道、厦渝通道、广昆通道。

表1-6 中国主要高铁之最①

线路名称	开通时间	线路特征
郑西高铁	2010.2.6	中国中西部湿陷黄土区首条建设铁路
海南东环高铁	2010.12.30	最靠近赤道的高铁
京沪高铁	2011.6.30	世界建成里程最长、标准最高
哈大高铁	2012.12.1	世界首条高寒地区高铁
京广高铁	2012.12.26	世界运营里程最长,跨越温带、亚热带多个气候带,穿越长江、黄河、山区等多种地理环境
宁杭、杭甬高铁	2013.7.1	构筑了长三角高铁主骨架
贵广高铁	2014.12.26	翻越西南地区地质及其复杂的崇山峻岭,桥隧比最高的高铁
兰新高铁	2014.12.26	穿越自然环境最恶劣、戈壁荒漠,最大风速达60m/s
合福高铁	2015.6.28	途径中国七大自然风景区,"风景最美的高铁"
沪昆高铁	2016.12.28	中国西乡线路里程最长、经过省份最多的高铁
西成高铁	2017.12.6	穿越秦岭山脉

据国际铁路联盟(UIC)统计,截至2020年2月27日,全世界共有45个国家和地区新建和拟建高铁,已建成52484公里,其中中国大陆高铁建成已达35388公里,占全世界高铁建成里程数的67.43%。

(3) 中国高铁走出国门

中国高铁以习近平总书记的五大理念"创新、协调、绿色、开放、共享"为导向,构建起了中国高铁综合运输系统,在高铁供给体系的整体质量,高铁信息化、智能化建设,高铁装备制造方面实施创新驱动发展,为中国高铁走出国门奠定了坚实的基础,为世界高铁发展贡献了中国智慧和中国方案。

高铁虽起源于欧洲、日本等发达资本主义国家,但真正将高铁带给世界人民的却是中国。在推进"一带一路"倡议的基础上,为中国高铁

---

① 国家铁路局《高铁经济学导论》编写组:《高铁经济学导论》,北京:中国铁道出版社2018年版。

走出国门提供了强大的内在动因（施张兵，2017）。如今，中国高铁在世界上技术领先、安全性高；中国高铁建设成本低、性价比高；中国高铁建设的产业配套体系完善、供货周期短等特征（李超，2017），让中国高铁走出去具有了明显的竞争优势。2015年6月中国参与俄罗斯喀山—莫斯科高铁的勘察和设计，是中国高铁走出去的第一个项目；2016年更是被称为中国高铁"走出去"爆发元年。代表性的项目：亚洲地区的中巴铁路（连接中国新疆喀什和巴基斯坦瓜达尔港）、中吉乌铁路（新疆喀什—吉尔吉斯坦—乌兹别克斯坦的安集延）、沙特麦麦高铁（连接沙特麦加—麦地两大圣地）、中老铁路［泛亚铁路中线，玉溪（云南）—万象（老挝首都）］、中泰铁路（泛亚铁路中线，曼谷—呵叻）、雅万高铁（雅加达—万隆）、马来西亚东部沿海铁路［WAKAFBARU（吉兰丹州）—ITTGOMBAK（雪兰莪州）］；欧洲地区的安伊高铁（土耳其首都安卡拉—伊斯坦布尔）、匈塞铁路（匈牙利首都布达佩斯—塞尔维亚首都贝尔格莱德）；南美地区的两洋铁路（里约热内卢州—秘鲁港口）以及非洲地区的尼日利亚铁路现代化项目、沿海铁路项目、蒙内铁路等项目（非洲地区的铁路项目大多非高铁项目），世界各大州都有中国高铁的身影。①

可以说，高铁改变了中国，中国高铁更影响了世界。

（三）高铁时代区域旅游业发展变迁

高铁的诞生和发展又一次标志着世界交通发生一次大革命。高铁已成为解决大通道上大量旅客快速运输的问题（汪德根，2016），高铁的快速、安全和高效率带来了区域旅游空间的明显的"时空压缩"效应（朱桃杏，2017），游客在相同的出行时间、出行成本等因素限制情况下，出行的地理距离大幅度增加，即游客的出游半径增加，进而影响旅

---

① 中国国家铁路集团有限公司官网，http://www.china-railway.com.cn/，查阅时间：2020年3月23日。

游者对目的地的选择和停留,并改变旅游者的旅游消费,由此带来旅游目的地一系列的旅游要素的深刻变化,带来高铁的"多米诺"效应。其主要表现在对旅游需求(旅游者)、旅游供给(旅游目的地)以及旅游市场三方面的影响。

1. 高铁的"时空压缩效应"改变了游客消费行为

(1) 高铁对旅行时间的影响

高铁对旅游消费需求的影响表现在对旅游者旅行时间的影响上,这也是导致旅游者旅游消费行为变化的重要因素。根据贾维尔·古特雷斯(Javier Gutierrez, 2001)的研究表明,欧洲各国高铁的开通,极大的缩短了各国主要城市之间的旅行时间,在1000公里范围内的旅行时间几乎缩短为普通列车时间的一半;高铁同时对一个国家内部的旅行时间产生了较大影响,如在英国,从伦敦到各大城市的旅行时间大幅度降低(Givoni, 2006),高铁使旅行时间缩短,使得高铁旅行更具吸引力,从而对其他交通工具出行造成影响。在中国,随着高铁的开通,旅行时间大幅度缩短,郑西高铁的开通,使得从郑州到西安的旅行时间由普通列车的6.67小时缩短为1.83小时(殷平,2012),京沪开通时速350公里的复兴号高铁,使得京沪之间全程旅行时间缩短为4.5小时。高铁对旅行时间的缩短,使得原先需要在小长假才进行的远程旅游,在双休日即可实现,汪德根等(2014)的研究表明,京沪高铁使得上海市民的双休日出行比例提高到39%。

(2) 高铁对旅游者交通方式选择的影响

高铁带来的时空压缩效应,还有一个重要表现就是带来旅游者对交通工具选择的改变,带来高铁与其他交通工具的激烈竞争,郑永祥(Cheng, 2009)的研究表明,在日本、欧洲以及韩国等地区的高铁系统吸引了原航空及公路交通系统10%—30%的旅客运量;奥斯卡·弗利德(Fröidh, 2008)研究得出,高铁对100公里内的短途旅行的影响较小,但对距离在200公里—600公里的中长途旅行,高铁的优势非常明显;哈曼(Harman,2006)的研究验证了这一观点,即高铁在3小时内的旅程中,占有市场份额的50%;在3小时以上,航空交通的市场份额占主体。国内研究也得出了相同结论,城际高铁"袭夺"了原先普通列车和公路交通的市场(侯雪,2011),从旅行时间上来看经验值在2至3小时,距离在600公里内,高铁具有无可替代的优势(梁雪松,2012)。

(3)高铁对旅游者旅游消费行为的影响

正是由于高铁的时空压缩效应带来区域可达性格局的变化,导致旅行时间的大幅度压缩,从而使得旅游者选乘交通方式、出行时间段等都发生了变化,进而使得旅游者的其他旅游消费行为也发生改变。哈曼(Harman,2006)研究指出,巴黎至曼斯和图尔斯的高铁开通,一日游往返的数量增加,在目的地过夜游客大幅度减少;索菲(Sophie,2009)却得出了高铁开通让游客在目的地停留时间更长的相反结论。国内研究认为,高铁对城市居民出游行为的影响主要表现在出游时间更加灵活、自助游成为游客新宠(冯英杰,2014);同时高铁改变了人们的出游观念,出游意愿和出游频次增加(张宇等,2019),更多短时段游(如周末游)、微旅游成为日常活动行为(许春晓,2014);侯雪等(2011)的研究表明,高铁开通,加强了城际出行的强度,增加了人们城际出行的需求,影响了人们对城际出行的空间感知,使得部分人群产生了职住分离的意愿;高铁的开通特别是城际高铁,使得城市居民的居住、就业、休闲娱乐活动产生影响,吴康(2013)的研究表明,城际高铁使得城市居民的跨城行为频发,这种跨城行为往往与人们的休闲娱乐活动有关,刘健(2012)研究发现这种跨城行为主要与人们的商务活动和探亲访友活动有关,更频繁的商务跨城行为使得城市之间的经济联系更加紧密。

2. 高铁"同城效应"推动了区域旅游产业发展

高铁作为基础设施的投资和建设,必将对地区经济带来深远的影响。高铁发展对地区经济的影响效应,不同学者基于不同的研究对象得出了不同的结论：一种观点是高铁的投资及运营通过增加固定资产投资、增加就业、带来资本要素的流动等促进了地区经济的发展（董艳梅，朱英明，2016）；另一种观点认为高铁发展对区域经济起着抑制作用（张克中，陶东杰，2016）；比较倾向于一致性的意见是高铁对区域经济的发展由于区域发展基础的差异，存在空间异质性，也即对核心区和边缘区的影响不一致性，高铁会促进核心区的经济增长和要素集聚，而会加剧边缘地区的要素流出、抑制其投资从而削弱其经济增长（Vickerman，2017；Preston、Wall，2008；Hall，2009）。

高铁作为旅游业发展的重要支持系统，高铁的建设对旅游经济的影响与对地区经济的影响几乎一致。主要表现在以下几方面。

（1）高铁对区域旅游可达性的影响

高铁对旅游者（旅游需求）的影响首先表现在对交通可达性的影响。可达性作为度量交通网络结构的有效指标，广泛用于区域交通规划、城市规划以及经济地理学领域，可达性指标反映了区域取得发展机会和面对主要市场的控制能力，区域可达性变化引起区域相对区位价值的改变，从而成为了交通研究的热点（Geurs，2004）。古特雷斯（Gutierrez，1996，2001）通过研究欧洲的高铁开通，表明高铁系统不仅仅改变了高铁沿线城市的可达性，而且增加了其他相邻城市的可达性，通过对比1993年和2010年（高铁网络形成）的欧洲主要城市的可达性发现，高铁开通后，可达性程度最高和很高的城市增加到50.46%，而可达性最差和很差的城市比重由34.38%下降到7.73%。由此可见，高铁开通极大的改变了整个欧洲各城市的旅行时间，进而影响了各城市居民出行的旅行消费。高铁的开通不仅对整个欧洲地区的可达性大幅度提高，同时对欧洲地区内部的交通格局产生了深刻的影响，显著的改善了"核心—边缘"地区的交通不平衡性和交通格局（Gutierrez，2001）。

中国高铁的发展同样遵循此规律，中国高铁的发展不仅提高了全国陆路交通可达性的整体性水平，对高铁沿线城市和高铁枢纽城市的可达性影响最大（蒋海兵，2015），同时对高铁密度较大的长三角城市群、珠三角城市群的主要城市的外部可达性大幅度提高，但同时还表现出"沙漏效应"（贺剑锋，2011）。从高铁沿线区域层面来看，汪德根（2016）的研究表明，京沪高铁扩大了等时圈的范围，实现城市日常可达性大幅度优化，形成非均衡的时间收敛空间，而高铁沿线城市成为时间收敛的最大受益者，但高铁对沿线城市可达性改善程度存在空间差异（姜博，2014；吴旗韬，2015）。

(2) 高铁对区域旅游经济发展水平的影响

高铁对区域旅游收益有明显的促进作用（Lopez-Pita，2005）。高铁发展刺激了美国加州游客量的增长，进而带动加州地区餐饮、住宿、娱乐业的发展（Randolph，2008）；高铁覆盖英国全境后，促进了中西部地区的商务旅游的发展，商务旅游收益大幅度增加（Frost，2009），同时为高铁沿线旅游目的地地区提供了更多的就业机会（Randolph，2008）。在中国，陈振华（2016）的研究结果表明，高铁对区域旅游发展产生明显的正向影响，拥有高铁的区域获得了更大的旅游市场份额；坎帕（Campa，2016）研究指出，中国各省的旅游人次、旅游收入等指标与高铁网络建设的密度成明显的正相关关系；曾玉华，陈俊（2018）研究得出高铁开通对站点城市的旅游收入和旅游人次分别提高了18.51和24.99%，且这种促进效应随时间的推移逐渐增强；李宗明等（2019）通过对武汉市城市旅游圈旅游经济发展的研究，表明高铁运营里程及运行班次对武汉城市圈的旅游经济发展具有显著的促进作用，且存在明显的空间溢出效应。高铁的建设及运营对区域旅游发展水平的影响，还体现在区域旅游效率上，魏丽等（2018）使Tobit模型检验了高铁开通对旅游产业效率的作用，发现高铁开通对旅游产业综合效率和纯技术效率存在显著的积极影响，其中，对西部省份的促进作用最大，中部次之，东部最小，这有助于缩小地区间旅游产业综合效率和纯技术效率的差距。

(3) 高铁对区域旅游产业结构的影响

前述研究表明，高铁对区域经济的发展存在明显的促进作用，具体到各个产业或行业，高铁对其的影响存在着明显的差异，这取决于各个产业或行业的经济属性以及对高铁的使用和影响程度的差异。吉沃尼（Givoni，2006）的研究表明高铁对生产型服务业以及旅游业的影响最大。在1997年的法国，旅游总收入中有20%来源于高铁南线区域，高铁拉近了里昂和首都巴黎的距离，促使了里昂休闲旅游和商务旅游的发展（Masson，2009）；高铁的建设及运营促进了旅游企业在空间上产生集聚效应，使旅游企业在空间布局上发生重大改变（Prideaux，2000），大西洋高铁的开通同样促使了勒芒城的会展旅游业的发展（Krugman，1991），提高了商务会展旅游在市场中的比重。在中国，高铁对区域旅游产业结构的影响是显著、巨大和多重的，对区域旅游产业结构的演变具有"凸变效应"（张书明等，2013），高铁提升了城市服务业的比重，降低了制造业的比重（蒋华雄，2017），胡静等（2015）对湖北省高铁开通后对旅游产业集聚水平的研究表明，高铁对住宿餐饮业的集聚水平的影响最大；武广高铁的开通推动了周末短线旅游产品和高端商务旅游产品体系的开发（黄爱莲，2011）；高铁带来的"快旅漫游"及散客化趋势，对传统旅行社业务的影响巨大，传统旅行社面临生存挑战（何忠诚，朱慧，2012）；同时高铁对沿线城市旅游景区的影响较大，沿线旅游资源由于其区位可达性得到了充分挖掘和开发，出现了新的旅游"桥头堡"（陈燕萍，2015）。

3. 高铁"共生效应"促进了区域旅游合作

经济的全球化、市场一体化促进了区域经济协同化发展。旅游业已进入区域协同与跨区域竞争的时代，其发展趋势是实现区域旅游合作。高铁时代带来的"时空压缩"效应，拉近的不仅是客源地和目的地之间的距离，同样也使得区域目的地之间的距离缩短，在此背景下，每个旅游目的地不再是一个孤立存在的单元，而是"唇齿相依"的共同存在，高铁带来区域旅游目的地"共生效应"更为明显,必将改变区域旅游空间结构、影响区域之间旅游经济联系强度、实现区域旅游合作。

(1) 高铁对区域旅游空间结构的影响

高铁的快速、高效、舒适性的特征,越来越成为旅游者出行交通方式的首选(Cheng,2009)。高铁在地理空间的表现为"站点—线路—网络"结构,高铁对区域旅游空间结构的影响,同样表现出对区域旅游发展节点、旅游发展轴线和全域空间网络均会产生不同程度的影响(李磊等,2019)。

卢卡·贝托里尼(1996)提出的节点—场所(Node-Place)模型指出,交通站点是区域经济发展的重要节点,对区域经济的要素结构、产业结构均会产生"虹吸效应",从而产生重要影响;王丽等(2017)的研究表明,高铁开通使得南京南站成为了区域旅游发展的中心,旅游要素不同程度向此集聚;宋文杰等(2016)的研究表明,高铁站点不仅对周边地区产生影响,还影响所在城市的整体旅游空间结构。

高铁线路对沿线地区旅游空间结构同样会产生深远的影响。克鲁格曼(Krugman,1991)提出的新经济地理学的标志性理论"核心—边缘"(CP)模型,解释了高铁开通加剧了旅游活动向核心城市巴塞罗那的聚集,而阻碍了佩皮里昂的旅游业发展,形成了高铁的"过滤效应"(Masson,2009);殷平(2012)、汪德根(2013)以及穆成林(2016)等对中国高铁发展影响研究,几乎得出了相同的结论:即高铁在促进区域旅游产业发展的同时,也加剧了沿线城市旅游竞争,产生了各种旅游要素向旅游核心城市、中心城市集聚的现象。

相较于高铁站点、高铁线路对区域旅游的影响,区域高铁网络建设,影响的将是整个区域旅游产业结构。保罗·皮特斯(Paul Peeters,2007)的研究表明,欧洲高铁系统在整个欧洲地区充当催化剂的作用,在加强欧洲各国区域旅游合作的同时,促使区域城市社会经济空间结构发生了较大的改变,加快了欧洲旅游一体化进程(Fridh,2008)。在中国，高铁使得传统市场京津地区、长三角、珠三角的市场藩篱被打破，圈层结构出现了相互挤压和叠加现象（王欣，2010），高铁还加深了长三角地区核心城市的旅游经济联系，提升了长三角地区旅游发展的一体化程度（穆成林，2016）；汪德根（2015）的研究表明，高铁对区域旅游空间结构的影响作用机制表现为：虹吸机制（马太效应）、过滤机制、叠加机制和扩散机制，不同区域之间，由于高铁带来的时空距离的差异，区域旅游经济发展实际不一样，其影响方式不一样。

（2）高铁对区域旅游经济联系的影响

如果说高铁对区域旅游空间结构的影响，既有竞争的一面，也有区域合作的一面，那么高铁带来区域旅游经济联系的增强，更多体现出区域旅游经济合作和一体化进程加大。区域之间的合作与竞争，从宏观的视角往往通过其区域之间旅游经济联系强度来量测；从中观的视角探究其经济联系在区域一体化中的作用；从微观的视角研究的是旅游中心城市或枢纽城市对周边区域的经济辐射能力。汪德根（2018）研究指出，中观高铁网络建设强化了城市间的经济联系，表现出旅游外部经济关系变化率空间分布的"走廊"效应，旅游综合规模较大的中心城市随着跨省腹地的扩大而增强，腹地空间联系增强，同时加剧了中心城市腹地竞争；倪维秋、廖茂林（2018）认为中国高铁旅游经济联系松散，还未形成具有绝对主导地位的集散场，高铁旅游经济辐射区主要集中在京津地区、长三角，高联系强度的城市仍然集中在传统经济发达的城市，西部省级城市间的经济联系强度仍然较弱；郭伟等（2014）对京津城市群研究表明高铁发展促进了区域旅游经济一体化，加强了京津地区城市旅游经济之间的联系，边缘地区经济联系强度变化最大，高铁使得城市之间经济联系的空间差异缩小，"中心强、边缘弱"的态势向更为均衡化的方向发展；高铁对沿线旅游城市的经济联系具有普遍的促进作用，但受距离衰减效应的影响，呈现越长越弱的发展态势，沿线城市的经济联系由单纯依靠地理、依靠关系转变为依靠城市自身综合实力的强弱（孔令章等，2019）；区域城市之间的旅游经济隶属度还表现出核心城市指向性和空间区位临近指向性的特征（刘强，杨东，2019）；郭建科等（2016）研究哈大高铁时得出，高铁普遍提升了东北地区城市间的经济联系，提升幅度随高铁的距离逐步衰减，省际城市之间经济联系强度的提升幅度大于省内城市之间的城市经济联系提升幅度。

高铁的建设及运营对区域旅游空间结构的影响，最终表现在区域旅游市场的影响上。王欣（2012）研究指出，中国高铁建设导致了国内旅游市场的再分配和转换，带来了更大规模的市场竞争，城市旅游中心将会重新进行布局；汪德根（2013）以京沪高铁为例，研究得出高铁开通提高了旅游地的客源市场半径，客源市场空间向外拓展趋势显著，近程客源市场占比下降，中远程（750公里—1000公里）客源市场占比明显提高。

二、问题提出

交通是旅游业发展的重要"引擎"（汪德根，2013）。从旅游系统论视角：交通是联系旅游目的地系统和旅游客源地系统的重要联系通道，因此交通系统的变革，必将对旅游系统中的需求和供给同时产生影响。基于旅游经济学的视角，交通系统首先是影响旅游需求（旅游者）的角度，进而影响旅游供给（旅游目的地），因此高铁作为一种现代化的重要交通工具，对旅游业的发展影响机制也遵循此规律，即高铁首先影响旅游系统的主体——旅游者的旅游消费行为，进而对旅游系统的客体——旅游目的地产生影响。

（一）高铁与旅游者

旅游经济的空间效应，是新经济地理学（又名空间经济学）的核心范畴，其研究基础必须从消费者的角度加以展开。从地理学的视角，我们探讨的是旅游者的空间行为（Leiper，1981），研究旅游者的空间行为规律是其核心。早期的研究表明，大多数旅游者的空间行为具有一定的层次性（PaPatheodorou，1992）和规律性，表现为：直游型（Direct Route）、环游型（Full Orbit）、直游—环游型（Partial Orbit）以及飞行+自驾型（Fly/Drive）（Robert，1992）。其出游线路表现为以下几种模式：单一目的地（Single Destination）、沿线多目的地（En-route）、大本营（Base Camp）、区域旅游（Regional Tour）和旅行链（Trip Chaining）模式（Lue，1993）。从地理学的视角研究旅游者的空间行为，无外乎关注两个焦点问题，其一，出行目的地的选择方式，即出游半径；其次，出游时空间转移方式。

　　从地理学的视角，我们看到的是旅游者出游空间的表象规律，要探究其内在的原因，必须从经济学的视角来探讨其空间行为的演化机制。基于经济学的视角，对旅游需求产生影响的核心因素是其出行成本，这里的出行成本包括经济成本（旅游费用）和时间成本（旅游时间）。基于出游半径的问题，游客基于时间成本的问题往往考虑"就近原则"（保继刚，2003），旅游者大多数以近中程范围为主（吴必虎，1997），因此旅游者与目的地之间时间成本往往影响了旅游者出行的空间行为，而衡量时间成本却取决于两个因素：一是目的地与旅游者之间的空间距离，二是时间距离，空间距离是客观存在的地理距离，时间距离却取决于交通方式。旅游者在实际进行决策时，在考虑时间成本的同时，往往与游览时间进行对比，即产生所谓的"最小行—游时间比"规律（陈健昌，保继刚，1988），旅游者往往通过获得最小行—游时间比来增大其心理满足（遵循经济学中的成本最小化，效用最大化，即边际效用≥ 1时的决策状态）。因此，从这个角度而言，高铁带来的"时空压缩"效应，首先影响旅游者的决策行为，进而影响其旅游空间行为，旅游者在出游的时间距离不变的情况下，而空间距离将会增大，表明在相同的闲暇时间范围内，旅游者出行目的地将会有更多选择；或在空间距离不变的情况下，旅行时间大幅缩短，用于在目的地游览的时间（停留时间）大幅增加，从而增大其"行—游"效用比，改变旅游者在旅游目的地的消费行为和结构。

旅游经济（Tourism Economy）是指由旅游者的旅游活动引起的，旅游者同旅游企业之间以及旅游企业同相关企业之间的经济联系（李亚非，2001）。因此研究高铁对旅游经济的空间影响，必须先从高铁对旅游者的旅游活动的影响入手，了解和理解在高铁时代旅游者出行空间行为的变化表象，深入探究其影响机制及路径，才能找到高铁对旅游经济的空间影响找到其源头。因此，要探究在高铁时代区域旅游经济的空间效应，必须首先从旅游者的消费行为入手展开。

问题一：高铁时代旅游者出行空间行为的变化。

高铁带来的"时空压缩"效应，必将影响旅游者出行空间行为。

1. 出游空间行为的变化表象是什么？

探寻高铁时代旅游出行空间行为的变化现象，传统的"就近原则"是否还适用？如适用，这个"就近"其时空距离究竟是多少？80%的城市居民出行，集中在500公里的范围（吴必虎，1997）是否还是其规律值？高铁开通是否会带来新的规律？

2. 高铁对旅游消费者行为是如何影响的？

旅游者的出行决策受多种因素影响，但出行空间距离和交通的通达性是影响旅游者出游决策的关键因素（Prideaux，2000；孙根年，2011）。高铁是如何影响和作用于旅游者的出行决策的？其影响机制是什么？高铁旅游者出行选择的特征有哪些？

问题二：高铁时代旅游者在目的地旅游消费行为的变化。

高铁的"时空压缩"效应，极大的缩短了旅游者与旅游目的地的旅行时间（外部交通），在区域旅游目的地之间中转时间（中转交通），高铁交通的快捷、舒适、高效等特点将极大的提高旅游者在区域旅游目的地内的流动和周转，必将进一步影响旅游者在旅游目的地的停留时间，旅游者在目的地停留时间的变化，将会进一步影响和改变旅游者在旅游目的地的消费行为和消费结构，而消费行为和消费结构是构成区域旅游经济的重要组成部分。

1. 旅游者在旅游目的地空间转移行为是如何变化的？

克鲁格曼（Krugman，1991）的"核心—边缘"（CP）模型，解释了一般旅游者在旅游目的地对旅游景点的选择行为，反映旅游者在旅游目的地空间的转移的一般规律和方式。高铁的"时空压缩"效应，不仅改变了旅游者（客源地）与目的地之间的空间距离，同时也改变了区域旅游目的地之间的距离，那么旅游者在旅游目的地之间进行周转时，是否仍然遵循此理论模型？是否对"核心"向"边缘"地区扩散产生影响，传统的"核心"和"边缘"旅游目的地的结构是否会应高铁带来的交通方式的变革从而带来变化？都是值得进一步探讨和梳理的。

2. 旅游者在旅游目的地消费行为的变化有哪些表现？

旅游者在旅游目的地的消费行为，似乎与交通工具无关，但事实上，由于交通方式的变革影响了旅游者在旅游目的地的停留时间，必将进一步影响其在旅游目的地的消费行为和消费结构。在高铁时代探究旅游者在旅游目的地消费行为和消费结构的变化，对区域旅游服务要素的完善，提高区域旅游服务质量，从而促进区域旅游产业健康发展，都具有重要意义。

3. 本研究范围内的旅游者消费行为的变化特征？

本研究选取西部地区经济发展相对落后的黔桂云三省为研究对象，落后的经济基础，但旅游资源却富集的现状，高铁对此区域旅游目的地的旅游消费行为的影响是否有不同？相对于京津地区、长三角、珠三角等传统经济发达的区域，该区域的旅游消费行为特征有什么变化？

（二）高铁与旅游可达性

在有效厘清了高铁对旅游者（旅游需求）的影响基础上，进一步分析高铁对区域旅游产业（旅游供给）发展的影响就成为了必然。

问题三：高铁对黔桂云三省区域旅游可达性的影响。

现有研究表明，高铁交通的变革对全国、区域（如长三角、京津、珠三角）以及省域旅游可达性都产生了不同程度的影响，导致在大区域范围内地理空间的重构（见前述文献）。

高铁对偏居一隅的西南黔桂云三省旅游可达性变化有哪些特征？是否具有可达性的空间差异？这种空间差异对这三省旅游经济将会产生什么影响？

可达性的测算有多重测算方式，如加权平均旅行时间、平均最短旅行时间、旅游经济潜能、日常通达性等测度指标，不同测度方式是否存在差异？那种测算方式对西南三省旅游发展更具有实际指导意义？

高铁对经济欠发达、旅游资源富集的三个民族地区交通通达性的改变是否更有意义？这三省如何应对这种区域旅游可达性的变化，从而应对其全国范围内经济区位的变化？

问题四：高铁对黔桂云三省旅游经济潜能的影响。

区域可达性也常用区域经济潜力指标来加以测度，反映目的地区域接受周边地区经济活动的潜在数量和能力，经济潜力指数反映交通设施对区域目的地经济的作用（Gutiérrez，2001）。高铁带来的"时空压缩"效应，旅游经济潜能的变化更能反映高铁对区域旅游经济的促进作用。

因此，在经济潜力指数模型的基础上，如何进行区域旅游经济潜能的测度？其测度模型如何进行修正？

黔桂云三省，普遍旅游资源比较富集，但经济发展相对落后，高铁对其旅游经济潜能的影响是否具有空间效应？其空间分异特征有哪些？

相较于其他可达性量测指标（加权平均旅行时间、日常可达性指数等），旅游经济潜能指标是否更具有现实研究意义？

问题五：高铁对黔桂云三省旅游经济联系的影响。

前述文献研究表明，高铁的"时空压缩"效应，对区域可达性产生深刻的影响，必将影响区域之间的经济关系。黔桂云三省作为偏居西南一隅的临近省份，具有资源的相似性（旅游资源富集）、经济发展同步性（经济欠发达地区），高铁带来的是对整个区域旅游经济的影响，但是具体到一地（市州），高铁在带来旅游经济扩散效应的同时，也会带来虹吸效应、廊道效应和叠加效应，探讨区域旅游经济发展的高铁效应，用区域旅游经济联系指标能较好的加以反映。因此，研究黔桂云三省各个市州旅游经济状况，具有较强的现实意义。

黔桂云三省各市州旅游经济联系的总量的变化如何？联系强度的变化？以及区域旅游经济隶属度的变化？探讨在有无高铁的状况下，这三项指标的变化及空间异质性？这些变化是否与高铁发展有直接的关系？

高铁对核心城市（省会城市）、旅游枢纽城市以及一般区域旅游经济联系的影响是否一致？高铁是否普遍促进了沿线城市的旅游经济联系？

未通高铁的市州旅游经济联系是否加强？未通高铁的市州与沿线城市、核心城市以及旅游枢纽城市的经济联系关系怎样？是否同样受到了高铁带来的可达性变化的影响？

（三）高铁与旅游经济绩效

党的十九大报告对我国经济发展做出了"由高速增长阶段转向高质量发展阶段"的精准论断，推动经济高质量发展成为新时代国家现代化的重大战略（张军扩等，2019）。对于旅游行业，早在2014年国务院颁布《国务院关于促进旅游业改革发展的若干意见》中强调：旅游业的发展应"以转型升级、提质增效为主线"，这对旅游业发展提出了新的要求，即既要重视"量"的增加，也要重视"质"的提高，在此背景下，旅游业走优质旅游发展道路就成为了必然选择，旅游业的高质量发展必将在未来较长时间内成为旅游实践与理论研究的主题。

高铁的"快捷、舒适、高效"从旅游者感知角度一定程度上提升了旅游者行中的质量，但是对于整体旅游业的发展质量而言，是否具有影响？旅游发展绩效如何进行界定和评价？高铁开通前后区域旅游经济绩效在时空上如何进行演变与响应？高铁对旅游经济的绩效又产生了怎样的影响？其影响的机制和路径是什么？这些问题都需要我们进一步研究。

问题六：高铁发展对区域旅游经济业绩的空间效应测度。

近年来，在区域经济增长放缓的情况下，旅游经济却逆势而上，保持着快速增长的态势。简单通过对比高铁开通前后旅游业是否存在显著变化，并不足以证明是高铁发展带来的对旅游经济的促进作用，事实上，那些尚未通高铁的区域其旅游经济也在全国旅游发展的热潮中获得了增长。也即是说通了高铁区域的旅游经济增长到底是得益于高铁的开通效应，还是高铁本身就选择在一个旅游经济增长的区域来修建（邓涛涛，2016），是值得进一步探讨和证明的课题，例如：

区域旅游经济发展业绩如何衡量？单个指标衡量方式具有较多的局限性，多项指标的评价模型及方式效果如何？

高铁开通是否可基于政策效应评估的模式，基于准自然实验分析思路来探讨其对旅游经济发展业绩的影响？其评价模型如何构建？

研究区域的高铁开通并不具备时间的同步性，因此可否用多期差分思想，从时间和空间的维度探讨高铁对区域旅游经济业绩的影响？其影响效果及程度如何？其影响效应的时空关系及时空演变怎样？

高铁对区域旅游经济业绩的影响路径是什么？是否可以引入路径因素（控制变量）进一步探讨其影响路径？

问题七：高铁发展对区域旅游经济效率的空间效应测度。

党的十九大报告明确了新时期我国社会主要矛盾发生了重大转变，"不平衡不充分发展"是造成这个矛盾的根本原因，对于西部民族地区实体经济欠发达的黔桂云三省而言，这个矛盾尤为突出，因此旅游业的高质量发展，是当下我国旅游业发展的主要目标（夏杰长，2018），旅游业能否成为人们的幸福产业，其发展效率的提升将成为关键。必须承认，我国旅游业长期在粗放型发展模式引导下，造成了旅游业产能过剩、资源浪费以及生态环境破坏等严重的局面，因此研究和探讨旅游经济的发展效率问题，成为了新时期旅游业转型升级、提质增效的重要命题（魏丽，2018）。高铁发展对区域旅游经济的发展具有促进作用，但是否提升了区域旅游产业的发展效率？高铁开通是否对所经过区域效率普遍带来提升？

区域旅游经济发展的效率如何进行评价？其投入和产出指标如何构建？其评价模型如何选择？传统DEA评价模型是否适用？

高铁时代，黔桂云三省区域旅游效率具有哪些空间特征？区域旅游总效率、分解效率（技术效率及规模效率）的空间特征及表现如何？

引入高铁变量后，基于Tobit回归模型，分析探讨高铁是否对区域旅游产业总效率、分解效率产生影响？其影响效应及程度是否表现出空间分异？

引入控制变量，进一步探讨高铁开通对区域旅游效率的影响机制，高铁发展是否通过促进区域居民收入、地区服务业发展水平等因素来实现对区域旅游效率的提升？

问题八：高铁时代黔桂云三省旅游发展的业绩与效率的时空耦合。

高铁发展带来的时空压缩效应，缩短了客源地和目的地的时空距离，必将促进旅游业量的增长，然而从效率的角度，高铁的影响却因区域旅游产业环境的差异，效果却又迥然不同。借用系统耦合理论来探讨旅游系统的业绩和绩效两个指标之间的时空耦合关系，进一步明确高铁在区域旅游发展中的驱动和抑制作用及机理，对区域旅游高质量发展具有重要意义。

黔桂云三省旅游发展业绩与绩效的耦合关系的时间演变特征是什么？各个市州的耦合度和耦合协调度的时间演变趋势如何？耦合协调等级的时间演变特征是什么？

黔桂云三省旅游发展业绩与绩效耦合关系的空间演变特征有哪些？

业绩与总效率的空间耦合演变关系如何？业绩与各个分解效率的空间耦合关系及其演变特征怎样？

问题九：高铁对黔桂云三省区域旅游经济的空间溢出效应影响。

高铁的时空压缩效应，必将加大区域旅游经济之间的联系。通过对区域旅游经济之间的联系总量、联系强度以及经济隶属度的测量，从经济表象上探讨了高铁开通区域之间经济在空间上的关系。区域旅游经济的空间相关性，需要从旅游经济增长空间溢出效应的视角，进一步定量测度其相关性。

高铁开通后，黔桂云三省各市州旅游经济增长是否存在空间相关性？其全局空间的相关性表现如何？局部空间相关性的表现怎样？能否证明各地旅游经济增长的空间溢出效应的事实存在？

进一步分析，黔桂云三省旅游经济的空间溢出效应机制。如何测度其空间溢出效应？空间溢出效应的作用机制是什么？

以旅游经济的空间溢出效应为基础，需进一步分析旅游经济的空间溢出效应有哪些影响因素？其中高铁发展是否促进区域旅游经济的空间溢出效应？其影响路径是什么？

（四）高铁与旅游空间结构

空间结构理论是区位理论的基础上发展起来的，是指区域经济客体在一定空间范围内相互作用及相互影响所形成的空间集聚程度和形态。区域旅游空间结构即是指旅游经济客体在一定空间范围内相互作用、相互影响所形成的空间分布状态及空间组织形式（卞显红，2003）。

问题十：高铁时代黔桂云三省旅游经济空间结构的演变。

前述基于区域可达性及经济联系的视角探讨了区域经济发展水平的空间分异现象，区域经济发展水平的不一致是区域空间结构的重要表征。但是区域经济发展水平不一致性具体如何测度？如何对区域旅游空间结构进行进一步的深入研究？

利用首位度理论，测度黔桂云三地区域旅游发展的中心及其演变？演变趋势特征如何？

利用位序—规模法则，测度黔桂云三地各个市州旅游经济发展水平的空间演变及演变特征和趋势如何？

高铁发展在这些空间演变的特征和趋势之中起到什么作用？

问题十一：高铁对区域旅游经济空间效应及动力机制的作用。

高铁带来的区域旅游可达性的变化、区域旅游中心的变化、区域旅游发展的位序及规模的改变，均是区域旅游空间结构演变的重要表现。进一步分析和探讨高铁对以上空间结构演变的作用。

高铁带来具体旅游目的地区位优势的改变，必将改变目的地在区域旅游发展中的地位。高铁开通必将强化核心城市、旅游枢纽城市的区位优势（Urena，2009），根据区位理论，具有显著区位优势的区域在经济发展初期必将对周边地区在人、财、物以及信息等资源要素上产生明显的"虹吸效应"（又称极化效应），形成所谓产业集聚现象。高铁对黔桂云三省是否存在此"虹吸效应"？其具体表现和特征是什么？

同样，根据区位理论具有显著区位优势的区域，在发展中后期，会对周边区域产生"扩散效应"（也称溢出效应），形成经济发展的外部性。由于旅游产业发展的特殊性（以原赋旅游资源为基础，以吸引旅游者到来才形成旅游消费），高铁对区位优势处于相对弱势，但旅游基础较好的城市，是否会形成扩散效应（游客向区位优势较好的区域、向资源优势较好的区域扩散）？这种扩散效应的具体表现和特征有哪些？其扩散机制是如何形成的？

现代经济的发展，与区域交通有着莫大的联系，交通对区域经济的影响从地理空间结构来看，表现为"点—轴"式的发展结构。旅游交通，是连接旅游者（消费者）和旅游目的地（消费场所）的重要通道，因此旅游活动的开展，具有典型的"廊道效应"。高铁作为现代化的旅游交通工具，越来越受到旅游者的青睐，成为旅游者出行的首选。因此，黔桂云三地高铁的发展，对旅游经济是否存在"廊道效应"？"廊道效应"的形成机制是什么？其特征和具体表现有哪些？

区域旅游经济的发展往往具有多中心、多枢纽的发展格局。在多个中心之间的城市或者区域，往往受到多个中心的"虹吸"或"扩散"的影响，形成所谓的"叠加效应"。黔桂云三地，是否存在高铁带来的叠加效应的城市？其叠加效应的形成机制及特征有哪些？

问题十二：高铁时代黔桂云三省区域旅游空间结构优化。

区域旅游空间结构优化，从新经济地理学的视角无外乎表现为"点、线、面"的基本框架的调整，即节点、轴线、区域的空间结构优化问题。

区域旅游发展的"点"即是我们研究的区域旅游发展的中心或枢纽，根据克鲁格曼的"核心—边缘"理论（CP）模型，探讨区域旅游发展中心的空间结构的优化，涉及两个方面的问题：一是从区域的角度中心节点布局的优化；二是中心节点城市内部旅游空间结构的优化。黔桂云三省在高铁带来的"时空压缩"效应下，区域旅游中心节点如何进行优化布局？传统旅游中心节点和新兴旅游节点城市如何应对高铁带来的旅游影响？节点城市内部产业结构如何进行调整，以应对高铁带来的"同城效应"和"最后一公里效应"（徐银凤，2018）。

区域旅游发展轴线的空间优化。传统的旅游发展轴线往往是基于资源的空间分布展开，如云南省旅游发展形成的"昆明—大理—丽江"、贵州省旅游发展形成的东部旅游线路（以黄果树为中心）以及西部旅游轴线（梵净山—西江苗寨—荔波大小七孔）。这些线路的形成，有历史的必然，也是基于资源的空间格局所限。高铁时代，拉近了黔桂云三地的空间距离，这些传统的旅游轴线是否会在高铁的牵引下被打破？是否会形成新的高铁旅游发展轴线？三省之间如何应对高铁带来的轴线旅游的变迁？这都是我们必须解决的问题。

区域空间结构的优化，则是将黔桂云三地作为较大的旅游区域，研究和探讨三省之间、三省各个市州之间，甚至于三省中各个景区之间旅游发展协作的问题。地理学中的"板块理论"应用于区域旅游空间结构的优化具有一定的解释优势。高铁带来的交通变革，有利于打破行政区划带来的旅游目的地的人为分割问题，打破地域界限的藩篱，旅游业的发展由于资源的同质性以及利益的冲突性，市场冲突和竞争是难免的。在高铁背景下，黔桂云三地能否形成跨区域的旅游合作板块？如何形成相互协作、优势互补、市场共享的合作区域？如何形成大旅游、大市场、多产品的旅游区域空间发展格局？

　　随着中国高铁的不断建设及发展，本研究的区域也即将进入高铁网络时代。高铁的快速、高效、便捷以及舒适性特征，首先对旅游者的旅游消费行为产生重要的影响，对旅游者的出游空间、出游半径都将带来一系列的影响；其次对区域旅游目的地的高铁可达性、区域旅游空间格局带来深刻的变革，区域旅游空间格局必将面临重组；最后高铁的一系列影响，必将最终体现在区域旅游发展上，高铁必将促进旅游在量上的增长、提升区域旅游产业发展效率。本书按照高铁对旅游发展主体的影响以及高铁对旅游发展客体的影响的逻辑框架展开研究，其中对旅游发展客体的影响研究，将按照"现象分析"—"时空表征"—"结果评价"—"机制研究"的研究思路来展开。

　　本成果正是在上述思路的指引下，尝试着回答和解决上述十二个问题，并最终得出高铁发展对区域旅游经济空间效应及作用机制。

三、研究对象

　　我国西部民族地区旅游资源富集，成为了重要的旅游目的地，但其相对落后的经济水平和交通条件严重制约了旅游业发展。高铁开通缩短了东部发达城市（客源地）与西部民族地区（目的地）的时空距离，极大的促进了西部民族地区旅游业的发展，成为了产业脱贫的重要方式。

　　本课题选取黔桂云三省为研究对象，三省均偏居我国西南，是典型的少数民族聚居区。贵州拥有 18 个世居少数民族，广西以壮族为主体，但同时世居 12 个少数民族，云南世居 25 个少数民族，且有 15 个民族为云南特有，民族资源丰富且各有特色；此外三省地处云贵高原及其边缘区域，地形地貌相似，拥有典型的喀斯特地貌和岩溶地貌，动植物资源丰富，旅游名胜众多，是著名的旅游目的地和旅游资源富集区；由于历史原因，三省的经济发展较为落后，同属于中国西部经济欠发达地区。

黔桂云三省地理相连，地形相似，旅游资源富集，同处于经济欠发达地区，且从 2013 年起相继开通高铁，区域高铁网络逐步形成，以三省为代表研究高铁开通对民族地区的旅游经济的影响具有一定的典型性和代表意义。

（一）研究区域概况

黔桂云地处我国西南、南部地区，云南辖 16 个市州、贵州 9 个市州和广西 14 个地级市，区域陆地总面积约 84.79 万平方公里，仅占全国的 8.8%。其中云南的面积最大，广西次之，贵州面积最小。云南和贵州全为陆地，广西处于我国南部，南临北部湾并与海南隔海相望，拥有海域面积约 4 万平方公里。黔桂云地区地形复杂，贵州和云南所在地区多为高原山地和丘陵，是云贵高原的组成部分，广西处于云贵高原东南边缘，两广丘陵西部，地跨珠江、长江、红河、滨海四大水系，地貌多为平原和盆地。黔桂云整体呈现西高东低，海拔落差大，海拔最高处可达 6740 米。地理区位和地形地貌对黔桂云地区的交通造成了深远的影响。

截至 2018 年，黔桂云地区总人口约为 13355.5 万人，地区生产总产值约为 53040.08 亿元，占全国 5.9%，较 2013 年增长了 54%，其人均 GDP 为 39713 元①。贵州占黔桂云地区生产总产值为 27.9%，云南占 33.7%，广西占 38.4%②。黔桂云地区生产总值逐年增长，2013 年至

---

① 数据来源于贵州、广西和云南的国民经济和社会发展统计公报。
② 数据来源于贵州、广西和云南的国民经济和社会发展统计公报。

2018年，每年广西的地区生产总值均遥遥领先于云南和贵州。2018年在研究的26个地级市中，广西11个地级市中的防城港市、北海市、柳州市、南宁市人均GDP排名靠前，均在6万元以上，其中排名前三位的地级市分别为防城港市、北海市、柳州市，分别为84112元、79281元、75945元①；贵州省8个市州中人均GDP排名前三的分别为贵阳市、六盘水市和遵义市，超过6万元以上的仅有贵阳市②；云南省7个市州中昆明市的人均GDP最高，为76387元，其次是玉溪市62641元，超过6万元以上的也仅有这两个地级市③。

近年来，黔桂云地区经济稳增长的同时，交通条件不断改善，产业结构进一步优化。2018年，广西全年的生产总值为20352.51亿元，第三产业增加值增长9.4%、第二产业增加值增长4.3%、第一产业增加值增长5.6%。三者增加值占地区生产总值的比重分别为14.8%、39.7%和45.5%，对经济增长的贡献率分别为13.1%、25.4%和61.5%④。贵州2018年全省地区生产总值为14806.45亿元，相比上一年度增长9.1%。按产业增长值来看，第三产业最高，增加值为6891.37亿元；其次是第二产业，增加值为5755.54亿元；最后是第一产业，增加值为2159.54亿元。按产业增加值占地区生产总值的比重看，第三产业增加值的比重最高，为46.5%；其次是第二产业，比重为38.9%；最后是第一产业，比重为14.6%⑤。云南2018年全省生产总值为17881.12亿元，比上一年度增长8.9%，高于全国2.3%。按产业增长值来看，第三产业增加值最高，为8424.82亿元。其次是第二产业，增加值为6957.44亿元；最后是第一产业，增加值为2498.86亿元。按产业增加值占地区生产总值的比重看，第三产业增加值的比重最高，为47.1%；其次是第二

---

① 数据来源于2018年广西各个地级市的国民经济和社会发展统计公报。
② 数据来源于2018年贵州国民经济和社会发展统计公报。
③ 数据来源于2018年云南各个市州的国民经济和社会发展统计公报。
④ 数据来源于2018年广西国民经济和社会发展统计公报。
⑤ 数据来源于2018年贵州国民经济和社会发展统计公报。

产业，比重为 38.9%；最后是第一产业，比重为 14.0%[①]。

从以上数据可以看出，广西、贵州和云南的产业结构中，第三产业占比均高于第一、二产业，其增幅也快于第一、二产业，可见近年来在黔桂云地区产业结构调整上，实现了资源重新整合，要素配置得到了合理优化。近年来随着交通基础设施的改善，加上黔桂云地区独特的地形地貌所形成的丰富的自然景观、温暖湿润的气候、优美的生态环境、浓厚的人文气息以及多民族文化交融，给黔桂云地区的第三产业，尤其是旅游业发展提供了得天独厚的条件和优势，进一步促进了区域内经济的健康稳定发展。

（二）研究区域交通发展现状

黔桂云地区生产总值和人均 GDP 的逐年提升，加上产业结构的优化配置、资源的整合，黔桂云地区的交通设施逐步改善。如图 1-6 和

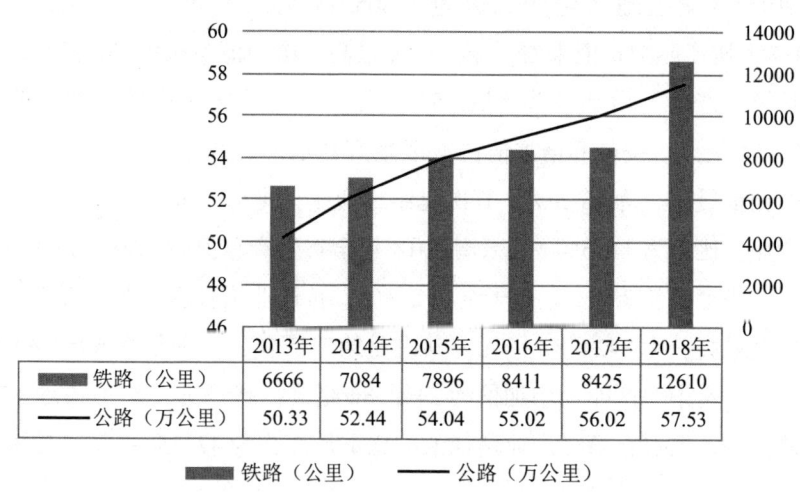

图 1-6　2013 年至 2018 年黔桂云三省公路总里程和铁路总营业里程长度[②]

[①] 数据来源于 2018 年云南国民经济和社会发展统计公报。
[②] 数据来源：云南、贵州、广西 2014 年至 2018 年统计年鉴，2018 年数据来源于对应省份的国民经济和社会发展统计公报。

图 1-7 所示，2013 年至 2018 年黔桂云地区公路总里程由 50.33 万公里增加到 57.53 万公里，增加了 14.31%。铁路运营总里程数由 2013 年的 6666 公里增长到 2018 年的 12610 公里，增长率 89.17%。黔桂云地区公路和铁路的里程数逐年上升，反映出黔桂云地区交通基础设施的不断改善。

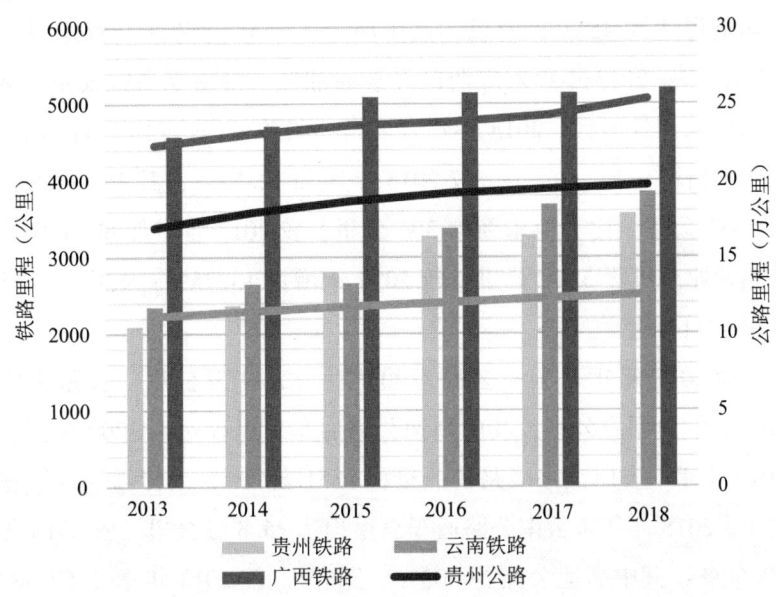

图 1-7　2013 年至 2018 年黔桂云三省公路里程和铁路营业里程长度①

贵州 2013 年的公路总里程为 16.9 万公里，总里程在我国西部省市区排名第 4 位，公路密度为 96.3 公里/百平方公里，其中全省高速公路通车里程达 3281 公里，全省高速公路密度达到 1.86 公里每百平方公里。截至 2013 年年末，贵州境内铁路营业里程为 2093 公里②，贵广高铁正值建设期。2018 年贵州省年末公路通车里程达 19.69 万公里，较 2013 年增加 16.5%，比上年末增长 1.3%。其中，高速公路通车里程为 6453

---

① 数据来源：云南、贵州、广西 2014 年至 2018 年统计年鉴，2018 年数据来源于对应省份的国民经济和社会发展统计公报。
② 数据来源于 2014 年贵州统计年鉴。

公里，较 2013 年增加 96.68%，2018 年年末铁路营业里程 3560 公里，较 2013 年增加 70.09%①。2018 年贵广高铁、沪昆高铁、渝贵铁路等相继开通，贵州已全面融入全国高铁网络。

广西 2013 年年末公路总里程为 11.14 万公里，其中高速公路 3305 公里，在西部地区中分别排第 9 位和第 4 位。截至 2013 年年末，广西铁路营业里程达到 4573.3 公里，其中时速在 200 公里以上营业里程为 772.7 公里②。2013 年年末广西已经开通湘桂、柳南等高铁线路，标志着广西迈入高铁时代。2018 年年末广西公路总里程达到 12.54 万公里，比上年末新增 0.22 万公里，较 2013 年增加 12.57%；其中，高速公路里程 5563 公里，比上年末新增 304 公里，较 2013 年增加 68.32%。年末铁路营业总里程 5202 公里，较 2013 年增加 13.75%；其中，高铁营业里程 1771 公里③。

云南 2013 年年末全省公路总里程为 22.29 万公里，公路密度为 56.58 公里/百平方公里，其中高速公路通车总里程达到 3200 公里。截至 2013 年年末省内铁路线路营业里程 2351 公里④，云桂高铁线路正在筹建中。2018 年年末云南公路通车总里程达 25.3 万公里，较 2013 年增加 13.50%，其中高速公路为 5039.5 公里⑤，较 2013 年增加 57.48%。2018 年全省铁路运营里程增加到 3848 公里，较 2013 年增加 63.68%，其中全省高铁运营里程达 1026 公里⑥。

可见，在黔桂云三省地区，2013 年至 2018 年公路交通里程增长率均在两位数以上，增长最快的是贵州，这与贵州省不断调整产业结构，发展绿色生态经济，积极全力推进交通强国建设西部试点工作，打造

---

① 数据来源于 2018 年贵州国民经济和社会发展统计公报。
② 数据来源于 2014 年广西统计年鉴。
③ 数据来源于 2018 年广西国民经济和社会发展统计公报。
④ 数据来源于 2014 年云南统计年鉴。
⑤ 数据根据《2018 年云南省收费公路统计公报》整理所得。
⑥ 云南省统计局：风雨兼程七十年 砥砺奋进著华章，云南省统计局官网，http://stats.yn.gov.cn/tjsj/jjxx/201909/t20190924_893133.html，[2019-9-24]. 引用日期 [2020-1-15]。

"四好农村路"和"组组通"公路建设密不可分。2018年黔桂云三省地区交通基础较为发达，公路和铁路里程数稳步增长，尤其是高铁里程的增长。广西2018年高铁里程数位居全国之首，高铁里程数为1771公里。交通基础设施的不断改善，加强了地区之间相互联系，缩短了地区之间往来的时间，高铁的开通，进一步节约了时间成本，大大促进了旅游经济的发展。

截至2013年年底黔桂云地区仅有广西通有高铁，迈入了高铁时代，而贵州和云南的高铁正在规划建设当中，再加上地形地貌的复杂性，使得贵州和云南2013年及以前在交通运输上主要依靠公路运输为主。随着2014年贵广高铁和2016年沪昆高铁的相继开通，云南和贵州进入了高铁时代。从2013年12月到2018年1月，黔桂云三地的高铁从0条增加到9条，占全国高铁线路的12.7%。这9条高铁线路经过黔桂云三地26个地级市州城市（见图1-8），设有93个高铁站点，名称、开通时间如下：衡柳线·柳南客运专线和邕北·防钦线为2013年2月开通；南

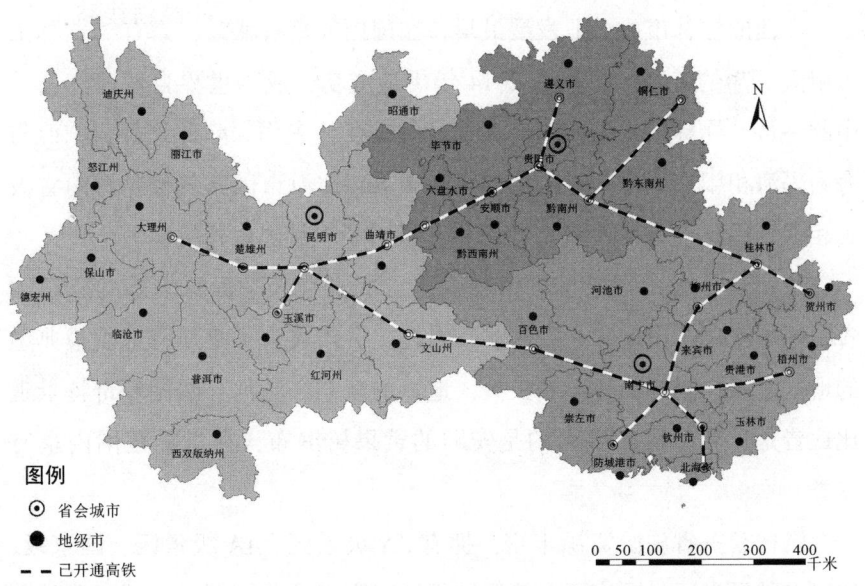

图1-8 黔桂云高铁线路示意图（截至2018年年底）

广线为2014年4月开通；贵广客运专线为2014年12月开通；沪昆客运专线、昆玉线和云桂线为2016年12月开通；渝贵线为2018年1月开通；成昆铁路广昆段·楚大线为2018年7月开通。

（三）研究区域旅游产业发展现状

黔桂云三省地处我国西南腹地，丰富的喀斯特地貌景观和高山峡谷景观，造就了三省丰富的自然旅游资源；同作为西部民族地区的多民族文化积淀了深厚的文化旅游景观，使其成为我国西部重要的旅游目的地。

云南与缅甸和老挝接壤，在全国十佳旅游城市评选中位居第二，昆明的石林、大理古城、香格里拉和西双版纳等已经成为热门必去的经典景点，有"彩云之南"之称的云南是最早把旅游业作为全省支柱性产业来发展的省份，其旅游经济总量和旅游业发展水平增速位居全国前列。

广西的桂林市旅游业发展最早，在国内外享有盛誉，素有"桂林山水甲天下"的美称，并且在2014年申遗成功，成为世界自然遗产名录中的一员。桂林山水是中国山水景观的重要代表作。除此之外，广西与海南隔海相望，受海南省的旅游热潮影响，北海市因其气候与海南省极其相似，因此具有"小海南"之称，吸引了大量国内外游客。

贵州是一个山川秀丽、民族众多、气候宜人、资源丰富的旅游大省，地形复杂，山地和丘陵居多，因此，贵州成为了喀斯特地貌最典型的地区之一，岩溶面积不断扩大，地下的溶洞、暗河、暗湖等奇特景观比比皆是。其中最具盛名的是安顺的黄果树瀑布，在世界范围内享有盛誉。

黔桂云三省旅游资源丰富，拥有5A级景区、4A级景区、国家级、省级名胜风景区、国家级自然保护区、国家森林公园等。旅游资源是游客产生旅游行为活动的必要和首选条件，黔桂云三省有足够丰富的旅游资源吸引游客。如表1-8所示,黔桂云三省共有20个5A级景区,其中云南省拥有8个;4A级景区共有318个,其中广西有173个;3A级景区467个,广西最多,拥有230个。从全国范围来看,虽然5A级景区数量与全国相比,仅仅只占了全国总量的7.3%,但是黔桂云三省的自然风光和人文底蕴是独一无二的。三省各有特色,都具有十分丰富的旅游资源,同时又具有一个十分鲜明的特点:少数民族众多。广西是少数民族人数最多的省份,其中本省瑶族人口总数占全国瑶族总人数的60%,云南有彝族、傣族、白族等25个少数民族,是全国具有少数民族最多的省份,贵州共有18个少数民族,少数民族人数占了全省总人数的39%,并且有3个民族自治州。流传至今的各民族不同的建筑、饮食、习俗、节庆等为游客们提供了"原汁原味"的异域风情,丰富了人文底蕴。

随着蓬勃发展的旅游热潮,黔桂云三省搭上了旅游快速发展的列车,旅游收入呈直线上升的趋势。2013年的旅游总收入由6539.06亿元上涨到2018年的26081.93亿元,旅游人数由2013年的8.74亿人次增长到23.4亿人次,无论是旅游总收入还是旅游人数在6年间都上涨了3倍左右。2013年,全国31个省份的旅游总收入为29875亿元,黔桂云三省旅游总收入占全国的21.8%,由此可以看出,黔桂云三省旅游业的发展在我国旅游业发展过程中扮演着比较重要的角色,因此,关注黔桂云旅游业的发展是一个值得研究的问题。黔桂云地区地势复杂,高速公路、铁路造价成本高,路线曲折,一直成为三省旅游业发展的桎梏。近年来随着国家精准脱贫战略的实施,三省交通情况得到了较大改善,2015年底贵州已经实现了"县县通高速",88个县全部拥有高速公路;在铁路方面,沪昆高铁、成贵高铁相继通车,使得贵州的交通区位得到大幅度改善。云南和广西也不例外,从2013年开始,高铁线路发展迅速,广西有11个市州,云南有7个市州设有高铁线路。交通基础设施的发展,为旅游业的发展带来了巨大的影响。

表 1-8 黔桂云旅游资源汇总表①

旅游资源	总量	贵州	广西	云南
5A 级景区	20	7	5	8
4A 级景区	318	73	173	72
3A 级景区	467	138	230	99
国家级名胜风景区	35	13	10	12
省级名胜风景区	123	56	30	37
国家级自然保护区	52	8	23	21
国家森林公园	76	21	23	32
国家地质公园	28	6	11	11
全国重点文物保护单位	270	39	81	150

三省的旅游总收入（图 1-9）与 GDP 相比（图 1-10），至 2013 年广西开通第一条高铁以来，三省的旅游总收入占 GDP 比重也逐年上升，其中贵州由 2013 年占 GDP29%，增加到 2018 年占比 57%；云南同期由 18% 增加到 46%；广西则由 14% 增加到 31%。三省旅游业在地区经济发展中都占有重要地位。

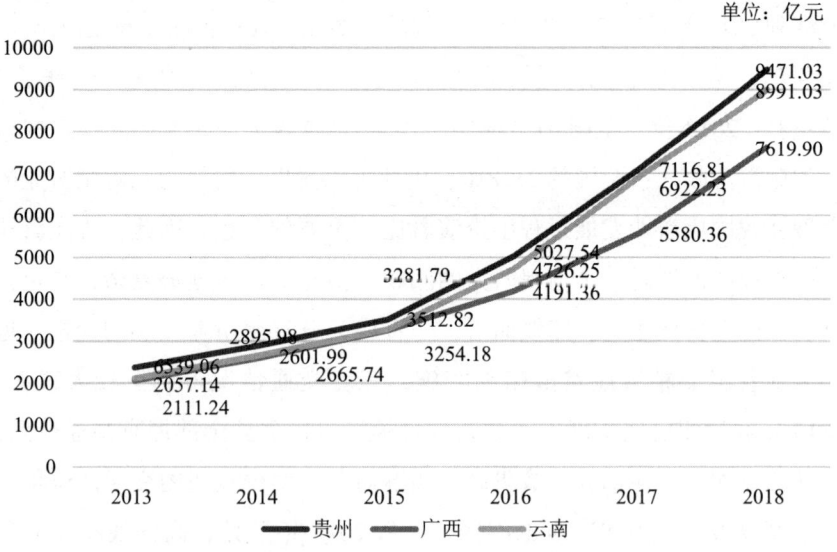

图 1-9 黔桂云三省 2013—2018 年旅游总收入

① 数据来源：中国国家旅游局官网。

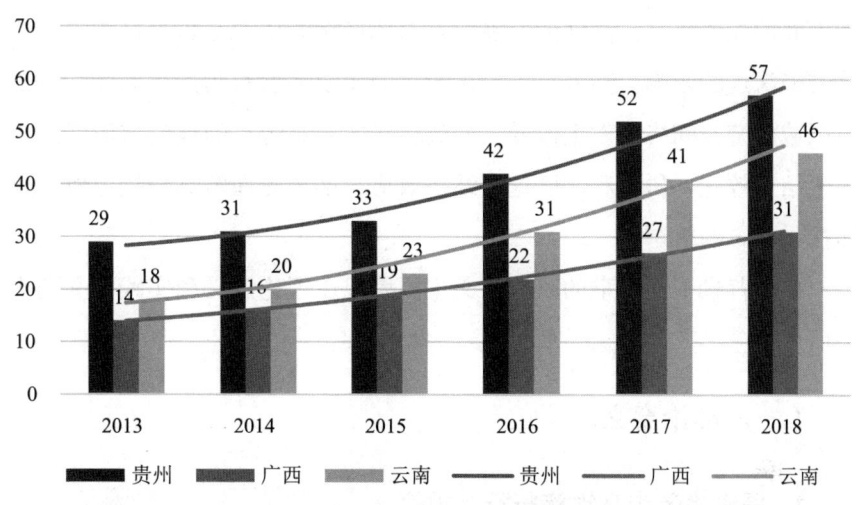

图 1-10 2013—2018 年黔桂云三省旅游业增加值与 GDP 比重①

四、研究意义

截至 2019 年年底,中国高铁运营总里程达到 3.5 万公里②,居世界第一。根据 2016 年国家发改委公布的《中长期铁路规划网》以及 2017 年印发的《铁路"十三五"发展规划》,到 2020 年底,中国高铁的"四纵四横"主干网络框架基本建成,2.5 万公里的高铁惠及中国 550 余座城市;到 2030 年末形成"八纵八横"的高铁格局,中国将真正进入高铁网络化时代:高铁带来的新的时空概念,使得传统城市边界被打破,空间距离被淡化,时间距离成主要标尺,小时交通圈的概念将被强化;高铁带来区域资源重新分配,高铁加快区域之间的人财物、资金、信息等要素的更快速的流动,并将沿高铁网络格局进行重新分配;高铁带来新的生活方式,旅居将不再是一个空间上的概念,而是一个时间上的符号。这些变化,必将极大的促进区域经济的发展。交通是旅游

---

① 云南、贵州、广西 2014 年至 2018 年统计年鉴,2018 年数据来源于对应省份的国民经济和社会发展统计公报。

② 《我国高铁营业里程年底将达 3.5 万公里》,人民网,[引用日期 2019-11-26]。

业发展的先决条件，高铁的发展对西部民族旅游资源富集地区而言，必将带来深远的影响，高铁首先对旅游者的旅游消费行为产生影响，进而对区域旅游空间格局发生改变，并最终在区域旅游目的地的旅游发展上产生结果效应。研究和测度这个结果效应，必须先厘清其作用过程，进而探讨其影响机制。

在此背景下，本书的研究意义主要表现在理论意义和实践意义两个方面。

（一）理论意义

1. 探索旅游者高铁旅行行为规律

本书将通过比较分析高铁开通前后旅游者旅游消费行为的变化，探讨在高铁带来的"时空压缩"效应下，引致出来的新的旅游消费行为规律，包括高铁出游空间和出游半径规律、高铁旅游者出游方式的变化规律、高铁旅游者旅游目的地空间转移规律的变化、高铁旅游者在旅游目的地消费结构的变化等。通过本书从高铁经济的视角丰富旅游消费行为的研究理论，探索高铁旅游者旅游消费行为规律。

2. 探究高铁对区域旅游目的地经济绩效的空间效应及作用机制

本书从空间效应视角，借助空间计量经济方法和 GIS 技术等研究方法，厘清高铁与旅游经济绩效的时空关系，测度高铁对民族地区旅游经济绩效的空间效应及其异质性，构建高铁背景下旅游经济绩效的动力机制分析模型。该研究突破以往基于本地影响视角的束缚，更加注重量化分析其空间效应及其驱动机制，研究结果将进一步完善对高铁与旅游发展关系机理的认识，深化对高铁发展的空间效应及其动力机制的理解，丰富现代旅游学研究的理论内涵和方法体系。

3. 分析高铁时代目的地空间结构的时空演变规律

高铁的"时空压缩"效应，引致区域旅游目的地空间结构发生改变,其重要的表现在区域可达性格局的变化,进一步导致区域旅游经济潜能以及区域旅游经济联系发生变化。本书拟从高铁带来的可达性格局、旅游经济潜能以及旅游经济联系等空间格局的表象视角深入分析高铁带来的区域旅游空间格局演变规律,分析高铁对区域旅游空间格局的影响效应及其机理。本研究在理论上丰富了旅游地理学、交通地理学的研究内容。

(二) 实践意义

1. 为旅游交通规划提供科学依据

交通是地区经济发展的命脉,旅游交通是区域旅游产业发展关键。对于西部民族地区的黔桂云三省而言,地区经济发展相对落后,但富集的旅游资源使得旅游产业在地区经济中占有相当大的比例。一方面,通过本书的研究,深入分析高铁发展对经济欠发达、旅游资源富集的西部民族地区的深刻意义,为构建全新的旅游交通系统提供理论依据,为民族地区外部大交通的变革进行政策呐喊;另一方面,促进区域旅游交通规划与旅游规划的有机衔接,将有助于提高区域内旅游交通规划的科学性,为地方政府合理制定旅游交通投资顺序和投资规模提供政策指导和科学的决策依据,以实现区域经济、社会以及旅游业的全面协调发展。

2. 为区域旅游产业发展提供政策建议

高铁的"时空压缩"效应,导致旅游者出游行为、消费行为发生变化,进而对旅游目的地的选择出现新的高铁效应特征,进而带来区域旅游空间格局、客源市场结构等发生新的变化,作为区域旅游目的地而言,为了应对这一系列的新变化,需要对旅游目的地内的各个要素系统进行优化和升级,但如何优化和升级,正是本书研究解决的关键。一是,高铁时代区域旅游目的地内的旅游企业如旅行社、酒店、旅游景区等,如何应对旅游消费者消费行为的变化,在产品、服务等应如何进行升级，才能有效的留下旅游者，带来更大的旅游收益；二是高铁发展必将对区域旅游空间结构、客源市场结构、区域旅游产业结构带来深刻影响，地方政府如何应对此种变化，制定相关产业发展政策、市场优惠政策等，这也是本书着手解决的重要问题之一。通过本书的研究有助于提升民族地区旅游经济绩效水平，促进旅游生产要素的合理配置，优化区域旅游空间结构、产业结构等，为区域旅游产业的健康发展提供政策建议。

3. 为区域旅游合作提供实践指导

高铁带来区域旅游发展的"时空压缩"效应的同时，也加剧了区域旅游产业发展之间的竞争，高铁带来旅游经济增长的扩散效应的同时，也会对具有同质资源和景区的区域产生过滤和屏蔽效应，因此区域旅游如果要实现整体协调发展，就必须要加强区域旅游发展的协调和合作，通过差异化产品的打造、塑造区域旅游发展的整体形象和品牌，是区域旅游合作发展的前提。作为中国西南民族地区黔桂云三省，具有经济发展的同阶段性和旅游资源富集的特征，但相同的地貌结构，也使得区域原赋旅游资源具有一定的同质性，因此黔桂云三省要实现旅游业的整体发展，必须要加强区域旅游合作，打破区域行政藩篱的限制，才能获得可持续的长期发展的动力。通过本书的研究，有助于促进民族地区旅游合作机制和模式的制定，推动黔桂云三地旅游业协调发展，实现旅游脱贫和全面小康的目标。

五、研究思路及研究目标

（一）研究思路

本书在系统总结交通发展与旅游经济发展关系研究的理论框架基础上，以黔桂云三个西部民族地区为典型案例地，围绕"高铁与旅游者—高铁与可达性—高铁与旅游经济绩效—高铁与旅游空间结构"四维度研究框架；基于从主体（旅游者）到客体（旅游业）影响分析逻辑；从变化表象（现象）的探索到内部影响机制（本质）的揭示的哲学分析范式，综合运用实地调研、空间计量经济学模型和GIS技术等多种研究方法，致力于探究高铁发展对民族地区旅游经济绩效的空间效应与动力机制（图1-11）。

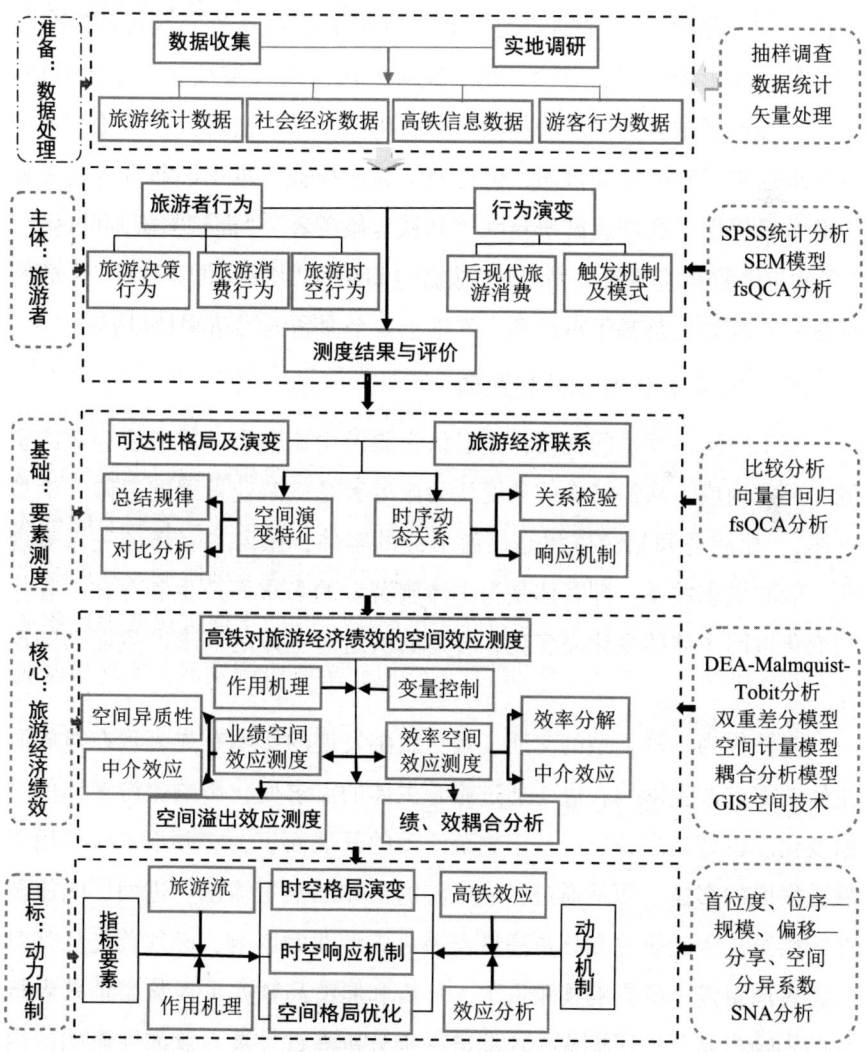

图1-11 本书研究的技术路线

1. 构建四维度研究框架

高铁作为新型交通工具对依托于交通工具发展的旅游业的影响不容置疑,高铁的"时空压缩"效应对旅游者出游的心理距离产生明显的作用,在时间距离不变的情况下,旅游者出游的空间距离大幅度增加,进而影响到旅游者对旅游目的地的选择,由此引致区域旅游业发展各个要素的"多米诺效应"。首先,是高铁对区域旅游可达性、区域旅游经济联系的直接影响效应;其次,是高铁对区域旅游经济绩效的结果效应;最后,导致区域旅游发展的空间格局变化凸显。高铁时代区域旅游产业的发展迎来了新的发展机遇,但也面临新的挑战。本书的研究,首先基于此背景提出了高铁旅游研究的"高铁与旅游者""高铁与旅游可达性""高铁与旅游经济绩效""高铁与旅游空间结构"四个维度和十二个研究命题,本成果也是基于审视和回答这十二个命题的视角来加以展开。

2. 主体至客体影响分析逻辑

基于旅游地理学的视角,一般认为旅游由旅游者、旅游业和旅游资源三要素构成。从经济学的角度认为旅游者是旅游业发展的主体(消费主体),旅游业和旅游资源是旅游形成的客体,旅游主客体的关系表现为一般的供求关系:即客体是为主体旅游者的需求而产生和存在,客体的变化也因主体的变化而变化;客体的供给对主体的需求产生能动的反作用。

高铁作为一种新型的交通工具对旅游发展的影响首先表现在对旅游主体的需求产生影响,进而通过旅游主体的需求变化影响旅游客体的供给变化。也即是高铁发展基于旅游活动的开展而言,它并不直接作用于旅游发展的客体,而是通过影响旅游的主体的消费需求,进而影响旅游业的供给。因此研究和分析高铁发展对旅游业的影响,必须首先从其对旅游者消费需求的影响视角入手,分析和厘清高铁发展对旅游消费者行为的影响机制及作用模式,才能进一步分析高铁发展对旅游业影响的内在逻辑关系。

3. 现象到本质哲学分析范式

由现象到本质是马克思主义认识论中的哲学范畴，也是我们认识事物的科学分析过程及方法，是揭示事物内部联系和外部表现的相互关系的哲学分析范式。马克思主义认识论认为，本质是事物的内部联系，是决定事物性质和发展趋向的东西；而现象是事物的外部联系，是本质在各方面的外部表现。任何事物都有本质和现象的两个方面，因此我们认识和分析任何事物也必须从这两个方面入手。"如果事物的表现形式和事物的本质会直接合二为一，一切科学就都成为多余的了"①。对任何事物的认识，必须要透过现象认识本质，从而把握事物的发展规律。列宁说："认识事物的过程是一个艰苦反复的过程，只有在实践中通过对多方面现象的分析研究，去粗取精、去伪存真、由此及彼、由表及里，才能实现从现象到本质，从不甚深刻的本质到更深刻的本质的深化的无限过程。"②

本研究探讨高铁发展区域旅游的影响，也基于此哲学分析范式。例如探讨和分析高铁对旅游消费者行为的影响中，也是先通过调查分析高铁背景下，旅游消费者行为变化的特征，进而采用结构方程模型和定性分析法探究高铁发展是如何影响旅游消费者行为的机制及模式；在高铁对旅游经济绩效的影响中，也是先通过观察到高铁开通后，区域旅游可达性变化、旅游经济联系的变化的现象，进而通过自变量向量回归模式探究其影响因素。从本研究选题的视角，高铁开通带来了对区域旅游经济绩效的变化，这是我们研究的现象，进一步探究其动力机制即是要认识和分析其本质。因此本研究从局部到整体的分析，无不贯穿了马克思主义认识论的从现象到本质的哲学分析范式，从现象到本质的分析范式构成了本研究的基本分析架构。

---

① 《马克思恩格斯全集》第25卷，第923页。
② 《列宁全集》第38卷，第239页。

（二）研究目标

本书以黔桂云三省为典型研究区，借助空间计量经济方法、GIS空间分析、计量经济模型等多种技术与方法，通过高铁发展对旅游经济绩效的空间效应与动力机制研究，拟达到以下目标：

（1）通过高铁发展对旅游消费者行为的影响研究，认识高铁对旅游者旅游行为的影响机制及触发模式，为区域旅游产品的创新提供政策建议。

（2）通过高铁开通后区域旅游可达性及经济联系变化的对比分析，探索高铁对旅游业发展影响的关键机制，为高铁旅游规划提供政策建议。

（3）通过对高铁发展与旅游经济绩效的时空关联特征分析，揭示高铁与民族地区旅游经济绩效之间的时空关系及其演化规律；通过对空间效应的量化测度模型与方法，探讨高铁发展对旅游经济绩效的空间效应，揭示三个民族地区空间效应的格局特征与演化机理。

（4）通过引入旅游流模型，分析高铁时代黔桂云三省旅游空间格局的变化特征，揭示旅游流变迁的高铁效应及动力机制，为民族地区旅游资源开发、旅游市场营销战略的制定以及旅游资源开发提供政策建议。

（5）通过构建高铁对旅游空间结构影响的"特征—过程—机制"即"现象—本质"的研究体系，厘清民族地区高铁背景下旅游空间优化方向，为区域旅游线路制定、重点开发区的选取以及旅游合作提供政策建议。

六、基本理论、概念及研究方法

（一）基本理论

1. 消费者行为理论

消费者行为理论（Customer Behavior Theory）从经济学的视角称之

为效用理论，是研究消费者心理及其行为模式的基本理论。对消费者行为的研究最早可追溯到18世纪的英国，直到20世纪五六十年代才从营销学中分离出来形成独立的学科形式（晏国祥，2004）。该理论的研究核心是关注消费者的心理及模式，在不同时代，基于不同的环境对消费者的人性假设不同，先后经历了"经济人""社会人""自由人"的转换，其研究假设与管理学的发展紧密相联，分别先后从"理性视角""行为视角""认知视角""动机视角""社会视角""物质视角""态度视角""情景视角"等多个角度展开了研究，形成了所谓的实证主义和非实证主义两大研究范式和流派。

基于对旅游消费者行为的研究，从现有研究内容和范畴来看，主要包括旅游消费者的时空行为模式、旅游消费者的消费行为模式以及旅游者的消费心理模式。其中旅游消费者的时空行为模式是指旅游者选择旅游目的的时间和空间指向；旅游消费行为模式是指旅游者在旅游目的地的消费行为偏好及结构；旅游者的消费心理模式是对不同类型消费者消费决策心理的认知和解读，其表现在旅游消费决策行为。由于旅游消费的特殊性决定了旅游消费者行为具有明显的空间位移和时间节律特征（谷明，2000），因此旅游消费者的时空行为成为了研究核心。

2. 区位理论

区位理论产生于18世纪下半叶，早期的区位研究的出现是为了解决生产力的最佳布局问题，如1967年英国的斯秋阿特（J. Steuart）在探讨地域分工时，探讨了区位要素，亚当·斯密也探讨了"地租和水陆运费对区位的影响"。19世纪20—50年代，德国多位学者先后提出了农业区位理论、工业区位理论、城市区位论（中心地理论）和市场区位论。农业经济学家杜能（Von Thunen）根据农业生产过程中，农业的布局因地价的差异而形成了地域上的分带现象，提出了农业生产圈层模型，农业生产区位理论成为了区域经济活动空间布局差异的基础理论；经济学家韦伯（A. Weber）在系统的研究了工业生产布局的问题时，基于原材料、劳动力以及运输成本，构建了系统的区位因子体系，创立了工业区位理论模型。

3. 空间结构理论

空间结构理论源于区位理论，基本沿用了区位理论的研究方法。在国内外研究文献中，区域空间结构往往指区域经济空间结构，是指区域内各个经济要素及主体在空间中的相互作用和相互关系，以及反映这种关系的主题和要素的空间集聚规模和集聚形态。空间结构可以按照地理空间尺度划分为微观（企业之间）、中观（城乡或行政地域）以及宏观（国家或国家间）等三个层次。空间结构理论是研究如何保持社会经济主体之间保持最佳的相互关系和形态的理论，是促进区域经济合理发展的理论依据（郭腾云，2009）。社会经济主体之间的关系反映为空间集聚、扩散等关系。在不同内外环境的共同作用下，区域内空间结构会发生演变。一般来说，区域经济空间结构会依次经历原始均衡结构、增长极结构、核心—边缘—外围结构、网络一体化机构，基于此也产生了对应的空间结构的演化理论。

（1）增长极理论

增长极理论是由法国社会学派经济学的领军人物弗朗索瓦·佩鲁（Frmlcois Perroux）1950 年在《经济学季刊》的《经济空间：理论与应用》一文中首次提出。增长极概念是建立在抽象的经济空间上，他认为经济空间是不平衡的，其发展中存在着极化作用，即经济空间中会有在一些中心（或极）这些中心（或极）的作用就类似于磁铁的磁极。这些中心（或极）在对外部因素起吸引作用时，还在相互之间起到吸引和排斥的作用并产生向心力和离心力，这些向心力与离心力相互会形成一定范围的"场"，"场"的中心就被佩鲁定义为增长极。

增长极理论的提出是基于回答和解决西方经济发展中"是否平衡增长"问题。新古典经济学家在帕累托最优理论的指导下，信奉区域经济发展和经济要素配置均衡原则，认为经济的发展即使出现短期的非均衡，但是从长期发展的视角，也会回到均衡的状态。但佩鲁认为，经济的发展一旦偏离初始均衡，除非有外力作用，很难回到均衡位置（王瑜，2011），其原因就是区域经济空间中存在着一种极化空间，他指出"经济的增长并非同时发生，而是以首先出现的增长极为核心，以不平等动力学沿不同路径扩散为基础，实现不平衡增长"；"增长极"具有强大的创新能力，通过产业关联乘数效应、溢出效应与外部经济性，诱导、带动整个经济空间其他要素的快速发展，形成更多经济增长点，以点带面，最终发展为优质高效的经济网络（朱桃杏，2017）。佩鲁认为，形成增长极必须满足三个条件：首先，要有富有创新精神、敢于挑战的企业家精神，这是成为增长极的主要推动力量；其次，要能形成规模经济效应，才能保证增长极的乘数效应和规模效应；最后，要有良好的外部经济性环境，如良好的基础设施、有序的市场环境和相应的政策环境。

旅游增长极是经旅游济地理空间中的旅游增长中心（朱桃杏，2017）。旅游增长极根据其对周边的辐射能力和区位带动力可分为旅游极核、旅游中心、旅游次中心（卞显红，2006）。旅游增长极同样具有极化作用和扩散作用，对区域旅游业产生影响，在旅游业发展初期，增长极凭借良好的区位优势、资源优势以及政策优势等对周边区域的"人、才、物、资金、信息"等产生极化作用，率先获得旅游发展，从而对周边区域旅游业发展产生抑制作用；在中后期增长极凭借资金、信息以及营销等手段对周边区域产生正向溢出效应，实现区域旅游经济的整体发展（图1-12）。

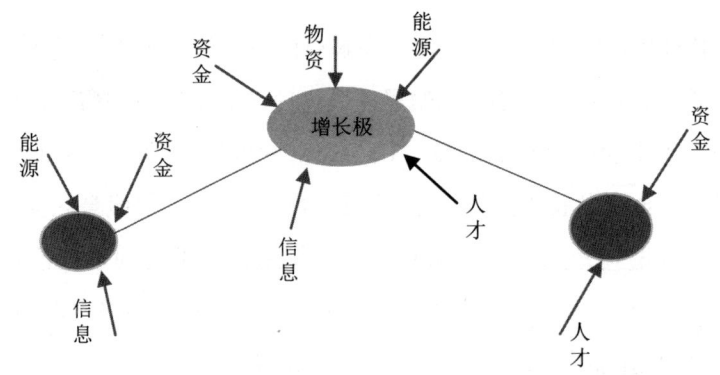

图1-12 增长级的概念结构图

(2)"点—轴"理论

"点—轴"理论即"点—轴"开发理论,起初由波兰经济学家萨伦巴和马利士提出,1984年我国地理学家陆大道在基于德国克里斯泰勒的中心地理论、法国佩鲁的增长极理论、波兰的松巴特的生长轴理论以及瑞典黑格斯特兰的空间扩散理论的基础上提出了"点—轴"渐进式扩散模式理论。这里的"点"即中心地、增长极,轴即增长轴,指"点"与"点"之间基于交通干线、动力供应、能源链等相互连接形成的经济联系通道(陆大道,2002)。"点—轴"理论模型较好的解释了经济欠发达地区发展之初客观空间结构形成机理、特点、运行过程及在指导区域宏观经济政策制定提供了理论依据。其核心观点:在一定的经济空间范围内,空间集聚和空间扩散是区域经济要素空间运动的两种主要方式;各种经济要素通过这两种联系效应实现相互依赖和相互制约的互动式发展;渐进式扩散导致"点—轴"系统的形成(陆大道,2002)。"点—轴"系统一般经历原始均衡阶段、增长极阶段、核心—边缘—外围阶段和网络一体化阶段(图1-13)。

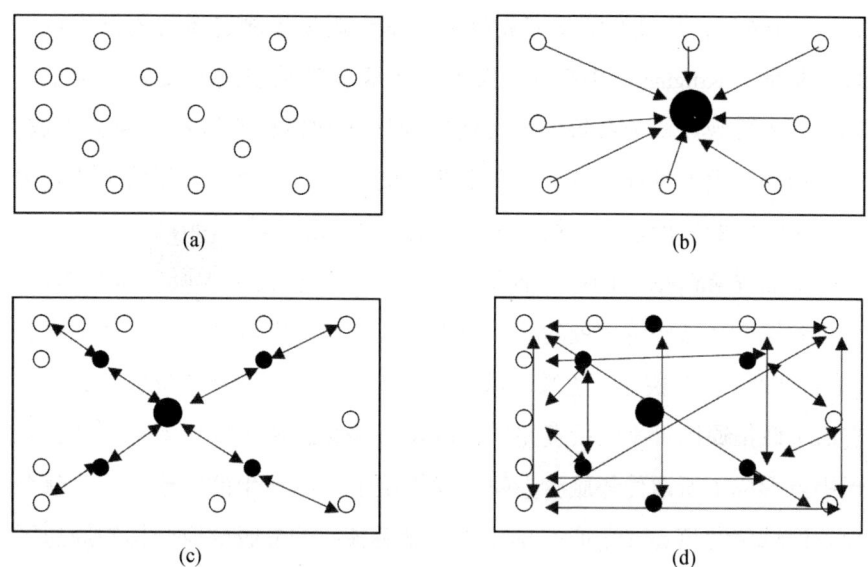

图1-13 "点—轴"空间结构的演化阶段

旅游业"点—轴"系统结构表现为:"点"即区域旅游发展中心或旅游节点,"轴"即旅游交通轴线,旅游中心或节点借助交通线路形成发展轴线,点与点之间错综相连,构建起区域旅游空间结构;旅游中心或节点利用其良好的区位优势、资源优势和政策优势等从而形成增长极(点),而后通过"点—轴"系统梯度向外扩散,进而实现区域旅游业的全面发展;旅游业的"点—轴"系统的基本要素包括旅游交通轴线、旅游节点系统和旅游要素流,其中最重要的空间形态是旅游交通发展轴线,旅游节点的空间集聚效应和扩散效应时系统形成的重要动力机制,旅游要素流是区域旅游发展轴线形成的空间作用媒介(朱桃杏,2017)。

(3) 核心—边缘理论

美国地理学家弗里德曼(Friedman)于1966年基于行为视角来解释宏观和中观区域经济不平衡发展现象的核心—边缘理论模型(Friedman,

J. R., 1966），后被经济学家克鲁格曼基于规模报酬递增的假设进行了理论验证（Krugman，1991），为新经济地理学及空间的发展奠定了基础。其主要观点认为：每一个经济空间区域均由核心区和边缘区组成；在区域经济发展过程中核心区在主导发展地位，而边缘区却处于从属地位，边缘区的发展依赖于核心区的发展（P. Krugman，1991）。

墨菲（Murphy，1988）较早将核心—边缘理论引入旅游研究领域，分析和探讨区域旅游发展的核心和边缘区域旅游发展不平等的经济现象（表1-9）。旅游核心—边缘区域的形成既有先天的因素如资源差异；又有后天政策原因带来的投资差异、以及道路交通变革区位差异所致，无形中就形成了所谓优势旅游空间，优势旅游空间产生的集聚效应，就会导致区域旅游核心（中心）的出现。旅游核心的虹吸效应会抑制周边区域旅游业的发展迟滞和缓慢，并依附于核心区。在此种效应下，区域发展的"核心—边缘"的空间结构就形成。虽然区域旅游业发展的核心—边缘结构有先天资源的因素造成，但后天政策因素是导致其结构发生改变的重要原因。因此，一方面，核心—边缘理论模型成为区域旅游政策制定的理论依据；另一方面，后天政策差异带来的投资的变化、区位的演变又不断改变着区域旅游核心—边缘结构，特别是在交通方式变革带来相对区域改变的情况下，核心—边缘结构往往会发生转换。正是基于此，区域旅游发展的核心—边缘结构成为旅游空间经济学（新经济地理学）研究的热点，其研究结果也试图不断对区域旅游空间结构的发展进行优化（史春云，2007）。

表1-9 旅游核心—边缘结构

地位	旅游地理表现	作用
旅游核心区	旅游城市（镇）、旅游区	组织、集聚、辐射和传输作用
旅游边缘区	旅游过渡区域	依附、接受辐射
旅游网络系统	区域内所有旅游要素的空间分布	连接核心区和边缘区的网络纽带

4. 产业集聚理论

产业集聚（Industrial Agglomeration）理论其实也是基于空间经济学的视角来探讨区域旅游产业空间布局问题（刘军，2011）。与其他产业形态一样，旅游和旅游业也表现出明显的空间集聚现象，楚义芳（1992）认为旅游产业的空间集聚表现为一种中心地理结构，形成轴式、链式以及圈层等若干向心结构形式。旅游产业的空间集聚现象表现在供需的两个层面，一方面，旅游需求具有明显的空间集聚特征，世界旅游业理事会（WTTC）提供的近十年《世界旅游业报告》中表明，全球出游者比例主要集聚在欧洲发达国家，根据近年来的《中国旅游统计年鉴》的数据表明，我国国内旅游出游者60%也集中在东部沿海发达地区。另一方面，旅游供给也具有明显的空间集聚现象，旅游供给的空间集聚与地区原赋旅游资源、旅游产业要素的分布有关。

旅游产业集聚是指一个特定区域的旅游及其相关活动的价值链在地理空间上的聚集（Nordin，2003）。旅游产业集群化发展是经济发展过程中的必然产物，是区域旅游竞争力提升的重要方式，区域内旅游产业能否有效进行整合，依赖于各种力量的共同作用及博弈。刘名俭（2010）研究认为区域旅游产业在自然驱动力、内部驱动力和外部驱动力三大力量的共同作用下，原本分散的、独立的旅游产业或要素在空间形成聚集，共同发展，其中自然驱动力形成包括三个要素：自然优势（区域内原赋资源状况）、外部经济（区域整体经济发展水平）以及旅游分工，内部驱动力是指区域旅游产业发展的比较优势和竞争优势；外部驱动力则是指区域旅游发展的外部环境及条件，包括经济大环境、外部交通，旅游者的需求，等等。

（二）重要概念

1. 高铁

高铁的简称，其基本界定见前文。

2. 可达性

可达性（Accessibility），其字面含义表示从一个地方到另一地方的容易程度，经济学的视角，可达性常用来研究区域之间经济联系的方便程度。（Hansen，1959）率先在交通经济的研究中提出了可达性的概念，认为可达性是交通网络中，各个交通节点相互作用机会的大小。事实上，由于研究领域众多、研究对象差异，因此对可达性的界定并没能形成统一的界定。

本书探讨旅游目的地的可达性问题，采用宋海岩（2010）的研究界定，认为可达性是指旅游者达到旅游目的地的难易程度，因此又称为可进入性。基于旅游者需求产生的角度，可达性主要受到旅游者出行成本的影响，这里出行成本包括时间成本和费用成本。显然，对于不同旅游者而言，其对出行成本的敏感性是有较大差异的，因此关于出行成本的核算，往往是基于客体旅游目的地的角度来客观评价。高铁作为一种新型交通工具，主要对旅游者出行的时间成本产生影响，相较于其他交通方式，高铁对出行费用成本也会产生影响。基于旅游目的地视角可达性还受到区域吸引力的影响，区域吸引力往往采用地区人口、经济发展水平以及原赋旅游资源来衡量。因此旅游可达性常采用日常可达性、加权平均旅行时间以及旅游经济潜能等指标来进行核算。

3. 旅游经济绩效

绩效最初来源于管理学的一个概念，指成绩与成效的综合，是一定时期内的工作行为、方式、结果及其产生的客观影响。绩效一词在管理学中经常用于评价微观企业、组织或个人，在一定的资源、条件和环境下，完成任务的出色程度，是企业、组织或个人对目标实现程度及达成效率的衡量与反馈。从字面意思来讲，绩效是绩与效的组合，绩就是业绩，体现企业的利润目标；效就是效率、效果，体现企业管理成熟度目标。随着绩效概念的外延不断扩大，也广泛的使用于经济学、社会学及公共服务等领域（郑方辉，2020）。在经济学领域探讨的经济绩效往往是从宏观或中观的角度衡量一个经济组织对经济与资源分配以及资源利用的效率的评价，也即是说资源分配及资源利用的效率时评价经济绩效的两个重要标准。

经济绩效是本书研究的一个重要切入点，也是本研究的关键词之一，因此有必要明确本研究对经济绩效的内涵界定。对于绩效的认知，有三种代表性的观点：其一，行为观。以坎贝尔（Campbell，1990）为代表，认为绩效只是一种行为，应该与结果区分开。因此他认为，绩效是行为的同义词，是与组织目标相关的能被观察到的实际行为表现。其二，结果观。以贝纳丁（Bernadin，1995）为代表，认为绩效就是指工作的结果，因为只有结果才与组织的目标等有关。第三种，绩效既是行为也是结果。以布鲁姆巴赫（Brumbrach，1998）他认为绩效既包括了行为也包括结果，结果是由行为来实现。

本书探究的是旅游经济绩效的测度及评价。鉴于绩效来源于对人类生产活动的评价，因此我们不仅要对人类生产的结果进行评价，还要对生产行为进行评价，事实上对生产行为的评价，其实也是为了实现更少的资源耗费获得更多的生产产出（结果），以最大限度的获取劳动效益（林源源，2010）。道格拉斯·C. 诺思（2008）认为经济绩效是指经济与资源分配以及资源利用有关的效率的评价，包括业绩和效率两层含义，业绩反映经济在量上的增长，效率反映经济的质上的提高。因此本课题对区域旅游经济绩效的评价也从这两个方面展开，旅游发展业绩，反映的是区域旅游发展的总量效果，是对区域旅游发展的结果进行评估；旅游发展效率反映的区域旅游发展的质量效果，是对旅游发展过程进行的评价（黄睿等，2018）。

4. 空间效应

空间效应的概念原本出现在土壤化学中，探讨的是黏土矿物内表面的有限空间对离子或分子在离子交换、吸附时产生的阻滞作用。但在区位经济学、经济地理学得到了广泛运用。在地理学中的空间效应探讨的是地理系统中物质、能量、信息的再分配和传输的复杂化现象。在经济学中空间效应探讨的是经济活动在空间上分布、演变、联系等现象（杨吾扬，1992）。经济活动的空间效应问题在20世纪90年代兴起的空间经济学得到更为广泛的研究和探讨。本书也是基于空间经济学的研究视角，来探讨高铁发展对区域旅游经济的空间影响效应，因此有必要对空间经济学进行简单的介绍，以期明确本研究的重点或切入点。

空间经济学是美国学者沃尔特·艾萨德（1956）提出的一个经济学概念，是根据时间、层次、传统三维空间相互转化原理研究经济发展的规律、发展趋势，从而对区域经济活动进行合理的空间布局，并进一步调整产业结构，从而实现经济规模效益和可持续发展。空间经济学研究的重点是资源在空间的配置问题已经经济活动在空间区位的布局问题。空间经济学由于其研究的系统性问题在较长时间内并没有被主流经济学所接受，直到1991年，美国经济学家保罗·克鲁格曼提出了新经济地理学的核心模型"核心—边缘"理论（CP），才将空间问题纳入主流经济学的研究中。

空间经济学研究的重点是经济活动在空间上的差异，从宏观的角度去分析和解释了区域经济活动的空间集聚现象，也从微观的视角为企业进行空间区位选择提供依据。其核心观点包括以下几个方面：①经济活动的空间差异主要由经济活动的内生因素所决定；②外生的非对称性冲击因素也是经济活动的空间差异产生的重要原因；③空间经济活动在空间差异存在"路径依赖"；④政策预期对经济活动的空间路径产生深刻的影响；⑤产业集聚是经济活动在经济空间结构上的一个重要表现。（安虎森，2006）

本书探讨高铁的建设及发展对区域旅游经济的空间效应问题，正是基于空间经济学的前面几个主要观点来进行设计的。但高铁作为一种新型的交通工具从旅游经济要素的角度而言具有双重性的特征。其一，高铁作为一种基础设施投入，是旅游经济发展的一种重要外生变量，由于高铁建设的不均衡，必将对区域旅游经济活动带来不均衡的冲击，引起区域旅游经济在空间上的差异化反应；其二，从旅游系统的角度，高铁又作为旅游系统的一个重要内生变量，也促使了旅游经济在空间上的差异。不管是作为外生变量、还是作为内生变量，高铁建设必将对区域旅游经济带来深刻的影响，区域旅游经济活动必将在响应高铁这一新型交通工具的过程中，产生新的空间效应。这些效应包括：区域之间的可达性改变、区域旅游经济联系加强，最终反映在区域旅游经济业绩与效率上的空间分异；区域经济在绩效上的差异，又进一步促使了旅游产业的空间集聚，从而改变和影响了区域旅游经济的空间结构。以上空间效应，正是本书关注的核心内容和研究焦点。

（三）研究方法

1. GIS 空间分析技术

GIS 空间分析是综合分析空间数据的技术的统称，是在 GIS（地理信息系统）中实现空间数据的分析建模等，也即是重构空间数据中获取有关地理对象的空间分布、形态、形成和演变等信息并进行分析。

（1）GIS 空间分析功能

GIS 空间分析技术至少具备以下 4 种相互联系的空间分析功能：

1）空间数据操作

主要是指在 GIS 中基于空间对象的集合特征进行拓扑分析、叠加分析、距离、面积、路径等的计算机分析，以及基于空间关系的空间查询等；对于属性数据则可以通过 GIS 空间分析软件实现地图可视化操作。

2）空间数据分析

一般指空间数据的描述性和探索性的分析技术与方法，尤其是对于大规模数据集，通过将数据图形化或地图化的探索性分析技术，研究数据中潜在的模式、异常等,为后续分析做准备,是所有空间分析过程中的首要环节。

3) 空间统计分析

使用统计的方法描述解释和空间数据的性质,以及数据对于统计模型是否典型。由于空间数据具有空间自相关性,因此需要采用空间计量计价模型进行分析。

4) 空间建模

主要是指依据模型理论和假设,建立模型描述空间现象的分布模式,预测空间过程及结果。

(2) GIS 数据库

GIS 数据库的建立是进行空间分析的基础。根据本研究需要,构建了空间信息数据库、旅游经济社会属性数据库以及游客属性调查数据库三部分构成。其中空间信息数据库主要是对研究区域黔桂云三省及39个市州地区的空间属性数据,如坐标、距离、面积和各种道路线路布局等;旅游经济社会属性数据库,主要包括研究区域的人口、GDP、旅游收入、旅游人次、旅游资源的分布还包括研究设计的其他属性数据;游客属性数据库有两部分组成,一是通过问卷调查获取关于高铁旅游者人口统计学特征方面的数据以及高铁旅游消费方面的数据;二是网络大数据的挖掘,利用相关大数据挖掘软件获取关于旅游者流向方面的信息数据库。

2. 定性比较分析(QCA)

定性比较分析最早由美国社会科学家查尔斯·拉金(Charles Ragin,1989)提出。社会科学研究方法中,大体可划分为定性研究和定量研究两大类;传统定性研究是以相关个案归纳或逻辑演绎为主,由于处理样本有限,其研究结论普适性较差;而定量研究几乎都是基于变量回归思想,无论是多元回归,还是较为流行的结构方程模型(SEM),其研究

第一章　导　论

逻辑都是基于寻找变量与变量之间的显著性关系，由于其研究逻辑起点的缺陷，很难形成统一的结论（夏鑫，2014）。其一，研究结果往往取决于研究者对变量的选取，其二，即便是我们统一的影响变量，但是变量之间所形成的组态效应，是定量研究无法进行测度的（杜运周，2017）。有鉴于此，以变量的组态研究为基本逻辑的定性比较分析应运而生。定性比较分析能够有效克服传统定性和定量研究范式的缺点（Ragin，1989），并迅速在社会学和管理学中得到推广。

定性比较分析是介于传统定性研究（案例演绎及归纳）和定量研究（大样本的研究）之间的研究方法，兼具这两种研究方法的优点，且有效克服这两种方法的缺点的一种综合性研究方法（Ragin，1989），是以集合论和布尔运算作为其基本研究手段，用以探索前因条件形成的组态效果对解释变量的影响。依据前因条件形成的不同组态效果，定性比较分析又可细分为清晰集（Crisp Set）、模糊集（Fuzzy Set）以及多值（Multi-value）组态等三类定性比较分析（QCA）。其基本研究思路为：标定变量、生成真值表、充要性分析、反事实分析与求解等四个步骤（Fiss，2007，2011）

由于定性比较分析的研究逻辑的优势，在社会学和管理学领域得到了广泛运用，并能有效解决三大类问题：其一，定性比较分析能有效探究引致同一结果的多种路径，其关注焦点在路径而非变量；其二，能有效解决影响因素复杂性问题并能处理多个前因条件之间具有线性的互动关系（这是传统定量研究无法处理的）；其三，使用模糊集合聚焦，关注前因组态的分类（张驰，2017）。相较于传统定性研究及定量研究方法，定性比较研究在管理学中具有明显优势，其一，定性比较研究既可以处理大样本或者前因条件复杂性样本，也可以处理小样本，对样本数量和数据来源要求较低（Stokke，2007）；其二，传统定量研究只能得出相关关系，而因果关系需进一步通过时间假定进行进一步推断，但定性比较分析采用集合理论可直接推断因果关系，并可分析不对称因果关系（Judge，2014），特别适合涉及多层变量的问题研究（Greckhamer，2011）；其三，定性比较分析基于集合论思想，可将对现象的复杂性（Cárdenas，2012），对案例进行完整解读和研究（Stokke，2007）。

3. 经济计量分析方法

（1）常规统计分析

常规统计分析主要完成对收集数据，特别是旅游经济社会属性数据以及高铁旅游者消费属性数据集合的收集及整理，获得这些数据集合的均值、总和、方差、频数、峰度系数等参数的统计分析，本研究所涉及的分析软件有 EXCELL、SPSS、EViews、Stata 等。

（2）DEA-Malmquist 指数分析

1）DEA 分析

在经济效率评价研究中，DEA（Data Envelopment Analysis）分析，又称数据包罗分析，是非常有效的方法之一。DEA 分析方法是由美国著名运筹学家查恩斯（Charnes）和库珀（Cooper）在相对效率评价的概念基础上发展起来的评价，具有相同类型投入以及产出的若干决策单元相对效率的方法，已经被广泛用于经济管理决策与评价领域（魏权龄，2006）。DEA 分析把单输入单输出的工程效率的概念推广到多输入多输出的同类决策单元（Decision Making Units，DMU）的有效评价中去，极大地丰富了微观经济中的生产函数理论及其应用技术，同时在避免主观因素、简化算法、减少误差等方面有着不可低估的优越性。DEA 评价方法基于规模报酬（CRS）不变（CCR）和规模报酬可变（BCC）形成两种经典的效率评价方法 CCR-DEA、BCC-DEA。其中 BCC-DEA 模型是DEA 进行效率评价时应用最为广泛的模型。两种评价模型将在具体运用中进一步进行介绍。

2）Malmquist 指数分析

DEA 模型测度效率指标具有先天的缺陷，其要求决策单元（DMU）具有相同的决策环境，而当时间维度发生改变时，会因决策单元在不同时期生产前沿面的环境差异而无法使用该模型进行准确测度，也不能很好的进行横向对比（Yang，2007），也即是说 DEA 模型测度的是决策单元的静态效率值，而如果要进一步分析和了解决策单元的效率演变（动态效率）情况，必须进一步测度决策单元的全要素生产率（TFP）的变化率，Malmquist 生产率指数就是测度决策单元全要素生产率的变化率的重要方法。Malmquist 生产率指数是由瑞典经济学家 S. 曼奎斯特（S. Malmquist）于 1953 年首次提出，法勒（Fare，1994）进一步完善了 Malmquist 生产率指数评价方法，并假定在规模报酬可变（BCC）下，将 Malmquist 生产率指数进一步分解为技术效率变化指数（TE_{ch}）和技术进步变化指数（T_{ch}），又将技术效率变化指数（TE_{ch}）进一步分解为纯技术效率变化指数（PTE_{ch}）和规模效率变化指数（SE_{ch}）。基于 DEA 效率测度基础上的 Malmquist 生产率指数，现已广泛用于空间经济学上，其具体计算公式将在具体章节列出。

（3）双重差分法（DID）

双重差分（difference-in-difference，DID）常用于进行公共政策效果的评估。根据政策或项目实施前后可能存在的事前差异，通过建模对变量进行两次差分来有效控制研究对象的事前差异，从而将政策或项目影响的真正效果有效分离出来（Lee，2016）。DID 模型评价思路是通过"前后差异""有无差异"有效结合，从而高效控制某些额外因素的影响，同时通过对影响结果变量的协变量的设置，有效控制实验组和对照组中的可能影响因素，最终得到政策或项目影响效果的真实估计。DID 模型估计有两个重要条件，其一，是对象选取的随机性；其二，要选中合适的参照对象（郑新业，2011）。

高铁建设作为国家重大基础设施投资项目，其对区域旅游经济的影响完全可以采用双重差分思想来评估其影响效应,但如何有效剥离其影响效果是因高铁变量所致,仍是本方法效果准确性的关键,那就是如何有效的控制协变量的影响。

4. 空间计量分析

(1) 空间分异分析

空间分异是经典的地理学理论,又称地理学第一定律。经济增长的空间分异是区域经济发展不平衡、不充分的一个典型特征。由于旅游经济活动受到地区经济整体发展水平、原赋资源状况以及旅游可进入性等多种因素的影象,因此区域旅游经济增长也存在典型的空间分异现象。高铁作为一种快速交通工具也是影响区域旅游经济增长的重要因素,必将对区域旅游经济增长的空间分异产生影响。本研究选取以下几个指标来衡量区域旅游经济增长的空间分异现象。

1) 首位度指数

首位度最早出现在研究首位城市的相对重要性中,因此也称城市首位度。马克·杰斐逊(1939)在对一个国家城市进行研究时,观察发现一个国家的"首位城市"总要比这个国家的第二位城市大得异乎寻常的现象,据此提出了城市首位律(Law of the Primate City),来测度城市规模分布状况。近年来,首位度指数在区域旅游经济中也得到较为广泛的运用,测度区域旅游产业发展的集中度(胡宪洋,2013)。

2) 位序—规模分析

位序—规模是从一个城市的规模及规模位序二者关系的角度来考察一个国家城市规模的分布状况,1913 年德国学者奥尔巴克(F. Auerbach)在研究五个欧洲国家以及美国的城市人口时发现,每个国家的城市规模与其在这个国家的位序的乘积是一常数这一现象,后被罗特卡(Lotka)、辛格(Singer)、捷夫(Zipf)等学者不断进行了完善,称之为位序—规模法则(Alperovich,1984)。位序—规模法则主要反映区域城市规模的分布状况,但近年来也被广泛运用于旅游业来反映区域旅游发展规模的分布状况及旅游经济变异的基本趋势(王冠孝,2014)。

3)空间分异系数

在当前我国社会主要矛盾是人民日益增长的美好生活需要和不平衡、不充分的发展之间的矛盾,区域经济的空间分异问题成为了一个热点,其基本目标是研究探讨影响区域经济空间分异的原因,由此为进一步制定政策来缩小区域经济的空间差异,促进区域经济的平衡发展。旅游业的发展可以促进我国偏远、落后和经济欠发达地区经济的整体发展,对缩小地区经济差异起到积极作用,但旅游业的发展也会应地区条件的差异,形成不均衡发展格局,因此对旅游业发展的空间分异问题的研究也成为了研究焦点(汪德根,2011)。衡量区域旅游经济空间分异的指标较多,基于数据的可取性,本研究选取区域旅游经济发展的绝对分异、相对分异、泰尔系数、差异化指数和赫芬达尔系数作为空间分异的衡量指标来进行研究。

(2)空间计量经济模型

在空间经济学诞生之前,主流经济学是基于对经济活动在空间无关联,并提出了其在空间分布匀质性的假定,主流经济学中常采用的最小二乘法(OLS)模型估计也是忽视的研究主题的空间相关性问题,由于其估计模型的偏差,往往导致其研究结果不够准确和科学。经典计量经济学中有两个经典假定,其一,是自变量和因变量线性相关性,自变量之间不具线性相关性;其二,回归系数 β 是一个常数的假定。然而现实生活中自变量之间往往存在千丝万缕的联系,尤其是截面数据或面板数据存在空间相关性和空间异质性时,传统经济学的研究估计就显得力不从心,考虑经济活动的空间相关关系的空间计量经济学就应运而生(吴玉鸣,2005)。

克里夫和奥德(Cliff & Ord,1973)最早开始关注空间效应的相关问题研究,他们认为,任何的经济主体都存在一定的相关关系,这种相关关系不仅仅只表现在时间序列上的相关，还表现为空间相关。安塞林（Anselin，1988）认为进行空间计量的过程中，如果选取的样本数据具有地理空间性质，那么这些样本的地理距离与空间相关性之间具有一定的关系，即样本之间的地理距离越小，它们之间的空间相关关系就越紧密。如果摒弃这些经济数据在空间上的相关作用，就会降低计算结果准确度。因此，在空间计量经济学中进行空间计量的过程中，必须把空间地理因素考虑在内。

空间计量经济模型的结构，根据经济活动的空间相关性和回归模型中误差项的相关性特征分为空间滞后（SLM）和空间误差（SEM），它们在模型设定中主要体现在滞后变量（W_y）和误差结构（$E(u_i u_j) \neq 0$）的特征差异。空间滞后模型表征因变量之间空间相互作用的存在和强度，而空间误差模型则用于解释误差项的空间相关，关注由此产生的模型参数估计的偏差影响和修正方法。根据空间计量经济模型的结构特征，形成三类空间计量经典模型：空间滞后模型（SLM）、空间误差模型（SEM）和空间杜宾模型（SDM）（李新忠，2015）。

1）空间滞后模型（SLM）

空间滞后模型与时间序列模型类似，但差异之处在于表示空间相关性的空间滞后变量 W_y 与误差项 e 相关，即 e 服从独立分布。在此模型中，空间滞后项被视为一个内生变量，考虑其内生性的问题，其基本模型设定如下：

$$Y = \rho W_y + X\beta + \varepsilon \varepsilon \sim (0, \sigma^2 I_n) \qquad (式1-1)$$

2）空间误差模型（SEM）

当误差项之间存在 $E(u_i u_j) \neq 0$，表明误差项存在空间相关，并遵循一个空间加权回归过程，即每个空间位置上的随机误差都为其空间邻近位置上的随机误差函数，也即是说，$u_i = \lambda \sum_{j=1}^{n} W_{ij} u_j + \varepsilon_i$，其中，$\varepsilon_i$ 为服从标准正态分布的误差项，u_i 为具有空间相关结构的误差项。其基本模型设定为：

$$Y = X\beta + u$$
$$u = \lambda W_u + \varepsilon \quad \varepsilon \sim (0, \sigma^2 I_n) \quad \text{(式1-2)}$$

3）空间杜宾模型

当同时考虑自变量的与因变量的空间相关性问题时，形成另一经典空间计量经济模型，空间杜宾模型。其基本模型设定如下：

$$Y = \rho W_y + X\beta_1 + WX\beta_2 + u$$
$$u = \lambda W_u + \varepsilon \quad \varepsilon \sim (0, \sigma^2 I_n) \quad \text{(式1-3)}$$

5. 社会学分析方法

（1）SNA 社会网络分析

社会网络（Social Network）指的是社会行动者及其相互关系的集合。一个社会网络是由多个点（社会行动者，actor）和各个点之间的连线（行动者之间的关系，Social Relations）组成的集合（Baker，1986；1990），用点和线来表达网络，是社会网络的形式化界定。社会网络分析（Social Network Analysis，SNA）是近年来流行于社会科学研究中的一种分析方法，它通过对建立行动者（Actor）之间交往关系（Social Relations）的模型，来描述群体关系的结构，并分析它对群体功能或者群体内部个体的影响。社会网络分析现广泛应用于社会学、人类学、信息通讯科学，并进一步延伸至经济学、管理学以及生物学等领域。近年来随着大数据挖掘技术的成熟，为社会网络分析提供了一个广阔的展示平台，对信息化社会网络下产生的大量数据进行分析，得出网络关系中的相关信息（张应语，2019）。社会网络分析是处理和理解大数据的一个重要方法，成为大数据分析技术的一个重要分支。

社会网络分析其实质是将关系作为基本统计处理单位的研究方法，通过利用社会网络以社会网络行动者作为矩阵元素，将行动者关系量化成数学函数，建立相应的社会关系矩阵，并通过计算机辅助技术来完成相关统计的方法(林聚任,2009)。近年来,由于旅游系统的重叠、交错的多重关系与社会网络分析研究思路和方法的"契合性",社会网络分析越来越成为旅游研究中的一种绝佳范式(Scott,2008),其主要关注旅游目的地社会网络研究,并基于旅游供给和旅游需求逐个视角加以展开:从旅游供给的角度,探讨各类旅游企业、组织之间的关系网络(Beritelli,2011)、网络结构的影响(Denicolai et al,2010)、网络结构的形成的相关因素(Strobl et al,2013)等方面;而基于旅游需求的角度,主要关注旅游流(Liu et al,2017)的研究。

本研究运用该方法分析高铁开通前后区域旅游流网络空间结构的演变及其规律,进一步探索高铁对区域旅游空间结构的影响的动力机制,并为区域旅游空间优化提出政策建议。

(2)结构方程模型(SEM)

结构方程模型(Structural Equation Model)是一种非常通用的、主要的线性统计建模技术,广泛应用于心理学、经济学、管理学、社会学以及行为科学等领域。实际上,结构方程模型是计量经济学、计量社会学以及计量心理学等领域的统计分析方法的综合(朱桃杏,2017)。

在进行定量分析中,往往根据研究需要或者理解和研究某类目的而建立一些假设概念(变量),但是在对这些概念或变量进行测度的时候,遇到的一个普遍问题是有些变量不能直接测量。因此我们只好退而求其次,找到一些可观察到的变量作为这些潜在变量(不能直接观测到的变量)的"标识",共同反映这些潜在变量。然后通过这些潜变量的"标识"来进行测度,存在一定的测量误差。事实上即便是可以直接测度的变量,仍然存在测量误差,而自变量的测度误差,显然影响对结果的估计。结构方程模型是用联立方程组来进行求解,没有严格的限制条件和假设条件,同时可较好的处理测量误差,还可进一步分析各变量之间的结构关系,因此比传统因子分析更具优势(侯杰泰,1999)。结构方程模型可进行验证性因素分析、高阶因子分析、路径及效果分析、多时段设计及多组比较（侯杰泰，2004）。结构方程模型一般包括变量定义及结构梳理、模型构建与建设、模型识别、模型估计、模型评价及修正等步骤。

第二章 高铁对旅游消费者行为的影响研究

一般认为,旅游由旅游发展的主体(旅游者)和旅游发展的客体(旅游业)构成;高铁作为一种快速交通工具,基于其作为旅游发展的外生变量而言,其并不直接作用于客体——旅游业,而是通过影响旅游消费的主体旅游者从而对旅游业产生影响。因此,本书基于外生条件对事物从主体到客体的作用规律,首先探讨高铁发展对旅游者的影响,厘清高铁发展对旅游者的作用机制,才能进一步探讨高铁对旅游业发展的影响以及其空间响应机制。

一、高铁发展与时空压缩:旅游消费者行为后现代特征演变

20世纪60年代,科技革命促进了现代社会的高度发展,但同时也产生了一系列社会及环境问题。如贫富差距、环境破坏等,这些都激发了大量的社会矛盾并引起一系列社会运动,导致社会陷入动荡不安(陆贵山,2005)。在政治民主化、经济工业化、思想科学化的现代社会弊端日益显现的时候,后现代主义思潮在思想、政治、经济等各个领域风起云涌(费瑟尔斯通,2000),后现代主义是对现代性存在的问题进行

了一系列深刻的批判,在后现代主义思潮的影响下,现代旅游业深受其影响,出现了后现代旅游方式。后现代旅游是建立在现代旅游的基础之上,是对现代旅游不合理成分的扬弃,是对现代旅游的继承性发展,是一种新的旅游观(左晓斯,2009)。后现代旅游反对人类中心主义,主张人与自然和谐共处(Stephen,2002);反对主客二元制,主张游客参与(Sharpley,2000);反对统一的标准,主张自由和个性(史常凯,2007);在旅游消费上强调旅游吸引物的普遍化及无差异化(Nurianty,1996);反理性主义,主张以人为本的随心所欲的心态来重构旅游本质(侯满平,2009)。

现代性带给人的压力感是促使后现代旅游产生的重要动因,但从另一个方面来讲,旅游的发展又离不开现代社会所提供的便捷的交通和高速发展的经济水平。高铁的出现为现代旅游业带来了深刻的影响,同时高铁带来的时空压缩效应极大缩短了居住地和目的地的感知距离,对旅游者行为产生显著影响。而后现代旅游作为一种有生命力的,以体验性、探索性、求知性为基本诉求的新型旅游方式,欲摆脱时间的限制和空间的束缚,追求一种完全自由的旅游活动状态(白光润,2009)。因此高铁的出现为后现代旅游的发展提供了可能,或者说是强化了后现代旅游这种消费方式。

本节研究的目的就是探讨在高铁带来的"时空压缩"效应下引致出来的后现代旅游消费者行为特征。基于后现代主义视角,重点分析高铁对后现代旅游消费者行为的影响,把握后现代旅游者出游需求变化,为高铁交通规划和旅游产业发展提供科学依据和合理的政策建议,为后现代旅游市场培育、区域旅游产品的开发及服务设施的完善提供意见和建议。但高铁发展背景下旅游者消费行为后现代变化特征如何?不同维度的旅游行为变化程度是否相同?不同人口学和特征学群体对其旅游行为变化是否具有显著性?这是本节关注的焦点。

(一) 文献综述

旅游消费者行为作为管理学、心理学、社会学等诸多学科的交叉研究内容,备受关注。而高铁作为一种新型的快速旅游交通工具,代表着铁路客运的发展方向,在旅游活动过程中充当着旅游中介的作用,是旅游者进入旅游目的地的渠道,掌握着旅游目的地的命脉(王兆峰,2003)。因此,自高铁诞生以来,其对旅游消费者行为的影响逐渐引起国内外学者的重视,现有文献主要关注三个方面:一是高铁对旅游者出游意愿和动机的影响研究。高铁的快速、安全和高效成为了旅游者出行方式的首选,改变了旅游者出游观念,产生了大量以购物为出游动机的一日游游客(Masson,2009),出游意愿和出游频次增加(张宇,2009),进而改变了出行行为规律,如城际高铁使得城市居民的跨城行为频发(吴康,2013),且这种跨城行为往往与人们的休闲娱乐活动、商务活动以及探亲访友活动有关(刘健,2012)。二是高铁对旅游者交通方式选择的影响研究。高铁带来的时空压缩效应,一个重要表现就是带来旅游者对交通工具选择的改变,带来了高铁与其他交通工具的激烈竞争(Cheng,2009),高铁对100公里内的短途旅行的影响较小,但对距离在200公里—600公里的中长途旅行,高铁的优势非常明显(Fröidh,2005);哈曼(Harman,2006)的研究验证了这一观点,即在3小时内的旅程中,高铁占据市场份额的一半;在3小时以上,航空交通的市场份额占主体。国内对此的研究几乎得出相同结论,城际高铁"袭夺"了原先普通列车和公路交通的市场(侯雪,2011)、从旅行时间上来看在2—3小时,距离在600公里内,高铁具有无可替代的优势(梁雪松,2012)。三是高铁对旅游者旅行时间的影响研究。哈维尔·古特雷斯(Javier Gutierrez,2001)的研究表明,欧洲各国高铁的开通,极大的缩短了各国主要城市之间的旅行时间,在1000公里范围内的在途

第二章 高铁对旅游消费者行为的影响研究

时间几乎变成了普通列车时间的一半；高铁也会对国家内部不同城市间的旅行时间产生显著影响，如在英国，城际之间的旅行时间大幅度减少（Givoni，2006）。同时，中国各城市高铁的陆续开通也使旅行时间很大程度上减少，郑西高铁的开通，将之前从郑州到西安所需 6.67 小时的旅行时间缩短为现在的 1.83 小时、京沪高铁时速 350 公里复兴号的运营，使得两地之间旅行时间减少到 4.5 小时（殷平，2012）。高铁产生的时空压缩效应将之前必须在小长假开展的远程旅游活动在双休日成为可能，汪德根等（2014）的研究表明，京沪高铁使得上海市民双休日出行比例提高到 39%。总之，高铁背景下旅游者出游时间更加灵活、大多数城市居民外出旅游时间不再局限于节假日，自助游成为游客新宠（冯英杰，2014），更多短时段游（如周末游）、微旅游成为日常活动行为（许春晓，2014）。

综上所述，目前国内外关于高铁对旅游者行为影响的研究比较分散，较少系统的分析旅游消费者行为变化，且主要是从高铁本身的价格、性能等以及旅游目的地角度出发研究对旅游者的影响。本节尝试从后现代主义视角，关注旅游者心理变化，研究分析高铁发展对旅游消费者行为后现代特征影响及演变特征，将其旅游行为系统划分为旅游决策行为、旅游消费行为、旅游时空行为三个维度进行研究分析，逆向探讨高铁时代背景下后现代旅游消费者潜在旅游动机及需求，为区域旅游健康发展提供政策建议。

（二）理论框架与研究设计

1. 理论框架

旅游行为指旅游者在一次旅游活动中，从开始产生意愿外出旅游到结束完成旅游这一过程所进行的一系列选择，也可指旅游者自身的旅游意愿、动机和需求等。旅游消费行为具有广义和狭义的概念，广义的旅游行为是指旅游者以旅游为目的进行的空间转移,从居住地到目的地产生的一系列行为,即旅游者的食、住、行、游、购、娱。狭义的旅游行为主要指旅游者在旅游目的地进行的一系列休闲娱乐活动,从地理范围来说,所包含的范围更小(周世强,1998)。旅游行为作为旅游者外出旅游的直观表现,具有不同的类型和要求。只有准确了解旅游者行为,才能准确把握市场需求(吕伟成,2008)。消费者行为理论认为消费者行为由消费者的购买决策过程及消费者的行动两个维度构成,而旅游消费者行为具有明显的空间位移和时间节律的特征(谷明,2000),高铁作为一种新型交通工具,对旅游消费者行为的影响首先表现在对旅游消费者出行时空特征的影响上。基于此,本节将旅游消费者行为界定为旅游决策行为、旅游消费行为、旅游时空行为等三个维度进行研究。其中,旅游决策行为是指旅游者的出游意愿和出游频次、出游偏好等,旅游消费行为是指旅游者的旅游消费结构、消费倾向等实际消费活动,旅游时空行为是指旅游者的出游时间和空间范围等。

旅游消费者行为受到旅游者自身的可自由支配收入、闲暇时间等主观条件的影响,同时还受到旅游中介,如旅游交通、旅游目的地的吸引力等客观因素的影响(斯特布勒,2009)。根据交通行为理论,高铁作为一种新型交通工具通过影响旅游者的价值感知、出游动机进一步影响其整体旅游消费者行为,遵循客观条件驱动下的"感知—态度—行为"影响逻辑框架(余秋阳,2012)。消费者行为学理论认为,需求是产生消费者行为的基础,动机是消费者行为产生的原因,当消费者希望满足的需求被激活时,也就产生了动机,当旅游消费的主客观条件具备后,也就产生了旅游消费行为(霍金斯,2000)。本节以高铁旅游者为研究对象,基于消费者行为学"需求—动机—行为"理论分析框架,系统分析高铁旅游者的旅游消费行为特征的演变,并基于后现代主义视角,从旅游消费者行为的演变表象,逆向探讨高铁旅游者的出游动机和需求,进一步通过人口统计学特征探讨其对旅游消费者影响的影响。本节的研究逻辑思路及理论框架表示如下（图2-1）。

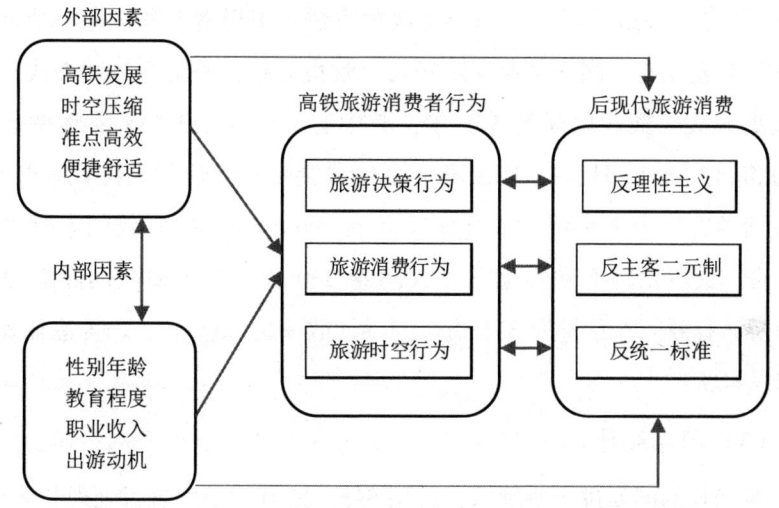

图2-1 高铁时代背景下旅游消费者行为研究理论框架

2. 研究设计

（1）问卷设计

调查问卷共分为两个部分：第一部分是受访者个人信息，由性别、年龄、受教育程度、收入水平、职业、年乘坐高铁次数、出游目的等调查项组成；第二部分是高铁对旅游消费者行为变化的影响，分为旅游决策行为、旅游消费行为、旅游时空行为等三个维度，并根据对相关文献（彭建，2016；王兆峰，2003）进行梳理，借用王莹（2009）的量测思路，结合实地访谈调查分别形成了24个条目的测量题项，并采用李克特5分量表法进行设计，即将每个调查指标区分为："1"完全不同意、"2"不太同意、"3"一般、"4"比较同意、"5"完全同意，让受访者根据主观判断进行选择。

(2) 抽样调查

本节数据在 2019 年 12 月—2020 年 1 月收集,被试所在区主要选择贵州、广西、云南等地区,具体的收集方法:采用网上和实地相结合方式进行问卷填写,网上主要利用问卷星收集问卷,采用滚雪球方式,进行数据采集,共获取问卷 165 份,其中有效问卷 155 份;实地调研于 2019 年 12 月 13 日、14 日在贵阳北站和贵州省安顺黄果树景区开展,发放问卷数量为 195 份,最终回收问卷 190 份,其中有效问卷数量为 176 份。最后,网上和实地共发放问卷 360 份,其中回收问卷总量为 336 份,有效问卷总量为 331 份,问卷回收率为 93.33%,问卷有效率为 91.94%。

(3) 问卷统计

对回收的问卷进行整理后,运用 SPSS 26.0 对数据进行处理和分析,主要采用频率频次分析、因子分析、信度分析、单因素方差分析等定量分析方法。

(三) 研究结果分析

1. 受访者基本情况

对受访者的个人信息进行频率频次分析,可以发现:在性别上选乘高铁出游的男女比例接近 2∶3,女性较多于男性;在年龄段上,17—45 岁之间的旅游者更乐意选乘高铁出行,达到 87.9%,这也说明了后现代旅游者趋于年轻化;在教育程度上,选乘高铁出游的旅游者学历普遍较高,其中本科及以上占 78.6%;在职业上,选乘高铁出游的旅游者大多为工作较为稳定群体,如企事业管理人员和专业技术人员(教师、会计、律师等)分别占 34.5% 和 22.1%,达到总人数的大多数;从月收入看,主要集中在 3000—8000 元之间,占比 76.7%。总体而言,选乘高铁出游的旅游者以中青年为主,且具有高收入、高学历特征(表 2-1)。

第二章 高铁对旅游消费者行为的影响研究

表 2-1 样本人口特征统计（N=331）

人口统计特征	测量项	人数	占比
性别	男	135	0.408
	女	196	0.592
年龄	16 岁以下（含 16 岁）	2	0.006
	17—24 岁（含 24 岁）	83	0.251
	25—45 岁（含 45 岁）	208	0.628
	46—64 岁（含 64 岁）	36	0.109
	65 岁以上	2	0.006
职业	离退休人员	2	0.006
	公务员	26	0.079
	企事业管理人员	88	0.266
	服务销售人员	32	0.097
	专业技术人员（教师、律师等）	73	0.221
	私营企业主/个体户	15	0.045
	学生	60	0.181
	工人	7	0.021
	农民	1	0.003
	其他	27	0.082
学历	小学	1	0.003
	初中	13	0.039
	高中及中专	24	0.073
	专科	33	0.1
	本科	167	0.505
	硕士	72	0.218
	博士	21	0.063
月收入	2000 元及以下	60	0.181
	2000—2999 元	16	0.048
	3000—4999 元	53	0.16
	5000—7999 元	99	0.299
	8000 元以上	102	0.308

2. 探索性因子分析

为检验旅游者行为量表的可靠性和稳定性，对 24 项指标进行 KMO 统计量分析和巴特勒球型检验。计算得 KMO 统计量值为 0.911，大于 0.7，说明做因子分析效果较好，巴特勒球型检验值 3949.375 在自由度为 276 的条件下在 0.000 水平上达到显著，说明高铁开通后，旅游消费行为变化指标的相关矩阵间存在公因子，适合进行因子分析。

采用主成分萃取法对 24 项指标提取公因子，使用方差最大化正交旋转法对提取的公因子进行旋转，以使公因子有较满意的解释（柯惠新，沈浩，2005）。同时采用成对排除法，以缩小缺失值对公因子提取的影响（陈正昌，2005）。按照特征根大于 1 的标准，提取 5 个公因子，得到第一次方差贡献率为 62.044%，"我一般选择城际出游；我一般选择省外出游；双休日或节假日，我会选择在异地进行逛街、购物和娱乐等休闲活动" 3 项指标的因子载荷低于 0.5，说明该 3 项指标与各个公因子之间的相关性较低，为提高因子分析效用，本研究首先剔除这 3 项指标。

对剩余 21 项指标再次进行因子分析，得到 KMO 统计量为 0.899，巴特勒球型检验值为 3368.797 在自由度为 210 的条件下在 0.000 水平上达到显著，进行因子分析的效果较好。按照特征根大于 1 的标准，提取 5 个公因子，得到方差贡献率为 65.155%，说明 5 个因子较好地概括了 21 个指标的含义。

为了验证因子分析效果，对所提取的公因子进行内在信度分析，得到克朗巴哈 Alpha 信度系数为 0.899，超过 0.6 可接受水平，说明各公因子之间的内部一致性较高。再对每个公因子进行内在信度分析，结果显示因子 1 至因子 4 的信度系数分别为 0.894、0.780、0.772、0.718，均超过可接受水平，说明内部一致性较高；但是因子 5 的信度系数只有 0.591，小于可接受水平。因子 5 主要由 "我一次旅游在目的地停留时间更长；我会选择长时间（4 小时以上）旅途的目的地" 2 个指标组成，可命名为 "旅行时间"，但为了提高准确度，将因子 5 排除。因子 2 主要由 "旅游消费中，餐饮支出占我开支的大部分；旅游消费中，门票支出

第二章 高铁对旅游消费者行为的影响研究

占我开支的大部分;旅游消费中,购物娱乐占我开支的大部分;我会更愿意选择旅行社跟团旅游"4个指标组成,在食、住、行、游、购、娱六大旅游要素中,游、购、娱以及食在旅游消费过程中,旅游者拥有更大的自主权,且旅游者对这四者的消费也更能反应出旅游者的消费偏好和能力,因此将因子2命名为"旅游消费偏好";因子3主要由"旅游消费中,交通占我开支的大部分;旅游消费中,住宿占我开支的大部分;我的总体旅游消费支出增加;我在选择旅游目的地时会优先考虑高铁沿线地区"4个指标组成,交通和住宿是旅游消费中最基础且必不可少的两大部分,在以往旅游研究中表明,这两部分旅游消费构成了目的地旅游收入的主要收入来源,从这两部分的消费也可看出旅游者外出旅游的整体旅游品质以及旅游消费结构,因此将其与因子2区分开来,命名为旅游消费结构。旅游消费偏好和旅游消费结构都属于旅游消费行为,代表了旅游消费行为的不同方面,本文因研究需要将其合并归纳为旅游消费行为这一个维度进行分析。因此调整后的旅游消费者行为变化因子共有4个(表2-2)。

表2-2 因子分析数据汇总表

公因子	序号	指标名称	均值	因子载荷	方差贡献率(%)	Alpha系数
旅游决策行为	1	我的出游意愿增强	3.79	0.724	22.042	0.894
	2	我更愿意选择去有高铁的城市旅游	4.04	0.849		
	3	我会增加外出旅游次数	3.83	0.819		
	4	我会更愿意选择家人朋友自助旅游	4.04	0.690		
	5	我会更愿意选择个人自助游	3.58	0.524		
	6	我在一次旅游过程中会考虑多去几个地方	3.90	0.743		
	7	我会增加出游预算,安排更多的出行计划	3.81	0.712		

— 85 —

(续表)

公因子	序号	指标名称	均值	因子载荷	方差贡献率（%）	Alpha系数
旅游消费行为（偏好）	8	旅游消费中，餐饮支出占我开支的大部分	3.27	0.707	12.422	0.780
	9	旅游消费中，门票支出占我开支的大部分	3.26	0.784		
	10	旅游消费中，购物娱乐占我开支的大部分	3.20	0.709		
	11	我会更愿意选择旅行社跟团旅游	2.97	0.654		
旅游消费行为（结构）	12	旅游消费中，交通占我开支的大部分	3.53	0.546	11.341	0.772
	13	旅游消费中，住宿占我开支的大部分	3.63	0.716		
	14	我的总体旅游消费支出增加	3.68	0.635		
	15	我在选择旅游目的地时会优先考虑高铁沿线地区	3.82	0.502		
旅游时空行为	16	我一般选择法定节假日出游	3.50	0.693	10.113	0.718
	17	我一般选择带薪休假出游	3.69	0.538		
	18	我一般选择周六日出游	3.45	0.556		
	19	小长假我会选择近距离目的地	3.83	0.660		
旅行时间（舍）	20	我一次旅游在目的地停留时间更长	3.53	0.766	9.198	0.591
	21	我会选择长时间（4小时以上）旅途的目的地	3.49	0.641		
总体统计		KMO 统计量 = 0.899；显著性概率 = 0.000 累计方差贡献率 = 65.155%；总可信度 = 0.914				

第二章 高铁对旅游消费者行为的影响研究

以上剔除的5个指标,从一定程度上说明高铁开通发展并没有对其产生显著影响,原因可能是高铁发展与有些指标确实无明显相关性,也有可能是部分旅游者自身旅游偏好以及高铁开通后旅游供给不够充分,或在宣传与消费引导中存在不足。

3. 后现代旅游消费者行为特征分析

将因子分析结果与研究最初设想进行对比,两者基本相符,研究3个维度由4个因子加以体现。结合后现代主义思潮分析高铁时代旅游消费者行为新特征,可得出以下结论。

(1) 高铁发展,强化了后现代旅游者主张"自由和个性"旅游决策行为特质,主要表现在高铁旅游城市成为新选择,自助游更为普遍。

指标1—7在第一个公因子上有较高的负载,7个指标主要包括受访者旅游意愿、旅游偏好、旅游选择等,命名为"旅游决策行为"因子。方差贡献率达到22.042%,位居所有变化因子的首位,是变化最为显著的因子。分析各个指标均值,发现受访者对其7个指标的认同度都较高,平均整体都高于3.50,但对"我更愿意选择去有高铁的城市旅游"、"我会更愿意选择家人朋友自助旅游"的认同度特别高,两个都达到了4.04,可以看出,旅游目的地发展依赖于服务大众的基础设施的建设,高铁带来的时空压缩效应缩短了时间和空间上的距离,冲击了传统旅游方式,在选择旅游目的地时更青睐于高铁旅游城市,不再依赖于旅行社报团出行,更喜欢采取自助出游的方式与家人朋友一起旅游,追求更高的旅游品质。这些现象体现了后现代旅游消费的主动化,后现代旅游不喜依靠旅行社,拒绝被动接受,乐于自己计划设计旅游线路安排旅游活动,体现个性,且后现代旅游消费者追求身心愉悦和自由,希望掌握旅游消费的自主权(史常凯,2007)。指标5"我会更愿意选择个人自助游"与指标4相对比均值得分较低且因子载荷也相对较低,说明高铁时代虽然给旅游者带来了更为舒适、便捷的旅行方式,但多数旅游者仍旧还是会选择结伴出行,这与后现代旅游消费者心理相符。

(2)高铁发展,强化了后现代旅游消费者"反理性主义"特质,"出游意愿"增强、"出游频次"增加,反映出旅游消费的"确定性"及"常态化"特征。

旅游决策行为公因子里面"我的出游意愿增强;我会增加外出旅游次数;我在一次旅游过程中会考虑多去几个地方;我会增加出游预算,安排更多的出行计划"这4个指标主要为受访者出游意愿、出游次数、出游预算,4个指标都具有较高的负载和均值,反映了高铁开通带来的时空压缩效应以及本身具有的便捷舒适等优点,增强了旅游者出游意愿,且在旅游活动中更容易获得满足感。因此也就在旅游决策过程中倾向于安排更多旅游活动,投入更多旅游预算,出游频次明显增加。出游意愿强烈、旅游频次增加表明了后现代旅游"反理性主义"特质,旅游消费的确定性及常态化,旅游活动对于大多数人来讲不再是神秘且遥不可及的了,已经逐渐普遍化。

(3)高铁发展,强化了后现代旅游消费者的"反主客二元制"旅游消费行为特质,主张旅游消费的"情感化"及"体验化",表现为旅游消费结构日趋均衡,品质游成为旅游新风尚。

指标8—11在旅游消费偏好这个公因子上有较高的负载,4个指标主要为旅游者旅游消费支出分配,其中"旅游消费中,餐饮支出占我开支的大部分;旅游消费中,门票支出占我开支的大部分"两个指标均值得分相近,分别为3.27、3.26,反映在高铁发展影响下,后现代旅游者旅游消费均衡化,一方面,近年来国家不断下调各大旅游景区的门票价格,以及旅游景区自身主动的经营转换,打破以往的单一门票经济发展全域旅游;另一方面,从人口统计学分析,我们发现高铁旅游者普遍具有高学历、高收入的特征,因此在外出旅游过程中更加追求舒适以及品质,他们不再单纯满足于欣赏异地风光风情,会从

第二章 高铁对旅游消费者行为的影响研究

多方面更为全面的了解当地的历史文化,如饮食。反映为后现代旅游消费的情感化,反对旅游消费的"主客二元制"关系,旅游者更希望与东道主之间不仅仅是进行的商业交易,而是可以与主人"共进晚餐"来一场情感对话(白光润,2009),后现代旅游者在关注旅游产品和服务质量的同时更加注重自身情感的需求,渴望旅游能抒发情感,引起共鸣。

指标"旅游消费中,购物娱乐占我开支的大部分"均值得分中等偏上,反映了高铁时代为旅游者提供了更为舒适的旅游环境,也提供了更多的出行机会,旅游者有了更多的时间和精力去体验旅游目的地的城市风光。指标"我会更愿意选择旅行社跟团旅游"均值得分相对较低,进一步反映了高铁时代旅游者追求更为多样的旅游方式,不再满足传统旅行社的旅游路线,旅游消费更为合理,旅游需求多样化。表明后现代旅游者不再只重视结果,而更重视过程。现代旅游虽然从一定程度上唤醒了旅游的人性,但却掩盖了不同旅游者的个性(曹国新,2002)。因此后现代旅游不需要"麦当劳化"的连锁产品(何兰萍,2002),而应重视个性化、特色化、体验化旅游产品的开发。

(4)高铁发展,强化了后现代旅游目的地选择"自由性"和"符号化"消费特质,表现为旅游消费选择多样性,高铁沿线城市备受青睐。

指标12—15在旅游消费结构这个公因子上有较高的负载,4个指标主要为旅游消费支出占比和旅游目的地选择,其中"我在选择旅游目的地时会优先考虑高铁沿线地区"这个指标均值得分最高,反映了高铁的开通带动了沿线城市的旅游业发展,为旅游者对目的地的选择提供了更多的可能,反映了后现代旅游对目的地选择的自由性。后现代作为现代旅游的一部分,是其发展延伸,交通工具的变革,让人们对旅游目的地的更多自由选择成为了可能,从最早的蒸汽火车旅行到如今的乘坐高铁出行甚至于以后可能会乘坐飞船出游外太空,目的地选择的自由性,反映了旅游是"追求的人的自由"的本质,而更多目的地的存在就是要给旅游者自由的场所和机会,给游客带来身心愉悦和自由的体验(黄晨晨,2014)。高铁发展催生了更多新兴的旅游目的地,目的地的产品和内容形式更为多样化,并打上了旅游者主观属性的烙印(潘秋玲,2007)。

指标"我的总体旅游消费支出增加"均值得分也较高,达到 3.68。表明高铁时代带来了更多的旅游消费可能,游客总体旅游消费支出增加,结合前面指标 8—10 和本公因子的 12、13 指标分析,我们可以看出,游客在旅游总体消费结构支出中,位序虽然未改变,但结构差距越来越小,反映出高铁旅游者旅游消费结构趋于合理,即高铁旅游者会选择去多个地方旅行,增加旅游预算,旅游需求更为求新求异和多样化。表明了后现代旅游消费越来越表现出对形象和符号的消费特质,人们的消费不是为了产品的实用性,而是增强旅游消费的快感、满足感以及体验身份和地位的消费(亓圣美,2006),"形象消费""符号消费""信仰消费"等成为了众多后现代旅游者"心愿之旅"的消费选择(齐飞,2014)。

(5)高铁的时空压缩效应,强化了后现代旅游消费者"反统一标准"的旅游时空行为特质,主张旅游吸引物的"普遍化"、旅游时间"模糊化",表现为旅游空间距离缩短,出游时间更为灵活的特征。

指标 16—19 在旅游时空行为这个公因子上有较高的负载,4 个指标主要为出游时间选择和出游距离。"小长假我会选择近距离目的地"这个指标均值得分最高,可见,高铁时代下,越来越多的旅游者选择短途旅游,出游空间距离的大幅度缩短,反映了后现代旅游强调旅游目的地的普遍化，主张无差异化，我们日常生活的社会空间都可以成为旅游吸引物（Sharpley，2000）。后现代主义强调的高雅的阳春白雪与大众文化、日常生活与艺术空间的区别的消弭的特点，就体现在这里。在后现代旅游消费思潮的影响下，乡村旅游、全域旅游的发展成为了可能。

虽然对选择"带薪假期出游"的赞同度最高，但我们仍可以明显发现受访者对其他时间，如周末、节假日出游也持高度赞同，且旅游时间分配更加均衡。反映高铁的开通，压缩了时空距离，为旅游者选择时间出行提供了更多可能性，出游时间更为灵活，结合前面分析，此现象与旅游者出游频次明显增加相对应。从后现代主义视角分析，反映了旅游时间不断延长，旅游时间模糊化的特质。现代旅游出游时间强调与日常生活的时间相分离，而后现代旅游不再强调时间差异化，旅游时间与日常生活时间呈现趋同性，后现代社会旅游活动渗透到人们日常生活里，旅游可以以任何活动的形式存在，任何活动也可以被看作旅游（Munt，1994）。

综上，研究者认为，旅游消费者行为的演变是结果，高铁发展是影响旅游消费者行为演变的技术外因，后现代旅游消费思潮的涌现是促使这一结果演变的内在动因。通过外因和内因共同带来的消费者行为演变结果的耦合关系分析，可得出高铁发展技术外因与后现代旅游消费思潮（消费观念）消费内因的关系，也即是得出本文主要观点：高铁发展让后现代旅游消费思潮成为了可能，并强化了后现代旅游消费行为的特征。

4. 不同人口学与社会学特征群体分析

旅游者在年龄、性别、经济状况、受教育程度等方面的差异会引起不同的旅游诉求，即旅游者在其旅游行为方面会呈现出不同的特征，这与后现代主义本身所具有的复合型和多样性相适应。为进一步探究不同人口学和社会学特征群体在高铁发展下的旅游行为变化显著程度，本研究采用方差分析法进行分析。在单因素方差分析中，显著性水平均给定为 0.05，概率 P 值小于显著性系数 0.05，则说明存在显著差异，概率 P 值小于显著性系数 0.01，则说明存在极其显著差异（见表 2-3）。

表 2-3　不同人口学与社会学特征群体的差异分析

人口学特征	公因子	F1 旅游决策行为	F2 旅游消费偏好	F3 旅游消费结构	F4 旅游时空行为
性别均值	男	3.918	3.219	3.698	3.659
	女	3.814	3.143	3.639	3.589
性别 F 值		4.686	2.733	0.631	0.760
性别 P 值		0.005	0.042	0.428	0.384
年龄均值	16 岁以下	3.500	3.875	3.625	3.625
	17—24 岁	3.706	3.223	3.705	3.560
	25—45 岁	3.890	3.173	3.625	3.656
	46—64 岁	3.933	3.021	3.813	3.604
	65 岁以上	2.571	3.250	3.250	2.250
年龄 F 值		3.873	2.815	1.900	3.132
年龄 P 值		0.005	0.026	0.045	0.008
教育程度均值	小学	3.143	3.250	3.500	3.000
	初中	3.758	3.692	3.673	3.596
	高中及中专	3.863	2.989	3.333	3.562
	专科	3.922	3.401	3.772	3.810
	本科	3.883	3.157	3.678	3.648
	硕士	3.806	3.121	3.677	3.531
	博士	3.802	3.011	3.702	3.476
教育程度 F 值		2.371	2.851	2.179	0.906
教育程度 P 值		0.047	0.029	0.037	0.491

第二章 高铁对旅游消费者行为的影响研究

(续表)

人口学特征	公因子	F1 旅游决策行为	F2 旅游消费偏好	F3 旅游消费结构	F4 旅游时空行为
职业均值	离退休人员	4.571	3.250	3.250	2.250
	公务员	3.994	2.875	3.576	3.615
	企事业管理人员	3.886	3.235	3.599	3.735
	服务销售人员	3.736	3.164	3.601	3.664
	专业技术人员	3.843	3.089	3.640	3.544
	私营企业主	4.000	2.800	3.616	3.183
	学生	3.738	3.658	3.800	3.600
	工人	3.612	3.171	3.624	3.500
	农民	3.142	3.500	3.000	2.750
	其他	4.021	3.398	3.824	3.824
职业 F 值		2.070	2.498	2.882	2.296
职业 P 值		0.039	0.014	0.022	0.016
月收入均值	2000 元及以下	3.397	3.029	3.804	3.616
	2000—2999 元	3.813	3.343	3.718	3.493
	3000—4999 元	3.857	3.089	3.533	3.721
	5000—7999 元	3.937	3.118	3.606	3.345
	8000 元以上	3.980	3.223	3.691	3.637
月收入 F 值		1.929	1.585	1.956	2.552
月收入 P 值		0.040	0.674	0.035	0.023
出游目的均值	1 个	3.713	3.243	3.605	3.491
	2 个	3.911	2.971	3.660	3.586
	3 个	4.007	3.157	3.789	3.828
	4 个	4.000	3.153	3.346	3.923
	5 个	4.442	4.113	4.159	4.159
出游目的 F 值		3.604	5.054	2.680	3.916
出游目的 P 值		0.003	0.000	0.022	0.002

(1) 性别影响旅游决策行为

不同性别群体在旅游决策行为和旅游消费行为上存在显著差异，其中，旅游决策行为达到极其显著差异，旅游消费偏好达到显著差异。即高铁时代，不同性别之间旅游决策行为变化存在显著差异并且旅游消费偏好也存在不同，比较均值发现，男性群体整体比女性群体更易受高铁开通的影响，从而发生旅游行为变化。

(2) 年龄对旅游消费者行为影响显著

不同年龄群体在旅游决策行为、旅游消费偏好、旅游消费结构、旅游时空行为4个公因子上存在显著差异。其中，旅游决策行为和旅游时空行为因子上达到极其显著差异。25—45岁和46—64岁两类群体对旅游决策行为变化方面认同度显著高于其他群体，且46—64岁群体对旅游消费结构变化的认同度高于其他群体。由家庭生命周期推算，这个年龄群体的旅游者家庭负担较低，且大多已经济自由，具有更多的可支配收入进行旅游花费；而25—45岁群体对旅游时空行为变化的认同度显著高于其他群体，一方面因为这个年龄群体的旅游者正处于人生黄金时期，身体素质较好；另一方面，受到工作的限制导致闲暇时间有限。因此，高铁开通带来的时空压缩效应，旅游空间距离缩短，这就使这个群体的人对其旅游时空行为变化持有高度认同感。反映在后现代旅游消费中的新特点即是旅游消费主体群的年龄结构发生了变化，中青年所占的比例不断增加，越来越多的中青年为了缓解工作压力寻求身心放松而外出旅游。

(3) 教育程度对旅游时空行为制约减弱，但对其他旅游行为影响显著

除旅游时空行为因子外，不同教育程度的群体在其他3个因子上都存在显著差异。但值得注意的是，不同教育程度的受访者并没有对旅游决策行为以及旅游消费行为变化认同度表现出相关性，高中到本科学历

第二章 高铁对旅游消费者行为的影响研究

群体对旅游决策行为变化认同度显著高于其他教育程度群体,这与之前的相关研究不同。从心理学与社会学角度出发分析这一现象,一方面,教育程度较低的旅游群体对高铁开通带来的变化感知较弱,接收相关信息渠道有限,不轻易尝试新事物,因此对高铁影响下相关旅游行为变化认同度较低;另一方面,教育程度较高的旅游者,具有更强的自主性,拥有更为独立的判断能力,表现出"反理性"的特质,表现出更强的后现代消费性,因此对高铁影响下相关旅游行为变化认同度稍低于中等教育程度群体。

(4) 职业对旅游消费者行为影响较为复杂

不同职业群体在4个因子上均存在显著差异。但从均值可以看出,职业对旅游消费者行为影响较为复杂。总体来说,离退休人员、公务员、私营企业主和其他自由职业者对旅游决策行为变化有较高的认同感,工人和农民则认同度相对较低,反映高铁开通带来的时空压缩效应虽然缩短了旅游时空距离,但由于高铁票价等原因仍旧让一部分群体望而却步。因此高铁开通带来的变化,对闲暇时间相对固定充分且可支配收入较多的群体较为敏感,而对于只拥有足够的闲暇时间的工人和农民影响甚微。对于旅游消费行为变化而言,公务员、专业技术人员等上班族和私营企业主认同度相对较低,学生群体则认同度较高,这一现象主要是因为上班族和私营企业主经济较为独立,对旅游消费支出较学生群体更有规划,不易受到外界因素影响。对于旅游时空行为变化而言,公务员、企事业管理人员以及服务销售人员等上班族明显更为敏感。

(5) 收入水平对旅游品质影响降低,与旅游决策行为变化认同度呈相关

不同收入水平的群体之间除了旅游消费偏好外,在其他3个因子上均达到了显著差异水平,这说明,随着社会的进步发展,人民生活水平不断提高,消费观念得到改善,都趋向于追求高品质旅游。收入对旅游质量的制约逐步降低,而对旅游决策行为和时空行为存在显著差异。收

入水平对旅游决策行为变化认同度呈现出正相关,即收入水平越高的群体对旅游决策行为变化认同度更高,根据前面分析即出游频次越高出游预算越多。对于旅游时空行为而言,收入对其影响较为复杂,结合前面的分析,低收入者为了追求高品质的旅游,在经费有限的前提下,会选择短途旅行,如周边一日游等。不同收入群体在高铁时代会根据自身的情况对旅游时空行为变化呈现出不同的认同感。

(6) 出游动机对旅游者行为产生显著影响

根据以前的研究,不同的出游目的会产生不同的旅游行为(Clift, 1999)。本文以旅游目的多少代表出游动机强弱,旅游者选乘高铁出游所拥有的出游目的越多,其出游动机越强。不同出游动机程度的群体之间在4个因子上都达到了显著差异水平,且在旅游决策行为、旅游消费偏好、旅游时空行为3个因子上达到了极其显著水平。分析其均值发现,出游目的为5个的群体即处有动机最强的群体对旅游者行为变化最为敏感,也即高铁时代背景下,高铁旅游者出游动机越强,对其旅游行为的影响也就越大。

总之,不同人口学和社会学特征群体对旅游消费行为影响程度各有不同,其中,出游目的影响最为显著,其次是年龄、月收入、职业,而性别和教育程度则影响较弱。因此,高铁开通后,旅游目的地应该更加注重细分市场,有针对性的开发旅游产品,确定目标市场,在原有的客源市场基础上发掘潜在客源,关注不同职业群体的不同需求,特别关注具有较强出游动机、高收入、中高学历、拥有稳定职业的中青年群体,这类群体在高铁时代背景下旅游行为变化最为显著,也是后现代旅游消费的生力军。

(四)结论与讨论

1. 研究结论

现代社会的弊端,促使了后现代思潮的兴起,后现代旅游是在现代

第二章 高铁对旅游消费者行为的影响研究

旅游发展困境下产生。后现代旅游消费行为，是受到后现代思潮的影响的一种新的消费形式，高铁作为一种新型的快速交通工具，让后现代旅游消费思潮成为了可能，并强化了后现代旅游消费行为的特征。本节利用SPSS26.0对高铁旅游者数据进行分析，旨在研究高铁时代背景下旅游消费者行为的演变规律，利用频率频次分析法、因子分析以及单因素方差分析等方法，基于后现代主义分析视角，综合得出如下结论。

第一，通过因子分析发现，高铁时代背景下，在旅游决策行为、旅游消费行为（由旅游消费偏好、旅游消费结构2个因子共同体现）、旅游时空行为3个维度上确已产生一定影响，并且影响程度不一，高铁开通对旅游决策行为影响最为显著，旅游消费行为次之，旅游时空行为影响相对较低。

第二，高铁发展是影响旅游消费者行为演变的技术外因，后现代旅游消费思潮（消费观念）是促使消费者行为演变的内在动因，高铁发展这一技术外因让后现代消费思潮成为了可能，并强化了后现代旅游消费行为的特征，主要体现在以下几个方面：

（1）高铁发展，强化了后现代旅游者"反理性主义"、主张"自由和个性"旅游决策行为特质，旅游需求具有"确定性"及"常态化"特征，出游意愿增强、出游频次增加，自助游更为普遍。

（2）高铁发展，强化了后现代旅游消费者"反主客二元制"的旅游消费行为特质，主张"情感化""体验化"的消费行为特征以及"自由性"和"符号化"消费行为方式，旅游消费结构日趋均衡，旅游消费选择多样性，高铁沿线城市备受青睐，品质游成为旅游新风尚。

（3）高铁的时空压缩效应，强化了后现代旅游消费者"反统一标准"的旅游时空行为特质，主张旅游吸引物的"普遍化"、旅游时间"模糊化"，旅游空间距离缩短，出游时间更为灵活。

第三，方差分析显示，不同人口学和社会学特征群体对旅游消费行为影响程度各异。其中，出游目的影响最为显著，其次是年龄、月收入、职业,而性别和教育程度则影响较弱,职业对旅游消费者行为影响较为复杂。较强出游动机、高收入、中高学历、拥有稳定职业中青年群体是后现代旅游消费的主力军。

2. 讨论

一是在实地调研采集数据方面,本文尽量保证其有效性和一致性,但在实际调查过程中仍然受到被调查者个人文化背景、心情状态、问题理解等因素的影响;二是本文虽然研究的是旅游者行为的具体变化,但由于研究数据的局限性,本文主要是从宏观角度分析的后现代旅游者行为总体变化趋势,缺乏对具体变化程度的分析。

未来的研究可以根据上述问题,设计更为具体的研究方案,从而获得更为具体可靠的研究结论。本文尝试将旅游者行为分为旅游决策行为、旅游消费行为、旅游时空行为三个维度进行对比研究分析,并且将后现代主义的视角和定量分析相集合,为旅游者行为研究提供了一个新角度,后续研究可以从这个角度出发更为全面具体的分析旅游者行为。

二、高铁发展对旅游消费者行为的影响机制及触发模式研究

高铁作为基础设施的投资和建设,必将对地区经济带来深远的影响,高铁衔接不同的城市使其资源在空间上更为合理流动和有效配置,形成资源共享、服务共享的"同城效应",推动了区域旅游业的发展(梁雪松,2010),加快了旅游目的地与客源地间的要素流动(穆成林等,2015),扩大了目的地市场规模的同时也加剧了目的地之间的客源竞争(Masson & Petiot,2009)。理论上在资金和时间限制下,旅游者在外出旅游过程中倾向于追求最大旅游效益,由于高铁带来的时空压缩效应极大缩短了居住地和目的地的感知距离,将会对旅游者行为产生显著影响(许春晓,姜漫,2014)。但高铁是如何影响旅游消费者行为的?

第二章　高铁对旅游消费者行为的影响研究

其影响和作用机制是什么？在此背景下，探讨在高铁带来的"时空压缩"效应下引致出来的新的旅游消费行为规律，把握高铁旅游者出游需求和心理的变化，为高铁交通规划和旅游产业发展提供科学依据与合理的政策建议，为高铁旅游市场培育、区域旅游产品的开发及服务设施的完善都具有重要的理论意义和实践价值。同时，高铁发展成为我国"一带一路"倡议实施的"国家名片"，对高铁旅游的研究彰显了国家政策的时代主题。

（一）研究评述

高铁作为一种新型的快速交通工具，是旅游系统中的重要组成部分，是连接客源地和目的地以及旅游需求与供给两端的重要连接系统（Gunn & Turgut, 2002）。因此，自高铁诞生以来，其对旅游业发展的影响就引起了国内外学者的重视，主要关注两个方面：一是高铁发展对旅游发展的客体旅游业的影响研究。高铁对区域旅游业的影响，首先表现在高铁的时空压缩效应改变了沿线城市的可达性（Gutiérrez, J., 2001），进一步引起区域旅游空间格局发生改变（Horner, 2000）；高铁开通对沿线城市旅游发展具有普遍的促进作用（曾玉华，陈俊，2018），但也表现出明显的空间差异，形成了高铁廊道效应（郭建科等，2016）；高铁发展促使区域产业结构调整（Masson & Petiot, 2009）、形成了旅游企业的空间集聚效应（Prideaux, 2000）；此外，高铁促进了区域之间的旅游经济联系（穆成林，陆林，2016），加快了区域旅游一体化进程（Fridh, 2008）。二是高铁发展对旅游发展的主体旅游者的影响研究。高铁的快速、安全和高效率成为了旅游者出行方式的首选（Garmendia, 2010），从而影响旅游者在旅游目的地的停留时间（刘军林，尹影，2016），扩大了旅游者出行范围（张文新等，2013）；高铁对旅游者的影响主要表现在改变了旅游者出游观念，旅游者出游时间更加灵活，出游意愿和出游频次增加（冯英杰等，2014；张宇等，2019），进而改变其出行行为规律（José 等，2009），城际、省际出游模式逐渐流行（侯雪等，2011）。

现有文献在研究内容和视角上，主要从旅游客体即旅游业出发来分析高铁这一中介本身的作用和其带来的变化，虽然在一定程度上对旅游主体即旅游者进行了分析研究，但是仅仅关注高铁本身的价格、性能等对旅游者的影响，仅对旅游消费行为的变化表象进行了探讨，而对旅游者在高铁刺激下出游行为变化的内在机理演变等方面的研究缺乏。在研究方法上，现有研究主要采用定量方法进行实证研究，而定量方法虽然能较为容易地证实变量之间的因果关系，但很难排除其他解释性前因组合条件的存在，从而会限制其研究逻辑（程聪，贾良定，2016）。为了进一步厘清高铁是如何对旅游消费者行为产生影响，本节在运用 SEM 方法进行定量实证分析的基础上，引入 fsQCA 方法进一步对高铁影响旅游消费者行为变化的前因条件进行构型分析，以探索高铁对旅游消费者行为影响的触发机制及模式。

（二）基本理论及研究假设

1. 基本理论

（1）期望理论及高铁出游期望模型

期望理论（Expectancy Theory）认为个人动机取决于个体对其行为结果的价值评价和其对应的期望值的乘积的大小（Chou & Pearson，2012）。该理论指出一个人对其价值评价即效价越大，动机也就越强，且期望值通常由主体根据经验判定而来（Vroom，1964）。在消费者行为领域中，许多学者证实了期望、感知、行为意向之间存在着关联性（Rojas & Camarero，2008），即当消费者的期望与感知相符时，会增强其行为意向。旅游者在旅游过程中喜欢关注其期望与实际体验之间满足程度，并希望获得高满足感，即期望在旅游过程中对旅游者起着主观影响（王纯阳，屈海林，2013）。

第二章 高铁对旅游消费者行为的影响研究

根据弗鲁姆的期望理论公式并结合旅游者消费行为的研究,本研究尝试构建高铁出游期望理论模型。旅游者选乘高铁出游动机的大小用高铁出游激励力(HTM)进行表示,高铁出游激励力的大小是游客获得感(TSG)和高铁出游期望(HTE)的乘积,即:HTM = TSG * HTE。其中,游客获得感(TSG)是指旅游者个人判断的选乘高铁出游对自身旅游体验、目标的满意程度,并且主要受高铁提供的服务、舒适度、可达性、时效性、安全性等因素的影响,也受到旅游者个人因素如个人偏好的影响;高铁出游期望(HTE)是旅游者对选乘高铁出游所能获得的愉悦性和体验性的心理预期。旅游者所能产生的高铁出游预期的大小与他过去的乘坐高铁的经验、有关高铁信息获取、个性特征、生活方式、生活理念、社会阶层、经济收入、受教育程度等因素有关(Higgs 等,2005)。也受到信息传播准确度等市场营销因素的影响。

(2)游客获得感

自习近平总书记首次提出"让人民群众有更多获得感"以来,获得感成为反映人们期待发展公平正义与满足美好生活需要的社会诉求,继而成为与"幸福感"并述的心理体验(董洪杰等,2019)。获得感其内涵可分为客观实体方面与主观精神方面,即既包括实在的物质方面的实在利益获得,也包括精神方面意义与价值的满足(王树茂,2017)。当前,我国居民生活水平不断提高,对旅游的需求也向高层次发展,人们倾向于去更远的地方旅行游览,倾向于更舒适的旅游方式(马丽君,2019)。但因为各种因素,如时间、距离的限制,人们的出游需求往往得不到满足,因此就在游客心中产生了"失落感",而"获得感"的提出就旨在消除游客的"失落感"(戴斌,2017)。高铁的"时空压缩"效应使得游客能在有限的时间中去到更远的地方旅游,一定程度上降低了游客的"失落感",增加了游客的"获得感"。本研究采用"获得感"的概念替换了传统期望理论模型中"效价"变量,让高铁出游期望模型更具中国特色和时代气息,更能够全面反映高铁旅游者获得的效用和价值。研究的游客获得感,指游客在选乘高铁出游过程中所体验到的一种收获感和满足感,主要关注高铁对游客心理层面上的获得与满足,更多关注旅游者本身。

(3) 自我效能理论

自我效能理论是解释在特殊情景下动机产生的原因,自我效能感指的是个体对完成某件事情的能力的预判(Bandura,1997),也即完成某项任务的自信程度(陈国权,2006)。自我效能感是对自己的能力进行评价而主观形成的一种效能,这种效能对人们行为选择、投入大小、努力程度进行调节,最后影响在行为上的表现现(Gist,1987)。已有研究表明,自我效能感主要受过去行为结果、能力、目标、情绪、文化等因素的影响(Wood等,1995)。本研究认为高铁旅游者自我效能感是指旅游者对选乘高铁出游旅游目的的完成能力的信心,旅游者在开始决定选乘高铁开展旅游活动之前,根据自己所获得有关高铁旅游的相关信息,对自身能力进行判断和自我感受,即自己是否有能力选乘高铁出游完成旅游目的,其将会影响高铁选乘意愿以及旅游目标和行为。

2. 研究假设

(1) 高铁出游期望、游客获得感与选乘意愿

高铁出游期望作为一种主观感受,是旅游者通过对选乘高铁出游的各种情况进行感知估计,表现出较强或较弱的高铁出游动机(李晓莉,保继刚,2015)。游客获得感是指旅游者在选乘高铁出游时获得的满足感和收获感(张品,2016)。当旅游者了解到选乘高铁出游进入旅游目的地更加便利、花费时间更短,并且所出成本高于所得效益时,即高铁出游期望和游客获得感较高时,旅游者选乘高铁出游的意愿会增强;当旅游者感知到的选乘高铁出游相关信息与自己的出游需求不匹配,选乘高铁出游体验感较差,没有达到自己的出游目的、未能满足自己的出游

需求，即旅游者高铁出游预期和游客获得感较低时，旅游者选乘高铁出游的意愿就会下降，旅游者的获得感也会降低（韩春鲜，2015）。在高铁背景下，游客对旅游目的地的选择范围扩大、游玩时间增加、游览景点也增加（冯英杰等，2014），因此游客的获得感得到提高。当游客获得感提高后，旅游者选乘高铁出游意愿会加强，反之，则会减弱。据此，提出假设：

H1：高铁出游期望与选乘意愿正相关

H2：游客获得感与选乘意愿正相关

（2）选乘意愿与旅游消费者行为

高铁选乘意愿是促进高铁选乘行为实际发生的内在想法，属于实际行为发生之前的心理暗示（许春晓，姜漫，2014）。意愿与行为之间存在差距，但意愿是实际行为发生的必要过程（章素珍，2014）。且已有学者研究证明，行为意愿能够正向影响旅游消费者行为（彭建等，2016）。据此，提出如下假设：

H3：选乘意愿正向影响旅游消费者行为

综合考虑假设1—3，提出选乘意愿的中介作用假设。

H4：选乘意愿在高铁出游期望与旅游消费者行为之间起中介作用

H5：选乘意愿在游客获得感与旅游消费者行为之间起中介作用

（3）自我效能感的调节作用

根据自我效能理论，自我效能感对个体行为选择及行为坚持程度产生影响（孙彦玲等，2012）。一方面，人们通常会回避那些感觉超出自己能力范围的事情，而趋向于选择那些没有超出自己能力的事情（楼尊，2010）。旅游者对高铁出游预期和选乘高铁出游的获得感进行评估产生选乘意愿后，会根据自己的能力以及旅游需求进行旅游选择，如旅游目的地、旅游行程、旅游项目等的选择，当旅游者具有高自我效能感时，旅游者对自己的旅游决策行为具有更强的自主权，对自己选乘高铁出游完成旅游目的的信心也就越强（姚凯，2008），也即旅游者的意愿更容易转化为实际的旅游行为;反之,当旅游者具有低效能感时,就会对自己选乘高铁出游能否完成旅游目的产生怀疑,对自己选乘高铁出游是否能实现最大效益产生不确定感,即旅游者的意愿很难转化为实际的旅游行为。据此,提出假设:

H6:自我效能感正向调节选乘意愿和旅游消费者行为的关系

假设4和6共同构成了被调节的中介作用,即选乘意愿传导了高铁出游期望对旅游消费者行为的影响,而这种中介作用的大小依赖自我效能感的强弱。具体而言,当自我效能感较强时,选乘意愿与旅游消费者行为的关系越强,通过选乘意愿传导的高铁出游期望对旅游消费者行为的影响越大;当自我效能感较弱时,选乘意愿与旅游消费者行为的关系较弱,通过选乘意愿传导的高铁出游期望与旅游消费者行为的影响也就随之减弱。由此,提出假设:

H7:自我效能感正向调节选乘意愿对高铁出游期望和旅游消费者行为之间的中介作用,即自我效能感越强,选乘意愿在高铁出游期望与旅游消费者行为关系中的中介作用更显著。

同样,假设5、6共同构成了被调节的中介作用,即选乘意愿传导了游客获得感对旅游消费者行为的影响,这种中介作用的大小依赖自我效能感的强弱。具体而言,当自我效能感较强时,选乘意愿与旅游消费者行为的关系越强,通过选乘意愿传导的游客获得感对旅游消费行为的影响越大;当自我效能感较弱时,游客获得感与选乘意愿的关系也较弱,通过选乘意愿传导的游客获得感对旅游消费行为的影响也就随之减弱。由此,提出假设:

H8:自我效能感正向调节选乘意愿对游客获得感和旅游消费者行为之间的中介关系,即自我效能感越强,选乘意愿在游客获得感与旅游消费者行为关系中的中介作用更显著。

综上所言,本研究探讨高铁对旅游消费者行为的影响机制,理论框架模型如图2-2所示。

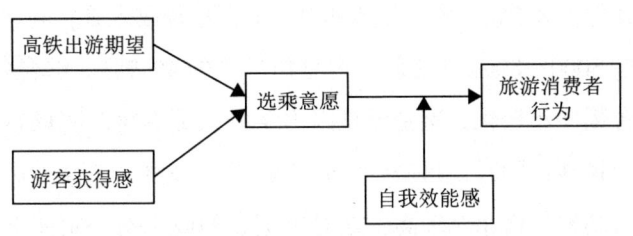

图 2-2 研究理论模型

(三) 实证设计

1. 研究对象

本节数据在 2019 年 12 月—2020 年 1 月间收集，被试所在区主要选择贵州、广西、云南等地区，具体的收集方法：采用网上和实地相结合方式进行问卷填写，网上主要利用问卷星收集问卷，采用滚雪球方式，进行数据采集，共获取问卷 165 份，其中有效问卷 155 份；实地调研于 2019 年 12 月 13 日、14 日在贵阳北站和贵州省安顺黄果树景区开展，发放问卷数量为 195 份，最终回收问卷 190 份，其中有效问卷数量为 176 份。最后，网上和实地共发放问卷 360 份，其中回收问卷总量为 336 份，有效问卷总量为 331 份，问卷回收率为 93.33%，问卷有效率为 91.94%。

对回收的问卷进行整理后，运用 SPSS 26.0 对数据进行处理和分析得样本特征如下：从性别比例看，女性人数稍微多于男性，男女比例大致趋于 2∶3；从年龄段分布看，高铁旅游者年龄主要集中在 17—45 岁之间，占总人数的 87.9%，这说明高铁旅游者以中青年为主；从学历分布看，高铁旅游者学历普遍较高，其中本科及以上人数占 78.6%；从职业结构看，学生占 18.1%，企事业管理人员占 34.5%，服务销售人员占 9.7%，私营企业主占 4.5%，专业技术人员（教师、会计、律师等）占

22.1%，其他占 8.2%，农民工人占 2.4%；从月收入看，高铁旅游者月收入集中在 3000—8000 元之间，占总样本量的 45.9%。综合各方面看，高铁旅游者偏向年轻化，这主要是因为年轻人更看重时间成本，高铁出游动机更加强烈；同时，高铁旅游者普遍具有高收入、高学历特征，这主要是因为高铁价格相对较高，这对乘坐者的收入有一定要求，而收入与学历之间往往成正比。

2. 问卷设计及变量测量

调查问卷共分为五个部分：第一部分是高铁旅游者人口统计学特征调查；第二部分是旅游者高铁出游期望测度题项；第三部分是旅游者选乘高铁出游后的游客获得感测度题项；第四部分是旅游者高铁选乘意愿测度题项；第五部分是高铁对旅游者旅游行为影响测度题项。由于结构方程模型对问卷有一定要求，因此问卷二、三、四、五部分选取李克特五点量表（Likert Scale）对旅游者高铁出游期望、游客获得感、高铁选乘意愿以及旅游消费者行为等五个方面进行量化，从 1（非常不同意）到 5（非常同意）代表不同等级。

(1) 潜变量

高铁出游期望采用李晓莉（2015）等研究利用的旅游期望量表，并结合许春晓和姜漫（2014）的研究成果，形成 8 个测度题项，变量的内部一致性 Cronbach's α 系数为 0.944。游客获得感的测量采用 Sanchez 等人（2000）研究利用的任务效价量表，并通过对获得感相关文献的梳理（董洪杰等，2019；王树茂，2017；戴斌，2017；Sanchez 等，2000），将测量对象具体为高铁出游效价，最终形成了 8 个测度题项，变量的内部一致性 Cronbach's α 系数为 0.925。自我效能感采用王锁胜（英译）和徐红罡（2015）研究利用的量表，共 5 个测试题项，变量的内部一致性 Cronbach's α 系数为 0.859。选乘意愿采用郭功星等（2016）使用的旅游意愿的量表，共计 4 个测度题项，其中 2 个题项需反向计分，变量的内部一致性 Cronbach's α 系数为 0.869。

消费者行为学理论认为消费者行为由消费者的购买决策过程及消费者的行动两个维度构成，而旅游消费者行为具有明显的空间位移和时间节律的特征（谷明，2000），高铁作为一种新型交通工具，对旅游消费者行为的影响首先表现在对旅游消费者出行时空特征的影响上，基于此，本研究将旅游消费者行为界定为旅游决策行为、旅游消费行为、旅游时空行为等三个维度进行研究。其中，旅游决策行为是指旅游者的出游意愿和出游频次、出游偏好等，旅游消费行为是指旅游者的旅游消费结构、消费倾向等实际消费活动，旅游时空行为是指旅游者的出游时间和空间范围。根据冯英杰（2014）、张宇等（2019）以及侯雪等（2011）的研究成果，结合实地访谈调查分别形成了各 8 个条目的测量题项，三个维度变量的内部一致性 Cronbach's α 系数分别为 0.862、0.854、0.805。

表 2-4 变量及测度题项来源表

变量	测度题项	文献来源
高铁出游期望（HTE）	期望出行更快捷（节省旅途时间、增加游玩天数）	李晓莉，保继刚（2016）
	期望价格更合理	
	期望扩大旅游空间范围	
	期望高铁加强城市交往的功能更强	
	期望能提升个人交通效率（高铁准时准点）	许春晓，姜漫（2014）
	期望服务条件优于其他交通方式	
	期望安全性高于其他交通方式	
	期望高铁出行绿色环保	
自我效能感（SE）	我有足够的经济条件	王锁胜（英译）；徐红罡（2015）
	我有足够的时间	
	我有足够的高铁信息获取源	
	我有良好的身体条件	
	即使别人反对我，我也能坚持自我	

（续表）

变量	测度题项	文献来源
游客获得感 （TSG）	高铁节省了我在途时间	董洪杰（2019）； 王树茂（2017）； 戴斌（2019）； Sanchez（2000）
	高铁票价对我是比较适宜的且购票方便	
	高铁增加了我区域外围旅游目的地选择的可能性	
	高铁增加了我在外游玩停留天数	
	高铁增加了我单次旅游选择景点的个数	
	高铁一次出游可以到达多个城市	
	高铁提升了我外出旅游体验质量	
	高铁出游满足了我绿色出行的需求	
选乘意愿 （WC）	无论去哪，只要有高铁我都会坐	郭功星等 （2016）
	短途（4小时以内）会选择高铁，长途（4小时以上）会选择其他交通方式	
	长途会选择高铁，短途会选择其他交通方式	
	无论如何都不会首先选择坐高铁	
旅游消费者行为		
旅游决策行为 （DM）	出游欲望增加	冯英杰等 （2014）
	我更愿意选择去有高铁的城市旅游	
	外出旅游次数增加	
	选择旅行社跟团旅游	
	选择家人朋友自助旅游	
	选择个人自助游	
	一次旅游选择多个旅游地路线	
	会增加出游预算，安排更多的出行计划	
旅游消费行为 （CB）	高铁出行中，交通支出增加	张宇等 （2019）
	高铁出行中，住宿支出增加	
	高铁出行中，餐饮支出增加	
	高铁出行中，门票支出增加	
	高铁出行中，购物娱乐支出增加	
	总体旅游消费支出增加	
	选择度假旅游增加、纯观光游减少	冯英杰等 （2014）
	选择城际逛街、购物和娱乐等休闲活动的机会增加	

(续表)

变量	测度题项	文献来源
旅游时空行为（TS）	我一般选择法定节假日出游	张宇等（2019）
	我一般选择带薪休假出游	
	我一般选择周六日出游	
	一次旅游在目的地停留时间更长	
	我一般选择城际出游	侯雪等（2011）
	我一般选择省外出游	
	选择长时间（4小时以上）旅途的目的地	
	小长假选择近距离目的地	

（2）控制变量

本研究选择性别、年龄、职位、教育背景及出游目的作为控制变量，一是因为这些变量与旅游者出游行为和游客心理反应有一定程度的关联性（Li & Hudson，2013）；二是以往研究证明上述变量对旅游消费者行为存在一定的影响（Huang & Lu，2017）。

（四）数据分析与结果

在进行因子分析之前，本研究对所收集数据进行了共同方法偏差检验。检验结果显示，本研究数据没有严重的共同方法偏差，可以进行后续的模型检验。

1. 探索性因子分析

本研究通过对331份样本进行探索性因子分析。首先，对量表进行探索性因子分析的适切度检验。软件运行结果显示，高铁对旅游消费者行为影响测量量表的KMO值为0.933，大于0.5的最低标准，P值为0.000，拒绝虚无假设，表明量表适合进行探索性因子分析。然后运用主成分分析法提取7个因子，并通过最大方差法旋转，结果表明，量表累积解释方差为63.061%，超过了行为科学研究50%的最低标准。有6

个题项存在跨因子载荷现象，分别是 CB7、DM4、TS1、TS5、TS8、SE4。按照跨因子载荷的严重性，逐一删除这 6 个题项，并清除因子载荷小于 0.4 的题项 TS2 后，再次对量表进行探索性因子分析。因子分析的适切性检验结果显示，KMO 值为 0.935，P 值为 0.000，表明量表可以进行探索性因子分析。随后进行的第二次探索性因子分析，结果显示，量表累积解释方差为 66.368%，高于第一次探索性因子分析时的累积方差解释率，说明删除不合适的题项后，现有题项对旅游消费者行为这个构念的解释力更大。题项因子载荷均介于 0.451—0.853 之间，且均不存在跨因子载荷现象，说明量表内部结构划分合理。

2. 验证性因子分析

表 2-5　验证性因子分析结果

Models	χ^2	df	χ^2/df	RMSEA	CFI	TLI
五因子	429.74	176	2.44	0.066	0.924	0.909
四因子 a	662.462	180	3.68	0.090	0.854	0.830
四因子 b	724.965	180	4.028	0.096	0.836	0.808
四因子 c	508.680	180	2.826	0.074	0.901	0.884
三因子 d	798.094	183	4.361	0.101	0.814	0.787
二因子 e	975.082	185	5.271	0.114	0.762	0.729
一因子 f	1294.508	189	6.849	0.133	0.672	0.636

资料来源：根据 Amos24.0 软件计算得出的结果数据使用 excel 绘制。

注：a. 高铁出游期望+游客获得感，选乘意愿，旅游消费者行为，自我效能感；b. 高铁出游期望+选乘意愿，游客获得感，旅游消费者行为，自我效能感；c. 游客获得感+选乘意愿，高铁出游期望，旅游消费者行为，自我效能感；d. 高铁出游期望+游客获得感+选乘意愿，旅游消费者行为，自我效能感；e. 高铁出游期望+游客获得感+选乘意愿+自我效能感，旅游消费者行为；f. 高铁出游期望+游客获得感+选乘意愿+旅游消费者行为+自我效能感。

本研究根据探索性因子分析对量表进行重新编码，对 331 个样本通过 AMOS 23.0 软件进行验证性因子分析。对每个量表分别进行一阶验证性因子分析，最终确定每个量表保留 3 个测量条目。为检验本研究所涉及变量的构念区分性，我们对高铁出游期望、游客获得感、选乘意愿、旅

第二章 高铁对旅游消费者行为的影响研究

游消费者行为(包含三个分量表)、自我效能感进行验证性因子分析。Amos 验证性因子分析结果如表 2-5 所示,五因子模型与数据拟合度($\chi 2/df=2.44$,RMSEA=0.066;CFI=0.924;TLI=0.909)最为理想,且显著优于其他模型。这说明本研究所涉及的 5 个变量确实代表 5 个不同的构念。

3. 描述统计分析

表 2-6 变量相关性分析

变量	Mean	SD	1	2	3	4	5	6	7	8	9
性别	1.590	0.492	—								
教育背景	4.970	1.125	-0.028	—							
年龄	2.860	0.624	-0.100	-0.058	—						
职位	5.000	2.242	0.114*	-0.061	-0.368**	—					
出游目的	0.380	0.213	-0.057	0.033	0.065	-0.035	—				
高铁出游期望	4.387	0.706	-0.042	-0.009	0.137*	0.079	0.026	—			
游客获得感	3.935	0.762	-.115*	-0.046	0.163**	-0.006	0.132*	0.491**	—		
选乘意愿	4.099	0.612	-0.027	0.004	0.074	0.096	0.137*	0.520**	0.615**	—	
旅游消费者行为	3.585	0.593	-0.084	-0.037	-0.007	0.092	0.208**	0.365**	0.591**	0.581**	—
自我效能感	3.644	0.806	-0.014	-0.007	0.144**	0.001	0.183**	0.318**	0.511**	0.541**	0.584**

注:* 在 0.05 水平(双侧)上显著相关;** 在 0.01 水平(双侧)上显著相关。

描述统计主要显示各个变量的均值、标准差及相关系数(如表 2-6 所示)。本研究将性别、年龄、教育背景、职位、出游目的设为控制性变量。高铁出游期望与选乘意愿(r=0.520,p<0.01);游客获得感与选乘意愿(r=0.615,p<0.01)显著正相关;选乘意愿与旅游消费行为呈显著正相关关系(r=0.581,p<0.01)。这为本研究进一步论证假设提供了一定的证据。

4. 假设检验

为检验图2-3的假设模型，本研究采用结构方程模型的方法，比较理论模型、嵌套模型和替代模型来寻找最优模型。假定理论模型中高铁出游期望和游客获得感对旅游消费行为不存在直接效应；嵌套模型则在理论模型的基础上增加直接效应；替代模型中不存在中介效应，高铁出游期望、游客获得感、选乘意愿、自我效能感均直接影响旅游消费者行为。首先，比较理论模型与嵌套模型。从其拟合指标来看，理论模型（$\chi2 = 564.23$，$df = 237$，$\chi2/df = 2.381$，$RMSEA = 0.065$，$CFI = 0.923$，$TLI = 0.910$）、嵌套模型（$\chi2 = 548.914$，$df = 235$，$\chi2/df = 2.336$，$RMSEA = 0.064$，$CFI = 0.926$，$TLI = 0.913$）都有较好的拟合度。根据Anderson（1988）推荐的方法，对比理论模型和嵌套模型的卡方变化是否显著。结果显示，卡方值未发生显著变化（$\Delta\chi2(1) = 15.316, p > 0.05$），这说明增加直接路径并没有显著改善模型的拟合度。

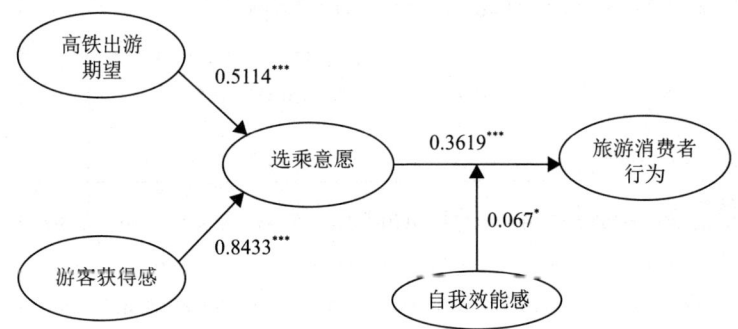

图2-3 主要研究变量间路径系数

注：为保持图形简洁和清晰，本研究未将人口统计学变量对选乘意愿、旅游消费者行为的路径系数画入模型中；* 表示在0.05水平（双侧）上显著相关；** 表示在0.01水平（双侧）上显著相关；*** 表示在0.001水平（双侧）上显著相关。

替代模型的拟合指标亦较好（$\chi2 = 539.93$，$df = 234$，$\chi2/df = 2.307$，$RMSEA = 0.063$，$CFI = 0.928$，$TLI = 0.915$）。但通过观察三个模型的参数和研究实际需要，理论模型优于替代模型。综上所述，理论模型比嵌套模型和替代模型更能有效反映变量间的数据关系。

第二章 高铁对旅游消费者行为的影响研究

理论模型的运行结果图2-3,在控制了人口统计学变量之后,高铁出游期望对选乘意愿($\beta=0.5114$,$p<0.001$)、游客获得感对选乘意愿($\beta=0.8433$,$p<0.001$)存在显著的正向影响,选乘意愿对旅游消费者行为($\beta=0.3619$,$p<0.001$)产生显著的正向影响。选乘意愿在高铁出游期望($\beta=0.4911$,$p<0.001$)、游客获得感($\beta=0.14$,$p<0.01$)与旅游消费者行为之间的中介效应显著,且Bootstrap=5000的95%置信区间均不包含0,分别为[0.3853,0.5969]和[0.0148,0.3098]。综上所述,假设1—5全部得到数据支持。

本研究采用潜调节结构模型法(LMS)检验自我效能感的调节作用(温忠麟等,2013)。结果显示,选乘意愿与自我效能感的交互项对旅游消费者行为($\beta=0.067$,$p<0.05$)的影响显著,说明自我效能感调节了选乘意愿与旅游消费者行为的关系。运用简单坡度分析法(Simple Slope Test)(Aiken & West,1991)进一步解释调节效应的关系,结果如图2-4所示。图2-4为自我效能感对选乘意愿与旅游消费者行为关系的调节效应。从中可以看出,当自我效能感较低时,选乘意愿与旅游消费者行为的关系明显($\beta=0.307$,$p<0.001$);当自我效能感较高时,选乘意愿对旅游消费行为的正向影响更显著($\beta=0.419$,$p<0.001$),表明自我效能感对旅游消费者行为的重要影响作用。所得结果与假设H_6一致。

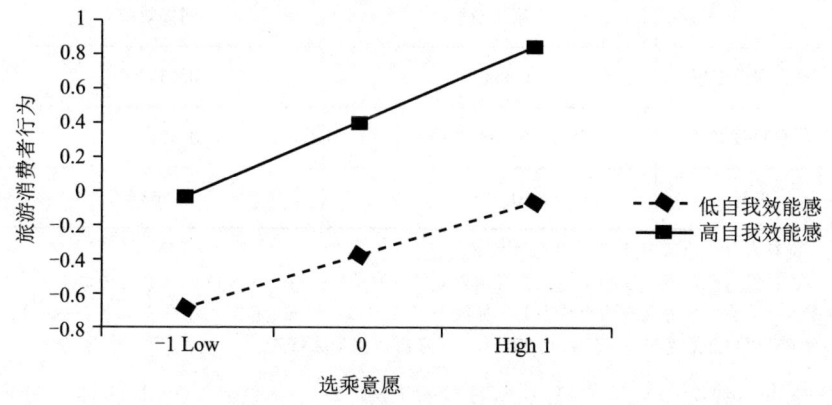

图2-4 自我效能感对选乘意愿和旅游消费者行为关系的调节效应

本研究为了分析在不同自我效能感水平下，选乘意愿在高铁出游期望、游客获得感与旅游消费者行为之间关系的中介效应，采用爱德华兹（Edwards，2007）等推荐的"拔靴法"（Bootstrapping Method）进行分析。分析结果如表 2-7（高铁出游期望为自变量）和表 2-8（游客获得感为自变量）所示。由表 2-7、表 2-8 可知，在高自我效能感水平下，选乘意愿对旅游消费者行为的影响是显著的（β=0.890，p<0.001），并且高低自我效能感水平之间的差异也显著（Δβ=0.225，p<0.05），说明自我效能感正向强化了这种关系；从表 2-7 还可以看到，高铁出游期望通过选乘意愿对旅游消费者行为的间接效应在高自我效能感下是显著的（β=0.634，p<0.001），高低自我效能感水平下差异是显著的（Δβ=0.163，p<0.05）；从表 2-8 可以看出，游客获得感通过选乘意愿对旅游消费者行为的间接效应在高自我效能感水平下是显著的（β=0.240，p<0.001），且差异显著（Δβ=0.136，p<0.05）。综上所述，假设 H7 和 H8 得到了验证。

表 2-7 被调节的中介效应分析（以高铁出游期望为自变量）

调节变量	高铁出游期望（X）→	选乘意愿（M）→旅游消费者行为
	阶段	效应
	第二阶段	间接效应
高自我效能感	0.890***	0.634***
低自我效能感	0.665***	0.471***
差异	0.225*	0.163*

资料来源：使用 Mplus7.4.0 软件计算得出。

注：第二阶段表示选乘意愿对旅游消费者行为的影响；高自我效能感代表均值加上 1 个标准差，低自我效能感代表均值减去 1 个标准差；* 在 0.05 水平（双侧）上显著相关；** 在 0.01 水平（双侧）上显著相关；*** 在 0.001 水平（双侧）上显著相关。

表2-8 被调节的中介效应分析(以游客获得感为自变量)

调节变量	游客获得感(X)→	选乘意愿(M)→旅游消费者行为
	阶段	效应
	第二阶段	间接效应
高自我效能感	0.890***	0.240***
低自我效能感	0.665***	0.136*
差异	0.225*	0.104*

资料来源:使用Mplus7.4.0软件计算得出。

注:第二阶段表示选乘意愿对旅游消费者行为的影响;高自我效能感代表均值加上1个标准差,低自我效能感代表均值减去1个标准差;* 在0.05水平(双侧)上显著相关;** 在0.01水平(双侧)上显著相关,*** 在0.001水平(双侧)上显著相关。

(五)基于fsQCA旅游消费者行为的触发机制及模式研究

上文采取传统SEM方法探讨了多个变量对消费者行为的影响机制,但我们对高铁对旅游消费者行为影响的前因仍不甚明了,需引入QCA分析方法探讨多个变量组合即前因条件构型的影响,以进一步探索高铁对旅游消费者行为影响的触发机制及模式。

1. 变量的选取、校准及检验

本研究选取出游目的、高铁出游期望、游客获得感、选乘意愿、自我效能感等5个变量为前因条件,主要基于以下考虑:第一,高铁出游期望、游客获得感、选乘意愿、自我效能感对旅游消费者行为的影响有理论与前文实证研究结论支撑;第二,本研究发现出游目的与旅游消费者行为正相关($r = 0.208$,$p < 0.05$),其他人口统计学变量与旅游消费者行为关系不显著(见前表3),所以增加了出游目的为前因条件。

进行fsQCA分析时首先要对研究中涉及的变量进行校准(Calibrate),对高铁出游期望、游客获得感、选乘意愿、自我效能感等连续变量取平均值,然后按照拉金(Ragin,2008)提出变量校准思路,共设置三个校准锚点,第一个表示完全不隶属(Fully Out)的0.05,以上四分位取值；第二个是表示交叉点（Crossover Point）的 0.5，以数列平均值为依据；第三个表示完全隶属（Fully In）的 0.95，以下四分位取值；对类别变量出游目的而言，本研究根据实际情况以及问卷设计，对变量进行加总，将仅有单一出游目的的校准为 0、同时具有 2 个出游目的的校准为 0.33、同时具有 3、4 个校准为 0.67、同时具有 5 个及以上校准为 1。

数据校准之后，还需对各变量单独作为前因条件的必要性与充分性进行检验。根据一致性检验思路（条件变量和结果变量的交集占据结果模糊集合的比例），条件变量的一致性一般应不小于 0.8。本研究发现：各个变量单独作为前因条件均未达到绝对必要条件的标准；同时，各前因条件也不是引致结果的充分条件。因此，本研究需要将多个前因条件组合起来进行构型分析（Ragin，2006）。

2. 模糊集定性比较分析结果

本研究首先将原数据通过一定的测算将变量条件的指标数值全部转换为 60—100 分，转变成隶属度真值表分（Ragin，2008）；再使用 fsQ-CA（3.0）软件对隶属度真值进行"标准分析"，得出三种解，分别是复杂解、简约解和中间解。其中，中间解不仅结合了研究者对案例集的分析和理论知识的应用，同时也集中了复杂解和简约解的优点，结论的启示性和普适性都较好（Ragin，2006），因此本研究采用中间解。在 QCA 分析过程中，一致性门槛值设定为 0.9，可接受的个案数设为 3，在进行组态分析时，本研究设置一致性门槛值为 0.9，案例频数可接受的最低水平为 3，满足至少保留 75% 的观察案例。为减少矛盾组态问题，设置 PRI 一致性为 0.75（杜运周，贾良定，2017）。结果如表 2-9 所示。

本研究采用菲斯（Fiss，2011）对条件分类的规定：核心条件是指所有在简约解中出现的条件；补充条件是指在中间解中出现但被简约解排除的条件。根据伊霍（Rihoux，2019）提出的逻辑方案表，合并重复方案，将具有相同核心条件的前因构型进行归类，从而将它们归纳为以下三种触发行为模式。

表2-9 高铁对旅游消费者行为影响的前因条件构型

条件构型 前因变量	旅游消费者行为			
	Ⅰ	Ⅱ	Ⅲ	Ⅳ
出游目的		⊗		⊗
高铁出游期望	⊙	⊙	⊙	⊙
游客获得感	⊗			⊙
选乘意愿			⊙	⊙
自我效能感	⊙	⊙	⊙	
一致性	0.981	0.980	0.987	0.987
原始覆盖率	0.478	0.649	0.701	0.532
唯一覆盖率	0.010	0.015	0.064	0.022
总体一致性	0.969			
总体覆盖率	0.781			

注：其中，⊙或⊚表示该条件出现，⊗或⊘表示该条件不出现，"空白"表示没有影响的条件，⊙或⊗表示核心条件，⊚或⊘表示辅助条件。

(1) 模式一

这一触发类型包括两个子模式（构型Ⅰ和Ⅱ），核心条件都为高自我效能感，相同辅助条件为高高铁出游期望。

在第一种子模式中，另一个辅助条件为低游客获得感，其构型为"高铁出游期望·~游客获得感·自我效能感"（·表示"与"，~表示"非"，下同）。已有文献研究指出，自我效能感越高的人自信心也就越强，对自己的行为有更大的自主选择权，不容易受到他人影响（Wood等，1991）。从本研究的结果可知，高自我效能感的旅游者旅游行为是否发生变化还取决于其他因素。具体而言，高自我效能感的旅游者因其充足的资金和时间，会有更强的出游意愿，以及在外出旅游过程中会产生更多的旅游消费或者是一次旅游会选择在多地停留。从该触发模式来看，当具有高自我效能感的旅游者对选乘高铁出游产生高期望时，他们会倾向于利用自己拥有的资源将这种期望转变为实际的获得，从而触发旅游消费者行为；根据前文研究，游客获得感正向影响旅游消费者行为，即旅游者在选乘高铁出游过程中，低的游客获得感会影响旅游者选乘高铁出游的意愿，降低高铁对旅游消费者行为的影响，但在高自我效能感的调节作用下，会改善其出游意愿，增强高铁对旅游消费者行为的影响。

在第二种子模式中，另一个辅助条件为低的出游目的，故其构型为"高铁出游期望·~出游目的·自我效能感"。根据以前的研究，不同的出游目的会产生不同的旅游行为（Clift等，1999）。一方面，旅游者选乘高铁出游所拥有的出游目的越多，其出游动机越强，高铁对旅游者行为影响也就越大；另一方面，旅游者出游目的越复杂，一定程度上会影响旅游体验感，特别是在有限的时间内。拥有较少出游目的的旅游者拥有更高的自我效能感，伴随高的高铁出游期望，将高期望转换为实际获得的能力更强，旅游体验感更强，从而会增强高铁对旅游消费者行为的影响。

（2）模式二

这种模式的前因构型为"高铁出游期望·选乘意愿·自我效能感"，引致旅游消费者行为变化的核心条件为高选乘意愿和高自我效能感，辅助条件为高高铁出游期望（构型Ⅲ）。

以往研究指出，高铁开通作为一个实际的事实，并不能直接对旅游消费者行为产生影响，而是通过旅游者选乘高铁而产生影响，通过高铁选乘意愿传导影响（许春晓，姜漫，2014）。前文实证分析得出，选乘意愿越强，高铁对旅游消费者行为影响越强，反之则越弱。从本研究的结果可知，高铁选乘意愿高的旅游者是否对旅游消费者行为产生影响还取决于其他因素。从该触发模式来看，拥有高选乘意愿的旅游者一般同时拥有对高铁出游的高期望，因为期望越高自主愿望越强，高自我效能感的人不易受到周围人的影响，并且有更强的信心和实力满足自我高期望，因此在高自效能感的调节作用下，会进一步增强高铁对旅游消费者行为的影响。

（3）模式三

此种模式前因构型为"~出游目的·高铁出游期望·游客获得感·选乘意愿"，引致旅游消费者行为变化的核心条件包括为高游客获得感和高选乘意愿，辅助条件为低的出游目的和高高铁出游期望（构型Ⅳ）。

高获得感的游客对高铁出游的认可度会更高，在选择旅游交通工具时，会更愿意选择乘坐高铁，从而触发高铁对旅游者行为的影响。但在该触发模式中，游客获得感和选乘意愿对旅游消费者行为是否产生影响还取决于另两个辅助因素：高的高铁出游期望使旅游者从心理上对出游计划产生微妙变化；较少的出游目的会增加乘坐高铁外出旅游过程中的体验感，产生高的选乘意愿，从而触发高铁对旅游消费者行为的影响。

（六）结论与讨论

1. 研究结论

本研究首先运用 spss26.0 对原始数据进行处理分析，再以期望理论与自我效能理论为基础，运用结构方程模型探讨了高铁对旅游消费者行为的影响，以及自我效能感在其中的调节作用；同时，采用定性比较分析方法研究了触发高铁影响旅游消费者行为变化的前因构型。综合得出如下结论。

第一，实证研究结果显示：（1）选乘意愿分别在高铁出游期望、游客获得感与旅游消费者行为之间起到中介作用，传导高铁出游期望、游客获得感对旅游消费者行为的影响。（2）自我效能感在选乘意愿与旅游消费者行为关系中起调节作用。自我效能感正向调节选乘意愿和旅游消费者行为的关系；同时，自我效能感也调节了选乘意愿的中介作用，即增强了高铁出游期望和游客获得感对旅游消费者行为的影响。

第二，定性比较分析结果显示：（1）触发高铁影响旅游消费者行为变化有三类模式，其中模式一包含两种子模式，分别为"高铁出游期望·～游客获得感·自我效能感"和"高铁出游期望·～出游目的·自我效能感"；模式二为"高铁出游期望·选乘意愿·自我效能感"；模式三为"～出游目的·高铁出游期望·游客获得感·选乘意愿"。比较三类触发模式的覆盖率可知，模式三的解释力要大于其他两类模式。（2）较低或较高的游客获得感均能触发高铁对旅游消费者行为影响，关键需要考虑前因条件的组合效应。

第三，SEM实证研究揭示了高铁出游期望、游客获得感、选乘意愿、自我效能感与旅游消费者行为之间的因果关系，但并不能有效解释其触发机制和模式。因此，我们进一步将实证研究结论引入到定性比较分析结果的解释中。具体而言，在模式一中，选乘意愿的中介机制没有发生作用，但高的自我效能感调节了低的游客获得感；模式二中，选乘意愿的中介机制发挥作用；模式三中，高的高铁出游期望和高游客获得感的促进机制发挥作用，而低出游目的的旅游者产生高铁出游行为变化是因为他们认为在有限的时间内选乘高铁出游旅游体验感更强。

2. 理论贡献

第一，本研究更多从旅游者的主观感受出发，关注了影响旅游者行为方面的因素——游客获得感。高铁旅游者会在旅行过程中关注实际获得和心理上的满足感，因此在游客获得感对旅游消费者行为具有重要的影响，而以往对于这方面的研究较为欠缺。因而，本研究是对现有旅游消费者行为领域的一个补充和拓展。从研究结果来看，游客获得感对旅游消费者行为影响比预期更为复杂，这为我们进一步理解高铁与旅游消费者行为的关系提供了丰富的视野。

第二，本研究探讨了自我效能感对选乘意愿与旅游消费者行为关系的调节效应，以及以高铁出游期望和游客获得感通过选乘意愿影响旅游消费者行为的有中介的调节效应。以选乘意愿作为中介，出游期望会对旅游者产生影响，但是当前研究对调节变量的讨论仍然缺乏。自我效能

第二章 高铁对旅游消费者行为的影响研究

感作为一种评价自我的主观心境和实际能力,能对旅游者出游前中后时期的行为产生重要影响。有研究发现,高自我效能感的人拥有更强的自信心,对新兴事物有更强的接受能力,并且认为自己有足够的资源和能力面对未知。因此,本研究探讨自我效能感对选乘意愿增强、降低作用的调节机制。按照期望理论,首先,旅游者根据自身需求,结合外界信息,形成高铁出游期望;然后,当高自我效能感的旅游者感知到选乘高铁出游对自身产生的效价并不高时,他们会倾向于认为这是由外部暂时性的环境所导致的,并对选择高铁出游有更积极的态度。

第三,本研究运用结构方程模型(SEM)通过实证分析假设全部得到了验证,但我们对高铁对旅游消费者行为产生影响的前因仍不甚明了。旅游消费者行为作为一种复杂的行为现象,受到旅游者内在感知、认知、行为以及外在因素等多种因素的影响,本研究运用QCA方法从旅游者视角考察了内在因素组合影响效应,发现了高铁影响旅游行为的多条等效路径,并且发现在三类触发模式中,模式三高铁对旅游行为的影响更大。有研究认为出游目的越多对旅游行为的影响越强。而本研究发现,较少的出游目的是高铁影响旅游行为的前因条件:主要是因为较少出游目的的高铁旅游者在旅游过程中更容易拥有更多精力,获得更高游客获得感。基于QCA方法的研究表明,只有综合考虑多种因素的组合效应,才能更好地解释高铁对旅游消费者行为的影响。

3. 讨论

一是本研究量表并不全是来自成熟的量表,虽然进行了严格的检验以及一系列验证性分析,但仍然存在一定的局限性;二是在实地调研采集数据方面,本研究尽量保证其有效性和一致性,但在实际调查过程中仍然受到被调查者个人文化背景、心情状态、问题理解等因素的影响;三是研究视角偏于微观性,在模型构建时难免会出现高度不够的问题。

未来的研究可以根据上述问题设计更合理的方案,从而获得更为可靠和普适的研究结论。影响旅游者行为的因素有很多,本研究主要从旅游者本身心理层面出发,现有一些文献虽有涉及,缺乏深入探讨,这可能会成为研究高铁对旅游者行为影响的一个新角度。最后,高铁影响旅游消费者行为的前因构型具有多样性,后续研究可以考虑从更全面的视角去展开。

三、本章小结

(一) 研究逻辑

高铁作为一种新型的交通工具对旅游发展的影响首先表现在对旅游主体的需求产生影响,进而通过旅游主体的需求的变化影响旅游客体的供给的变化。也即是高铁发展基于旅游活动的开展而言,它并不直接作用于旅游发展的客体,而是通过影响旅游的主体的消费需求,进而影响旅游业的供给。因此研究和分析高铁发展对旅游业的影响,必须首先从其对旅游者消费需求的影响视角入手,分析和厘清高铁发展对旅游消费者行为的影响机制及作用模式,才能进一步分析高铁发展对旅游业影响的内在逻辑关系。

本章遵循从现象到本质的哲学分析范式,首先,探讨高铁发展对旅游消费者行为影响的表象,进一步探讨高铁发展对旅游消费者行为的影响内在机制。具体来讲,本章第一节首先探讨高铁背景下,旅游消费者行为的演变现象,根据消费者行为学的"需求—动机—行为"理论,以高铁旅游者为研究对象,根据对高铁旅游者消费行为的调查和分析,归纳总结其消费行为特征,并基于后现代主义视角,逆向探讨高铁旅游者的后现代消费需求及消费动机。研究表明,高铁发展让后现代旅游消费成为了可能,高铁的时空压缩效应强化了旅游消费的后现代特征。进一步通过对调查对象的人口统计学和社会统计学特征分析,研究表明,不同人口学和社会学特征群体对旅游消费行为影响程度各异,其中,出游目的影响最为显著,其次,是年龄、月收入、职业,而性别和教育程度则影响较弱,并且职业对旅游消费者行为影响较为复杂。较强出游动机、高收入、中高学历、拥有稳定职业人员中的中青年群体是后现代旅游消费的主力军。

本章第二节,进一步探讨高铁发展对旅游消费者行为的影响机制。以期望理论与自我效能理论为基础,运用结构方程模型探讨了高铁对旅游消费者行为的影响路径,以及自我效能感在其中的调节作用;同时,采用定性比较分析方法研究了触发高铁影响旅游消费者行为变化的前因构型。研究表明:选乘意愿分别在高铁出游期望、游客获得感与旅游消费者行为之间起到中介作用,传导高铁出游期望、游客获得感对旅游消费者行为的影响;自我效能感在选乘意愿与旅游消费者行为关系中起调节作用。自我效能感正向调节选乘意愿和旅游消费者行为的关系;同时,自我效能感也调节了选乘意愿的中介作用,即增强了高铁出游期望和游客获得感对旅游消费者行为的影响;"出游目的·高铁出游期望·游客获得感·选乘意愿"模式对旅游消费的行为影响更大;较低或较高的游客获得感均能触发高铁对旅游消费者行为影响,关键需要考虑前因条件的组合效应。

(二) 政策建议

作为一种快速交通工具,高铁的发展促进了后现代旅游消费思潮的涌现,强化了后现代旅游消费的特征,后现代旅游是对现代旅游的批判,但后现代旅游的"不确定性""反理性"以及追求"超真实性",都会在一定程度上影响旅游业的健康和可持续发展,因此旅游目的地的发展如果一味的去追求后现代旅游的消费形式,往往会调入旅游发展的陷阱(黄晨晨,2014),以旅游者为中心,为后现代旅游者提供愉悦身心的产品、释放旅游者自由奔放的消费心态,才是后现代旅游发展的根本意义。有鉴于此,本文提出如下政策建议和意见。

1. 把握消费需求,创新高铁旅游产品模式

随着社会生活水平的不断提高,旅游者对高铁旅游的期望不断攀

升，已不再满足于仅仅作为简单的出行交通工具，后现代旅游消费者追求"自由和个性"，产生了高品质、差异化、个性化的需求，如快车慢游、车随人走、景随车走等。这也决定了传统的包价观光游已不再符合旅游者需求，自驾游、自助游以及自选式旅游方式已成为大多数旅游者的首选。因此应大力发展"高铁＋自驾游"，普及自选式旅游方式，开发多层次、丰富多样的高铁旅游产品。首先，铁路部门应及时跟进市场，对接旅游市场新需求，守正创新，将高铁旅游推向大众，开发不同类型产品，面向不同消费群体，推出大众型、中端型及高端型高铁旅游产品，针对不同年龄阶段，设计多样主题高铁旅游专列；其次，注重提升旅游者体验感，突破传统产业观，加强与不同产业间的合作，开发多种形式高铁旅游产品，如与影视文化、动漫虚拟等结合嫁接打造3D沉浸式体验车厢，做到景随车走；最后，研究表明高铁在近、中程旅游市场上具有不可替代的优势，区域旅游目的对必须大力发展"高铁＋自驾"的旅游消费形式，完善自助旅游的相关配套产品和服务，如租车服务、目的地标识标牌系统、线上网络预订系统以及其他配套服务设施等。

2. 挖掘文化内涵，提升文化旅游产品特色

现代旅游者具有"情感化"及"体验性"的消费特质，高铁沿线城市必须充分挖掘自身资源优势和特色，以地方特色文化为灵魂，打造参与性、体验性强的异质性文化旅游产品，提高文化内涵，以文铸魂，以文赋能，以传统地方文化、高铁文化、神话传说以及地方特色建筑等文化来打造打造独具特色的旅游区域产品，形成优势互补及旅游发展合力，增强区域旅游竞争力。首先，传统地方文化是高铁沿线城市旅游产品开发和创新的源泉，对神秘性和新奇性的追求作为旅游者出游的主要情感需求之一，汲取地方传统文化的精华，进行包装宣传，针对性的开发特色旅游产品和服务，提升高铁沿线城市旅游竞争力；其次，丰富高铁文化内涵，汇聚世界各国优秀工业文化成果，立足中国高铁文化，塑

第二章 高铁对旅游消费者行为的影响研究

造区域高铁文化特色。结合时代特点和铁路实际,提升高铁文化的品质、追求和可持续力。努力探索高铁文化与地域文化的融合,把不同的地域文化体现在高铁的设计、建设、管理、经营、服务的理念与风格之中;最后,巧借民间文学、神话传说打造当地特色建筑,突破狭义资源观,重视对历史建筑等现有资源的利用,注重情感化的表达,创设独特的旅游环境和旅游体验活动。如利用老旧的房屋、街道,废弃的矿场、特色小镇、田园综合体等发展全域旅游,促使旅游吸引物普遍化,渗入文化内涵设计主题活动,鼓励旅游者体验参与其中,增强旅游吸引力。

3. 强调精准定位,打造高质量高铁旅游目的地

找准定位是高铁沿线城市旅游产品创新的方向,高铁的开通运行为区域旅游发展带来了机遇,高铁的时空压缩效应及网络化建设极大的提高了区域旅游的可进入性,使得全域旅游的发展成为了可能。后现代旅游者对旅游消费的确定性和常态化特质,以及对旅游吸引物普遍化和旅游时间模糊化的消费观念,极大的扩大了旅游消费需求。区域旅游目的地应以城市旅游为核心、以乡村旅游为载体,以特色小镇、田园综合体建设为抓手,打造具有竞争力的高铁旅游目的地。首先,立足本土资源,借助高铁发展机遇进行旅游产品的开发设计,单一的观光式旅游目的地已不再满足后现代旅游者多样化、多层次的旅游需求;其次,多样化的旅游创新产品助推旅游产业结构的调整和升级,高铁沿线城市应从旅游者需求、资源可利用性、市场发展趋势等方面进行转型发展,打造地区旅游品牌;最后,高铁沿线城市在开发高铁旅游产品的过程中,应进一步深化与铁路部门、地方政府和旅游管理部门的合作和交流,做好交通及资源规划、政策落实和营销宣传等方面的深度融合,确保"高铁$^+$"旅游产品能够有计划、有安排、能落地。在交通方面,加强与其他交通方式衔接,构建"高(效)接高(质)"模式,高铁的快速、高效带来了大量高品质客流,针对高铁游客的特性,高铁城市应在设施和服务两个方面进行质量提升,适应高铁旅游市场的需求。在政策落实方

面,通过地方政府推广和市场化运作相结合的方式,有效推动"高铁+"旅游产品项目的实施。在营销宣传方面,加强高铁旅游的宣传力度,实行灵活的高铁票价政策。高铁沿线城市应丰富信息传递手段,充实信息内容,完善高铁旅游的信息网络,为游客提供多样化的信息服务。加强以高铁为媒介的旅游宣传投入,开展旅游产品的"高铁营销"。因此,高铁沿线城市应利用自身资源优势,借助高铁发展机遇。全面发展"高铁+"旅游系列产品,打造高铁旅游专线,完善基础服务设施,加强宣传营销,加强信息化、智慧化、情感化建设,打造独具吸引力的高铁旅游目的地。

第三章 高铁对旅游可达性影响测度及旅游经济联系空间格局演变

一、高铁对黔桂云三省沿线城市旅游可达性影响测度

高铁对区域旅游空间的影响和作用源于对区域之间可达性变化,可达性是度量区域交通网络发达程度的重要指标。正是基于此,可达性概念的提出首先是在交通系统中,指为交通网络中各节点相互作用的机会的大小(Hansen,1959),随着不同领域的专家学者将可达性与不同学科相结合,赋予可达性的含义逐渐增多,也逐渐将可达性引入高铁中研究。国外关于高铁对可达性研究具有代表性的专家学者有古特雷斯(Gutierrez,1996,2001)、科托·米兰(Coto-Millan 等,2007)。他们认为高铁开通为欧洲城市间可达性的变化做出巨大贡献,随着欧洲高铁网的不断建设,不仅拉近欧洲边缘城市与核心城市间的关系,改善了边缘城市长期位于区域内部交通不便的劣势,还强化核心区与边缘区间的经济联系,推动欧洲整体的区域经济发展(Gomez,1996)。专家学者通过以数据为基础,借助加权平均距离模型(Gomez,1996)、引力模型理论(Gutierrez,2001)和实证研究(Nanni,2004)、空间交互模型(Stepniak,2017;Chandra,2014)等对高铁的可达性整体变化进行研究,分析可达性的空间差异(Páez,2012),强调交通基础设施的改善

对可达性具有重要作用，探讨高铁与城市之间可达性的关系（Palomero，2018；Levinson，2012）。国内学者在相关模型的基础上进一步深化，建立可达性系统测量指标体系（钟业喜，2015），以武广高铁（李琳，2011）、京沪高铁（王姣娥，2011；汪德根，2014）等为例子研究高铁沿线城市的可达性，分析高铁开通前后可达性对周围地区的最小时空距离（杨维凤，2010；李涛，2017）、居民消费（孟德友，2018）等方面的影响。

综上所述，国外开通高铁时间较早，因此国外研究时间和研究内容比国内更早、更加全面和丰富，国内外对可达性以及旅游经济都有较为丰富的研究，他们从不同的角度去剖析，研究较为深入。但是从高铁对可达性影响来看，研究方法多基于理论基础上在进行实证研究。随着我国也步入高铁时代，国内有关高铁的研究在近几年逐渐增多，并且大部分专家学者将京津城际、武广高铁、郑西高铁等开通较早、运营比较成熟的高铁作为研究对象，且多以开通的高铁线路作为实证的对象进行研究，研究范围大多是关注经济比较发达的东部和沿海地区，对欠发达的西部、西南部和南部地区的研究较少，针对我国地形复杂的西南山区，可达性一定程度上会受到地理区位因素的影响，在相比其他交通出行方式上，高铁是否会更具有优势。从高铁对旅游经济的发展角度看，研究多以具体的高铁线路作为研究对象分析对经济造成的影响，而高铁所产生的效应往往会辐射到整个区域。另外涉及高铁可达性对旅游经济联系的影响测算等方面的研究较少。黔桂云作为我国旅游资源极其丰富的地区，同时也是交通受地理区位影响较大的区域。因为资源丰富，但经济发展相对滞后，素有"富饶的贫困"之称。本节通过可达性模型探寻高铁对黔桂云区域可达性和旅游经济联系所产生的影响。

（一）研究方法及数据来源

1. 研究方法

区域可达性的测度方法和衡量指标有多种，从测度方法上来看，就

第三章　高铁对旅游可达性影响测度及旅游经济联系空间格局演变

有日常可达性、加权平均旅行时间、旅游经济潜能,其测算指标可归纳为成本指标和吸引力指标,其中成本包括旅游过程中的时间成本和费用成本,以及旅行的舒适度、安全度等,而区域吸引力常采用地区人口、经济发展水平等。考虑到可达性不仅是空间范围的可达性,还是经济社会的可达性,因此在选取指标时应该综合考虑。测量可达性水平的常用且成熟的方法多是日常可达性、加权平均旅行时间和旅游经济潜能,只不过侧重的点有所不同。日常可达性简单直接地反映出交通方式对出行范围的影响。从地理意义上的可达性看,加权平均旅行时间反映从某地到达经济中心所需要花费的时间。从经济层面上的可达性看,旅游经济潜能更加体现出客源地与目的之间吸引力相互作用程度(罗鹏飞,2004)。为了更准确的测度可达性水平,需要将以上三种指标进行综合考虑。

（1）日常可达性

日常可达性,也称机会可达性。它可以评价在某一时间内可以到达的空间范围,或者获取某一机会的难易程度。假设在出现距离、费用、时间相同的基础上从某地出发能到达目的地的机会多少为依据,如果获得的机会越多,则表明可达性水平越好,获得的机会越少,则表明可达性水平越差(汪宇明,2002)。不同范围所设置的时间有所区别,例如在市区的范围内可以将时间设置在20到30分钟,在城市间的范围内将时间设置为3小时或者4小时,大多4小时作单程的时间,因此在当日完成往返的商务旅游需要8个小时,本研究将时间设置为3小时。该方法可以便于读者们直观的看到结果,容易理解其含义,但是现实情况中由于地理位置不同,会导致结果的精确性受到误差,因此需要考虑其他指标。

（2）加权平均旅行时间

加权平均旅行时间是测算可达性指标中使用最广泛的一种,城市之间的联系不仅与城市的经济社会发展水平和城市规模有关,还和交通基础设施水平有关。加权平均旅行时间指标是评价某节点到经济中心的时间测度,融合旅游收入和发展水平对可达性的影响(侯贺平,2015)。指标得分越高,表示该节点可达性越低,与经济中心的联系紧密度低,反之亦然。采用交通成本的加权平均值构建可达性模型进行定量测度与时空分析。该模型计算公式为:

$$A_i = \frac{\sum_{j=1}^{n}(T_{ij}*M_j)}{\sum_{j=1}^{n}M_j} \quad \text{(式3-1)}$$

式中,A_i 为城市 i 的可达性;T_{ij} 是城市 i 到达旅游城市 j 的最短时间距离;M_j 为节点城市 j 的某种社会经济要素,选取节点城市的人均 GDP 进行衡量。n 是除 i 节点以外节点城市总数目。

(3)旅游经济潜能

旅游经济潜能可以分析区域旅游发展潜力,该指标与目的地的旅游经济区位呈显著相关。旅游经济潜能值越低,表示目的地可达性越差,旅游经济潜能值越高,表示目的地可达性越好。该指标涉及最短旅行时间,也可用于测算可达性。该指标受到两地间的交通距离、相互作用强度和经济、旅游成本因素的影响。

必须说明现有文献在测算旅游经济潜能指标时,常借用经济潜力量测模型,认为旅游经济潜能主要取决于常驻人口规模、经济发展水平等正向指标。笔者认为旅游经济潜能,还取决于目的地旅游资源的吸引力。事实上,由于旅游产品生产与消费的同时性,旅游产品的销售必须以旅游者的到访才能真正形成。因此旅游经济潜能反映的是区域旅游目的地潜在客源市场规模的度量(胡北明,2004),这个潜在规模除了客源地的人口、财富等指标外,目的地的原赋资源状况也将产生正向吸引作用。笔者在传统经济潜能测度模型基础上,增加了正向指标目的地资源吸引力指标 A_i,用以精确测度区域旅游目的地的旅游经济潜能。

$$P_i = \sum_{j=1}^{n} \frac{M_j * A_i}{D_{ij}^a} \quad \text{(式3-2)}$$

第三章 高铁对旅游可达性影响测度及旅游经济联系空间格局演变

式中,P_i 代表目的地 i 旅游经济潜能;M_j 为客源地 j 常住人口规模、经济发展水平等量度;A_i 为目的地 i 的旅游资源吸引力;D_{ij} 为客源地 i 到目的地 j 之间的时间距离;a 为距离摩擦系数,通常为 2。旅游资源吸引力采用赋分法计算得到各城市旅游资源的分数,3A 级景区赋 0.75 分、4A 级景区赋 0.85 分、5A 级景区赋 0.95 分。

(4) GIS 反距离加权插值法

通过 ArcGis 软件将本研究所需要的研究区域从中国地图中提取出来。本研究将相关数据整理后,运用 ArcGis 等软件得出高铁开通前后各城市的日常可达性、加权平均旅行时间等变化图并加以分析。

2. 数据来源

本节先选取黔桂云在 2019 之前开通高铁的 26 个地级市州城市作为研究对象进行数据收集、分析研究。通过查询 2013 及 2018 年贵州、广西和云南已出版的统计年鉴,得到 26 个地级市州的人均 GDP。由于考虑到一些地区在 2013 年未开通铁路,根据百度地图将城市间行驶高速公路的最短旅行时间作为高铁开通前的时间数据。根据 12306 官方订票系统的统计数据得到高铁开通后各地之间的最短旅行时间。本研究统一将各城市达到原国家旅游局认定 5A、4A 和 3A 级高级别旅游景点标准来表示该区域旅游资源的综合吸引力,并将区域中所有 5A、4A 和 3A 级旅游区景点的分值加总求和,作为城市总体旅游资源吸引力。

(二) 测算结果分析

1. 日常可达性变化

(1) 高铁开通过前后旅行时间的变化分析

从图 3-1、图 3-2、图 3-3 中,可以明显看出高铁开通对沿线城市间的出行时间在明显的缩短。在高铁开通前,日常可达性受到地理区位距离远近的影响,地理区位相距较远的两个区域,通常所花费的时间较长。

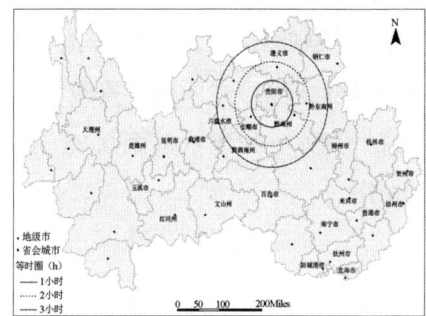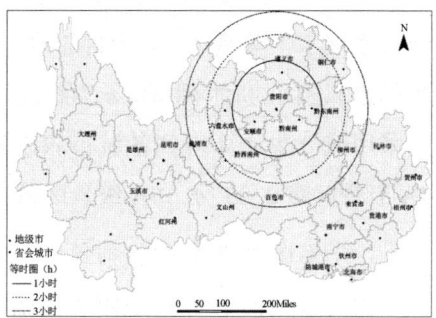

图3-1 高铁开通前后以贵阳为中心的等时圈对比图

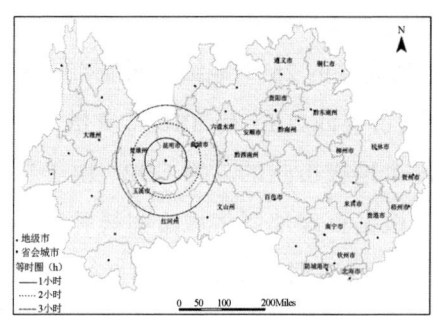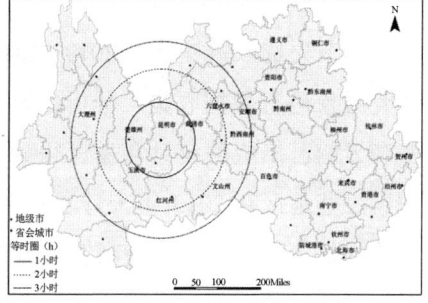

图3-2 高铁开通前后以昆明为中心的等时圈对比图

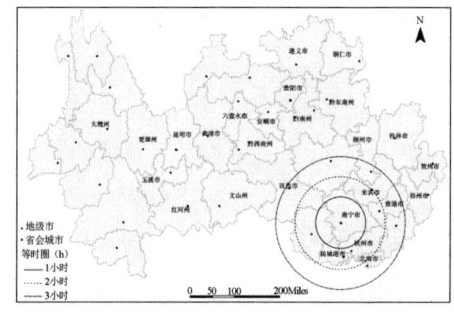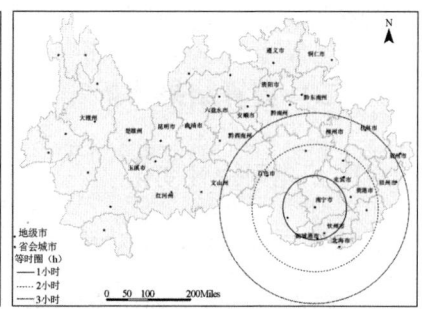

图3-3 高铁开通前后以南宁为中心的等时圈对比图

第三章　高铁对旅游可达性影响测度及旅游经济联系空间格局演变

1) 以贵阳为中心，贵阳市到贵州省内各地级市州时间在 1.12 小时至 4.05 小时之间，花费时间最长的是贵阳市到铜仁市为 4.05 小时，最短的为贵阳市到安顺市为 1.12 小时；贵阳市到广西各地级市的时间在 5.56 小时至 9.51 小时之间，花费时间最长的是贵阳市到北海市为 9.51 小时，最短的为贵阳市到桂林市为 5.56 小时；贵阳市到云南各地级市州的时间在 4.45 小时至 10.16 小时之间，花费时间最长的是贵阳市到大理市为 10.16 小时，最短的为贵阳市到曲靖市为 4.45 小时。高铁开通后，各个地区之间的时间大大缩短，所花费的时间成本在减小。贵阳市到贵州省内各个地级市州的时间在 0.29 小时至 2.46 之间，贵阳市到广西各地级市的时间在 2.02 小时至 6.23 小时之间，贵阳市到云南各地级市州的时间在 1.30 小时至 4.32 小时之间。

2) 以昆明市为中心，高铁开通前，昆明市到云南省内各地级市州时间在 1.04 小时至 3.57 小时之间，昆明市到贵州各地级市州的时间在 3.58 至 10.33 之间，昆明市到广西各地级市的时间在 9.59 小时至 14.01 小时。高铁开通后，昆明市到云南内各地级市州时间在 0.32 小时至 2.30 小时之间，昆明市到贵州各地级市州的时间在 1.49 至 3.39 之间，昆明市到广西各地级市的时间在 2.18 小时至 6.06 小时。

3) 以南宁市为中心，南宁市到广西内各地级市时间在 1.48 小时至 5.21 小时之间，南宁市到贵州各地级市州的时间在 5.56 至 9.06 之间，南宁市到云南内各地级市州时间 7.10 小时至 13.13 小时之间。高铁开通后，南宁市到广西内各地级市时间在 0.41 小时至 3.55 小时之间，南宁市到贵州各地级市州的时间在 4.12 至 6.28 之间，南宁市到云南内各地级市州时间在 3.36 小时至 6.35 小时之间。

4) 高铁开通后，省会城市之间的通行时间也大幅度缩短，其中贵阳到昆明的时间在开通后为 2 小时，时间成本的减少率在 68% 以上；贵阳到南宁市的时间为 5.01 小时，时间成本的减少率在 30% 以上；昆明到南宁的的世间缩短为 4 小时，时间成本减少率 62% 以上。

(2) 高铁开通前后等时圈的变化分析

在高铁开通前,如图3-1、图3-2、图3-3所示。在高铁开通后,黔桂云地区高铁的开通使得原有的出行范围界定发生改变,打破原有的按照空间距离来界定出行范围,转变为按照时间距离界定。高铁在开通后,黔桂云三省(区)的等时圈范围都有所扩大。

1) 以贵阳为中心,高铁开通前,1小时圈的范围仅包括贵阳市区内部分地区;2小时圈范围包括遵义市、黔南州、安顺市和黔南州部分地区;3小时圈范围包括铜仁市、六盘水、黔西南、黔东南部分地区。高铁开通后,"1小时等时圈"出行范围包括以贵阳市区内所有地区、黔南州、遵义市、黔东南、安顺市部分地区;"2小时等时圈"范围包括黔西南、六盘水、铜仁市大部分地区及柳州市小部分地区;"3小时等时圈"除了可以将实现贵州地区全覆盖还包括曲靖市、百色市、柳州市部分地区。

2) 以昆明市为中心,高铁开通前,1小时圈范围包括昆明市区内部分地区;2小时圈范围包括曲靖、楚雄和玉溪部分地区;3小时圈范围包括红河州、文山州部分地区。高铁开通后,"1小时等时圈"出行范围基本实现昆明市区内全覆盖、还包括楚雄、曲靖、玉溪、红河州小部分地区;"2小时等时圈"范围基本覆盖楚雄、曲靖、玉溪,还有六盘水、红河州、文山州、大理州部分地区;"3小时等时圈"范围实现红河州、文山州、六盘水全覆盖还包括黔西南州、大理州、安顺、百色部分地区。

3) 以南宁为中心,高铁开通前,1小时圈的范围仅包括南宁市区内部分地区;2小时圈范围包括来宾市、贵港市、钦州市部分地区,3小时圈范围包括防城港市、北海市、梧州市、百色市、柳州市部分地区。高铁开通后,"1小时等时圈"出行范围基本实现南宁市区内全覆盖、还包括贵港市、来宾市小部分地区;"2小时等时圈"范围可以全面覆盖防城港市、贵港市、北海市,还有来宾市、百色市部分地区;"3小时

第三章 高铁对旅游可达性影响测度及旅游经济联系空间格局演变

等时圈"范围基本覆盖11个地级市大部分地区。

综上数据分析,高铁开通后,黔桂云三省以省会城市为中心的日常可达性都大幅度提高,提升幅度最高达70%,各个市州城市基本上都纳入了以省会城市为中心的3小时经济圈(云南除外)。必须说明,部分地区由于实际的交通情况的限制,到达目的地来宾市、曲靖市、铜仁、红河州、文山州等地区实际花费的时间往往都超过3小时。

2. 加权平均旅行时间的变化

高铁开通后,各城市到其他城市的出行时间在大幅度减少,人们离开所在地到外地旅游、办公等更便捷,不仅减少出行的坐车时间,还可以改善人们以往对出远门具有不便的想法,有利于增加人们外出旅行的机会。加权平均旅行时间考虑的不单单是时间因素,还考虑了经济因素的影响。因此,相较于日常可达性,更能够体现城市的经济发展水平要素。本研究将所收集的数据代入式3-1,得到高铁开通前后各地的加权平均旅行时间,从而得到高铁开通前后黔桂云26个高铁沿线城市的加权平均旅行时间表3-1。基于表3-1数据利用ArcGIS空间分析中反距离加权插值法得到高铁通车前后沿线城市加权平均旅行时间空间模拟分析图(图3-4)。

表3-1 高铁开通前后高铁沿线城市加权平均旅行时间变化表(单位:小时)

城市	开通前	开通后	变化幅度	城市	开通前	开通后	变化幅度
贵阳市	6.49	3.49	46.20%	贵港市	6.28	3.61	42.42%
遵义市	7.69	4.19	45.49%	钦州市	6.62	4.33	34.53%
六盘水	7.01	4.33	38.33%	贺州市	8.22	4.28	47.90%
安顺市	6.46	3.40	47.32%	防城港	7.23	4.82	33.37%
铜仁市	8.40	4.62	45.07%	北海市	7.76	4.93	36.55%
黔西南	5.94	4.62	22.14%	**广西均值**	**6.91**	**4.01**	**41.97%**
黔南州	6.18	3.31	46.47%	昆明市	7.75	3.26	57.98%
黔东南	6.79	3.81	43.84%	曲靖市	6.78	3.35	50.64%

(续表)

城市	开通前	开通后	变化幅度	城市	开通前	开通后	变化幅度
贵州均值	**6.87**	**3.97**	**42.21%**	玉溪市	8.30	3.86	53.50%
南宁市	6.04	3.32	45.04%	楚雄州	9.13	4.26	53.35%
桂林市	7.03	3.33	52.63%	大理州	11.07	5.16	53.35%
柳州市	6.75	3.81	43.59%	红河州	7.73	5.31	31.33%
梧州市	7.91	4.62	41.63%	文山州	7.43	4.55	38.77%
百色市	5.85	3.38	42.29%	**云南均值**	**8.31**	**4.25**	**48.86%**
来宾市	6.31	3.64	42.30%	**整体均值**	**7.28**	**4.06**	**44.23%**

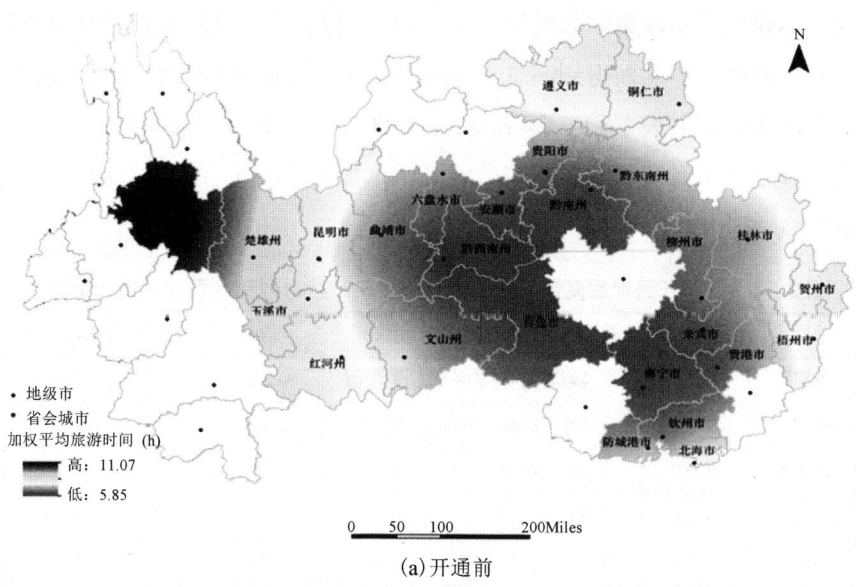

(a) 开通前

图 3-4 高铁开通前后区域加权平均旅游时间变化对比图 (一)

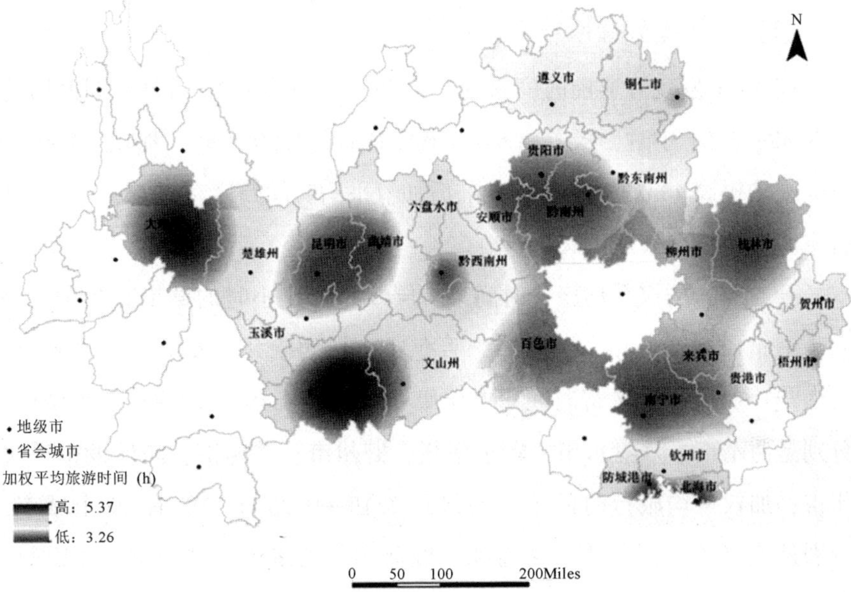

第三章 高铁对旅游可达性影响测度及旅游经济联系空间格局演变

(b)开通后

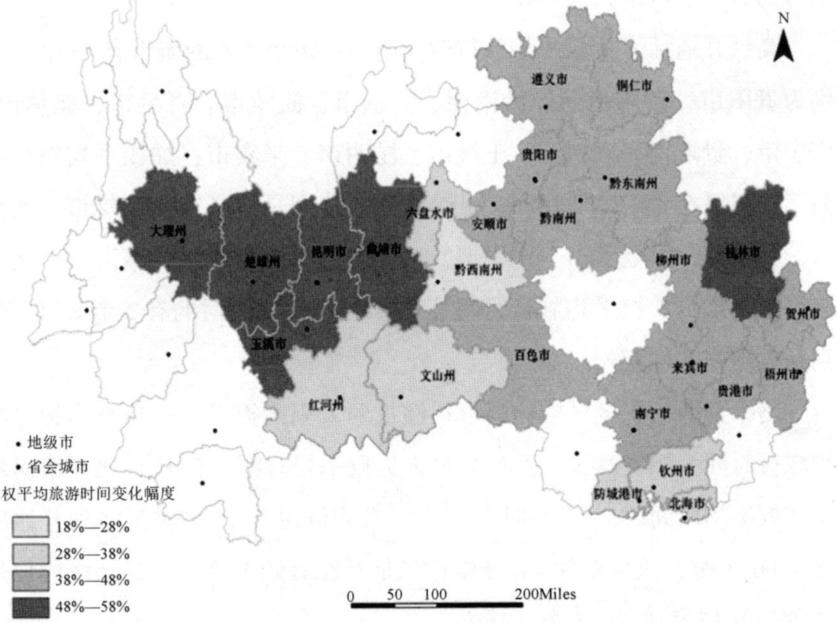

(c)变化幅度

图3-4 高铁开通前后区域加权平均旅游时间变化对比图（二）

(1) 可达性的空间四分位分析

表 3-1 发现开通前时间跨度在 5.85—11.07 小时，开通后时间跨度在 3.32—5.31 小时，极差由 5.22 小时缩小到 1.99 小时，加权平均旅行时间平均提高 44.23%。将开通前后加权平均时间跨度利用 geoda 软件进行空间四分位图表达（图 3-4）。

开通前，加权平均旅行时间第一层级小于 6 小时的城市有 8 个，分别是南宁市、贵港市、来宾市、百色市、黔西南州、安顺市、贵阳市、黔南州；加权平均旅行时间第二层级在 6.45—7.19 小时的有 7 个城市，分别是曲靖市、六盘水市、黔东南州、柳州市、桂林市、防城港市、钦州市；加权平均旅行时间第三层级在 7.19—9.25 小时的有 10 个城市，分别是遵义市、铜仁市、楚雄州、红河州、玉溪市、昆明市、文山州、梧州市、北海市、贺州市；加权平均旅行时间第四层级在 9.25—11.21 小时的有 1 个城市，大理州。

高铁开通后，加权平均旅行时间第一层级小于 4 的城市有 13 个，分别为贵阳市、黔东南州、黔南州、安顺市、曲靖市、百色市、桂林市、南宁市、贵港市、柳州市、玉溪市、昆明市、来宾市；加权平均旅行时间第二层级在 4—5 小时的有 11 个城市，分别是遵义市、楚雄市、贺州市、钦州市、六盘水市、铜仁市、文山州、黔西南州、防城港市、北海市、梧州市；加权平均旅行时间第三层级在 5—6 小时的有 2 个城市，分别是大理州、红河州。

高铁开通后，区域整体的可达性得到大幅度提升。一是整体加权平均旅行时间大幅度减少，开通后最大加权平均时间（5.31）比开通前最小加权平均时间（5.85 小时）还小，平均值由 7.27 小时下降到开通后的 4.06 小时，减少率为 44.15%；二是开通后处于第一、二层级的地州数量也由 15 个变为 24 个。

第三章　高铁对旅游可达性影响测度及旅游经济联系空间格局演变

(2) 可达性的空间演变特征分析

1) 整体可达性演变特征

高铁开通前加权平均旅行时间平均值为 7.28 小时，最短的加权平均旅行时间与均值相差 1.42 小时，相差幅度为 20%；最长加权平均旅行时间与均值相差 3.79 小时，相差幅度为 52%。开通后加权平均旅行时间平均值为 4.06 小时，最短的加权平均旅行时间低于均值 0.74 小时，相差幅度为 18%；最长加权平均旅行时间高于均值 1.25 小时，相差幅度为 30%，最短加权平均旅行时间和最长加权平均时间与均值之差幅，都大幅度降低，表明高铁开通后使得区域整体旅游可达性趋于均衡。

2) 分省可达性演变特征

分省可达性变化来看，高铁开通前，贵州整体可达性（均值 6.87 小时）优于广西（均值 6.91 小时）和云南（均值 8.31 小时），高铁开通后，三省整体可达性格局都获得了大幅度改变，但其可达性顺序并没有发生变化。研究期内贵州实现了县县通高速以及原赋旅游资源优势，使得贵州整体可达性较高；广西属于沿海城市且经济基础（GDP 衡量）在三省处于优势，且是最早通高铁，因此基础设施较好；云南处于我国西南边陲，虽然原赋旅游资源具有优势，但交通条件一直是其制约条件，且在三省中是最晚通高铁的。因此，高铁开通前后三省可达性的整体格局，基本与其发展现实相映衬。但从可达性的改善率来看，却呈现了相反的结果，高铁开通后云南的整体可达性变化幅度（48.86%）大于广西（41.97%）和贵州（42.21%），这说明高铁对原本可达性处于劣势的省份影响和改变率更大。

3) 城市可达性演变特征

将 26 个地级市州城市的可达性变化幅度进行排序。按照降序排序的结果为：昆明市 > 玉溪市 > 大理市 > 楚雄市 > 桂林市 > 曲靖市 > 贺州市 > 安顺市 > 黔南州 > 贵阳市 > 遵义市 > 铜仁市 > 南宁市 > 黔东南 > 柳州市＞贵港市＞来宾市＞百色市＞梧州市＞文山州＞六盘水市＞北海市＞钦州市＞防城港市＞红河州＞黔西南。从排序结果看，昆明市的可达性提升最大，红河州和黔西南的可达性的提升相较于其他城市最小，加权平均旅行时间变化幅度分别为31.33%和22.14%，昆明市开通高铁时间比贵阳和南宁开通时间晚。因此在高铁开通后，使得可达性的得到大幅度提升。玉溪市、大理州、楚雄州、桂林市、曲靖市的可达性变化程度比较相近，加权平均旅行时间变化幅度在50%—54%；南宁市、贵港市、贺州市、柳州市、来宾市、梧州市、百色市、贵阳市、黔南州、铜仁市、黔东南、遵义市、安顺市的加权平均旅行时间变化幅度在41%—48%；文山州、六盘水市、北海市、钦州市、防城港市、红河州的加权平均旅行时间变化幅度在31%—39%；黔西南州的加权平均旅行时间变化幅度是最低，为22.14%，原因在于没有高铁直达需要通过盘州转乘，因此可达性的改善幅度低。

从城市可达性的演变特征来看，高铁开通对原本可达性较差的城市影响和改变幅度更大；从区域高铁线路走向来看，对处于整个区域高铁线路中间节点的城市改变率最大，对处于线路首末两端的城市可达性改变幅度较小，对处于高铁沿线路过的城市如盘州、红河等改变率最小。

4) 可达性演变的圈层特征

从图3-4可以看出，高铁通车前，26个城市的加权平均旅行时间普遍较高，呈现以黔南州、黔西南州、百色市、南宁市、来宾市为内部圈层的加权值逐渐向外增大的情况。当高铁开通后26个城市的加权平均旅行时间大幅度减小，除了红河州和黔西南外，其余城市加权平均旅行时间的减少率都在33%以上。加权平均旅行时间的可达性分布格局呈现出以高铁线路中心向外围递减的不规则圈层结构，加权值分别从昆明、贵阳、南宁、桂林向四周逐渐递减，可达性低的地区还是处于边缘位置。表明高铁的开通缩短了城市的时空距离，使得城市的可达性得到大幅度提升同时，也体现出可达性减少率在空间格局的分布具有不均衡性。

3. 旅游经济潜能变化分析

(1) 旅游经济潜能总体演变趋势

本研究将所收集的数据代入公式3-2, 得到高铁开通前后黔桂云通高铁城市的旅游经济潜能变化表3-2。(为计算出来的旅游经济潜能数据更具有对比性, 将所有运算结果取对数处理后进行比较分析。) 高铁开通前各城市的旅游经济潜能平均值为5.43, 高铁开通后各城市的旅游经济潜能平均值为6.83, 增长率为28.18%。说明高铁开通后各地旅游经济潜能值总体得到大幅度提升。由表3-2可知, 高铁开通前后26个沿线城市旅游经济潜能值的变化量具有明显差异, 增幅达13.11%—45.30%。

表3-2 高铁开通前后黔桂云沿线城市旅游经济潜能变化表

城市	开通前	开通后	变化幅度	城市	开通前	开通后	变化幅度
贵阳市	5.66	7.33	29.57%	贵港市	5.60	6.76	20.79%
遵义市	5.72	7.51	31.13%	钦州市	5.65	7.25	28.28%
六盘水	4.47	6.50	45.30%	贺州市	5.04	6.40	27.05%
安顺市	5.28	7.37	39.53%	防城港	5.54	6.26	13.11%
铜仁市	4.94	6.40	29.49%	北海市	5.63	6.81	20.94%
黔西南	4.96	6.31	27.09%	**广西均值**	**5.63**	**6.88**	**22.20%**
黔南州	5.58	7.38	32.30%	昆明市	6.02	7.38	22.62%
黔东南	5.23	7.49	43.17%	曲靖市	5.41	6.77	25.08%
贵州均值	**5.23**	**7.04**	**34.61%**	玉溪市	5.54	6.85	23.63%
南宁市	6.07	7.54	24.08%	楚雄州	5.38	6.65	23.64%
桂林市	6.15	7.12	15.86%	大理州	5.17	6.53	26.26%
柳州市	6.12	7.44	21.54%	红河州	5.13	6.02	17.24%
梧州市	5.12	6.38	24.70%	文山州	4.69	5.34	13.99%
百色市	5.54	6.43	15.97%	**云南均值**	**5.33**	**6.50**	**21.95%**
来宾市	5.48	7.35	34.25%	**整体均值**	**5.43**	**6.83**	**28.18%**

(2) 旅游经济潜能空间四分位演变

图 3-5 为黔桂云 26 个城市 2013 和 2018 年旅游经济潜能空间四分位变化图。从图中可以清楚地看出，在开通后旅游经济潜能位列第一级、第二级、第三级的城市比开通前分别减少 1 个、7 个、4 个，开通后贵州、广西、云南大部分城市位于第四级的城市数量比开通前增多 12 个。从图 3-5 看，高铁开通前旅游经济潜能值在第一级 5.17—5.39 的城市有 2 个，分别是六盘水、文山州；旅游经济潜能值在第二级 5.39—5.65 的城市有 8 个，分别是大理市、红河州、黔西南州、安顺、铜仁、黔东南、贺州市、梧州市；旅游经济潜能值在第三级 5.65—5.89 的城市有 12 个，分别是楚雄、玉溪、曲靖、遵义、贵阳、黔南、百色、来宾、贵港、防城港、钦州、北海；旅游经济潜能值在第四级 5.89—6.63 的城市有 4 个，分别是昆明市、南宁市、柳州市、桂林市。

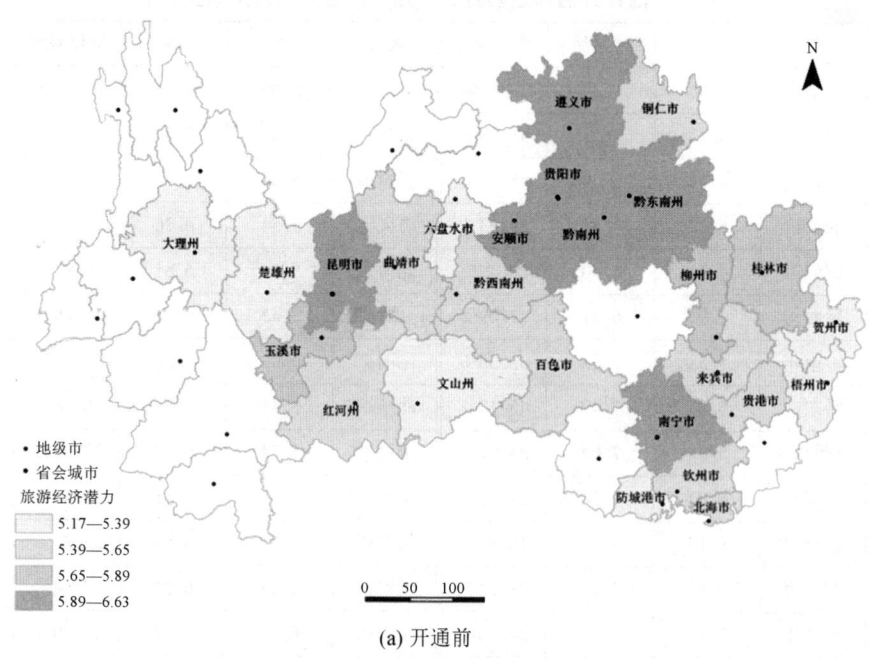

(a) 开通前

图 3-5 高铁开通前后区域旅游经济潜能变化图（一）

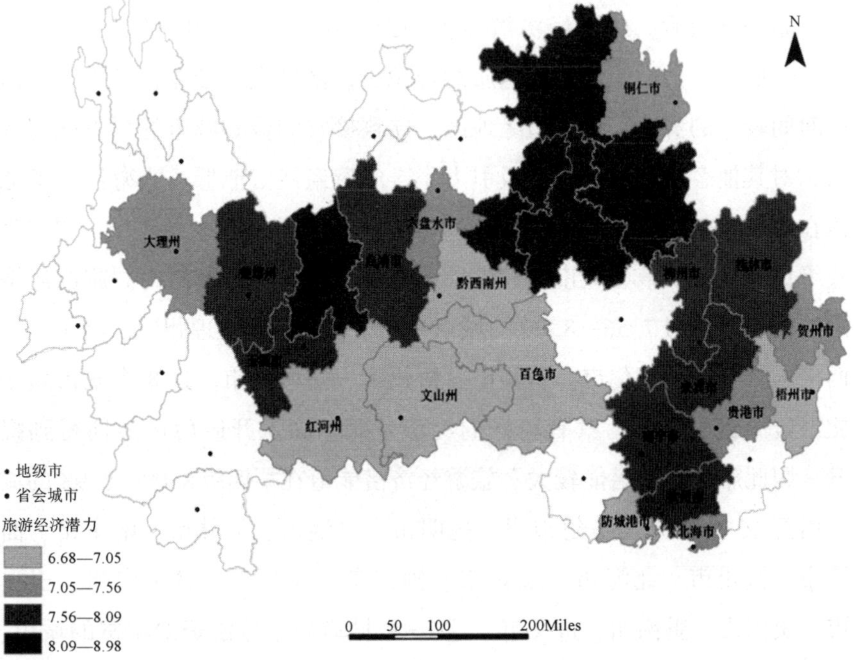

第三章 高铁对旅游可达性影响测度及旅游经济联系空间格局演变

(b) 开通后

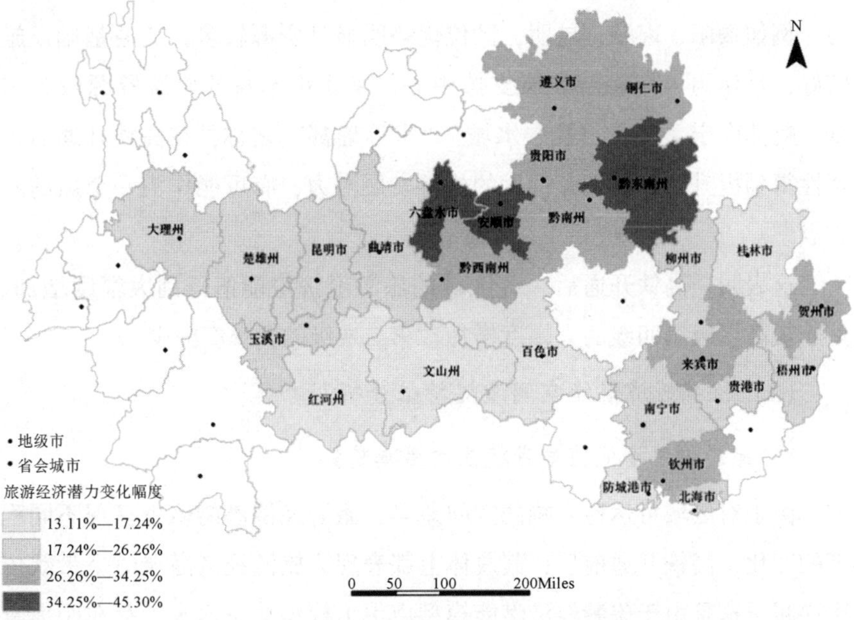

(c) 变化率

图 3-5 高铁开通前后区域旅游经济潜能变化图（二）

高铁开通后，旅游经济潜能值在第一级6.68—7.05的城市仅有1个，文山州。文山州级别高的旅游资源少、基础设施较差，且受限于出行时间较长的劣势，位于边缘地区，导致接收到核心城市的辐射能力有限，对其他客源地城市来说吸引力小，旅游经济潜能低。旅游经济潜能值在第二级7.05—7.56的城市有1个——红河州，减少了7个。它位于边缘位置且受到核心城市的较少辐射，具有较小的发展潜力。旅游经济潜能值在第三级7.56—8.09的城市有8个，分别是大理州、六盘水、黔西南、百色市、铜仁市、贺州市、梧州市、防城港市。这8个城市属于旅游资源较为丰富，具有较好的经济基础，高铁开通后可达性得到提升，因此旅游经济潜能较大。旅游经济潜能值在第四级8.09—8.98的城市增至16个，分别是楚雄州、昆明市、贵港市、桂林市、南宁市、曲靖市、钦州市、北海市、来宾市、柳州市、安顺市、黔东南州、玉溪市、贵阳市、黔南州、遵义市。这16个城市属于旅游资源丰富的城市、且受到核心城市的辐射，经济基础较好，因此具有很大的旅游发展潜力。例如贵阳、南宁、昆明，区位优势明显且资源较多，交通基础设施较好，且作为区域旅游发展支撑中心。来宾市本身的旅游资源较为丰富，毗邻南宁，素有"桂中水城""世界瑶都"之称，在高铁开通后可达性得到提升，因此拥有很大的旅游发展潜力，有可能作为一个新的旅游点。

这表明，高铁开通后，各区域的旅游经济潜能值得到大幅度增加。处于最高层级第四级的大幅度增加，第二层级的大幅度减少。

（3）旅游经济潜能空间演变特征分析

1）旅游经济潜能值呈带状依次递减趋势

由于对区域可达性影响的空间差异，旅游经济潜能值也呈现不同程度的变化，高铁开通前后，其总体上都表现为旅游经济潜能值呈带状依次递减，这是由于旅游经济潜能模型由引力模型修正而来，存在距离衰减现象，例如贵州呈现以遵义—贵阳—黔南带状旅游经济潜能值依次向

第三章 高铁对旅游可达性影响测度及旅游经济联系空间格局演变

外递减、云南呈现以楚雄—昆明—曲靖带状旅游经济潜能值依次向外递减,广西呈现以桂林—来宾—南宁带状旅游经济潜能值依次向外递减。

2) 旅游经济潜能变率的空间差异

从表 3-2 及图 3-5 看,高铁开通前贵州的经济潜能平均值排最低,其次为云南,广西最高;高铁开通后,贵州的旅游经济潜能平均值一下跃升三省第一 (7.01),广西和云南的位次没变;三省经济潜能增幅也如此,贵州旅游经济潜能值变率达 34.62%,云南由于通高铁时间较晚,且通高铁市州较少,其变率最低 21.95%。由于本研究采用修正的旅游经济潜能模型,增加了原赋资源作为正向变率。因此,其测度出的旅游经济潜能基本上反映了现实状况:其一,贵州在 2014 底贵广高铁通车以来,2016 年沪昆、2018 年渝黔以及 2019 年成贵高铁相继通车,以高铁为主要交通工具,贵州在黔桂云三省的交通区位明显,成为了西南地区高铁交通南北、东西的枢纽地和中转地;同时贵州在 2015 年实现了境内县县通高速,区域内的交通优势明显,其日常可达性大幅度提高;其二,研究期内贵州旅游总收入和总人次在三省一直领先。

从城市增幅来看,贵州的六盘水和黔东南、广西的来宾和钦州、云南的曲靖和大理在各自省内增幅最大,反映了高铁对区位优势明显、原赋资源较好的区域其经济潜能的影响最大;而对传统旅游中心城市如贵州的贵阳、云南的昆明以及广西的南宁和桂林,其影响变率较小,表明了高铁的开通,各个传统旅游中心城市开始出现了扩散效应。

(三) 结论及讨论

1. 结论

高铁的开通对黔桂云三省及各个地区城市的区域旅游空间格局带来了深刻影响,本节利用可达性模型和 GIS 空间分析技术,综合测度了黔桂云地区整体、分省以及各个地州城市可达性变化及空间格局的演变,得出以下结论。

(1) 无论是日常可达时间、加权平均旅行时间还是旅游经济潜能，高铁开通后都较为显著的提升了沿线城市的可达性。就日常可达性而言，高铁开通后，三省分别以其省会城市为中心将各个地区城市纳入了3小时交通圈内；各个沿线城市加权平均旅行时间平均提高43.69%；旅游经济潜能值增长率为25.82%。基于空间四分图分析，无论是加权平均旅行时间还是旅游经济潜能处于最高层级的城市数量大幅度增加。

(2) 高铁对区域旅游可达性的影响变率存在空间分异。无论是加权平均旅行时间还是经济潜能，高铁开通对原本可达性较差的省份影响变率更大，对城市的影响也表现出相同的特征。

(3) 高铁对区域旅游可达性的影响存在沿高铁带状分布的特征，总体上表现出缩小了区域旅游可达性分布的差异。就加权平均旅行时间而言，高铁对高铁沿线处于中心节点城市影响变率最大，端点城市影响变率较小，可达性分布格局呈现出以高铁线路中心节点向外围递减的不规则圈层结构。

(4) 高铁对区域旅游可达性的总体表现出缩小了区域旅游可达性的空间分布的差异。就旅游经济潜能而言，高铁对传统旅游中心城市的影响变率较小，而对区位优势明显，资源特色突出的城市影响更大，极大的缩短了区域旅游可达性的空间差异。

2. 讨论

(1) 黔桂云三省可达性传统空间格局被打破，空间分化与重组更趋复杂。基于可达性视角，高铁开通前广西的区位优势在三省之间具有显著优势，沿边省份及出海通道，再加上显著的地区经济优势，使得广西的整体可达性较好；高铁开通后，贵州在三省之间的区位优势一下凸显，无论是加权平均旅行时间还是旅游经济潜能，一下跃升为三省之首；而传统旅游强省云南由于高铁开通较晚，且在研究期内高铁通达地市州较少，使得其整体旅游可达性较差。这反映了高铁交通对西部民族欠发达地区更为明显的促进意义，在西部民族地区担负起更重的脱贫攻坚任务的同时，完善高铁交通网络建设，改善区域整体可达性仍然具有重要意义。

（2）高铁开通在加大核心城市的极化作用的同时，其扩散效应也开始显现。高铁开通带来沿线城市可达性的大幅度提升，也必将带来区域经济发展要素向高铁沿线城市进一步集聚，导致其空间极化明显增强。主要表现在人口和区域GDP的动态变化上，地区经济两级分化及不平衡发展，仍是高铁开通初期经济空间分异的主要表现。但我们同时也看到，传统区位城市、区域旅游集散中心的增长率开始放缓，而资源条件较好的边缘城市其旅游业得到了快速发展，高铁带来的扩散效应开始显现。因此，高铁交通对边缘型城市（脱贫攻坚的主战场）经济发展的意义尤为重要。

（3）传统中心城市其扩散范围增大，突破了传统空间尺度，部分中间节点城市出现了区域经济扩散的叠加效应。高铁带来的时空压缩效应，打破了传统的经济发展格局，省域之间的联系进一步增强，传统中心城市的扩散范围也大幅度增加，部分处于传统中心城市之间的资源型城市，甚至获得了来自跨省旅游中心城市双重扩散效应，其旅游可达性大幅度提升的同时，旅游业也获得了快速增长。

（4）本节利用可达性模型测度了黔桂云三省高铁沿线城市的可达性及其格局演变。事实上，高铁开通对非沿线城市的可达性也有较大幅度的影响，由于本研究报告时间跨度较长，本节是较早进行的研究部分，当初并没有将非沿线城市纳入研究范畴，是本节研究的不足。

（5）本研究采用了修正的经济潜力模型（增加了资源吸引力正向变量）来测度旅游经济潜能，其科学性和严谨性还需进一步研究论证。

二、高铁对黔桂云三省沿线城市旅游经济联系的影响研究

经济联系是指在一定经济空间内，各个经济主体在经济活动过程中

产生的经济关系的集合,具体指各个经济主体在人、财、物、资金、信息、技术等方面的交流,以及以此为基础的经济主体之间的关联性和参与性的经济行为;区域经济联系是以区域经济发展差异为基础,经济主体之间的相互作用和相互转换的关系推动了区域经济的发展,并随经济发展而动态演进(王德中,1996)。区域经济联系从广义的角度,可采取可达性、经济影响范围、经济联系强度、经济隶属度等指标来予以测度(陈睿山,2013),本节是从狭义的角度即经济联系强度来理解和测度区域经济联系的关系。

旅游经济联系是区域旅游地之间各旅游要素流动的主要联系方式,主要表现为旅游目的地之间旅游信息、旅游者、旅游从业人员等旅游要素在空间上的相互流动的过程(王博,2015)。高铁的产生发展对区域旅游经济产生了深远的影响,其快速、高效、安全等特征,改变了区域旅游经济联系的传统模式,影响区域之间相互作用的强度和经济空间格局(范海英,2016),高铁的快速度和公交化的运营方式,将对旅游目的地之间旅游者的流动带来深刻的影响(覃成林,2014),对区域之间的旅游经济联系:人流、物流、资金流、信息流等方面要素带来更为快捷高效的交流模式,从而形成高铁旅游带(杨维凤,2010)。

高铁作为一种新型交通工具,从其产生之日起,其对区域之间旅游经济的联系就受到了国内外学者的关注。主要基于以下视角: 是研究尺度的差异,如从国家层面(Gutierrez,1996)、全国层面(王姣娥,2014)、省域层面(苗长虹,2006),其研究结论皆表明高铁加强了区域之间的经济联系、扩大了区域经济联系强度、缩小了区域经济联系总量的差异;二是对典型高铁线路展开研究,如日本的新干线(Komei S.,1997),国内如早期开通的京沪高铁、京广高铁(张莉,2013)都成为了研究区域旅游经济联系的重要文献。但现有文献对西部民族地区为对象的研究甚少,作为脱贫攻坚的主战场,高铁发展对加强西部民族地区的经济联系、促进脱贫、共奔小康更具有现实意义。有鉴于此,本节拟

第三章 高铁对旅游可达性影响测度及旅游经济联系空间格局演变

采用经济联系强度、联系总量等指标,在 GIS 技术支撑下,基于区域旅游可达性视角,通过构建旅游经济联系模型,深入分析高铁开通前后,黔桂云三省旅游经济联系的空间分异和演变,为黔桂云民族地区旅游经济发展提供借鉴。

(一) 旅游经济联系模型的构建

1. 模型选取

随着区域一体化的进程加快,各区域城市间的经济发展都与其他城市有着密切联系。但是各城市间的经济实力、旅游资源、交通设施等存在差异,城市间的旅游经济发展水平和发展规模也有所不同,因此区域各城市之间旅游经济联系必将存在空间差异。高铁作为一种快速交通工具,其缩短了区域城市之间的时空距离,大幅度提高了城市的可达性,因此必将对区域之间的旅游经济联系带来影响。本节拟通过旅游经济联系强度和旅游经济联系总量两个指标来衡量城市间旅游经济上相互作用的强度。

旅游经济联系总量体现旅游目的地与其他目的地之间的经济联系强度的总和。旅游经济联系强度由引力模型修正而来,国内学者根据不同研究对象和研究领域引进不同的指标。旅游经济联系模型不仅可以反映中心城市对周围城市的辐射能力强弱,还可以反映周围城市接受中心城市辐射能力大小(曹芳东,2010),因此在测度城市间旅游经济发展程度时得到广泛应用。具体公式见 (3-2-1) 和 (3-2-2):

$$R_{ij} = \frac{\sqrt{P_i \cdot M_i} \cdot \sqrt{P_j \cdot M_j}}{D_{ij}^2} \qquad (式3-2-1)$$

$$C_{ij} = \sum_{j=1}^{n} R_{ij} \qquad (式3-2-2)$$

其中,p_i、p_j 分别表示 i 市和 j 市的旅游接待总人数(万人次);M_i、M_j 分别为 i 和 j 市的旅游总收入(亿元);D_{ij} 表示 i 市到 j 市之间的最短旅行时间距离;R_{ij}代表城市i与j城市之间旅游经济联系强度;C_{ij}表示i市与其他各市的旅游经济联系总量,体现了该城市在区域旅游经济发展中的地位和作用。

2. 数据来源

通过查询2013年和2018年的贵州、广西、云南的统计年鉴和各市政府发布的国民经济和社会发展统计公报,获得旅游总收入及旅游接待人数。最短旅行时间通过查询中国国家铁路局官网历年各城市之间高铁旅行时间以及高德地图整理各个节点城市之间最短旅行时间。

(二) 高铁开通前后黔桂云沿线城市旅游经济联系强度分析

将开通前数据及开通后的最短旅游时间、旅游接待人数和旅游收入数据代入到公式3-2-1和3-2-2中,通过计算得到高铁开通前后客源地与旅游目的地的旅游经济联系强度矩阵,见下表3-3和表3-4(为计算出来的旅游经济联系强度数据更具有对比性,将所用运算结果取对数处理后进行比较分析)。根据高铁开通前后黔桂云高铁沿线城市旅游经济联系强度数值跨度范围,将其划分为四个不同等级的联系强度,高铁开通前,联系强度数值跨度区间范围为2.55—6.13,强度等级由弱到强依次为:Ⅰ级(4.41—4.60)、Ⅱ级(4.60—4.93)、Ⅲ级(4.93—5.49)和Ⅳ级(5.49—6.13),根据二八法则将数据进行筛选,强度值低于4.41的不予表达;高铁开通后,各城市经济联系强度大幅度跃升,强度值跨度区间范围为4.05—8.54;强度等级由弱到强依次为:Ⅰ级(6.02—6.26)、Ⅱ级(6.26—6.60)、Ⅲ级(6.60—7.04)、Ⅳ级(7.04—7.45)和Ⅴ级(7.45—8.54),根据二八法则将数据进行筛选,强度值低于6.02不予表达,利用GIS技术,对经济联系强度指标数据进行处理后表达如图3-6所示。

第三章　高铁对旅游可达性影响测度及旅游经济联系空间格局演变

表 3-3　高铁开通前黔桂云沿线城市旅游经济联系强度矩阵

城市	贵阳市	遵义	六盘水	安顺	铜仁市	黔西南	黔南	黔东南	南宁市	桂林市	柳州市	梧州市	百色市	来宾市	贵港市	钦州市	贺州市	防城港	北海市	昆明市	曲靖市	玉溪市	楚雄州	大理州	红河州	文山州
贵阳市	—	6.06	4.74	6.13	4.86	4.78	5.90	5.49	4.80	4.88	4.46	3.95	4.40	3.99	4.06	3.82	4.07	3.85	4.03	4.93	4.47	4.19	4.03	4.18	4.17	3.84
遵义市	6.03	—	4.23	5.21	4.78	4.19	5.04	4.96	4.46	4.41	4.02	3.59	3.94	3.61	3.65	3.42	3.65	3.46	3.66	4.57	3.97	3.85	3.69	3.87	3.83	3.51
六盘水市	4.73	4.23	—	4.51	3.28	3.94	3.94	3.77	3.58	3.44	3.05	2.66	3.28	2.65	2.75	2.55	2.71	2.60	2.79	4.16	3.70	3.38	3.18	3.27	3.31	2.96
安顺市	6.12	5.20	4.73	—	4.23	4.64	5.11	4.82	4.32	4.33	3.93	3.49	4.08	3.51	3.54	3.31	3.55	3.35	3.54	4.65	4.26	3.90	3.72	3.85	3.86	3.52
铜仁市	4.61	4.77	3.27	4.23	—	3.53	4.66	4.89	4.11	4.33	3.87	3.38	3.58	3.40	3.41	3.15	3.51	3.12	3.39	3.94	3.34	3.25	3.11	3.33	3.31	2.96
黔西南州	4.75	4.17	3.79	4.61	3.53	—	4.08	3.98	4.17	3.63	3.46	3.14	3.58	3.17	3.32	3.14	3.01	3.18	3.35	4.65	4.19	3.85	3.58	3.65	3.89	3.46
黔东南州	5.94	5.06	3.97	5.14	4.66	4.08	—	5.82	4.74	4.76	4.31	3.77	4.11	3.89	3.89	3.62	3.87	3.66	3.83	4.44	3.87	3.73	3.57	3.76	3.73	3.41
黔南州	5.53	5.00	5.14	4.84	4.90	4.11	5.82	—	4.60	4.70	4.23	3.67	4.23	3.74	3.74	3.55	3.87	3.58	3.75	4.31	3.76	3.60	3.46	3.66	3.65	3.31
南宁市	4.83	4.41	3.85	4.31	4.06	4.00	4.72	4.55	—	5.03	5.20	4.66	4.13	4.96	5.33	5.23	3.82	5.22	5.09	4.50	3.83	3.80	3.46	3.86	4.06	3.90
桂林市	4.89	4.42	3.59	4.34	4.18	4.00	4.77	4.69	5.03	—	5.17	4.52	4.13	4.65	4.47	3.98	4.30	3.96	4.23	4.15	3.49	3.46	3.32	3.56	3.60	3.40
柳州市	4.45	4.00	3.44	3.92	3.66	4.18	4.29	4.21	5.20	5.17	—	4.47	4.12	5.07	4.65	4.05	4.44	3.90	4.17	3.86	3.19	3.21	3.11	3.26	3.40	3.21
梧州市	4.00	3.61	3.05	3.50	3.52	4.12	3.79	3.72	4.65	4.54	4.47	—	3.70	3.86	4.60	3.58	4.38	3.49	3.92	3.57	2.89	2.90	2.75	2.99	3.10	2.90
百色市	4.39	3.94	3.29	4.07	3.15	3.43	3.15	4.03	4.92	4.11	4.33	3.62	—	3.78	4.28	3.75	3.45	3.78	3.92	3.57	2.89	3.48	2.70	3.44	3.74	2.72
来宾市	3.98	3.60	2.64	3.51	3.39	3.56	4.12	3.73	4.98	4.67	4.09	3.87	3.81	—	4.09	3.91	3.85	3.71	3.93	4.15	3.54	2.86	2.70	2.93	3.08	2.90
贵港市	4.05	3.64	2.77	3.54	3.40	3.32	3.87	3.72	5.34	5.07	5.07	3.81	4.05	4.09	—	4.48	3.88	3.86	4.34	3.54	3.00	2.99	2.84	2.70	3.06	3.04
钦州市	3.81	3.42	2.60	3.30	3.13	3.32	3.72	3.47	5.23	3.97	4.02	4.29	3.76	5.07	4.48	—	3.79	4.07	4.70	3.52	2.84	2.99	2.68	2.91	2.91	2.97
贺州市	4.08	3.67	2.72	3.57	3.51	3.15	3.61	3.83	4.31	4.84	4.44	4.33	3.45	3.86	3.88	3.79	—	3.29	3.58	3.47	2.83	2.80	2.67	2.92	2.99	2.79
防城港市	3.85	3.46	2.60	3.35	3.10	3.02	3.89	3.51	5.01	4.16	4.44	3.89	3.79	3.70	4.35	3.28	3.29	—	4.40	3.56	2.88	2.89	2.72	2.95	3.14	2.96
北海市	3.98	3.66	2.80	3.53	3.38	3.18	3.80	3.68	4.91	4.10	3.89	3.91	3.87	3.81	3.65	4.66	3.28	4.37	—	3.76	3.07	3.08	2.94	3.18	3.32	3.13
昆明市	4.91	4.55	4.16	4.63	3.93	3.34	3.45	3.57	4.47	4.67	3.80	3.51	4.13	3.48	4.13	3.50	3.58	3.51	3.72	—	5.30	5.76	5.06	4.82	4.88	4.48
曲靖市	4.44	3.96	3.68	4.13	3.34	3.65	3.75	3.60	3.82	4.10	3.16	2.87	3.52	2.85	2.85	2.79	2.78	2.83	3.02	5.30	—	4.25	4.15	4.83	4.08	3.61
玉溪市	4.17	3.84	3.35	3.87	3.24	3.89	3.84	3.28	3.79	3.47	3.16	2.87	3.42	2.83	2.99	2.83	2.78	2.87	2.90	5.75	4.26	—	4.36	4.16	4.52	3.87
楚雄州	4.01	3.68	3.16	3.71	3.11	3.57	3.72	3.45	3.63	3.32	3.03	2.74	3.25	2.69	2.97	2.68	2.66	2.72	2.90	5.01	3.88	4.36	—	4.68	3.86	3.34
大理州	4.18	3.87	3.27	3.85	3.33	3.65	3.75	3.65	3.85	3.55	3.26	2.98	3.44	2.93	2.83	2.91	2.91	2.95	3.13	4.76	3.75	4.15	4.64	—	3.84	3.43
红河州	4.18	3.82	3.29	3.87	3.25	3.89	3.72	3.60	4.05	3.59	3.38	3.08	3.73	3.02	3.06	3.08	2.94	3.12	3.31	4.89	4.08	4.47	3.77	3.82	—	4.73
文山州	3.84	3.46	2.89	3.47	2.95	3.45	3.36	3.28	3.87	3.39	3.19	2.89	3.71	2.88	3.03	2.96	2.77	2.95	3.13	4.48	3.59	3.86	3.42	3.49	4.75	—

高铁对民族地区旅游经济的空间效应测度及动力机制研究

表3-4 高铁开通后黔桂云沿线城市旅游经济联系强度矩阵

城市	贵阳市	遵义市	六盘水	安顺市	铜仁市	黔西南	黔南	黔东南	南宁市	桂林市	柳州市	梧州市	百色市	来宾市	贵港市	钦州市	贺州市	防城港	北海市	昆明市	曲靖市	玉溪市	楚雄州	大理州	红河州	文山州
贵阳市	—	8.20	6.52	8.42	6.96	6.31	8.54	8.18	6.17	6.81	6.05	5.26	5.73	5.55	5.39	5.34	5.90	5.17	5.45	7.00	6.72	5.94	5.98	5.88	5.83	5.55
遵义市	8.20	—	5.99	7.04	6.40	5.74	7.30	6.99	5.85	6.30	5.67	5.12	5.43	5.21	5.22	5.06	5.51	4.91	5.17	6.48	6.09	5.69	5.58	5.52	5.50	5.22
六盘水市	6.52	5.99	—	5.95	5.43	5.50	6.18	5.83	5.07	5.42	4.87	4.37	4.97	4.36	4.41	4.39	4.67	4.14	4.49	6.57	6.14	5.39	5.23	5.13	5.24	4.83
安顺市	8.16	7.04	6.17	—	6.25	5.98	7.20	6.91	5.70	6.30	5.56	5.05	5.42	5.12	5.04	5.01	5.48	4.83	5.09	7.02	6.58	5.84	5.68	5.59	5.67	5.41
铜仁市	6.81	6.40	5.43	6.25	—	5.36	6.87	6.91	5.49	5.94	5.36	4.71	5.06	4.91	4.90	4.78	5.20	4.60	4.88	6.12	6.34	5.28	5.29	5.26	5.11	4.91
黔西南州	6.09	5.74	5.50	5.98	5.36	—	6.11	5.76	5.39	5.53	4.95	4.43	5.33	4.59	4.59	4.59	4.85	4.45	4.62	6.34	6.02	5.33	5.39	5.25	5.21	4.93
黔南州	8.50	7.32	6.17	7.19	6.58	6.10	—	7.22	6.25	7.24	6.14	5.41	5.58	5.71	5.57	5.49	6.14	5.30	4.85	6.86	6.33	5.93	5.95	5.88	5.69	5.26
黔东南州	8.18	6.99	5.83	6.91	6.91	5.76	7.22	—	5.74	6.34	5.67	4.95	5.20	5.19	5.16	5.01	5.58	4.82	6.71	6.35	5.91	5.37	5.40	5.36	5.43	5.04
南宁市	6.06	5.83	5.05	5.69	5.49	5.31	6.25	5.74	—	6.52	6.75	6.44	6.68	7.30	7.38	7.45	6.71	5.69	5.70	6.12	5.44	5.45	5.34	5.32	5.27	5.40
桂林市	6.82	6.31	5.42	6.15	5.94	5.53	7.24	6.34	6.52	—	7.34	6.52	5.54	6.24	5.89	5.64	5.58	5.42	5.23	5.56	4.78	4.42	4.70	4.72	5.24	5.10
柳州市	6.01	5.66	4.89	5.55	5.37	4.95	6.28	5.67	6.75	7.34	—	5.92	7.38	6.79	6.21	5.69	5.60	5.44	5.35	5.33	4.58	4.55	4.57	4.59	4.75	4.76
梧州市	5.24	5.11	4.37	5.04	4.73	4.44	5.40	4.95	6.54	6.52	5.92	—	5.17	5.76	6.60	5.30	5.87	4.97	5.23	6.26	5.29	5.28	5.08	5.01	4.46	4.43
百色市	5.68	5.39	4.97	5.40	4.97	5.33	5.56	5.20	6.43	6.44	6.75	5.17	—	5.38	6.80	5.50	4.74	5.30	5.35	5.27	4.44	4.45	4.45	4.45	4.99	5.35
来宾市	5.52	5.20	4.50	5.15	4.91	4.60	5.74	5.19	6.64	6.79	5.92	5.75	5.38	—	6.76	5.66	5.00	5.22	5.42	5.46	4.86	4.85	4.53	4.53	4.35	4.47
贵港市	5.37	5.23	4.42	5.07	4.89	4.59	5.56	5.16	7.28	5.57	5.59	6.56	6.80	—	—	5.72	4.99	5.27	5.48	5.40	4.63	4.61	4.45	4.65	4.65	4.60
钦州市	5.31	5.05	4.42	5.00	4.75	4.60	5.42	4.98	7.34	6.49	6.19	5.31	5.43	6.76	5.72	—	4.84	5.91	7.15	5.40	4.87	4.59	4.53	4.65	4.58	4.21
贺州市	5.88	5.52	4.70	5.46	5.19	4.85	6.17	5.51	7.43	5.88	5.63	5.91	5.46	4.99	4.98	5.72	—	4.65	4.81	5.24	4.53	4.52	4.65	4.50	4.56	4.60
防城港市	5.17	4.91	4.05	4.82	4.57	4.54	5.34	4.78	6.54	5.56	5.61	4.92	4.74	5.29	5.22	5.90	4.65	—	5.92	5.41	4.70	4.68	4.48	4.73	4.41	4.46
北海市	5.33	5.13	4.43	5.08	4.85	4.61	5.55	4.35	6.71	6.13	5.58	5.33	5.25	5.08	5.50	7.17	4.81	5.91	—	5.41	4.71	4.69	4.53	4.65	4.60	4.62
昆明市	7.00	6.47	6.57	6.94	6.13	6.34	6.86	6.29	6.34	5.61	5.61	5.91	5.45	5.33	5.44	5.41	5.42	5.12	5.41	—	7.80	7.83	7.44	6.74	6.30	6.08
曲靖市	6.72	6.06	6.14	6.59	5.55	6.02	6.33	5.91	5.51	5.41	5.49	5.23	5.25	4.94	4.83	4.60	4.86	4.42	4.69	7.80	—	6.09	5.98	6.93	5.60	5.28
玉溪市	5.95	5.71	5.42	5.85	5.28	5.35	5.74	5.44	5.43	5.42	4.79	5.28	5.45	4.79	4.64	4.58	4.58	4.40	4.71	7.83	6.09	—	6.04	5.63	6.06	5.27
楚雄州	6.17	5.55	5.24	5.89	5.29	5.41	6.02	5.39	5.36	5.39	4.73	5.02	5.25	4.73	4.53	4.65	4.65	4.37	4.71	7.43	5.91	6.04	—	6.94	5.60	5.08
大理州	5.89	5.53	5.27	5.74	5.25	5.28	5.35	5.14	5.32	5.42	4.79	5.09	5.25	4.79	4.65	4.50	4.65	4.39	4.60	6.68	5.68	5.63	5.98	—	5.28	4.97
红河州	5.79	5.48	5.09	5.53	5.09	5.24	5.68	5.30	5.32	5.23	4.79	5.05	5.09	4.79	4.65	4.62	4.57	4.31	4.60	6.29	5.57	5.96	5.34	5.28	—	5.93
文山州	5.55	5.24	4.84	5.29	4.85	4.95	5.26	5.05	5.42	5.13	4.79	5.38	5.13	4.49	4.56	4.62	4.31	4.46	4.62	6.08	5.30	5.27	5.05	4.96	5.94	—

— 152 —

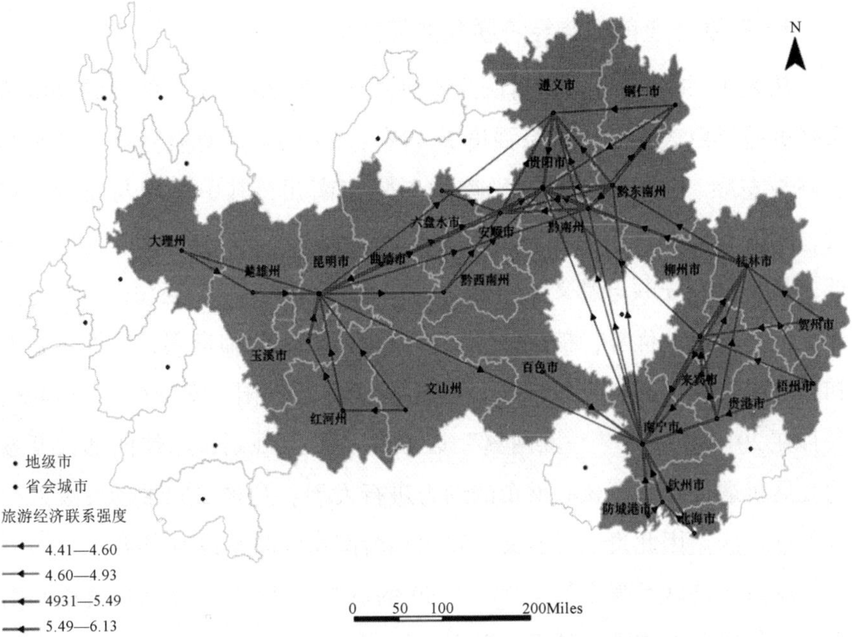

第三章 高铁对旅游可达性影响测度及旅游经济联系空间格局演变

（a）高铁开通前

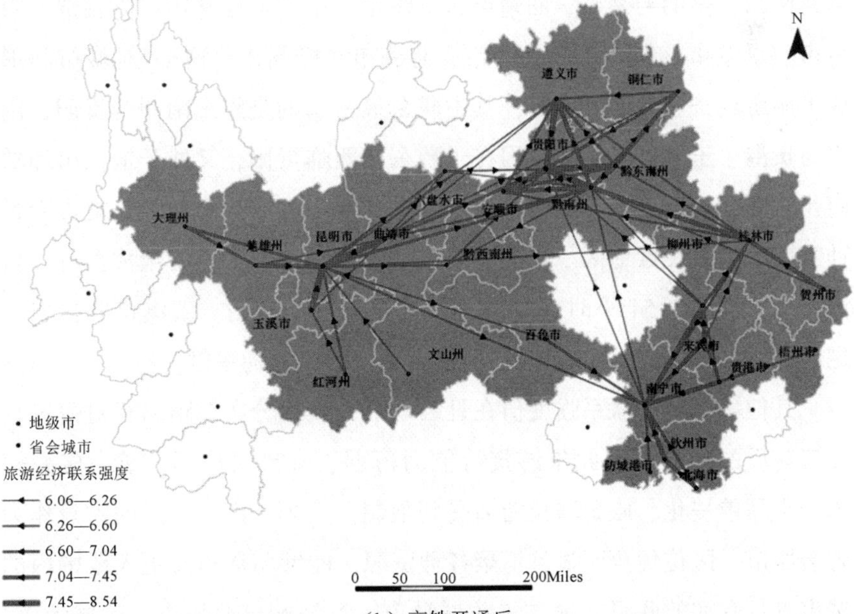

（b）高铁开通后

图3-6 高铁开通前后黔桂云沿线城市间旅游经济联系强度变化对比图

1. 高铁开通前旅游经济联系强度分析

从表 3-3 中,可知在高铁开通前,黔桂云 26 个城市的旅游经济联系强度差异巨大,其中联系强度 5.49—6.13 的城市对有 4 队,分别是贵阳与安顺、遵义、黔南;黔南州与黔东南州,其中贵阳与安顺、遵义、黔南最高。贵阳与遵义是知名的旅游城市,安顺地理位置离贵阳近,从贵阳到安顺与遵义分别需要 1.12 和 1.5 小时,交通便捷,充分发挥了空间临近的优势,扩散效应得以体现,黔南北临贵阳,又处于安顺和黔东南之间,拥有良好的区位优势能够受到贵阳、安顺的有效辐射,并且在 2013 年提出"一圈两翼"区域经济发展规划,抓住西部大开发的发展机遇,借贵阳核心城市的助力进行发展,是被贵阳带动发展的少数民族地区。因此贵阳对遵义、安顺和黔南州的联系最为密切。

旅游经济联系强度值 4.93—5.49 的城市有 18 对,分别是贵阳与黔东南州;遵义与安顺、黔南、黔东南;柳州市与来宾市、桂林市;安顺与黔南州;昆明与楚雄、曲靖市、玉溪市;南宁与桂林市、防城港、百色市、贵港市、钦州市、来宾市、北海市、柳州市。这 18 对城市间形成了旅游经济联系的紧密区,其中联系最密切的是黔东南州与贵阳,南宁与贵港、玉溪与昆明。原因在于黔东南西临贵阳,又处于铜仁市和黔南州之间,拥有良好的区位优势能够受到贵阳的有效辐射,是被贵阳带动发展的少数民族地区。贵港与南宁是西江经济带的重要组成部分,贵港到南宁需要 1.54 小时,能够有效接收南宁的辐射。玉溪市北接省会昆明市,到昆明需 1.06 小时,能够有效接收昆明的辐射。

其他城市对的联系强度值在 III 级以下,多数分布在距离相对偏远且经济落后的地区,因此旅游接待能力薄弱、基础设施不完善、旅游模式、产品单一化、旅游增长能力受到限制。贵阳、南宁、昆明本身作为省会城市,区位优势明显且汇聚各种资源,能够与周边及更大范围内的城市进行密切的联系。铜仁、防城港市、红河州、北海市、防城港市、贺州市、楚雄市、大理市、文山州等拥有独特的旅游资源,但位于边缘

第三章 高铁对旅游可达性影响测度及旅游经济联系空间格局演变

地区,旅游产业体系发育不成熟,可达性不高,因此与其他城市的联系度较差。总体上形成以贵阳、昆明、南宁为中心向四周圈层放射扩散的联系束状图(图3-6a)。可见,高铁开通前旅游经济联系强度不仅差异大且各城市间缺乏合作,处于相互独立的状态,旅游经济联系强度受到各个城市地理区位及经济实力等影响。

2. 高铁开通后旅游经济联系强度分析

由表3-4可知,高铁开通后黔桂云26个沿线城市的旅游经济联系强度都得到大幅度提升,其中强度在7.45—8.54的城市对有6队,分别是贵阳与安顺、遵义、黔东南、黔南;昆明与曲靖、玉溪。其中贵阳与黔南州的联系度最密切,旅游经济联系强度值达到8.54,远超其他城市,贵阳市与黔南州在高铁开通后仅需0.37小时可达到,贵阳市在2017年开始进行大数据项目,将大数据与旅游相结合,借助大数据平台,加强与周围地区紧密联系,辐射范围广,经济联系效益早已突出。其他城市对与贵阳的差距明显缩小,随着"十三五"交通运输发展规划的公布,各城市加强交通建设,有利于促进旅游一体化发展,贵阳的极化地位得到减弱,对四周地区的辐射效应加强,对周围地区的旅游发展起到带动作用。联系强度数值在7.04—7.45的城市对有11对,分别是遵义市与安顺市、黔南;黔南和黔东南;昆明市与楚雄;桂林与黔南、贺州;钦州与北海;南宁与柳州、来宾、贵港、钦州。其余城市对的联系强度数值在7.04以下。

可以看出高铁开通后,黔桂云26个城市之间的旅游经济联系强度得到显著提升,整体呈现以贵阳、南宁、昆明最密集且核心城市在接受辐射同时也起到向外带动的作用,但是相比较开通前以省内联系强度为主变化成向外省城市扩张(图3-6b)。黔桂云三省的旅游发展以贵阳、南宁、昆明为核心引领为主,多方带动为辅演化的趋势。高铁的开通,使得各城市的旅游经济联系强度相比开通前有大幅度提升。这说明高铁的开通使26个沿线城市的空间扩散效应得到增强,对周围城市的旅游发展起到推动作用。此外，高铁的开通将黔桂云三省的旅游发展紧密地联系在一起，增强了贵州、广西、云南在人流、物流、资金流等资源要素上的互联互通。从图3-6高铁开通前后26个城市间的旅游经济联系强度的变化对比图中，可以明显的看出26个地级市州城市之间的旅游经济联系强度得到提升，使得城市间的交流更加常态化，但是对于一些区位优势不足的城市来说旅游经济联系还是不够密切，原因在于许多城市缺乏合作、交通基础设施不够完善、旅游产业单一，导致对游客的吸引力小。

3. 高铁开通前后黔桂云城市旅游经济联系强度变化幅度分析

将各城市之间高铁开通前的经济联系强度之差与高铁开通前的经济联系强度之比，计算得到高铁开通前后黔桂云26个沿线城市旅游经济联系的变化幅度，从表3-5中发现不同城市间旅游经济联系强度变化幅度具有明显的差异。

（1）分省旅游经济联系强度变率均值分析

计算得出整个区域旅游经济联系强度的变率均值为44%，表明高铁开通后，大幅度提升了黔桂云三省整体区域的旅游经济联系强度。其中贵州全省旅游经济联系强度变率均值刚好达到了平均水平44%，云南高于平均水平达到了47%，而广西只有42%低于平均水平。表明高铁对原赋资源较好而区位优势较差的云南其对经济联系强度的影响更大，而对交通条件较好而资源条件相对较差的广西对经济联系强度的影响相对较低。

（2）各城市整体旅游经济联系强度变率均值分析

各个城市旅游经济联系强度的变率均值的区间范围为在35%—55%之间；其中变率均值超过50%分别是贵州的六盘水、云南的曲靖和楚雄三地城市，六盘水得益于其高铁带来的可达性降低，由于其原赋资源特色优势（近年来，贵州主打天气牌：爽爽的贵阳、凉都六盘水），吸引

第三章 高铁对旅游可达性影响测度及旅游经济联系空间格局演变

表 3-5 高铁开通前后黔桂云沿线城市旅游经济联系强度变化幅度

城市	贵阳市	遵义市	六盘水	安顺市	铜仁市	黔西南	黔南	黔东南	南宁市	桂林市	柳州市	梧州市	百色市	来宾市	贵港市	钦州市	贺州市	防城港	北海市	昆明市	曲靖市	玉溪市	楚雄州	大理州	红河州	文山州
贵阳市	—	0.35	0.38	0.37	0.43	0.32	0.45	0.49	0.29	0.40	0.36	0.33	0.30	0.39	0.33	0.43	0.45	0.34	0.35	0.42	0.50	0.42	0.48	0.41	0.40	0.45
遵义市	0.36	—	0.42	—	0.34	0.37	—	—	0.31	0.43	0.41	0.41	0.38	0.44	0.43	0.48	0.51	0.42	0.41	0.42	0.53	0.48	0.51	0.43	0.44	0.49
六盘水	0.38	0.42	—	0.32	0.66	0.40	0.57	0.55	0.42	0.58	0.60	0.64	0.52	0.65	0.60	0.72	0.72	0.59	0.61	0.58	0.66	0.59	0.64	0.57	0.58	0.63
安顺市	0.33	0.35	0.30	—	0.48	0.29	0.41	0.43	0.32	0.45	0.41	0.45	0.33	0.46	0.42	0.51	0.54	0.44	0.44	0.51	0.54	0.50	0.53	0.45	0.47	0.54
铜仁市	0.48	0.34	0.66	0.49	—	0.52	0.47	0.41	0.34	0.37	0.39	0.39	0.41	0.45	0.44	0.52	0.48	0.47	0.44	0.55	0.66	0.62	0.70	0.58	0.54	0.66
黔西南	0.28	0.38	0.41	0.29	0.52	—	0.50	0.45	0.29	0.52	0.43	0.41	0.30	0.49	0.38	0.46	0.61	0.40	0.38	0.36	0.44	0.38	0.51	0.44	0.34	0.42
黔南	0.43	0.45	0.55	0.40	0.41	0.48	—	0.24	0.25	0.35	0.34	0.44	0.32	0.45	0.43	0.52	0.59	0.45	0.43	0.55	0.64	0.59	0.67	0.56	0.53	0.54
黔东南	0.48	0.40	0.51	0.43	0.40	0.44	0.25	—	0.30	0.30	0.41	0.34	0.26	0.42	0.38	0.41	0.44	0.35	0.32	0.50	0.57	0.49	0.56	0.46	0.49	0.52
南宁市	0.25	0.32	0.41	0.32	0.35	0.27	0.32	0.26	—	0.30	0.31	0.38	0.32	0.47	0.32	0.42	0.30	0.25	0.32	0.41	0.42	0.43	0.46	0.38	0.30	0.38
桂林市	0.39	0.43	0.58	0.42	0.35	0.51	0.52	0.35	0.30	—	0.41	0.23	0.34	0.34	0.38	0.42	0.49	0.37	0.35	0.47	0.58	0.57	0.63	0.52	0.46	0.50
柳州市	0.35	0.42	0.60	0.42	0.42	0.41	0.52	0.35	0.41	0.31	—	0.32	0.37	0.46	0.35	0.40	0.26	0.37	0.37	0.44	0.50	0.49	0.55	0.45	0.40	0.48
梧州市	0.31	0.42	0.64	0.44	0.38	0.29	0.46	0.33	0.38	0.23	0.37	—	0.40	0.49	0.34	0.48	0.34	0.42	0.33	0.49	0.58	0.57	0.66	0.54	0.44	0.53
百色市	0.29	0.37	0.51	0.38	0.30	0.45	0.42	0.29	0.35	0.34	0.37	0.43	—	0.42	0.32	0.47	0.37	0.40	0.38	0.51	0.49	0.52	0.56	0.46	0.33	0.44
来宾市	0.39	0.44	0.70	0.47	0.45	0.38	0.48	0.39	0.34	0.40	0.35	0.49	0.40	—	0.51	0.45	0.30	0.41	0.38	0.49	0.55	0.56	0.65	0.52	0.41	0.54
贵港市	0.33	0.44	0.60	0.43	0.40	0.46	0.44	0.39	0.37	0.32	0.40	0.38	0.32	0.51	—	0.41	0.33	0.37	0.26	0.48	0.62	0.62	0.60	0.48	0.44	0.49
钦州市	0.39	0.48	0.70	0.52	0.45	0.43	0.50	0.44	0.42	0.40	0.26	0.41	0.34	0.38	0.41	—	0.47	0.27	0.34	0.53	0.63	0.64	0.73	0.60	0.48	0.55
贺州市	0.44	0.50	0.73	0.53	0.52	0.38	0.59	0.36	0.29	0.48	0.33	—	0.45	0.51	0.35	0.47	—	0.39	0.35	0.56	0.72	0.64	0.74	0.59	0.53	0.51
防城港	0.34	0.42	0.56	0.44	0.47	0.37	0.55	0.32	0.31	0.34	0.33	0.32	0.37	0.52	0.49	0.53	0.42	—	0.45	0.47	0.57	0.56	0.65	0.53	0.40	0.47
北海市	0.34	0.40	0.58	0.50	0.43	0.43	0.56	0.46	0.41	0.50	0.47	0.47	0.40	0.61	0.55	0.55	0.58	0.46	—	0.44	0.53	0.52	0.58	0.49	0.39	0.36
昆明市	0.43	0.42	0.58	0.50	0.55	0.37	0.65	0.43	0.44	0.62	0.56	0.56	0.51	0.62	0.63	0.65	0.75	0.56	0.45	—	0.47	0.36	0.47	0.40	0.29	0.36
曲靖市	0.51	0.53	0.67	0.60	0.66	0.44	0.59	0.61	0.44	0.57	0.59	0.59	0.55	0.67	0.73	0.73	0.65	0.61	0.56	0.47	—	0.43	0.55	0.48	0.37	0.46
玉溪市	0.43	0.49	0.62	0.51	0.63	0.39	0.67	0.50	0.43	0.63	0.58	0.67	0.54	0.62	0.48	0.60	0.75	0.49	0.56	0.36	0.42	—	0.37	0.35	0.34	0.36
楚雄州	0.54	0.51	0.66	0.59	0.70	0.52	0.56	0.58	0.48	0.52	0.58	0.54	0.60	0.67	0.50	0.46	0.75	0.61	0.62	0.48	0.52	0.39	—	0.48	0.38	0.52
大理州	0.41	0.43	0.61	0.49	0.58	0.45	0.53	0.47	0.38	0.46	0.45	0.44	0.36	0.52	0.50	0.56	0.60	0.49	0.51	0.40	0.51	0.36	0.50	—	0.36	0.45
红河州	0.39	0.51	0.55	0.43	0.57	0.35	0.53	0.54	0.31	0.51	0.42	0.53	0.45	0.47	0.42	0.46	0.55	0.38	0.39	0.29	0.37	0.33	0.42	0.38	—	0.25
文山州	0.45	0.51	0.67	0.52	0.64	0.43	0.57	0.41	0.40	0.42	0.50	0.43	0.39	0.56	0.50	0.56	0.56	0.51	0.48	0.36	0.48	0.37	0.48	0.42	0.25	—
均值	0.38	0.41	0.55	0.43	0.47	0.40	0.47	0.41	0.35	0.42	0.40	0.43	0.39	0.45	0.42	0.48	0.48	0.41	0.40	0.44	0.52	0.48	0.55	0.46	0.40	0.46

了众多川渝夏季炎热城市的游客，使得六盘水旅游业获得了大幅度提升；云南的曲靖和楚雄皆因毗邻昆明，高铁带来的优良的区位优势，使得其旅游经济联系强度也大幅度提升。

旅游经济联系强度变率低于整体均值的有14个城市，尤其值得关注的是省会城市贵阳和南宁其变率仅为38%和35%、昆明市也刚处于平均值44%，表明高铁开通后旅游中心城市其旅游经济增长放缓，高铁带来的扩散效应开始显现。同样的情况也表现在遵义、安顺、百色以及桂林等传统旅游城市，其旅游经济联系强度变率皆低于区域整体变率均值，进一步表明了高铁带来的旅游流扩散效应。相反，贵州的铜仁、黔南，广西的钦州、贺州以及云南的玉溪其旅游经济联系强度均值都超过整体区域的平均值，表明高铁对非资源型城市和边缘型城市的旅游业带动作用更大。

（3）各城市之间旅游经济联系强度变率分析

从整体看各城市旅游经济联系强度的变化的区间范围在23%—75%之间，变化差异较大。其中变化幅度最小是桂林对梧州的旅游经济联系强度仅有23%，主要是因为桂林市到梧州市在开通前两城市间的联系度不高，虽然高铁提高两城市的可达性，但是它们之间合作也很少，高铁的开通所带来的旅游经济联系强度的影响有限，因此旅游经济联系强度低于其他城市对。变率低于30%的主要有贵阳与南宁、黔西南与安顺、南宁与黔东南、梧州与桂林、贺州与柳州、北海与贵港、红河与昆明、文山与红河等8对，其主要特征表现为：第一，两城市本就比邻，高铁开通对其可达性的影响不大；第二，高铁开通前两城市旅游资源具有较强的互补性，其旅游经济联系本就强；第三，变率较低的城市主要体现在省域内的城市之间。

高铁开通后旅游经济联系强度变率最大的均出现在云南与广西地州城市之间的楚雄与贺州以及曲靖与贺州（变率皆为75%），其主要原因在于高铁开通前，由于两市地理位置相距远，且交通条件较差，导致两

第三章 高铁对旅游可达性影响测度及旅游经济联系空间格局演变

城市间联系少,在高铁开通后,使得两地间的可达性得到改善,联系比开通前更频繁,因此旅游经济联系强度得到大幅度提升,说明高铁的开通使其交通条件极大的得到了改善,促使城市之间的互联互通得到进一步加强。变率超过70%以上均反映出上述相同特征,如广西的钦州和贺州与贵州的六盘水、云南的楚雄与广西的贵港和钦州,由于距离遥远高铁开通前其旅游经济联系较弱,高铁开通后大幅度促进了边缘城市之间的旅游经济联系。

黔桂云三省核心城市之间及与其他省的边缘城市的旅游经济联系强度变化幅度存在差异,原因在于目的地与客源地之间的相对地理位置,即由距离衰减作用所致,缺少互相合作,导致联动性较差。总体上高铁开通后各城市之间旅游经济联系强度均在提升,高铁的开通使得各个城市原有的交通基础设施得到改善,有效缩短了各个城市之间的时空距离,可达性得到提升,促进各城市之间的旅游经济交流互动得到加强,从而刺激了联系强度的倍增。高铁的开通为游客出行提供了一个高效便捷而又舒适的交通工具,改变了游客对交通方式的选择,激发游客进行短途游、周边游的旅游意愿,进而带动一系列旅游活动的发展,促进了各个城市之间旅游经济的快速增长。高铁的开通将各城市串联起来,起到"轴"的作用,拉近各沿线城市的距离,不仅提高中心城市对周围城市的辐射能力,带动周围城市的经济社会发展,促进城市各种要素的相互流动,还可以促使周围城市在中心城市的带动下产生一些新的旅游点,旅游相关产业得到发展,进一步加强各城市之间的旅游经济联系强度。

(三)高铁开通前后黔桂云城市旅游经济联系总量演变分析

1. 旅游经济联系总量均衡性分析

将高铁开通前后黔桂云26个沿线城市与其客源地的旅游经济联系强度测算出的值带入公式(3-2-2),得到高铁开通前后黔桂云26个沿线城市旅游经济联系总量和比重情况,如表3-6及图3-7所示。

表3-6 高铁开前后黔桂云沿线城市旅游经济联系总量变化对比

城市	开通前			开通后			变化情况	
	总量	三省比重	省域内比重	总量	三省比重	省域内比重	变化量	变化率
贵阳市	4.23E+06	20.21%	34.67%	9.66E+08	32.59%	47.12%	9.62E+08	227
遵义市	1.71E+06	8.19%	14.02%	2.13E+08	7.19%	10.39%	2.11E+08	124
六盘水市	1.69E+05	0.81%	1.39%	1.46E+07	0.49%	0.71%	1.44E+07	85
安顺市	1.96E+06	9.39%	16.07%	2.04E+08	6.90%	9.95%	2.02E+08	103
铜仁市	3.26E+05	1.56%	2.67%	3.15E+07	1.06%	1.54%	3.12E+07	96
黔西南州	2.76E+05	1.32%	2.26%	1.03E+07	0.35%	0.50%	1.00E+07	36
黔南州	2.07E+06	9.90%	16.9%	4.12E+08	13.90%	20.1%	4.10E+08	198
黔东南州	1.47E+06	7.04%	12.05%	2.03E+08	6.85%	9.90%	2.02E+08	137
贵州总值	1.22E+07	58.43%	—	2.05E+09	69.33%	—	2.45E+08	167
南宁市	1.52E+06	7.25%	28.41%	1.23E+08	4.16%	27.03%	1.21E+08	80
桂林市	7.69E+05	3.67%	14.37%	6.12E+07	2.07%	13.45%	6.04E+07	79
柳州市	6.80E+05	3.25%	12.71%	6.21E+07	2.10%	13.65%	6.14E+07	90
梧州市	2.13E+05	1.02%	3.98%	1.11E+07	0.37%	2.44%	1.09E+07	51
百色市	2.79E+05	1.33%	5.21%	1.12E+07	0.38%	2.46%	1.09E+07	39
来宾市	3.76E+05	1.80%	7.03%	5.30E+07	1.79%	11.65%	5.26E+07	140
贵港市	4.42E+05	2.11%	8.26%	3.65E+07	1.23%	8.02%	3.61E+07	82
钦州市	3.46E+05	1.66%	6.47%	4.54E+07	1.53%	9.98%	4.51E+07	130
贺州市	2.08E+05	1.00%	3.89%	2.01E+07	0.68%	4.42%	1.99E+07	96
防城港市	2.44E+05	1.17%	4.56%	7.08E+06	0.24%	1.56%	6.84E+06	28
北海市	2.77E+05	1.32%	5.18%	2.40E+07	0.81%	5.27%	2.37E+07	86
广西总值	5.35E+06	25.62%	—	4.55E+08	15.36%	—	4.50E+08	84
昆明市	1.42E+06	6.81%	42.51%	2.18E+08	7.36%	48.02%	2.17E+08	153
曲靖市	3.50E+05	1.67%	10.48%	8.44E+07	2.85%	18.59%	8.41E+07	240
玉溪市	7.22E+05	3.45%	21.62%	7.72E+07	2.60%	17.00%	7.65E+07	106
楚雄州	2.37E+05	1.14%	7.10%	4.29E+07	1.45%	9.45%	4.27E+07	180

第三章　高铁对旅游可达性影响测度及旅游经济联系空间格局演变

(续表)

城市	开通前			开通后			变化情况	
	总量	三省比重	省域内比重	总量	三省比重	省域内比重	变化量	变化率
大理州	2.00E+05	0.96%	5.99%	1.88E+07	0.63%	4.14%	1.86E+07	93
红河州	2.66E+05	1.27%	7.96%	7.64E+06	0.26%	1.68%	7.37E+06	28
文山州	1.47E+05	0.70%	4.40%	4.82E+06	0.16%	1.06%	4.67E+06	32
云南总值	3.34E+06	16.00%	—	4.54E+08	15.31%	—	4.51E+08	135

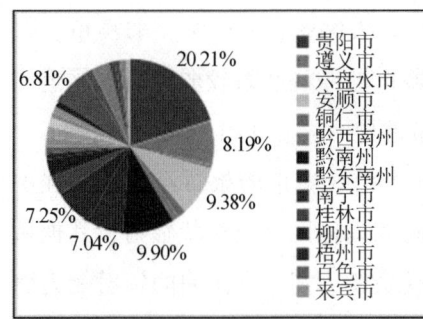
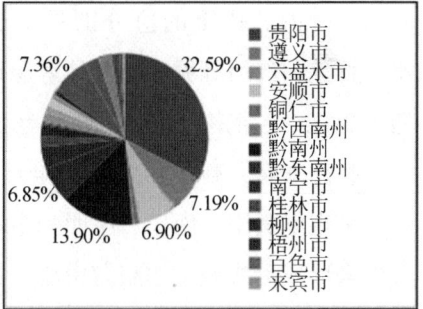

图 3-7　开通前黔桂云 26 个城市旅游经济联系总量占整体的百分比

(1) 高铁开通前后旅游经济联系总量分省对比分析

高铁开通前，三省旅游经济联系总量来看，贵州由于处于三省之中心，在整个区域而言其可达性较高。因此，其旅游经济联系总量位于三省之首 (1.22E+07, 58.43%)；高铁开通后，区域交通格局仍未被打破，贵州仍处于三省之枢纽，高铁的时空压缩效应还大幅度提高了城市之间的可达性，使得贵州的旅游中心地位得到加强，其旅游经济联系总量仍高居三省之首，且占比提高到了 69.33%。广西、云南在三省的地位仍未改变，但广西的旅游经济联系强度占比由 25.62% 下降到 15.36%。表明高铁的开通，并未能打破区域旅游整体交通格局，反而因可达性的大幅度提升，强化了区域旅游交通枢纽地位。

(2) 高铁开通前沿线旅游经济联系总量的位次分析

高铁开通前，旅游经济联系总量排在前四名的均是贵州的城市，贵

阳市、黔南市、安顺市、遵义市，其旅游经济联系总量分别是 4.23E +
06、2.07E +06、1.96E +06、1.71E +06，在 26 个城市中旅游经济联系
总量占比分别为 20.21%、9.90%、9.39%、8.19%。贵阳市由于自身
经济基础较好，拥有发达的交通网络、位于贵州的中心区域，与周围城
市的联系比较密切，旅游经济发展水平较高，安顺、遵义、黔南在地理
位置都毗邻贵阳，因此能够有效接收贵阳市的辐射。其次是南宁市、黔
东南、昆明市，旅游经济联系总量分别是 1.52E +06、1.47 +06、1.42E
+06，所占总比重的值分别是 7.25%、7.04%、6.81%。来宾市、钦
州、百色、红河等城市与其他客源地城市的经济联系较弱，所占比重均
低于 2%，与黔南、安顺、遵义等城市差异巨大。如图 3 -7 所示。

整体来看，高铁开通前黔桂云 26 个沿线城市的旅游经济联系强度
总量呈现以贵阳、南宁、昆明为中心向四周地区呈放射状辐射，其他城
市尚未形成沿线城市的旅游中心，接受贵阳、南宁、昆明的辐射能力随
着距离的增加而减小，旅游经济联系发展不均衡，在空间上呈现"中心
强、边缘弱"的趋势。各城市旅游经济联系发展不均衡说明区域旅游一
体化进展速度慢。如若周围城市不提高对外联系能力，减小与中心城市
的差距，在区域旅游发展过程中会出现被边缘化的情况。

(3) 高铁开通后沿线城市旅游经济联系总量的占比分析

相较于开通前，发现各城市的旅游经济联系总量在高铁开通后都有
所提高。其中旅游经济联系总量排名在前列的还是贵阳市，相较于开通
前城市所占比重有所上升，由原来的 20.21% 上升到 32.59%。高铁开通
后，沿线城市旅游经济联系总量在三省总体占比来看，除了排在第一位
的城市贵阳外，在总体城市样本中占比增加的还有贵州的黔南、云南的
昆明、曲靖以及楚雄，广西 11 个地州城市包括省会城市南宁其旅游经
济联系总量占比都出现了不同程度的下降，这也基本上反映了三省旅游
发展的现实。

从省域内城市旅游经济联系总量占比来看，贵州除了省会贵阳以及

第三章 高铁对旅游可达性影响测度及旅游经济联系空间格局演变

黔南外其余城市都出现了不同程度的下降;广西的南宁以及传统旅游城市桂林,其旅游经济联系总量在全省的占比都有小幅下降,而柳州、来宾、钦州、贺州和北海五个城市其旅游经济联系总量在全省的占比都不同程度实现了增长;云南的昆明、曲靖和楚雄其旅游经济联系总量实现了小幅上涨。表明,高铁开通后,对贵州省而言,强化了省会城市的极化作用;广西由于其开通高铁时间最长,高铁的扩散效应开始显现;云南省的高铁开通较晚,仍表现出轻度极化现象。

如图3-8所示,可以发现,高铁开通以来,中心城市在保持增长同时,也带动了边缘城市旅游经济的发展。从整体上看,黔桂云地区旅游经济联系总量均衡性有所改善,但是中心城市的聚集能力也得到加强,旅游经济联系总量的空间格局并未发生实质上的变化,各边缘城市处境仍然不乐观。

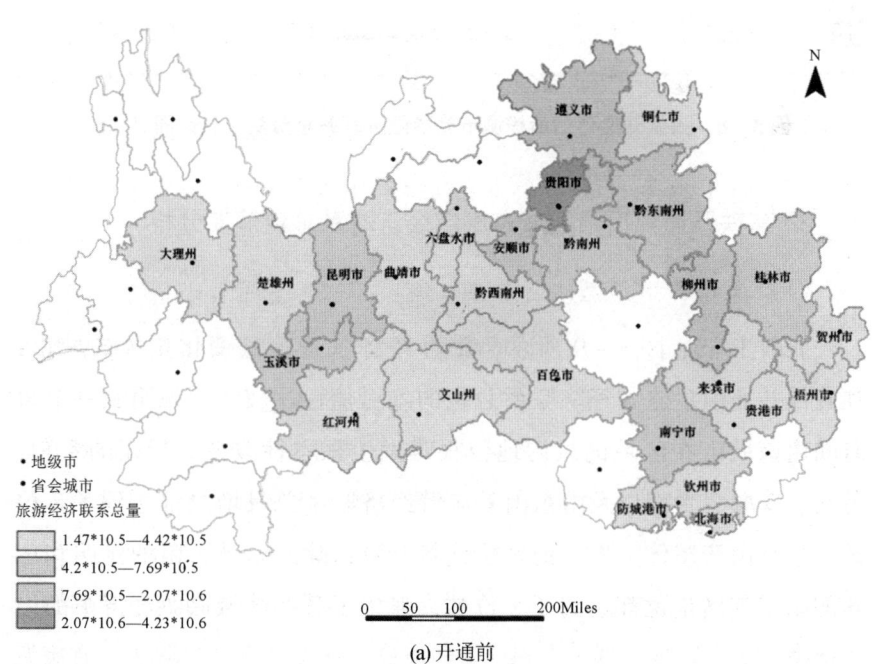

(a) 开通前

图3-8 高铁开通前后沿线城市旅游经济联系总量变化对比图(一)

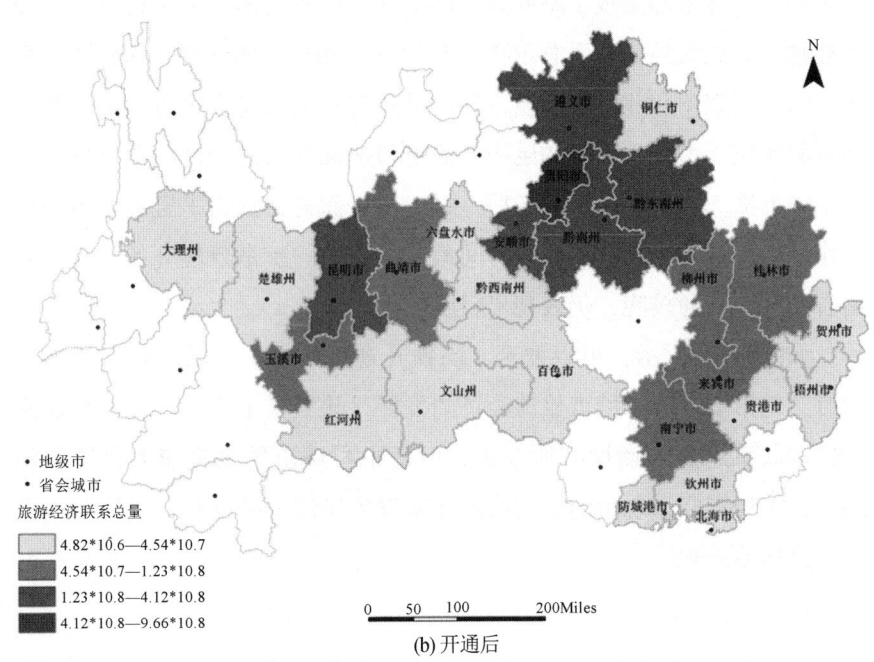

(b) 开通后

图 3-8　高铁开通前后沿线城市旅游经济联系总量变化对比图（二）

2. 高铁开通前后沿线城市旅游经济联系总量演变分析

（1）变化量

如图 3-8、图 3-9 所示，旅游经济联系总量变化量大的城市，在高铁开通前后旅游经济联系总量的绝对值也比较大，说明在一个短时间内该城市在区域的旅游地位很难发生根本性改变。贵州的贵阳、遵义、安顺、黔南以及黔东南其旅游经济联系总量增量都达到了 8 位数，这是由于整体上贵州的区位优势所致；除此以外云南的昆明和广西的南宁其增量也都达到了 8 位数，强化了其在区域旅游经济中的中心地位。

第三章　高铁对旅游可达性影响测度及旅游经济联系空间格局演变

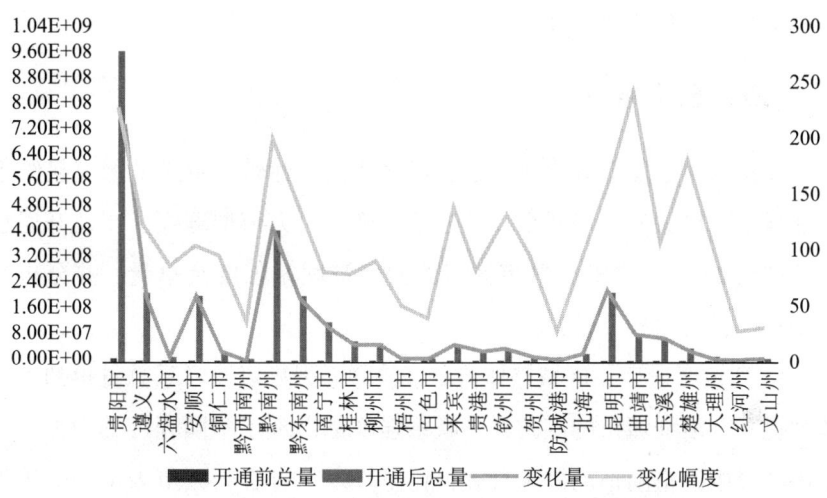

图3-9　高铁开通前后各地旅游经济联系总量变化走势图

(2) 变化幅度

各城市的旅游经济联系总量的变化幅度最小为28倍最大为240倍，差异巨大，其中变化幅度最小的城市分别是防城港和红河州，由于防城港与红河州都位于边缘地区，虽然在高铁开通后可达性得到提升、旅游经济联系总量得到提升，但是受到距离衰减的影响，与沿线其他城市具有较少的旅游经济联系，高铁为其带来的影响有限。变化幅度最大的为云南的曲靖和贵州的贵阳，其增幅分别达到240和227，尤其值得提出的是云南的曲靖，由于其位于沪昆线的中间节点上，受到昆明和贵阳两大旅游中心的辐射效应较强，其旅游增长较快，表明高铁的带来的扩散效应中，出现了双叠加效应。

高铁开通前后沿线城市旅游经济联系总量在空间上并为发生根本性的变化，但是各城市的旅游经济联系都得到提升，"中心强，边缘弱"的情况得到一定程度的改善，但是边缘城市的情况也不容乐观，原因在于各城市的旅游服务水平较低，与中心城市的联系还是较差，缺少合作，无法将自身的旅游资源优势发挥到最大化，导致资源重复开发与其他城市产生不良化竞争。

（四）研究结论

高铁的时空压缩效应改变了区域之间的可达性，带来的最直接结果是加强了区域旅游经济联系。本节基于修正引力模型测度了高铁开通前后黔桂云26个高铁沿线城市区域旅游经济联系强度及总量，并分析其演变特征，得出如下结论。

1. 高铁开通后，区域整体旅游经济联系强度以及联系总量得到了大幅度提升，沿线城市的旅游经济联系强度都出现了不同程度的增强，但整体区域旅游空间格局并未打破，仍呈现以三省省会城市为中心引领为主，多方带动为辅演化的趋势。

2. 从旅游经济联系强度来看：其一，高铁开通云南的变化幅度最大，广西最小，表明高铁对原赋资源较好而区位优势较差的区域其影响更大；其二，高铁开通后旅游经济联系强度变率均值最大的城市为贵州的六盘水、云南的楚雄和曲靖，而旅游中心城市旅游经济联系强度变率不明显，表明高铁开通对原赋资源具有特色、交通区位优势明显的城市其带来了较为明显扩散效应，旅游中心城市辐射效应开始显现；其三，高铁开通后大幅度促进了边缘城市之间的旅游经济联系，高铁对非资源型城市和边缘型城市的旅游业出现了较大带动作用。

3. 从旅游经济联系总量来看：其一，整体来看，高铁开通前黔桂云26个沿线城市的旅游经济联系强度总量都出现大幅度增加，在空间上呈现以贵阳、南宁、昆明为中心向四周地区呈放射状辐射，其他城市尚未形成沿线城市的旅游中心，接受贵阳、南宁、昆明的辐射能力随着距离的增加而减小，旅游经济联系发展不均衡，在空间上呈现"中心强、边缘弱"的趋势；其二，高铁开通并未有打破黔桂云三省的旅游交通格局，贵州在三省中的旅游中心地位得到了进一步强化；其三，高铁开通后，对贵州而言，强化了省会城市的极化作用；广西由于其开通高铁时

第三章 高铁对旅游可达性影响测度及旅游经济联系空间格局演变

间最长,高铁的扩散效应开始显现;云南省的高铁开通较晚,仍表现出轻度极化现象。

三、高铁背景下可达性对区域旅游经济联系影响的定量研究

(一) 问题提出

上文分析了高铁开通前后,黔桂云 26 个高铁沿线城市旅游经济联系强度和和联系总量的演变特征,得出了高铁开通后区域旅游经济联系强度和总量都发生了大幅度变化,但此种变化是否是由高铁开通所致,必须进行进一步定量研究,以进一步探索高铁发展对区域旅游经济联系影响的直接关系。

高铁开通对区域旅游经济最直接的影响是缩短了区域之间的交通可达性,为了研究高铁是否对区域旅游经济联系产生直接影响或影响是否显著,以高铁开通前后的结果变量可达性为自变量,以城市旅游经济联系总量为因变量,探索这二者的关系是否有显著,从而建立旅游交通可达性和影响城市旅游经济的其他因素对城市旅游经济联系的多元回归模型。如果开通前后的回归模型的可达性对应的估计参数显著且前后有变化,且对这种变化做显著性分析,如果这种变化是显著的,则可判断高铁开通前后旅游交通可达性对城市旅游经济联系的影响有显著变化,并判断变化方向。对此可以构建线性回归模型进行分析。

(二) 模型建立

根据散点图,认为取对数后的因变量对自变量的散点更具有线性趋势,故可构建以下的双对数模型:

多元回归线性模型 1 (以加权平均旅游时间作为可达性的指标)

$$\ln gross_{ij} = \beta_0 + \beta_{1i} \ln wtime_{ij} + \beta_{2i} \ln pop_{ij} + \beta_{3i} \ln reso_{ij} +$$
$$\beta_{4i} \ln indu_{ij} + \beta_{5i} \ln inve_{ij} + \varepsilon_t$$
$$i = 1,2, j = 1,2,\dots,26 \quad (\text{式}3-3-1)$$

多元回归线性模型2（以旅游经济潜能作为可达性的指标）：

$$\ln gross_{ij} = \beta_0 + \beta_{1i} \ln pote_{ij} + \beta_{2i} \ln pop_{ij} + \beta_{3i} \ln reso_{ij} +$$
$$\beta_{4i} \ln indu_{ij} + \beta_{5i} \ln inve_{ij} + \varepsilon_t$$
$$i = 1,2, j = 1,2,\dots,26 \quad (\text{式}3-3-2)$$

其中 β_0 表示截距项，β_{1i}、β_{2i}、β_{3i}、β_{4i}、β_{5i} 待估参数，ε_t 表示随机扰动项，j 表示研究地州城市数，模型中 $gross_{ij}$ 代表自变量旅游经济联系总量、$wtime_{ij}$、$npote_{ij}$ 表示自变量加权平均旅行时间及旅游经济潜能、pop_{ij}、$\ln reso_{ij}$、$\ln indu_{ij}$、$\ln inve_{ij}$ 分别表示控制变量人口密度、资源禀赋、产业地位以及投资水平等控制变量。

表3-7 回归模型变量表

变量名	变量符号	说明
城市旅游经济联系总量	$gross_{ij}$	$i=0$ 高铁开通前，$i=1$ 高铁开通后，j 为26个城市主体
加权平均旅游时间	$wtime_{ij}$	同上
旅游经济潜能	$pote_{ij}$	同上
人口密度	pop_{ij}	同上
资源禀赋	$reso_{ij}$	同上
产业地位	$indu_{ij}$	同上
投资水平	$inve_{ij}$	同上

（三）变量指标选取

1. 因变量

城市旅游经济联系的指标可以用城市旅游经济联系总量（$gross_{ij}$），将其作为因变量。其计算式见前文式3-3-1和式3-3-2。旅游经济联系不仅可以反映周围城市接受中心城市辐射能力的大小，还反映出中

第三章 高铁对旅游可达性影响测度及旅游经济联系空间格局演变

心城市对周围城市的辐射能力强弱,体现该城市的旅游经济水平。

2. 自变量

基于前文分析,旅游交通可达性的指标可选取加权平均旅游时间($wtime_{ij}$)和旅游经济潜能($pote_{ij}$),故可以依次选取加权平均旅游时间(计算式见前文式 3-3-1)和旅游经济潜能作为自变量(计算式见前文式 3-3-2),分别考察从地理意义上的可达性和经济意义上的可达性对其城市旅游经济联系总量的影响。

3. 控制变量

由于对城市旅游经济有其他不同且主要的影响因素,故需要在模型中引入其他主要的影响变量作为控制变量。根据相关文献的研究成果,本研究引入的控制变量有资源禀赋、投资水平、产业地位、人口密度。

(1)资源禀赋($pote_{ij}$)

从整个旅游市场来看游客接待量较大的旅游景点等级都是由原国家旅游局按照《旅游景区质量等级的划分与评定》的标准所评定的 A 级景区,可以看出该地区是否拥有优质的景区会影响游客的选择,旅游资源禀赋会影响当地的旅游经济,所以本研究以 3A 级及以上景区数量为基础,并根据 A 级景区评分标准计算地区资源禀赋水平(孙根年,2013),其具体计算公式为 $pote_{ij} = 5A*0.95 + 4A*0.85 + 3A*0.75$,式中 5A、4A、3A 分别表示该地对应级别景区数量。

(2)投资水平($inve_{ij}$)

旅游业发展与该地区酒店、交通基础设施、景点的等级和数量等旅游要素有关,需要旅游投资的支持,故将旅游业的投资状况考虑在内。由于无法剥离获得旅游业的投资情况,故采用地区固定资产投资与地区国内生产总值的比重来进行衡量(张茜,2018)。

(3)产业地位($indu_{ij}$)

以地区旅游总收入与 GDP 的比值来衡量。一般情况下,该地区经济发展对旅游经济依赖程度越高，说明旅游业的地位越重要，相应的设施环境和政策环境会更好（邓涛涛，2016）。

（4）人口密度（pop_{ij}）

以地区年末常住人口与国土面积之比来衡量地区人口密度。基于现有的旅游统计方式，本地区的人口数量的多少会直接影响地区国内旅游人次数（曾玉华，2018）。

（四）加权平均旅游时间回归模型结果与分析

利用软件计算加权平均旅游时间回归模型，对高铁开通前后的回归方程依次做多重共线性和异方差的检验。计算两个回归方程的膨胀因子VIF均大于1小于2，远远小于10，故两个回归方程都不存在严重的多重共线性。对回归方程进行怀特检验，高铁开通前后的P值分别为0.4463和0.3079，远高于10%的显著性水平，故不存在异方差。可以采取OLS估计参数，采用普通标准误。两个整体回归方程修正后的拟合优度分别为0.6836和0.5773，拟合效果好。回归方程F值对应的P值分别为0.000和0.0003，远小于1%显著性水平，说明两个回归方程整体均十分显著。参数系数及p值等结果如下（表3-8）：

表3-8 加权平均旅游时间回归模型结果

高铁情况	高铁开通前				高铁开通后			
变量	估计系数	标准误差	统计量	P值	估计系数	标准误差	统计量	P值
wtime	-2.305	0.767	-3.01	0.007	-4.324	1.374	-3.15	0.005
pop	0.405	0.156	2.60	0.017	0.438	2.289	1.51	0.146
reso	-1.348	5.301	-2.54	0.019	-0.410	0.698	-0.59	0.564
indu	0.423	0.128	3.32	0.003	0.414	0.291	1.42	0.171
inve	0.789	0.175	4.51	0.000	0.768	0.400	1.92	0.069
_cons	19.814	1.543	12.84	0.000	24.895	2.285	10.89	0.000

得到的估计回归方程如下。

高铁开通前：

$$\ln gross_0 = 19.814 - 2.305\ln wtime_0 + 0.405\ln pop_0 - 1.348\ln reso_0 + 0.423\ln indu_0 + 0.789 \ln inve_0$$

高铁开通后：

$$\ln gross_1 = 24.895 - 4.324\ln wtime_1 + 0.438 \ln pop_1 - 0.410\ln reso_1 + 0.414\ln indu_1 + 0.768 \ln inve_1$$

将控制变量人口密度、资源禀赋、产业地位和投资水平在高铁开通前后分别取平均值带入对应的回归方程，作出两条估计的回归方程的二维图见图3-10（纵坐标为城市旅游经济联系总量的对数，横坐标为加权平均旅游时间的对数）如下。

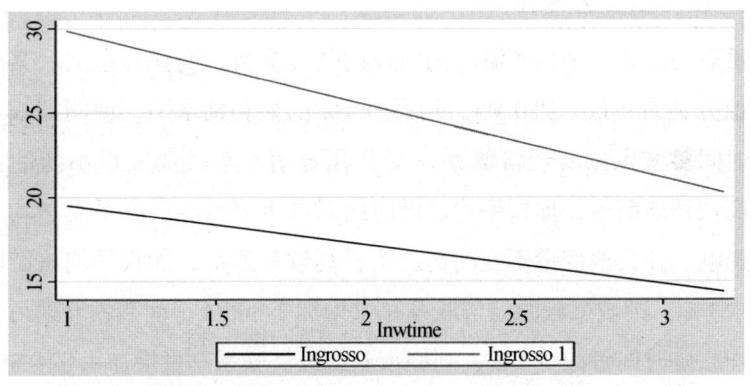

图3-10 加权平均旅游时间回归模型高铁开通前后回归方程对比

1. 控制变量显著性分析

首先看控制变量的参数，高铁开通前人口密度、资源禀赋、产业地位、投资水平对应的估计参数都通过显著性检验，表明高铁开通前区域旅游经济联系总量受到上述四个控制变量的显著性影响：人口密度显著性表明高铁开通前，各个地区旅游业发展以区域内旅游为主，跨省、跨市乃至国际旅游水平较低；区域内的原赋资源状况仍是旅游发展的关键吸引物；区域旅游业整体发展环境对区域整体旅游发展起到举足轻重的作用。

而高铁开通后人口密度、资源禀赋、产业地位对应的估计参数没有通过显著性检验，只有投资水平的估计参数通过显著性检验，这表明高铁开通后，区域旅游经济联系总量只取决于地区旅游投资水平，究其原因，高铁开通后旅游投资大部分用于交通设施和服务环境的改善，增大了地区旅游吸引力，跨区域旅游业的成为了旅游发展的主体，新增 A 级景区的数量已不再是影响区域旅游发展的关键，区域产业环境已成熟，已不再成为制约区域旅游经济发展的关键，其旅游经济联系总量实现了稳定增长。

由于模型通过多重共线性检验，故不用考虑控制变量和加权平均旅游时间的交互效应。

2. 自变量显著性分析

重点关注加权平均旅游时间对应的估计参数，高铁开通前后其对应的 P 值分别为 0.007 和 0.05，均通过 1% 的显著性水平，说明加权平均旅游时间对城市旅游经济联系总量作用显著。在其他变量不变的情况下，高铁开通前后，加权平均旅游时间对城市旅游经济联系总量均产生负向影响。在其他变量不变的情况下，高铁开通前，加权平均旅游时间每减少 1%，则城市旅游经济联系总量增加 2.305%，而高铁开通后，加权平均旅游时间每减少 1%，则城市旅游经济联系总量增加 4.324%，高铁开通后，加权平均旅游时间对城市旅游经济联系总量影响系数更为突出。说明高铁开通后，可达性的变化对城市旅游经济联系影响更大，且无论高铁开通前后，可达性的降低会使得城市旅游经济增加。在图形中表现为高铁开通后的回归线比高铁开通前的回归线更为陡峭。

3. 参数变化显著性检验

对于高铁开通前后加权平均旅游时间的估计参数是否有显著变化，这里做参数变化的显著性检验。原假设为高铁开通后加权平均旅游时间对城市旅游经济联系总量影响的参数为 −2.305%。构造 F 统计量，结

第三章 高铁对旅游可达性影响测度及旅游经济联系空间格局演变

果 F(1,20) = 2.16，对应的 P 值为 0.1572，大于 10% 的显著性水平，故接受原假设，说明高铁开通后变量加权平均旅游时间的系数与高铁开通前变量加权平均旅游时间的系数没有显著差异，说明高铁开通后，加权平均旅游时间对城市旅游经济联系总量影响更为突出。进一步说明高铁开通后，可达性的变化对城市旅游经济联系影响更大，且无论高铁开通前后，可达性的降低会使得城市旅游经济量增加。

（五）旅游经济潜能回归模型结果与分析

同理，将自变量从加权平均旅游时间换成旅游经济潜能，计算旅游经济潜能回归模型，对高铁开通前后的回归方程依次做多重共线性和异方差的检验（见附录 D）。计算两个回归方程的膨胀因子 VIF 均小于 3，远远小于 10，故两个回归方程都不存在严重的多重共线性。对回归方程进行怀特检验，高铁开通前后的 P 值分别为 0.4431 和 0.2518，远高于 10% 的显著性水平，故不存在异方差。可以采取 OLS 估计参数，采用普通标准误差。两个整体回归方程修正后的拟合优度分别为 0.6780 和 0.8429，拟合效果非常好。回归方程 F 值对应的 P 值分别为 0.0000 和 0.0000，两个回归方程整体均十分显著。参数系数及 p 值等结果如下（表 3 - 9）：

表 3 - 9 旅游经济潜能回归模型结果

高铁情况	高铁开通前				高铁开通后			
变量	估计系数	标准误差	统计量	P 值	估计系数	标准误差	统计量	P 值
pote	1.291	0.442	2.92	0.008	2.556	0.329	7.78	0.000
pop	0.454	0.153	2.96	0.008	0.303	0.173	1.75	0.195
reso	-0.700	0.518	-1.35	0.192	0.587	0.458	1.28	0.214
indu	0.105	0.225	-0.47	0.045	0.759	0.248	3.62	0.162
inve	0.835	0.179	4.66	0.000	0.882	0.244	3.62	0.002
_cons	9.518	2.270	4.19	0.000	4.338	2.256	1.93	0.068

得到的估计回归方程如下。

高铁开通前：

$$\ln gross_0 = 9.518 + 1.291\ln pote_0 + 0.454\ln pop_0 - 0.700\ln reso_0 + 0.105\ln indu_0 + 0.835\ln inve_0$$

高铁开通后：

$$\ln gross_1 = 4.338 + 2.556\ln pote_1 + 0.303\ln pop_1 + 0.587\ln reso_1 + 0.759\ln indu_1 + 0.882\ln inve_1$$

将控制变量人口密度、资源禀赋、产业地位和投资水平在高铁开通前后分别取平均值带入对应的回归方程，作出两条估计的回归方程的二维图 3-11（纵坐标为城市旅游经济联系总量的对数，横坐标为旅游经济潜能对数）如下：

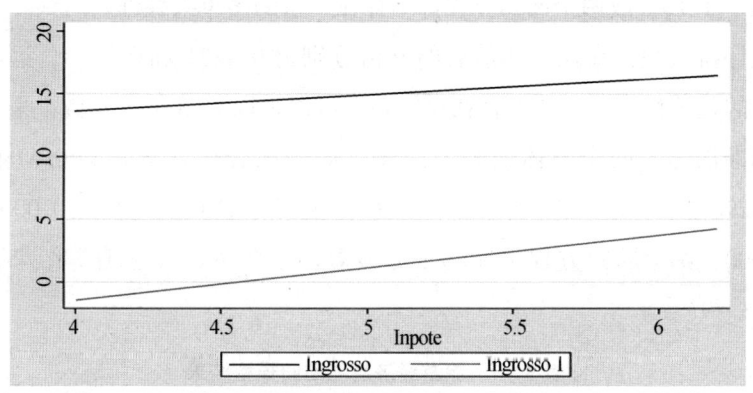

图 3-11　旅游经济潜能回归模型高铁开通前后回归方程对比

1. 控制变量显著性分析

首先看控制变量的参数，高铁开通前人口密度、产业地位及投资水平对应的估计参数通过显著性检验，与模型 1 的估计结果相似。而高铁开通后除了自变量旅游经济潜能的估计参数通过 10% 的显著性检验外，控制变量中也只有投资水平的估计参数通过显著性检验。表明，在模型 2 的回归分析几乎得出了模型 1 相同的结果，但必须说明的是，资源禀

第三章 高铁对旅游可达性影响测度及旅游经济联系空间格局演变

赋在高铁开通前后,都没有通过显著性检验,这也许是与自变量旅游经济潜能模型的构建中已考虑了原赋资源状况有关。由于模型通过多重共线性检验,故不用考虑控制变量和旅游经济潜能的交互效应。

2. 自变量显著性分析

同样,我们重点关注旅游经济潜能对应的估计参数,高铁开通前后其对应的 P 值分别为 0.008 和 0.000,均通过 1% 的显著性水平,说明旅游经济潜能对城市旅游经济联系总量作用十分显著。在其他变量不变的情况下,高铁开通前后,旅游经济潜能对城市旅游经济联系总量均产生正向影响。在其他变量不变的情况下,高铁开通前,旅游经济潜能每增加 1%,则城市旅游经济联系总量增加 1.291%,而高铁开通后,旅游经济潜能每增加 1%,则城市旅游经济联系总量增加 2.556%。这说明高铁开通后,旅游经济潜能对城市旅游经济联系总量影响系数更为突出。进一步说明高铁开通后,可达性的变化对城市旅游经济联系影响更大,且无论高铁开通前后,可达性的增加会使得城市旅游经济量增加。在图形中表现为高铁开通后的回归线比高铁开通前的回归线更为陡峭。且无论高铁开通前后,可达性的增加会使得城市旅游经济量增加。

3. 显著性检验

对于高铁开通旅游经济潜能前后参数是否有显著变化,这里做参数变化的显著性检验。原假设为高铁开通后旅游经济潜能对城市旅游经济联系总量影响的参数为 1.291%。构造 F 统计量,结果 $F(1,20) = 14.81$ 对应的 P 值为 0.000,小于 1% 的显著性水平,故拒绝原假设,说明高铁开通后变量旅游经济潜能的系数与高铁开通前变量旅游经济潜能的系数有显著差异,说明高铁开通后,旅游经济潜能对城市旅游经济联系总量影响更突出。

对比加权平均旅游时间回归模型与旅游经济潜能回归模型中不同可达性指标的估计参数的绝对值,发现在地理意义测度下的可达性对城市旅游经济联系的影响与经济意义上的可达性对城市旅游经济联系的影响差别不大,且旅游经济潜能回归模型参数估计通过显著性检验,可以证明高铁开通后,可达性对城市旅游经济联系的影响更为深刻。

(六) 结论及讨论

1. 结论

本节基于可达性视角探讨高铁对城市旅游经济联系的影响进行定量分析,从数据和模型结果得到以下结论。

(1) 高铁开通前,黔桂云 26 个市州城市的旅游经济联系总量与地区人口密度、旅游资源禀赋、旅游产业发展环境和旅游投资水平都具有相关性,并受到以上四个变量的显著性影响;高铁开通后,区域旅游经济联系总量变量只与旅游投资水平呈显著性相关,表明高铁对区域旅游发展带来了深刻变化,旅游投资大部分用于交通设施和服务环境的改善,增大了地区旅游吸引力,跨区域旅游业的成为了旅游发展的主体,新增 A 级景区的数量已不再是影响区域旅游发展的关键,区域产业环境已成熟,已不在成为制约区域旅游经济发展的关键,其旅游经济联系总量实现了稳定增长。

(2) 无论是地理学意义上的可达性水平 (加权平均旅行时间) 还是经济学意义上的可达性水平 (旅游经济潜能),研究表明其都对区域旅游经济联系总量产生显著性影响,可达性水平是测度区域旅游经济联系的关键变量。

(3) 高铁开通后,无论是权平均旅游时间还是旅游经济潜能对旅游经济联系影响的回归系数绝对值均比高铁开通前更大,表明由于高铁的时空压缩效应,使得可达性水平对区域旅游经济联系总量的影响增加,高铁对区域旅游经济联系的影响是通过改变区域旅游可达性水平来影响区域旅游经济联系总量。

(4) 通过自变量的参数变量显著性检验,发现以地理学意义上的可达性 (加权平均旅行时间) 对城市旅游经济联系的影响与经济意义上的可达性（旅游经济潜能）对城市旅游经济联系的影响差别不大，但旅游经济潜能回归模型的参数估计通过显著性检验，证明高铁开通后，经济学意义上的可达性对城市旅游经济联系的影响更为深刻。

2. 讨论

本节基于定量分析的视角，探讨了高铁发展对区域旅游经济联系的影响路径，证实了高铁发展正是通过改变区域旅游可达性水平，从而影响区域旅游经济联系总量，而区域旅游经济联系强度和总量是区域旅游业发展的关键。区域旅游经济联系是否与区域旅游产业发展水平由直接联系，也即是说高铁发展通过改变区域旅游可达性水平，从而影响区域旅游经济联系水平，进一步影响区域旅游产业发展的影响路径，还有待进一步进行证实。

四、区域旅游经济联系的高铁效应、空间分异及旅游发展模式

每一次交通方式的变革都将深刻影响区域旅游经济的发展。高铁是世界交通革命的又一重要标志，截至 2019 年底，中国高铁运营总里程达到 3.5 万公里，居世界第一。根据 2016 年国家发改委公布的《中长期铁路规划网》以及 2017 年印发的《铁路"十三五"发展规划》，到 2020 年底，中国高铁的"四纵四横"主干网络框架基本建成，到 2030 年末最终形成"八纵八横"的高铁格局，中国将真正进入高铁网络化时代（汪德根，2016）；高铁带来的新的时空概念，使得传统城市边界被打破（方大春，2014），空间距离被淡化，时间距离成主要标尺，小时交通圈的概念将被强化（朱桃杏，2017）；高铁加快区域之间的人财物、资金、信息等要素的更快速的流动，并将沿高铁网络格局进行资源重新分配（胡天军，1999）；高铁带来新的生活方式，旅居将不再是一个空间上的概念，而是一个时间上的符号（侯雪，2011）。这些变化必将极

大的促进区域旅游经济的发展。

高铁已成为解决大通道上大量旅客快速运输的问题的有效途径（汪德根，2016），高铁的快速、高效率必将极大的缩短旅游者的出行时间（Gutierrez，2001），影响旅游者的出行方式（Fröidh，2005），进而影响旅游者的消费行为（Harman，2006）。高铁对区域旅游经济的影响，首先表现在高铁改变了区域旅游可达性（姜博等，2014），进而影响区域旅游空间格局（Peeters，2007）；高铁在促进区域旅游经济增长（Lopez-Pita，2005），形成核心城市的高铁"虹吸效应"（Luca，1996）同时，也加剧了沿线城市旅游竞争，形成了高铁的"过滤效应"（Masson，2009）；高铁强化了区域之间的经济联系，表现出旅游外部经济联系空间分布的"廊道"效应和叠加效应（Wang，2018）；高铁对沿线城市旅游经济具有普遍的促进作用，但也表现出明显的空间差异（郭建科等，2016）。

大量文献研究表明，高铁发展给区域旅游经济带来了显著的促进作用，但区域旅游经济也会因为高铁的"过滤效应"而陷入困境（Masson，2009）。区域旅游经济空间分异的影响因素和影响机制是什么？高铁发展促进了区域旅游经济的空间分异吗？如果高铁加剧或缩小了区域旅游经济的空间分异，其影响机制又是什么？区域旅游经济空间分异的高铁效应有什么表现？

（一）研究综述及理论框架

1. 研究综述

区域旅游经济发展的空间差异，是区域旅游经济发展不平衡的表现，导致这种差异既有历史的缘由，如区域整体经济发展水平（Raymond，2001）、原赋旅游资源状况（Milne，1992）、道路交通等基础设施（Khadaroo，2008）；也有道路选择上的差异，如旅游政策（Baidal，2003）、发展模式（Andriotis，2006）、发展方式（Jackson，2006）等。

第三章　高铁对旅游可达性影响测度及旅游经济联系空间格局演变

改革开放以来，随着我国旅游经济规模不断发展壮大，对旅游经济的发展差异问题的研究成果较多。主要表现在对旅游经济发展由单一衡量指标向多指标方向进行完善（陆林，2005；陈秀琼，2006）；对指标的量测方式也呈现多元化趋势，如从借用传统经济学的变异系数、基尼系数、泰尔指数（王开泳，2014）等向空间计量计量经济学方法（宋慧林，2010）转变；研究对象从全国（汪德根，2011）向省域（沈惊宏，2012）、从城市群（詹军，2018）向经济带（乔花芳，2019）转变。

从地理学的视角探究其差异表象并不是我们的根本目的，研究导致差异背后的根本原因，进而缩小区域旅游发展差异更为关键和更具实践意义。国内学者在关注区域旅游经济发展的空间差异的同时，对造成此差异的影响因素也进行了探索。但现有研究存在以下共性或者不足：一是影响因素较少作为核心研究内容，其结果大都表明造成此差异的原因是地区经济发展水平、原赋旅游状况、旅游服务设施水平、基础设施条件、信息化程度（王俊，2018）等区域内部因素，也有部分学者意识到外部因素对区域经济发展的影响（吴媛媛，2018），但也是仅从空间经济学的角度，探讨其相关性，并没深入研究其关联程度和关联机制。二是在研究方法上大多采取多因素回归的定量研究方法，其影响因素往往取决于研究者对控制变量的选择，该研究思路由于很难穷尽所有前因条件，所以只能从理论层面上验证变量间的因果关系，最后可能会导致研究结果缺乏针对性（夏鑫，2014）；三是现有研究尚未将众多案例的影响因素的不同组合视为影响变量，对于多个案例点的旅游经济差异的影响因素分析可能过于片面，而只有将众多案例的不同影响因素形成的不同组合视为研究对象，才能有效探究促进旅游经济发展的完整路径（李健，2019），而不是唯一路径。

2. 理论框架

区域旅游经济发展的不平衡和不协调，仍然是我国现阶段区域旅游经济发展的一个重要特征。高铁的时空压缩效应，必将对区域旅游经济带来深远的影响（汪德根，2016）。基于此本研究提出以下理论假设：

H1：高铁促进区域旅游经济的整体发展，高铁的扩散效应，将缩小区域旅游经济的空间差异；高铁带来的时空压缩效应，通过影响区域之间旅游经济联系关系（Wang，2018），促进区域外部关联性对区域内部旅游经济发展的影响。

H2：区域旅游经济的发展不仅受到区域内部因素的影响，由于区域旅游经济的增长具有较强的关联性，旅游产业要素具有跨区域流动性和扩散性质（吴玉鸣，2014），因此区域旅游经济还受到区域外部因素的影响，其影响程度往往取决于区域之间的旅游经济潜能和联系强度；区域旅游经济发展并不只是一条路径，而是不同路径的形成的多种组合。

基于此，本研究选取我国西部民族地区旅游资源富集、经济发展相对落后的黔桂云三省 39 个市州城市为研究对象，构建了"空间分异现象—影响因素组合—关键因素表征"的理论分析框架，首先运用树聚类算法在 GIS 平台上展示黔桂云地区 39 个市州城市在高铁影响下的旅游经济空间分析现象，分析高铁开通前后区域旅游经济空间分异变化的特征；其次，将探索不同成因路径的模糊集定性比较法（fsQCA）（Rihoux，2019；Ragin，2019）引入区域旅游经济的分析，研究旅游经济影响因素的多种不同成因构型，以探索高铁时代促进黔桂云旅游经济发展的完整路径和影响模式，并进一步验证高铁带来的区域外部性因素是促使区域经济空间分异的关键变量；最后对关键变量因素进行深度分析，以探索区域外部性因素的高铁效应和特征。

本研究的可能贡献在于：率先将定性比较分析方法（QCA）引入旅游经济的研究中，完善区域旅游经济研究的相关理论，特别是高铁经济学理论，促进定性比较分析方法在旅游经济中的运用。本研究的研究意义在于：为西部民族地区、旅游资源富集的黔桂云三省探寻促进不同地区旅游经济发展的合适路径，促进区域旅游合作机制和模式的制定，推动区域旅游产业协调发展，实现旅游脱贫和同步小康的目标。

第三章 高铁对旅游可达性影响测度及旅游经济联系空间格局演变

(二) 高铁时代黔桂云地州城市旅游经济空间分异现象

本研究选取少数民族聚集、旅游资源丰富且经济发展相似(经济欠发达)的贵州、广西和云南三省的全部 39 个市州作为研究对象(其中有 26 个市州建有高铁站点)。截至 2019 年 1 月,黔桂云地区拥有 9 条高铁,高铁里程数占全国 12.7%①。

1. 研究方法与数据处理

利用 GIS 平台,选取旅游收入增长率和增长值两个指标,对黔桂云 39 市州的旅游发展进行时空分析。利用 2009—2018 年 10 年的面板数据,以各个市州高铁开通为时间节点,计算高铁开通前后指标数据的平均数②。通过 SPSS(17.0)分别对两组数据进行树聚类算法③,聚类数设置为"3",分为高、中、低三个类别;聚类方法选择"ward 法"④,区间选择"平方 Euclidean 距离",其计算公式为:$d_{ij}(2) = \left[\sum_{k=1}^{p}(x_{ik}-x_{jk})^2\right]^{\frac{1}{2}}$ (式 3-4-1),聚类结果见图 3-12。

2. 黔桂云三省旅游经济空间分异的演变特征

(1) 从旅游收入的增长率来看:第一,高铁开通后资源富集的边缘城市旅游发展效果更为明显,聚类分析高增长率和中增长率市州几乎都是离核心城市较远的城市,如云南的普洱、临沧,贵州的六盘水、黔西南;第二,传统区域旅游中心城市旅游增长放缓,如贵阳市、南宁市等,表明高铁带来的区域旅游经济增长的扩散效应开始显现;第三,离核心城市较近的城市,如贵州的黔南州,在高铁开通前具有交通优势,

---

① 数据统计于中国铁路官宣中国高铁及动车组运行线路示意图(2019 年 1 月版)。
② 研究区域内各条线路名称及开通时间:衡柳线·柳南客运专线和邕北·防钦线 (2013.12);南广线(2014.4);贵广客运专线(2014.12);沪昆客运专线、昆玉线和广桂线 (又称南昆客运专线)(2016.12);渝贵线(2018.1);成昆铁路广昆段·楚大线(2018.7)。
③ 树聚类算法常用于一维数据的自动分组,该算法仅可用于规模相对较小的数据集。
④ 使得类内所有样本之间的离差平方和(各项与平均项之差的平方和)最小,类间离差平方和尽可能大。

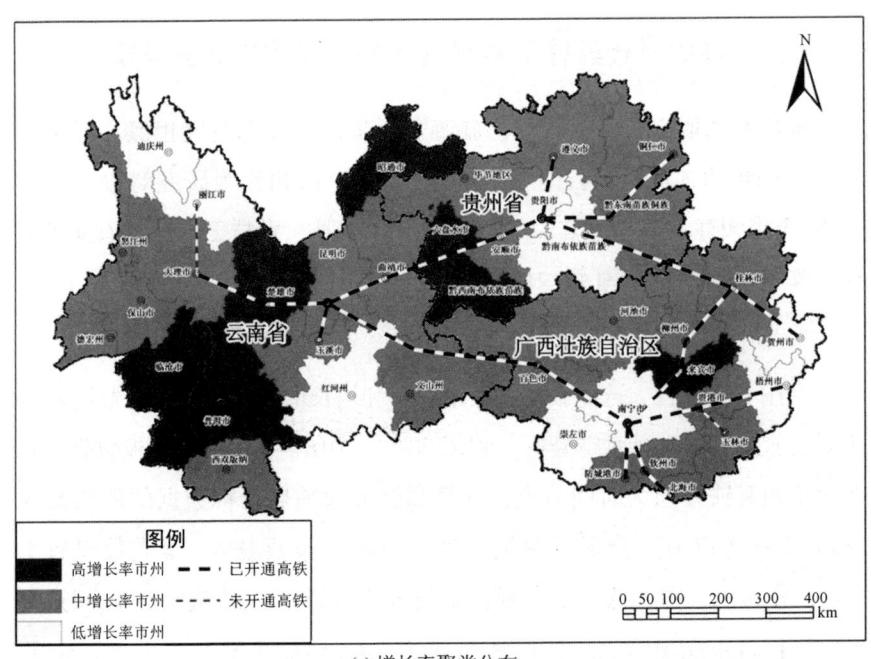

(a) 增长率聚类分布

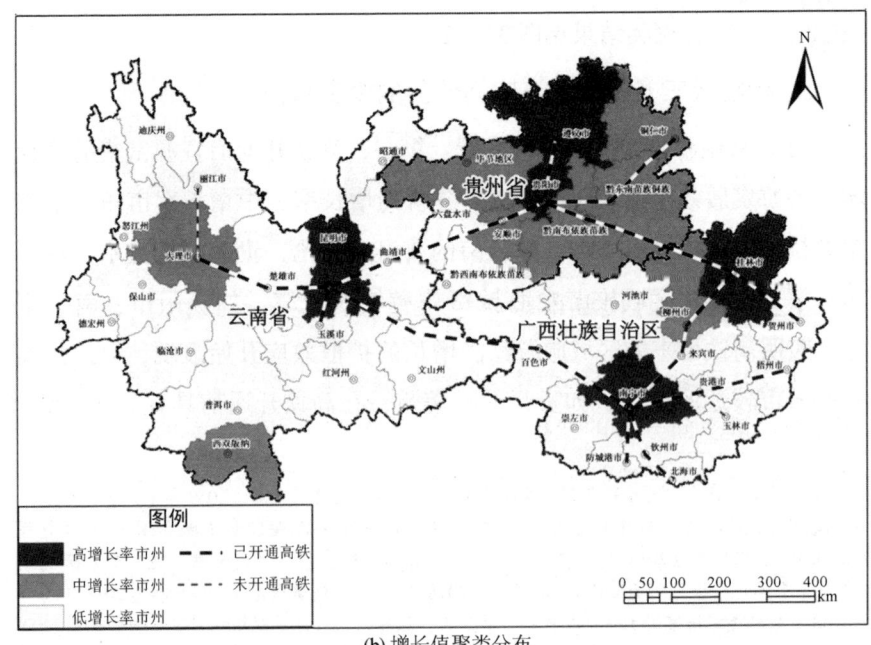

(b) 增长值聚类分布

图 3-12 黔桂云地区旅游收入聚类分布

第三章　高铁对旅游可达性影响测度及旅游经济联系空间格局演变

产业优势明显,而高铁开通后所带来时空压缩效应导致其地位开始下滑,出现了高铁过滤效应;第四,云南的楚雄、广西的来宾市的高增长率,表明处于高铁沿线旅游枢纽城市之间的资源优势城市,获得了高铁带来的双重叠加效应。

(2)从旅游收入的增长值来看:第一,传统旅游中心城市的旅游地位仍然无法撼动,如黔桂云三地省会城市贵阳、南宁和昆明;第二,高铁带来的区位变革使得高铁沿线出现了旅游双中心城市格局,如贵州的贵阳和遵义、广西的南宁和桂林以及云南的昆明和大理;第三,高铁带来贵州省区域旅游中心地位进一步凸显,贵州的高、中增长值市州占到全部样本市州的78%。

(3)高铁开通前,传统旅游中心城市(主要是三地省会城市)的无论是旅游收入增长值还是增长率都是最高,表明黔桂云三地旅游发展处于核心城市的极化阶段;但高铁开通后,其旅游收入增长值虽仍保持最高,但增长率开始降低,表明黔桂云三地旅游发展沿着高铁干线出现扩散效应。

以上研究表明,高铁开通前后区域旅游经济在增长值和增长率上的空间分异变化,表现出了较为明显的高铁效应,高铁对区域整体旅游经济的扩散效应,缩小了区域旅游发展的空间差异。初步验证了本研究的理论假设 H1。

(三) 高铁时代城市旅游经济增长路径及模式

上文从区域旅游经济增长率和增长值表象上探讨了高铁开通前后区域旅游经济空间分异的变化,但区域旅游经济空间分异的影响因素较多,高铁开通是否是促进空间分异的变化?其影响和作用路径是什么?都是值得进一步探讨的。这就要求我们必须再回到对区域旅游经济空间分异的影响因素及影响路径的探讨上来。

1. 研究方法 (fsQCA)

关于影响因素的研究,传统研究方法以因素回归的定量研究和以案例演绎的定性研究两种方式为主,但前者不能有效解释变量之间的组合而形成的前因构型的影响,后者又受制于样本量使得其结论不具有普适性。定性比较分析能够有效克服传统定性和定量研究范式的缺点(Ragin,1989)。基于此,本研究率先将模糊集定性比较分析法(fsQCA)引入旅游经济研究。

菲斯(Fiss,2007)提出可用定性比较分析方法(QCA)解决复杂因素组合的非对称性、等效性以及并发性的实证难题后,其被广泛的运用于社会学和管理学研究中,近年来国内研究主要在企业管理领域(张驰,2017),但较少用于经济学领域,在旅游经济的研究中鲜有涉及。模糊集定性比较分析(fsQCA)是介于变量和案例间导向理论集合研究方法,它强调的是基于相关理论和实证资料的不断调整,从小样本数据中得出因果性关系,可以解决和处理多个前因间复杂的互动关系,重在分析引致某特定结果的多个条件组合(Judge,2014),进一步探索联合效应和互动关系的综合研究策略(Ragin,1989)。其优势在于可以通过测量存在或不存在的程度,从而减少现象的复杂性(Cárdenas,2012)。模糊集定性比较分析(fsQCA)研究步骤为:标定变量—条件检验—真值表分析—路径分析(高伟,2018)。

2. 标定变量

定性比较分析需要结合理论研究和实践需要,采取直接或间接标定方法(Ragin,2004),将解释结果(结果变量)和前因要素(条件变量)转换为集合数据(Fiss,2011)。

(1)结果变量

本研究以39个样本市州的旅游总收入(*TTL*),作为结果变量,考虑到年度数据的偶然性选取2014—2018年的五年平均数作为解释结果数据,数据来源于《中国旅游统计年鉴(2014—2018)》。

(2)条件变量

根据本研究的理论假设H2以及研究所需,将条件变量分为内部因

第三章 高铁对旅游可达性影响测度及旅游经济联系空间格局演变

素和外部因素两类。根据大多数研究文献的结论,选取地区经济发展水平(LDE)和旅游资源禀赋(ERT)两个主要变量作为内部因素;选取高铁可达性(HRA)和区域旅游经济联系(TEL)作为外部因素。

①地区经济发展水平(LDE)用地区人均GDP表征,数据来源于中国统计信息网,同样以2014—2018年的五年平均数进行运算。

②旅游资源禀赋(ERT)变量选取区域3A级以上旅游景区,根据吸引力的不同分别赋值(Baidal,2003)后加权计算综合得分值表征,数据来源于黔桂云三地的文化和旅游厅官网和2019年《世界遗产名录》。

③交通条件的变革是区域旅游发展的一个重要外部因素,众多的研究表明高铁的时空压缩效应,将极大影响区域的通达性(汪德根,2016)。高铁通达性(HRA)用区域加权平均旅游时间衡量,其计算公式为:

$$HRA_i = \frac{\sum_{j=1}^{n}(T_{ij}*M_j)}{\sum_{j=1}^{n}M_j} \qquad (式3-4-2)$$

其中HRA_i表示城市i的高铁通达性;T_{ij}表示城市i达到城市j的最短旅行时间;M_j表示城市j的社会经济发展规模,采用城市j的GDP总值GDP_j、人口总数$POPU_j$等指标表示为$M_j = \sqrt{GDP_j*POPU_j}$。其中最短旅行时间通过12306网站和高德导航确定,经济发展规模以地区GDP近5年平均数核算。

④旅游经济联系变量(TEL)是衡量区域间旅游经济联系强弱或疏密程度的常用指标,用旅游经济联系强度表征(李陈,2016),常通过引力模型来测度(孔令章,2019),其计算公式为:

$$TEL_i = \sum_{j=1}^{n}CD_{ij} \qquad (式3-4-3)$$

$$CD_{ij} = \frac{(\sqrt{POPU_i*TR_i}*\sqrt{POPU_j*TR_j})}{T_{ij}^2}, n=39, i \neq j$$

$$(式3-4-4)$$

试中 TEL_i 表示城市 i 的旅游经济联系总量；CD_{ij} 表示城市 i 与城市 j 联系程度，TR_i 和 TR_j 表示城市 i 和城市 j 旅游总收入。

3. 条件和结果校准

本研究采用 fxQCA3.0 软件进行分析，首先需要对条件（影响因素）和结果（旅游发展水平）进行校准，也即是需要通过与案例进行反复对话确定相应的锚点。参考 Codurasa（2016）的研究成果，以及本研究研究需求，共设置三个锚点。第一个表示完全不隶属的 0.05，以上四分位取值；第二个是表示交叉点的 0.5，以数列平均值为依据；第三个表示完全隶属的 0.95，以下四分位取值。目标集合设置事实和反事实①两种情况。各变量校准锚点如表 3-10 所示。

表 3-10　各变量校准锚点

变量类别		目标集合（事实/反事实）	锚点（事实/反事实）		
			完全不隶属	交叉点	完全隶属
结果变量		旅游收入（TTL）	高 低	64.00 73.00	69.72	73.00 64.00
条件变量	内部因素	经济发展水平（LED）	高 低	72.00 82.00	78.00	82.00 72.00
		旅游资源禀赋（ERT）	丰富 匮乏	66.50 75.00	71.97	75.00 66.50
	外力因素	高铁通达性（HRA）	高 低	60.00 76.00	69.54	76.00 60.00
		旅游经济联系（TEL）	密切 疏远	60.00 66.50	64.72	66.50 60.00

4. 模糊定性比较分析结果

（1）必要性检验

必要条件的一致性反映的是条件变量和结果变量的交集占据结果模

---

① 事实指促进区域旅游经济发展，反事实指制约区域旅游经济发展。

第三章 高铁对旅游可达性影响测度及旅游经济联系空间格局演变

糊集合的比例（Rihoux，2019）（表 3 – 11）。

表 3 – 11 必要条件检验

变量指标	事实		反事实	
	一致性	覆盖率	一致性	覆盖率
经济发展水平（LED）	0.5436	0.5187	0.6919	0.7128
旅游资源禀赋（ERT）	0.6856	0.5636	0.6758	0.7787
高铁通达性（HRA）	0.7302	0.6357	0.7443	0.8187
旅游经济联系（TEL）	0.7011	0.7397	0.8492	0.8231

一般而言，条件变量作为结果变量的必要条件，其一致性不小于 0.8。在正面事实分析中，每个条件变量的一致性都小于 0.8，表明自变量不能独自作用于因变量，而是以组合的方式共同影响其结果变量，也即是每个独立条件均不能认为是促进黔桂云各市州旅游收入增长的必要条件，每个案例地旅游收入的增长是基于多个条件的组合，即是多个因素共同作用的结果。在反事实分析中，只有旅游经济联系变量是必要条件，说明该条件是阻碍旅游收入增长的必要条件。初步验证了本研究的理论假设 H2。

（2）真值表分析

首先将原数据通过一定的测算将变量条件的指标数值全部转换为 60—100 分（Ragin，1989），转变成隶属度真值表；再使用 fsQCA（3.0）软件对隶属度真值表进行分析，选择"标准分析"，得出三种解，分别是复杂解、简约解和中间解。其中，中间解不仅结合了研究者对案例集的分析和理论知识的应用，同时也集中了复杂解和简约解的优点，结论的启示性和普适性都较好（Ragin，2014），因此本研究采用中间解。

1）稳健性检验

结合本研究案例总数量和一致性阈值要求（Rihoux，2019），共设置 8 种组合：可接受的个案数设置为 1 和 2，一致性门槛值分别为 0.75、0.8、0.85 和 0.9。反事实案例分析的设置亦是如此。利用 fsQCA 软件，设置不同组合的一致性门槛值和可接受的个案数进行稳健性检验,结果发现并不稳健,故采用所有组合进行条件分类。

2) 前因条件构型分析

本研究采用 Fiss(2011)对条件分类的规定:核心条件是指所有在简约解中出现的条件;补充条件是指在中间解中出现但被简约解排除的条件。根据 Ragin(2009)提出的逻辑方案表,一共得出 8 种方案,合并重复方案,得 6 种方案。6 种方案里共 10 个前因条件构型,以核心条件相同为标准,合并重复构型,最后得 6 种构型(表 3-12)。

表 3-12 促进旅游收入的前因条件构型

构型变量		Ⅰ	Ⅱ	Ⅲ	Ⅳ	Ⅴ	Ⅵ
内部驱动因素	经济发展水平(LED)	•		●	◎	◎	•
	旅游资源禀赋(ERT)	●	•		◎	◎	•
外力牵引因素	高铁通达性(HRA)				●	•	•
	旅游经济联系(TEL)	●	●	●		●	●
一致性		0.9082	0.8984	0.8373	0.8392	0.8392	0.9082
原生覆盖度		0.4212	0.4841	0.4523	0.2082	0.2082	0.4212
唯一覆盖度		0.4212	0.3090	0.3874	0.1433	0.1433	0.3563
整体方案的一致性		0.9082	0.8851	0.8265	0.8763		
整体方案的覆盖度		0.4212	0.6146	0.5957	0.5646		
出现次数		4	1	2	3	1	1

注:●表示某条件出现,◎表示某条件不出现;大圈表示核心条件,小圈表示补充条件,空白表示没有影响的条件。

覆盖率和一致性指标是用来判断前因构型与结果变量之间的关系。覆盖率指标是前因构型对于结果的解释程度,覆盖率数值与前因条件构型对结果的解释力度成正比。6 种不重复方案中共有 10 个前因条件构型,每个构型的一致性指标均超过了理论值 0.8。这说明,每个构型中的所有案例都满足一致性条件,即本研究提出的 4 个条件变量均可作为结果变量(促进旅游收入增加)的充分条件。再观察整体方案的一致性

第三章 高铁对旅游可达性影响测度及旅游经济联系空间格局演变

数值均大于理论值0.8，则进一步说明，本研究的所有案例组成的条件变量也是结果变量的充分条件。

3）反事实前因条件构型

沿用前文相同的方法，一共得出8种方案，合并重复方案，得7种方案。7种方案里共21个前因条件构型，以核心条件相同为标准，合并重复构型，最后得8个构型（表3-13）。

表3-13 制约旅游收入的前因条件构型

构型变量		I	II	III	IV	V	VI	VII	VIII
内部制约因素	经济发展水平（LED）	◎	●			•	◎	●	●
	旅游资源禀赋（ERT）			◎	●		◎	●	●
外力制约因素	高铁通达性（HRA）	●	◎	●					●
	旅游经济联系（TEL）	●	●	●	●	●			
一致性		0.9856	0.9792	0.9260	0.8499	0.8425	0.8447	0.8061	0.8061
原生覆盖度		0.2536	0.1747	0.2945	0.6642	0.4597	0.1842	0.4019	0.4019
唯一覆盖度		0.2140	0.1351	0.1115	0.3098	0.1053	0.0223	0.0475	0.0475
整体方案的一致性		0.9895	0.9543	0.8673		0.8430	0.8638	0.8411	
整体方案的覆盖度		0.3887	0.5002	0.7695		0.7918	0.8170	0.8393	
出现次数		3	4	2	4	2	4	1	1

注：●表示某条件出现，◎表示某条件不出现；大圈表示核心条件，小圈表示补充条件，空白表示没有影响的条件。

7种不重复方案中共有21个前因条件构型，每个构型的一致性数值均超过了理论值0.8。这说明，每个构型中的所有案例都满足一致性条件，即本研究提出的7种方案均可作为反事实结果（即制约旅游收入增加）的充分条件。再观察整体方案的一致性数值均大于理论值0.8，则进一步说明，本研究的所有案例组成的条件变量也是反事实结果变量的充分条件。

5. 黔桂云三省旅游经济增长的路径及模式分析

按照内外因素主导规则，可把促进或制约黔桂云旅游经济增长的路径分为四种，分别是内因主导型、外因主导型、内外混合型和全面型。内因主导型指核心条件由两个内部因素构成，或由两个内部因素和一个外部因素构成；外因主导型指核心条件由两个外部因素构成，或由两个外部因素和一个内部因素构成；内外混合型指核心条件由某个内部因素和某个外部因素构成；全面型指核心条件由全部的四个内外部因素构成。根据表3－12和表3－13的前因条件构型以及fsQCA软件运算出的代表案例，总结如下表3－14。

表3－14 驱动和制约黔桂云各市州旅游经济发展的路径及其代表案例①

模式路径	驱动型	制约型
	代表案例	代表案例
全面型	贵阳、南宁、昆明、遵义	曲靖、文山、贵港、楚雄
内因主导型	无	昭通、普洱、毕节、临沧、德宏、怒江、保山、贺州、红河
外因主导型	黔东南、铜仁、安顺	玉林、河池、崇左、迪庆、来宾、钦州、梧州、北海、防城港、西双版纳
内外混合型	柳州、桂林、丽江	无

从上表可知，黔桂云各市州旅游经济发展并不只是一种路径，而是不同路径的组合。进一步验证本研究的理论假设H2。

上表中的代表案例有不重复的34个，占总案例数的87%，所以这6种组态足以解释整个黔桂云地区旅游经济的发展模式。路径组合可从

---

① 计算结果出现的重复案例的情况，作者结合实际现状进行了唯一性归类。其中，贵阳、南宁、昆明、遵义、六盘水这五个城市同时出现在表3中的构型Ⅰ和构型Ⅲ，故将其归为全面驱动型；六盘水的案例系数（0.51，0.05）较低，故在全面驱动型中做剔除处理；柳州、桂林、丽江三市同时出现在内外混合驱动型和外因制约型案例中，作者结合实际将其划为内外混合驱动型案例中。

第三章 高铁对旅游可达性影响测度及旅游经济联系空间格局演变

"驱动"和"制约"两个方向来总结。

(1) 全面型

全面型指内外因素全面驱动或者全面制约的发展模式。全面驱动型除了三省的省会城市外,遵义市也进入了此发展轨道,表明了高铁的发展使得遵义市作为黔桂云三省北进入门户区,高铁带来其较强的旅游经济联系促使其旅游枢纽地位凸显。全面制约型城市中,除了文山州高铁从其边缘而过外,其他三个市州贵港、曲靖和楚雄皆通了高铁,但事实上这三个市州皆因靠近传统旅游中心城市,由于区域经济水平发展较低,原赋旅游资源较差的现状,良好的交通反而使得其成为了过境地,而非目的地,制约了旅游经济的持续发展。

(2) 内因主导型

内因主导型模式中,运算结果表现为内因制约其旅游经济发展,代表案例主要分布在各省的最为边缘城市,其中云南作为沿边省份,其沿边城市大都属于典型案例,由于历史的缘由地区经济水平较低、原赋旅游资源较差、对外旅游经济联系较弱,都极大的制约了其旅游经济的发展。

(3) 外因主导型

外因主导型表明外部因素是驱动或制约其旅游经济发展的关键因素。从外因驱动型案例来看,黔东南、铜仁、安顺由于其良好的原赋旅游资源,高铁背景下区域可达性大幅度提高,区域旅游旅游经济联系增强,旅游业获得快速发展。外因制约型案例中,外因制约因素表现略微有差异:河池和崇左因交通的制约和原赋资源较差,区域旅游经济联系较弱,成为了制约其旅游发展的关键原因;迪庆、西双版纳虽属于传统旅游城市,但交通可达性成为其旅游经济发展的瓶颈,导致其区域旅游经济联系较弱;广西的来宾、钦州、梧州、防城港四市虽通了高铁,但原赋资源较差,高铁的通达性的改变,带来的是旅游过滤效应而非扩散效应;北海作为传统旅游城市,但落后的地区经济成为其旅游经济发展的阻力。

(4) 内外混合型

内外混合型主要表现为内外混合驱动模式，代表案例的内外驱动因素略微有差异。其中，桂林、丽江的原赋资源优势成为了区域旅游经济持续发展的推动力，外因来看，高铁带来的区域经济联系的加强成为其外部驱动主要因素；而柳州市作为广西传统经济强市，其强势的地区经济弥补了其旅游资源的劣势，在高铁带来的较强旅游经济联系下，其旅游业获得了快速发展。

通过模糊集定性比较分析运算出来的结果，我们可以看到，黔桂云三地各个市州旅游经济发展的模式或路径具有较大的差异，驱动和制约其旅游经济发展的因素也不尽相同。本研究结论相较于传统因素回归分析结果，其结论更具有针对性和更符合实际，对原因的解释力度更强，可信度更高。根据本研究控制变量的选取，影响这34个市州（代表案例）的旅游经济的因素至少表现出6种不同的成因构型，这6种不同成因构型能较好的解释了黔桂云三地旅游经济空间分异的原因，探寻出其旅游经济发展的合适路径，更能为区域旅游的协调发展找到针对性的对策。

(四) 高铁对城市旅游经济影响机制

定性比较分析方法虽然从理论上拒绝了独立变量对因变量的影响效应，使得我们的研究视角转入到因变量的前因构型上（Ragin，2009），但这并不影响我们对关键因素的探索。寻找影响区域旅游经济发展的关键因素，仍然是政策制定者关注的焦点，任何社会现象和问题的解决，只有找准了关键点，才能找到政策的切入点和施策的重点。我们可以从前因构型组合中，探寻出关键变量的踪迹。

1. 关键因素确定

观察上文表3-11可知，能够驱动旅游收入增加的要素组合包括5种前因构型，并且每一种前因条件构型中都包含外力牵引变量，其中有4种前因构型中包含外力牵引变量中的旅游经济联系变量，这意味着较

第三章 高铁对旅游可达性影响测度及旅游经济联系空间格局演变

强的旅游经济联系能够促进旅游收入的增长（程聪，贾良定，2016）。

观察上文表3-13可知，能够制约旅游收入增加的要素组合包括8种前因构型，并且有6种前因条件构型中都包含外力制约变量，从构型Ⅰ至构型Ⅵ，旅游经济联系变量都是构型组合中的关键变量，表明外力因素中区域旅游经济联系变量是制约旅游收入增长的关键因素。

表3-12和表3-13中要素组合的情况来看，外因变量在所有成因构型中都是十分重要的组成要素，即外因变量也是影响旅游经济发展的重要因素。根据上文表2事实和反事实的必要性检验中，只有旅游经济联系变量是黔桂云旅游经济发展的必要条件。据此我们可以认定外因变量中的旅游经济联系是促进区域经济空间分异的关键变量。进一步验证了本研究的理论假设H2。

2. 关键因素分析

为了进一步探寻高铁发展对区域旅游经济空间分异的影响机制，有必要对关键变量旅游经济联系（TEL），进行深度分析。

(1) 研究方法

为了更好的探究高铁发展对区域旅游经济联系的影响，厘清高铁发展对区域旅游经济联系的作用机制，即区域旅游经济的联系强度、方向、联系距离和范围的变化情况，本研究采用旅游经济联系隶属度指标，来深度研究关键变量在高铁影响下的变化情况。本研究仍然采用引力模型（Tarik，2018）对区域旅游经济联系隶属度指标进行测度，其计算公式如下：

$$DM_{ij} = CD_{ij} / \sum_{j=1}^{n} CD_{ij}, n = 39, i \neq j \qquad (式3-4-5)$$

式中，DM_{ij}为表示城市j对城市i旅游经济联系隶属度，即城市i与城市j间的旅游经济联系强度占i城市对研究区域内所有城市的旅游经济联系强度总和的比例；CD_{ij}表示城市i与城市j间的旅游经济联系强度，计算公式同式3-4-3。

(2) 关键变量的测度结果

选取2009—2018年10年的面板数据,以各个市州高铁开通为时间节点,计算高铁开通前后的指标的平均数来测量高铁开通前后黔桂云地区旅游经济联系隶属度。根据帕累托法则(Pareto's principle)① 对于某些经济隶属度 DM_{ij} 小于0.07数值,由于其对总值的贡献率太低,为避免其对主流趋势判断的负面影响,对其做剔除处理。利用GIS技术对经济隶属度指标数据进行处理后表达如图3-13所示:

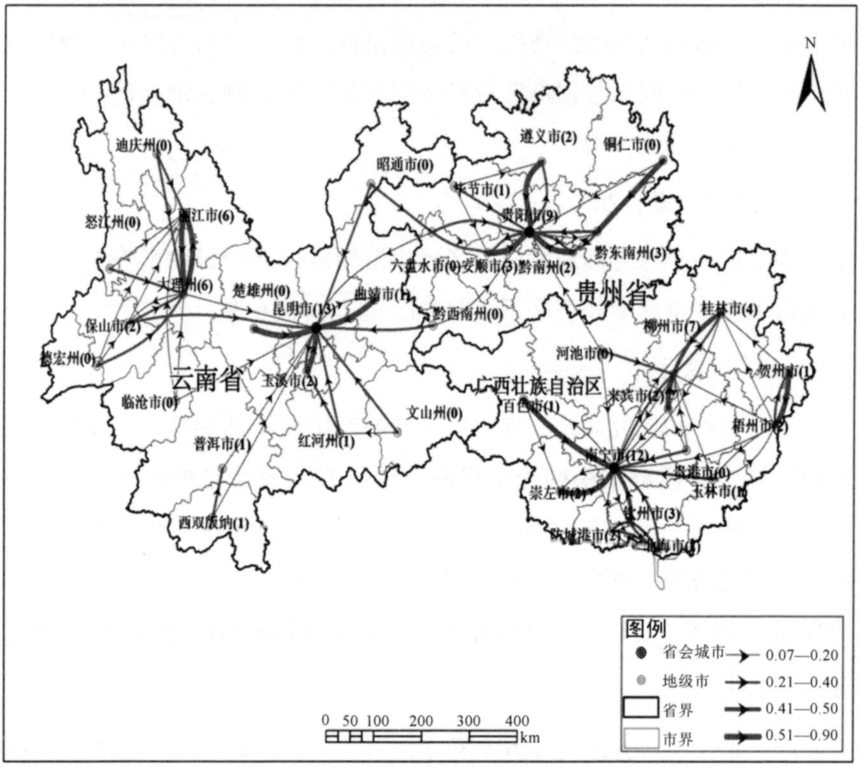

(a) 开通前隶属度关系图

图3-13 黔桂云地区旅游经济联系隶属度空间关系(一)

---

① 帕累托法则(Pareto's principle)是19世纪末20世纪初意大利经济学家帕累托提出的。他认为在任何一组东西中,最重要的只占其中小部分,约20%,其余80%尽管是多数,却是次要的,因此又称二八定律。

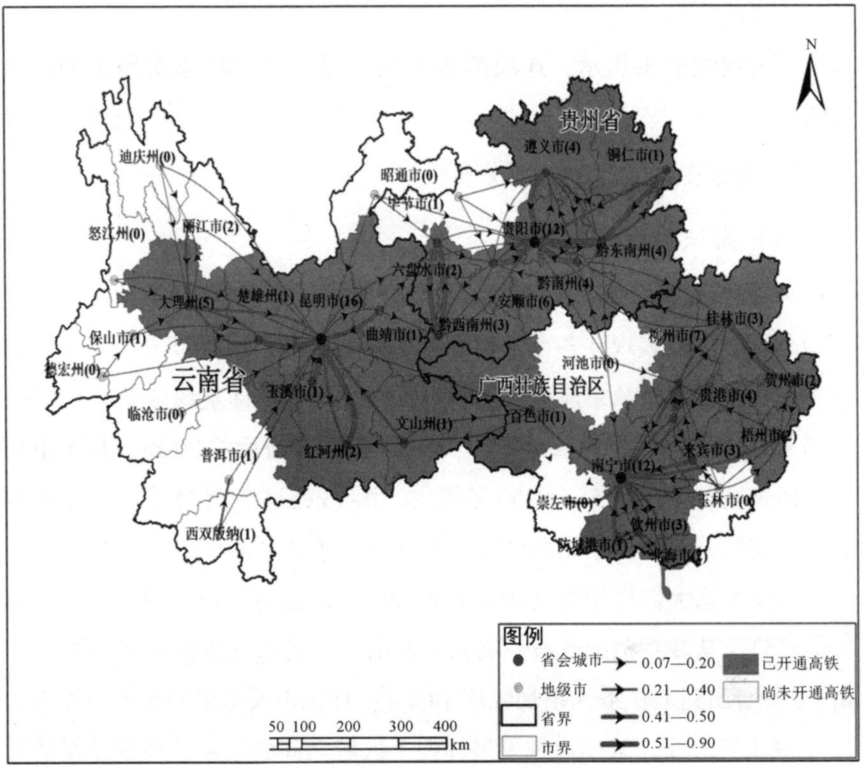

第三章 高铁对旅游可达性影响测度及旅游经济联系空间格局演变

(b) 开通后隶属度关系图

图3-13 黔桂云地区旅游经济联系隶属度空间关系（二）

①隶属强度

隶属强度用连线粗细表示，图2中的连接线分为4个级别，线条越粗表示隶属度越强，由弱到强分别表示为隶属Ⅰ级（隶属度0.07—0.20）、Ⅱ级（隶属度0.21—0.40）、Ⅲ级（隶属度0.41—0.50）和Ⅳ级（隶属度0.51—0.90）。

②隶属范围

各个城市名称旁括号内的数字表示旅游经济联系隶属于本市州的市州个数，数值越大，表示旅游经济联系隶属区域范围分布越广。

③隶属方向

用连接线箭头表示，连线箭头出发点城市经济联系隶属于到达点城市。

3. 关键变量的高铁效应分析

（1）高铁扩散效应

高铁带来的区域时空压缩效应，使得区域之间经济联系的扩散效应开始凸显。主要表现在各个市州之间的旅游经济隶属强度分散，隶属范围扩大两个方面。从隶属强度来看：Ⅰ级隶属度，即隶属度值在0.07—0.20范围内，高铁开通前由44条增长到高铁开通后的70条；Ⅳ级隶属度，即隶属度值在0.51—0.90范围内，由13条减少到11条。以上数据表明，高铁开通后区域旅游经济联系的强隶属度关系减少（减少15%）、弱隶属度关系大幅度增加（增加幅度59%），说明市州间的隶属强度有分散趋势。从联系范围来看：高铁开通前后，各市州旅游经济联系总量由92条增加到109条（增加幅度18%）；且无隶属范围的市州由原来的12个减少到8个。表明高铁发展加强了区域之间的联系，高铁带来的时空压缩效应使得区域之间旅游经济联系范围有扩大趋势。

（2）高铁廊道效应

从连线长度来看。连线长度代表市州间的隶属距离，长度越长则隶属距离越远。其中跨省界的连线由原来的4条增加到12条（增加了200%），增加的跨省界连线多与高铁建设方向一致，其中贵广高铁，使得贵州与广西新增隶属连线3条；南昆高铁使得云南与广西新增隶属连线3条；沪昆高铁使得云南与贵州新增隶属连线2条，表明高铁建设打破了省域之间的行政界限藩篱，加强了黔桂云三地间的旅游经济联系，出现高铁廊道效应。高铁的廊道效应还表现在省域内的城市间的新增连线、隶属强度增强连线也大多是沿高铁干线展开。

第三章　高铁对旅游可达性影响测度及旅游经济联系空间格局演变

(3) 高铁网络化效应

从连线方向来看。连线方向代表市州间的隶属方向，方向越复杂则隶属市州越多。在图 2 (a) 高铁开通前出现 5 个中心，均以"射线"形式存在，而在图 2 (b) 高铁开通后也出现明显的中心，但在贵州出现以贵阳市为中心"环形"联系现象，广西出现以南宁市为中心的"半环形"现象，主要由图 2 (b) 中 I 级隶属度连线（隶属度范围 0.07—0.20）组成。观察图 2 (b) 中浅灰色填充部分：贵州除毕节市外，已全部建设高铁站点，"环形"较完整，高铁的对区域经济联系的网络化效应明显；广西的"环形"阻碍点是河池市、玉林市和崇左市，而这三个城市恰是暂未建设高铁站点；云南尚有 56% 的市州暂未建设高铁站，至今仍以昆明、大理为中心以"射线"形式的经济联系关系，高铁带来的旅游经济联系的网络化效应尚不明显。

上文研究表明，旅游经济联系是促进区域经济空间分异的关键变量。在对旅游经济联系变量测度的基础上，其结果也表现出明显的高铁扩散效应、廊道效应以及网络化效应。表明高铁发展正是通过改变区域之间旅游经济联系强度，来影响区域旅游经济的发展，从而带来区域旅游经济空间分异的变化，据此，进一步验证了本研究的理论假设 H1。

（五）结论与讨论

1. 结论

本节首先基于 GIS 平台，采用树聚类算法分析在高铁背景下黔桂云三个民族地区的旅游经济空间分异现象，再引入模糊集定性比较法（fsQCA），归纳和总结黔桂云三省区域旅游经济发展的模式和路径，并进一步对关键因素进行了空间表征和分析。研究得出：

（1）区域旅游经济的空间分异的变化表现出明显的高铁效应。边远城市表现出较为明显的高铁扩散效应，沿线城市旅游经济产生了高铁叠加效应和过滤效应,使得区域旅游空间格局发生改变。

(2)黔桂云三省39个市州的旅游经济发展并不只是一条路径,而是不同路径的组合,包括全面驱动及制约型、内因制约型、外因驱动及制约型以及内外混合驱动型等6种模式,其中,外因变量在所有成因构型中都是十分重要的组成要素。

(3)旅游经济联系是促进区域旅游经济的关键变量。高铁发展正是通过改变区域之间旅游经济联系强度,来影响区域旅游经济的发展。

(4)从区域经济联系强度的测度结果来看,高铁带来的空间压缩效应,使得区域旅游发展在整体上开始出现高铁网络效应;高铁沿线城市表现出了旅游发展的廊道效应;在局部城市之间还表现出了高铁的扩散效应。

2. 研究启示

针对黔桂云三省39个市州旅游经济发展的不同路径以及高铁对区域旅游经济发展产生的不同效应,得出以下启示:

第一,进一步完善黔桂云三省高铁网络建设,增强区域旅游经济的联系。高铁发展带来的区域旅游经济联系的增强,是驱动区域旅游经济发展的关键因素,因此对于黔桂云三省而言,进一步完善高铁网络建设,加大区域可进入性,增强区域旅游经济的联系强度,仍是区域旅游发展的关键。

第二,协调省域内部之间旅游协作,推动跨省旅游合作与发展。在三省内部,要充分发挥核心城市和旅游枢纽城市的空间溢出效应和高铁扩散效应的作用,带动周边地区旅游经济的共同发展。三省之间仍然需要在实践层面加强合作,打破行政区划带来的行业壁垒,协调区域整体发展战略,支持区域差异化产品的开发,促使跨省旅游线路的形成,构建跨省旅游发展合作平台,推动三省合作模式创新。

第三,正式现实,补足短板,推动区域旅游经济的高质量发展。各个市州区域旅游发展的差异,既有历史的缘由,也有现实发展的差距。

第三章 高铁对旅游可达性影响测度及旅游经济联系空间格局演变

内因制约型城市,应根据地区资源特点,优化产业结构,加快地区整体经济的发展,通过实体经济发展来带动和弥补原赋资源较差的劣势;外因制约型城市,应苦练内功,实施差异化旅游发展战略,开发具有特色和创新性的旅游产品,增强区域旅游吸引力;全面制约型城市,在提升地区整体经济发展水平的同时,还应加强旅游服务设施建设和整体旅游环境的营造,承接核心城市和枢纽城市的旅游服务溢出。

3. 讨论

由于旅游业发展的关联性较强,对旅游经济影响因素也较为复杂。本研究率先将模糊集定性比较分析方法(fsQCA)引入旅游领域进行探索,在标定变量时,只选取了内外共四个因素进行探讨,因此对促进和抑制区域旅游经济发展的路径还不够全面,对具体案例的估计还有一定的偏差,有待进一步研究进行完善。

五、本章小结

(一)研究逻辑

本章在研究逻辑上仍然采用了从现象到本质的研究思路。现象分析:通过构建可达性模型,测度高铁开通前后区域旅游可达性的演变;本质分析:通过构建因素回归模型,证实了可达性变量正是影响区域旅游经济联系的关键变量,也即是说高铁发展通过影响区域旅游可达性来影响区域旅游经济联系;进一步通过 fsQCA 分析方法,得出区域旅游产业发展的关键变量正是区域旅游经济联系变量,并通过对关键变量区域旅游经济隶属度指标进行分析,发现其在高铁开通后表现出较为明显的高铁效应,初步证实了高铁发展对区域旅游产业发展的影响路径(图 3 - 14)。

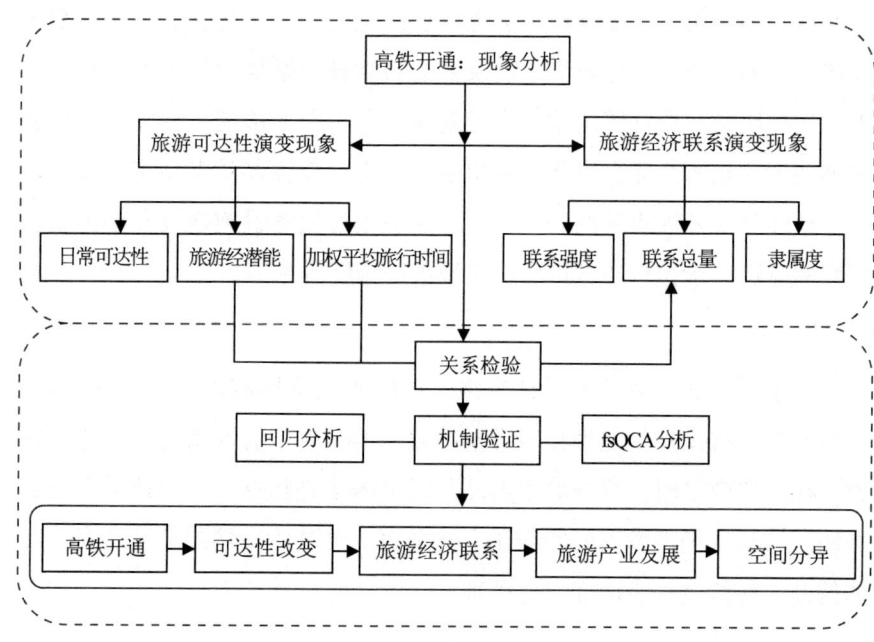

图 3-14 本章研究思路图

本章第一、二节，研究和分析高铁开通前后，高铁带来区域旅游可达性的演变现象，具体来讲：

本章第一节，基于地理学、经济学意义上可达性的演变，采用日常可达性、加权平均旅行时间以及旅游经济潜能等指标，分析高铁开通后，其可达性演变特征。无论是日常可达时间、加权平均旅行时间还是旅游经济潜能，高铁开通后都较为显著的提升了沿线城市的可达性；高铁对区域旅游可达性的影响变率存在空间分异；高铁对区域旅游可达性的影响存在沿高铁带状分布的特征，总体上表现出缩小了区域旅游可达性空间分布的差异。

本章第二节，仍然探索高铁开通后区域旅游经济联系变化的现象。基于旅游经济联系模型，分别从旅游经济联系强度、联系总量的指标分析高铁开通前后区域旅游经济联系强度、联系总量的演变特征。总体上

第三章　高铁对旅游可达性影响测度及旅游经济联系空间格局演变

来看，高铁开通后，区域整体旅游经济联系强度以及联系总量得到了大幅度提升；高铁对原赋资源较好而区位优势较差的区域其影响更大，带来了较为明显扩散效应；高铁开通后大幅度促进了边缘城市之间的旅游经济联系，高铁对非资源型城市和边缘型城市的旅游业出现了较大带动作用；高铁开通并未有打破黔桂云三省的旅游交通格局，贵州省在三省中的旅游中心地位得到了进一步强化；对贵州省而言，高铁强化了省会城市的极化作用，广西壮族自治区由于其开通高铁时间最长，高铁的扩散效应开始显现，云南省的高铁开通较晚，仍表现出轻度极化现象。

本章第三、第四节，从高铁开通后可达性及旅游经济联系的现象深入高铁对区域旅游发展的影响机制的探索。具体来讲：

本章第三节，基于因素回归模型，探索可达性对区域旅游经济联系影响机制，研究发现：无论是地理学意义上的可达性水平（加权平均旅行时间）还是经济学意义上的可达性水平（旅游经济潜能），研究表明其都对区域旅游经济联系总量产生显著性影响，可达性水平是测度区域旅游经济联系的关键变量；高铁对区域旅游经济联系的影响是通过改变区域旅游可达性水平来影响区域旅游经济联系总量；高铁开通后，经济学意义上的可达性对城市旅游经济联系的影响更为深刻。

研究进一步发现，高铁开通前，黔桂云26个市州城市的旅游经济联系总量与除了与可达性变量有关外，还与地区人口密度、旅游资源禀赋、旅游产业发展环境和旅游投资水平都具有相关性，并受到以上四个变量的显著性影响；高铁开通后，区域旅游经济联系总量变量只与可达性以及旅游投资水平呈显著性相关，表明高铁对区域旅游发展带来了深刻变化，旅游投资大部分用于交通设施和服务环境的改善，增大了地区旅游吸引力，跨区域旅游业的成为了旅游发展的主体，新增A级景区的数量已不再是影响区域旅游发展的关键，区域产业环境已成熟，已不再成为制约区域旅游经济发展的关键，其旅游经济联系总量实现了稳定增长。

本章第四节，仍然是想进一步探讨高铁发展对区域旅游经济影响的机制。在第三节中基于定量分析的视角，探讨了高铁发展对区域旅游经济联系的影响路径，证实了高铁发展正是通过改变区域旅游可达性水平，从而影响区域旅游经济联系总量，而区域旅游经济联系强度和总量是区域旅游业发展的关键。因此本节试图进一步探讨高铁对区域旅游经济影响路径。本节首先从区域旅游经济空间分异现象入手，分析和揭示了在高铁开通后，区域旅游经济空间分异呈现较为明显的高铁效应，此种空间分异是否是因高铁开通所致，仍需做进一步研究，在引入 fsQCA 定性分析方法后，探讨区域旅游经济空间分异的影响机制，研究发现：黔桂云三省 39 个市州的旅游经济发展并不只是一条路径，而是不同路径的组合，包括全面驱动及制约型、内因制约型、外因驱动及制约型以及内外混合驱动型等 6 种模式，其中，外因变量在所有成因构型中都是十分重要的组成要素，外因变量中旅游经济联系是影响区域旅游发展的关键变量；进一步对关键变量进行表征，采用隶属度模型测度旅游经济联系强度，对测度结果进一步分析表明，高铁开通后旅游经济联系隶属度指标变化同样呈现较为明显的高铁效应，初步印证了高铁对区域旅游经济的影响机制：即高铁发展改变了区域旅游可达性，从而提升了区域旅游经济联系强度；而区域旅游经济联系强度是区域旅游发展的关键变量，进而验证了高铁对区域旅游发展的影响，也即是高铁影响可达性，可达性影响旅游经济联系强度，旅游经济联系强度影响区域旅游产业发展，从而传导出高铁对区域旅游发展的影响机制。

综上，本章从总体上是进行的现象分析，也即是分析高铁开通前后可达性的演变，进一步基于可达性的视角探讨区域经济联系的强度、总量以及隶属度的变化，并试图从此现象中探索高铁的影子。

（二）政策建议

高铁开通极大的提高了黔桂云三省之间的经济联系，成为三省间重

第三章 高铁对旅游可达性影响测度及旅游经济联系空间格局演变

要的交通联系方式。高铁开通提高了各城市的可达性，时间成本得到大幅度的降低（张苑，2017），加强了区域之间旅游经济联系，进而促进各城市的要素流动与经济往来，高铁为黔桂云地区城市的发展伸出橄榄枝的同时，旅游经济空间格局的差异化也对不同城市的旅游发展提出挑战。因此，在高铁背景下黔桂云城市如何科学合理的规划，抓住机遇，关乎城市经济社会未来的发展。

1. 坚持"以人民为中心"的共享发展理念，加快民族地区高铁网络建设

通过前文分析，可以看出高铁发展改变了黔桂云三省旅游可达性，提升了区域旅游经济联系强度，无论是日常可达性，加权平均旅行时间还是经济潜能，高铁沿线城市较之非沿线城市都有了较大的改善。因此，坚持"以人民为中心"的共享发展理念，进一步构建"八纵八横"的跨区域的高铁发展网络，加快西部民族地区高铁网络建设，发挥高铁在促进东西部地区经济协调发展的作用，巩固脱贫攻坚成果，实现乡村振兴方面具有重要的现实意义。一方面，应继续加强黔桂云等西部民族地区高铁的投资和建设，加快区域内"八纵八横"交通网络建设速度，优化高铁的规划建设布局，补齐高铁发展短板，促进东西部地区间经济均衡发展。另一方面，构建以省会城市为中心覆盖周边地级城市的省内"公交化"高铁系统，形成以省会城市为支点覆盖周边，连接中东部特大城市为核心的高铁网络。除此以外，也应继续完善普速铁路网，进一步满足人们对更便捷的交通产品的多样化需求，扩大路网覆盖，优化网络布局，形成区际快捷大能力通道，实现城市间资源共享。

2. 完善非沿线边缘城市站点建设，改善民族地区整体旅游可达性

高铁的开通缩小了区域旅游可达性的空间分布差异，但从总体评价结果上来看，可达性减少率在空间格局的分布具有不均衡性。由前文分析可知，高铁效应对大多数沿线站点城市具有正向影响，如城市间时空

距离缩短，人们的出行成本降低，城市可达性大幅度提升等，但对部分非沿线的边缘地区来说，高铁效应影响却较为有限，与核心城市相比，边缘地区旅游经济的潜力变化较小，差距明显，可达性在整体上表现时空不平衡性特点。究其原因，是源于高铁开通提高了资本产出的弹性，使地区之间、城市之间的交流更加频繁，城市之间的时空距离缩短，部分城市的旅游资源、人才资源等经济发展资本快速向核心城市集聚，产生了虹吸效应。虹吸效应进一步使原有区域的发展状态被打破，资本流出远远大于资本吸入，区域之间、城市之间区位优势的落差以及发展机会之间的落差随即形成，最终导致边缘地区旅游经济发展比核心城市弱，形成了一定程度的马太效应。因此，应该以促进各城市的要素流动与经济往来，加强边缘城市与中心节点城市的联系，提高区域旅游一体化进展速度为目标，完善站点建设，规划以铁路客站为中心、衔接其他交通方式的综合交通体系，形成配套便捷、站城融合的现代化交通枢纽，消除非沿线城市出现经济相对负增长现象及经济发展过程中的"盲点"。

3. 加强与高铁站点衔接的旅游内部交通建设，打通旅游发展"最后一公里"

交通是地区经济发展的命脉，旅游交通是区域旅游产业发展关键。从黔桂云三省高铁规划发展情况来看，三省旅游交通网络建设时序、建设重点和投资规模各有不同，获得的高铁效益也具有一定差异。广西开通高铁情况比贵州和云南较好，因高铁的开通及城市间换乘交通设施的建设，城市间的联系进一步加强，获得的高铁效益明显。而云南部分城市在高铁与其他交通运输方式换乘上，出现比乘坐高铁时间还长的现象。从旅游资源价值看，例如红河州、文山州，拥有旅游资源较少，吸引力较弱，由于地处偏远且高铁站点较少，导致其旅游潜能较低。因此，应根据不同城市的具体发展情况进一步完善交通网络基础设施布局，着力构建海陆空港融合的综合交通体系，打通旅游发展"最后一公

第三章　高铁对旅游可达性影响测度及旅游经济联系空间格局演变

里"。具体来说，升级黔桂云交通基础配套设施建设，树立"快旅慢游"的理念，按照"零距离"换乘要求，着力打通城市与景区之间、景区与景区之间的连接公路，加快实现从机场、车站到景区公路交通的无缝对接，提前谋划高速公路、快速铁路、高铁开通后沿线景区提升改造和配套服务设施规划建设，构建覆盖全区主要旅游基地的通用通勤交通网络，在多增加边缘城市高铁建设的同时，加强与高铁站点衔接的内部交通建设，通过扬长避短，实现与高铁无缝对接，从而提供更加便捷的交通服务。

第四章 高铁发展对区域旅游经济绩效的影响研究

本书第三章,探讨了高铁发展提高了可达性,从而对区域旅游经济联系产生影响,区域经济联系是区域旅游发展的关键变量,也从区域旅游经济联系的隶属度指标,窥探了高铁开通后区域旅游经济联系隶属度指标表现出了明显高铁效应,但此种效应是否是由高铁开通所致,必须做进一步研究,也即是必须将高铁发展与区域旅游发展两个维度的指标进行相关分析,才能明确二者之间的因果关系,并进一步厘清其影响机制。而区域旅游发展经常采用绩效指标予以衡量,因此本章试图从高铁发展对区域旅游绩效的影响分析入手,分析和探讨高铁发展对黔桂云三个民族地区区域旅游经济绩效影响的机制和路径,进一步分析和研究高铁发展对区域旅游经济绩效的空间溢出效应。

绩效通常认为是业绩和效率的统称(Brumbrach A.,1998),业绩侧重于对经济行为的结果评价,效率是对经济行为的过程评价(林源源,2010)。目前,对旅游经济绩效的相关研究主要蕴含于旅游发展业绩与旅游经济效率两个方面。对旅游发展业绩研究主要从旅游发展业绩的空间演化以及旅游发展对区域经济效应两个方面的研究。在旅游发展研究的空间格局演化方面,学者试图构建综合评价体系,并运用因子分析(林源源,2010)、泰尔系数(汪德根,2011)、熵值法(曹芳东,

第四章 高铁发展对区域旅游经济绩效的影响研究

2013)与 GIS 空间分析（方叶林，2012；2014）等定量方法来分析不同空间尺度下旅游发展业绩的区域差异及其影响因素（杨立勋，2013），探寻其空间格局演化及其驱动机制（曹芳东，2013）；在旅游发展的区域经济效应方面，学者尝试运用乘数分析法（Aacher B.，1995）、投入产出模型（潘建民，2003）、旅游卫星账户和社会核算矩阵等方法定量（左冰，2002）探讨旅游经济发展对区域经济的贡献。

国内外对于旅游经济效率的相关研究主要从旅游产业要素效率和旅游业发展效率两方面展开。产业要素方面借助随机前沿（CSFA）或数据包络分析（DEA）或两种方法的集成，分析景区发展效率（马晓龙，保继刚，2009）、旅游上市公司效率（曹芳东，2012），同时运用数理统计和 GIS 技术等方法对测度结果进行时空尺度分析（许陈生，2007）；在旅游业发展效率方面，侧重探讨了旅游生产效率和旅游业全要素生产率的区域差异和影响因素（Charles K. N.，Paul S.，2001；朱承亮，2009；秦伟山，2014），揭示了效率格局演化的驱动机制（梁明珠，2013），厘清了旅游业生产方式与旅游业全要素生产率区域差异之间的内在联系（左冰，保继刚，2009）。

综上所述，现有关于旅游经济绩效的研究，更多的是就绩效问题本身的研究，而基于交通变革对区域旅游经济绩效的影响的文献并不多，但近年来随着高铁的产生和发展，特别是中国高铁的发展而兴起的对高铁对区域旅游业的影响研究文献逐渐增多，兴起了一股高铁旅游的研究热潮。但现有关于高铁旅游的研究对东部发达城市和具体某高铁线路的影响研究关注较多，而对西部民族地区高铁带来的影响研究较少。现有关于高铁对区域旅游经济绩效影响研究的文献并不具有系统性，更多的关注对区域旅游发展业绩的影响，而对效率的关注不够，进一步探索高铁发展带来的旅游经济空间溢出效应也不够。

本章作为本书的重点章节，主要从以下四个方面入手进行研究，其一，高铁发展对区域旅游经济发展业绩的影响；其二，高铁发展对区域旅游经济效率的影响；其三，引入耦合理论分析和探讨区域旅游发展的业绩与效率的耦合关系；最后，探讨高铁发展对区域旅游经济的空间溢出效应的影响。

一、高铁对旅游业发展业绩的空间效应测度及影响机制研究

交通是旅游业系统中的重要要素，是连接客源地子系统和目的地子系统的桥梁与纽带，是实现旅游活动的先决条件和发展旅游业的基础要素（Gunn 和 Var，2002），每一次交通方式的变革都将深刻影响着区域旅游业的发展。高铁是世界交通革命的又一重要标志，截至2019年底，中国高铁营业总里程达到3.5万千米，居世界第一。高铁以快速、安全和高效的特点解决了大通道上大量旅客快速运输问题（汪德根，2013），缩减游客的心理距离并降低了游客对时间的掌控风险（刘军林和尹影，2016），成为中短距离游客出游的首选交通工具（王华，2016）。

我国西部民族地区旅游资源富集，成为了重要的旅游目的地，但其相对落后的经济水平和交通条件严重制约了旅游业发展。现阶段，西部民族地区仍是我国脱贫攻坚的主战场，高铁开通缩短了东部发达城市（客源地）与西部民族地区（目的地）的时空距离，极大的促进了西部民族地区旅游业的发展，成为了产业脱贫的重要方式。高铁的开通带来了旅游客流的集聚和旅游市场的繁荣，但与此同时流动性的提升也促进了区域优势资源流向周边的经济高地，抑制区域旅游均衡发展。大量文献研究表明，高铁发展给区域旅游经济带来了显著的促进作用，但区域旅游经济也会因为高铁的"过滤效应"而陷入困境（Masson 和 Petiot，2009），高铁效应的"流入"和"流出"相互牵制，综合影响地区旅游发展。面对民族地区欣欣向荣的旅游市场，其中高铁的贡献究竟有多大、其影响路径和作用机理如何，都是值得研究的问题。

（一）研究综述

旅游业发展与交通状况休戚相关，学术界对高铁之于旅游的影响探究已然成为热点，主要关注高铁对旅游者、区域旅游空间结构以及旅游经济的影响。

首先，从旅游客源地角度分析高铁对旅游者行为方式的影响。高铁开通，提升了旅游者对沿线旅游地的认知程度、同游意愿、重游意愿（李磊，2019），增加城际出行强度和出行需求（侯雪等，2011），并对消费者旅游线路选择（刘宇青等，2014）、目的地选择（Delaplace等，2014）产生显著影响，对高铁旅游的响应程度总体偏向积极。（冯英杰等，2014）。

其次，从旅游交通通道角度观察高铁对交通可达性及空间结构的影响。采用加权平均旅行时间、经济潜力、日常可达性等可达性测度指标（Miao & Fan，2018），对景点、都市圈、区域等不同视域的可达性进行测度（李保超等，2016；汪德根，2014）。在城市外部的区域结构影响上，高铁强化中心城市的区位优势，促进资金、人才、信息等资源向经济高地聚集，形成"虹吸效应"（Masson & Petiot，2009；汪德根等，2015）。非中心城市因其竞争力不足被中远程吸引力更大的节点城市所替代，表现出"过滤效应"（汪德根等，2015）。与高铁中心城市相邻近的区域会借助发达的高铁系统和信息系统实现就业、出行等，使旅游中心区域优势扩大，产生"扩散效应"（殷平，2019），在扩散过程中逐步引发目的地圈层结构逐渐向高铁沿线延伸，呈现出明显的"廊道效应"（金凤君等，2016）。城市内部的高铁影响主要是高铁站点作为城市节点，交通便利性和可达性使其产生场所功能的集聚效果，形成一个场所空间（侯明明，2008），兼具有城市功能和交通功能，对周边区域产生节点效应和场所效应（侯雪等，2012）。

最后，从旅游目的地角度探讨高铁对目的地旅游经济的影响。邓涛涛等（2016）通过对长三角地区的实证分析得出高铁开通显著促进地区旅游业发展，但高彦彦（Gao，2019）学者发现这种促进仅仅针对旅游人次，对旅游收入以及人均旅游消费却产生负面影响。且这种影响存在地区、公路交通条件以及经济依赖度的异质性，对高铁沿线地区、公路不发达地区及经济发达地区的影响更显著（曾玉华、陈俊，2018）。同时，高铁的时空压缩效应加速生产要素在高铁沿线地区的流动，强化沿线城市的经济联系强度（孔令章等，2019），促进高铁沿线区域经济一体化发展，形成高铁经济带（覃成林、黄小雅，2014），促进沿线旅游地的合作关系（李磊、陆林，2019）。

综上，现有研究，在研究对象上，大多关注具体高铁线路对区域旅游发展的影响，且多以东部沿海发达地区作为实证点，对西部民族地区的关注甚少；在研究方法上，对区域旅游经济的衡量大多采用单一性指标，且主要从地理学的视角探讨高铁对区域旅游经济的时空效应，而对旅游发展业绩的综合测度及其高铁对旅游经济的作用机制的研究略显单薄。基于此，本研究以黔桂云三个典型的民族地区为案例区域，采用2009—2018年39个市州的面板数据测度地区旅游综合发展水平，并分析高铁开通对旅游发展业绩的影响效应及作用机制，试图探究高铁对经济欠发达地区旅游业的影响，促进民族地区的旅游质量提升。

（二）影响机制及理论假设

1. 影响机制

高铁是旅游地理系统中旅游通道的重要交通方式，每一次交通方式的变革都会显著提升目的地的交通可达性（Zhang，2016），改变生产要素在旅游地理系统两端（客源地和目的地）之间的流向和流量（孔令章等，2019）。从目的地视角来看，可达性的提升增大游客的出游半径（汪德根等，2015），拓展高铁沿线城市的市场范围，加大沿线城市旅游廊道的形成，优化区域旅游空间结构（李磊等，2019），提升区域旅游的整体吸引力（覃成林、郑海燕，2013）。从客源地视角来看，旅游者在出游目的地选择时的空间距离阻力随高铁开通而缩小，高铁的时空压缩效应扩大了游客在相同时间下的旅行范围，使目的地选择更加多样化（汪德根等，2015），缩短游客的在途时间，提高游客行游比（戴学珍等，2019）。此外，高铁的舒适性、便捷性促使区域更多的潜在旅游需求转换为现实旅游活动，进一步繁荣目的地旅游市场。最后，高铁交通丰富和完善了区域旅游交通网络，弥补原有交通方式（如航空、公路、普通铁路等）的不足，改善区域交通结构，提升旅游活动开展的条件。其作用机制见图4-1。

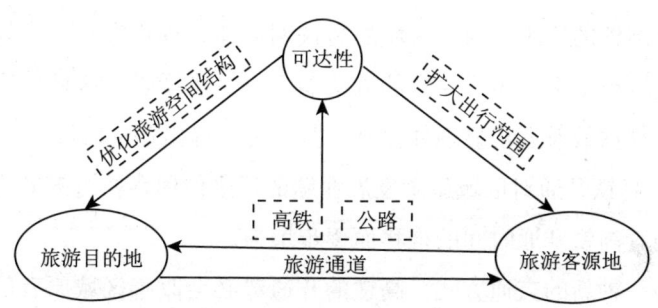

图4-1 高铁对区域旅游发展业绩的影响机制图

2. 理论假设

（1）高铁对旅游发展业绩的影响

高铁的开通，首先，缩短了旅游客源地与目的地之间的时间距离，让游客在同等的时间内走得更远或同样的距离下所需的旅途时间更少（汪德根等，2015），这就会使区域旅游人次数增加或者停留时间增长，进一步促进区域旅游收入提升；其次，高铁能够提高区域可达性，高铁的快速高效增加了旅游者在目的地的停留时间，提高旅游者的旅游消费，促进区域旅游水平的提高；最后，便捷的交通方式增强生产要素流动能力，促进区域基础设施和旅游配套设施的完善，提升区域旅游接待能力（孔令章等，2019）。基于此，提出理论假设1：

H1：高铁开通能促进区域旅游发展业绩提升。

旅游产业发展具有较强的关联性，高铁的开通解决了外部交通的可进入性问题，但旅游业的发展对地区旅游发展条件的依赖性较高，各地间旅游发展的基础条件的不同、旅游资源差异也较大，其旅游发展潜力也各异，因此高铁的开通对地区旅游产业的发展水平影响过程和程度都存在较大差异（魏丽，2018）。基于此，本研究提出理论假设2：

H2：高铁开通对旅游发展业绩的促进作用存在地区异质性。

（2）高铁对旅游发展业绩的作用机制

伴随高铁的逐步开通，区域的高铁网络体系逐步实现，步入高铁网络的站点城市增多，生产要素的流动能力进一步增强，区域接待能力逐步完善，高铁效益逐步显现并提升。基于此，提出理论假设3：

H3：高铁开通对区域旅游发展业绩的促进作用存在时滞效应，其促进效果随着高铁开通时间的推移而逐步增强。

作为一种新的交通方式，高铁的开通势必会改善区域原有的交通条件，同时也改变原有的各种交通方式之间的关系（Francesca等，2017）。这种关系有两种情况：第一种替代性关系，即高铁对原有的公路交通产生替代作用，导致高铁对公路发达地区的促进效益较小而对公路条件落后地区的促进作用较大。第二种是互补性关系，即高铁的开通对原有地区的交通条件起到补充作用，使高铁对公路发达地区的促进效益较大而对公路条件落后地区的促进作用较小。因此高铁对旅游发展业绩的影响存在公路交通发展条件的异质性（曾玉华、陈俊，2018），但这种异质性关系会随研究区域的不同而不同。基于此，提出理论假设4：

H4：高铁对区域旅游发展业绩的促进作用存在区域公路交通条件的异质性。

高铁改变区域可达性，而可达性是旅游者实现客源地向目的地转移的重要条件，是开展旅游活动的基础。可达性的提升扩张旅游圈空间，延伸旅游客源市场范围，优化市场结构，达到提高区域旅游发展业绩的作用（汪德根等，2015）。基于此，提出理论假设5：

H5：高铁发展通过提升区域交通可达性来促进区域旅游发展业绩的提升，旅游可达性在高铁促进区域旅游发展业绩过程中存在中介效应。

（三）研究设计

1. 研究方法

（1）旅游发展业绩指数模型

区域旅游业发展水平衡量的是区域旅游发展规模与效益，常用指标是旅游人次数和旅游收入，前者在一定程度上能衡量旅游地的客源规模，后者是旅游地旅游业发展效益的重要体现，但单因素的单一指标很难真实表达旅游业发展水平和空间差异，故一些学者寻求综合指标来测度旅游发展业绩。本研究在借鉴秦伟山等（2014）学者的研究成果基础上，以国内旅游收入、旅游外汇收入、国内旅游人次和入境旅游人次四项指标构建非平衡面板数据的熵值法评价模型，以综合测度地区旅游发展业绩。

$$TP_{\theta i} = \sum_{j=1}^{n}(w_j x'_{\theta ij}) \qquad (式4-1-1)$$

在式4-1-1中，$TP_{\theta i}$表示θ地区第i年的旅游发展业绩指数；w_j表示第j个指标的权重，使用熵值法计算（杨丽、孙之淳，2015）；$x'_{\theta ij}$表示θ地区i年第j个指标的标准化值。

（2）可达性模型

可达性的测度方式较多，本研究参考 Miao 和 Fan（2018）学者的研究，采用加权平均旅行时间构建可达性模型测度区域旅游可达性。

$$A_i = \frac{\sum_{j=1}^{n}(T_{ij} * M_j)}{\sum_{j=1}^{n} M_j} \qquad (式4-1-2)$$

在式 4-1-2 中，A_i 指地区 i 的可达性，数值越小，可达性越好；T_{ij} 指地区 i 到达地区 j 的最短时间，M_j 指地区 j 的国内生产总值。

（3）双重差分模型（DID）

双重差分，顾名思义就是对变量进行两次差分，是在实验前后差分的基础上增加一次对参照组的差分，比较实验组的前后差异和参照组前后差异之间的差异，进而得出实验的净效果（Lee，2016）。双重差分法的基本模型为：

$$Y_{it} = \alpha + \beta G_{it} + \gamma D_{it} + \eta D_{it} * G_{it} + \xi_{it} \quad (式4-1-3)$$

在式 4-1-3 中，Y_{it} 为 i 地区在 t 时期的被解释变量，G_{it} 是分组虚拟变量，实验组 $G_{it}=1$，参照组 $G_{it}=0$；D_{it} 是分期虚拟变量，实验期 $D_{it}=1$，参照期 $D_{it}=0$；互动项 $D_{it}*G_{it}$ 的系数 η 才能真正度量实验组的政策效应；ζ_{it} 为随机扰动项。

1）基准模型

基于双重差分模型的原理及研究区域内 2013 年起逐步开通高铁的现实情况，本研究利用 2013—2018 年的数据构建多期 DID 模型，其基准模型为：

$$TP_{it} = \alpha_0 + \alpha_1 HSR_{it} + \sum_{i=1}^{N} \beta_j X_{it} + \xi_{it} \quad (式4-1-4)$$

式 4-1-4 中：TP_{it} 是旅游发展综合水平，以测度出来的旅游发展业绩指数衡量；HSR_{it} 代表 t 时期 i 地区的高铁开通状况的虚拟变量，α_1 表示高铁开通对旅游发展综合水平的边际贡献；X_{it} 代表除高铁开通外影响旅游发展综合水平的一系列变量，β_j 为各控制变量的偏回归系数；ξ_{it} 是随机扰动项；α_0 表示常数项。

2）动态模型

模型（4）能分析高铁开通对旅游发展综合水平的影响，但不能测度这种影响的持续性及变化性，故参照刘瑞明、赵仁杰（2017）的研究，设置如下动态模型，以考察高铁对地区旅游发展综合水平的动态性影响。

$$TP_{it} = \alpha_0 + \sum_{k=1}^{5} \alpha_k HSR_{it}^k + \sum_{i=1}^{N} \beta_j X_{it} + \xi_{it}$$

（式4-1-5）

式4-1-5中：代HSR_{it}^k表地区 i 开通高铁第 k 年的虚拟变量（其中 k=1，2，3…5）。如某地区在2008年开通了高铁，则2009年时 k=1，变量$HSR_{it}^1 = 1$，其余年份均为0。α_k则衡量了在高铁开通后第 k 年对地区旅游发展综合水平的影响。

3）异质性模型

高铁对地区旅游综合发展水平会产生影响，但这种影响是否会因为各地区交通水平状况（尤其是公路水平）的不同而产生异质性？为检验这种异质性，构建异质 DID 模型：

$$TP_{it} = \alpha_0 + \alpha_1 HSR_{it} + \alpha_2 HSR_{it} * ROAD_{it} + \sum_{i=1}^{N} \beta_j X_{it} + \xi_{it}$$

（式4-1-6）

式4-1-6中：$ROAD_{it}$代表地区公路条件，以地区公路通车里程衡量，α_2表达了不同公路条件下高铁对地区旅游发展业绩的影响，如果α_2显著，则高铁对地区旅游综合发展水平的影响存在地区公路条件的异质性。

4）中介效应模型

高铁对地区旅游综合发展水平产生影响主要通过改变地区的旅游可达性，而旅游可达性能否进一步对地区旅游发展业绩产生影响？即旅游可达性的中介效应是否存在？参照 Baron 和 Kenny（1986）、石大千等（2018）的做法构建中介效应模型进行检验：

$$TP_{it} = \alpha_0 + \alpha_1 HSR_{it} + \sum_{i=1}^{N} \delta_j X_{it} + \xi_{it} \quad \text{（式4-1-7）}$$

$$A_{it} = \beta_0 + \beta_1 HSR_{it} + \sum_{i=1}^{N} \varphi_j X_{it} + \xi_{it} \quad (式4-1-8)$$

$$TP_{it} = \lambda_0 + \lambda_1 HSR_{it} + \lambda_2 A_{it} + \sum_{i=1}^{N} \varphi_j X_{it} + \xi_{it}$$

$$(式4-1-9)$$

式4-1-8中：A_{it}代表地区旅游可达性，以模型（2）测算的区域可达性为准，β_1表达高铁开通对地区旅游可达性的影响程度；式4-1-9中：λ_1表示高铁开通对地区旅游发展业绩的直接影响，λ_2代表地区旅游可达性对旅游发展业绩的影响。根据温忠麟、叶宝娟（2014）的研究，如果系数α_1显著，β_1、λ_2显著，则存在中介效应。且如果λ_1不显著，为完全中介效应，λ_1显著为部分中介效应。如果系数β_1、λ_2至少有一个不显著，则需要进行进一步的Sobel检验。

2. 变量设计

（1）被解释变量

本研究的被解释变量是各市州的旅游综合发展水平，以式4-1测度的2013-2018年各旅游发展业绩指数为被解释变量，记为TP_{it}。

（2）解释变量

本研究的核心解释变量是HSR_{it}，衡量地区的高铁开通状况，表示i地区在t年是否开通高铁，若已开通高铁则为1，否则为0。

（3）控制变量

为准确度量高铁开通对地区旅游发展业绩的影响，引入其他对地区旅游发展业绩会产生影响的主要因素。包括：

1）人口密度（PEG）

基于现有的旅游统计方式，本地区的人口多寡直接影响地区国内旅游人次数（曾玉华、陈俊，2018），以地区年末常住人口与国土面积之比来衡量地区人口密度。

2) 投资水平 (IVS)

旅游业发展依托于交通、酒店、景区等旅游要素的发展,需要旅游投资的支持,因无法剥离获得旅游业的投资状况,故采用地区固定资产投资与地区国内生产总值的比重来进行衡量。

3) 资源禀赋 (ATI)

旅游吸引物是旅游者前往旅游地的基础动机,对旅游业发展影响显著(孙根年、潘潘,2013)。资源吸引物的范围广泛,目前在旅游市场上接待量比较大的是国家文化和旅游部以及各省市所评定的 A 级景区,故本研究以 3A 级及以上景区数量为基础,并根据 A 级景区评分标准计算地区资源禀赋水平。

4) 产业地位 (TRG)

地区经济发展对旅游经济依赖的程度决定了地区旅游业的发展地位(邓涛涛等,2016)。一般情况下,依赖度越强,旅游业的地位越重要,相应的政策环境、设施环境会更好。以地区旅游总收入与 GDP 的比值来衡量。

(4) 异质性变量

基于前文假设,本研究的异质性变量是公路条件,以地区公路通车里程数衡量,记为 *ROAD*。用以研究在不同的公路水平下,高铁对地区旅游发展业绩是否有不同影响,即高铁对地区旅游发展业绩的影响是否存在地区公路交通条件的异质性。

(5) 中介变量

基于前文假设及研究目的,本研究的中介变量是旅游可达性,以旅游可达性模型测度的区域高铁开通前(2013 年)和高铁开通后(2018 年)各地区旅游可达性值进行衡量,记为 A_i。

主要变量的含义及描述性统计值见表 4-1。

表4-1 主要变量的含义及描述性统计分析

变量		变量含义	均值	方差	最小值	最大值
旅游发展业绩	TP_{it}	旅游发展业绩指数模型测算	0.1344	0.1262	0.0081	0.7519
高铁开通状况	HSR_{it}	虚拟变量（0，1）在 t 年 i 地区通高铁为1，否则为0	0.4487	0.4984	0	1
旅游可达性	A_i	可达性模型测算	0.889	0.1956	0.3085	1
人口密度	PEG	地区年末常住人口与国土面积之比	0.0178	0.0120	0.0015	0.0608
投资水平	IVS	地区固定资产投资与GDP的比重	0.9825	0.2871	0.3304	2.3876
资源禀赋	ATI	5A*0.95+4A*0.85+3A*0.75	11.7791	10.5267	0	67.75
产业地位	TRG	地区旅游总收入与GDP的比值	0.3825	0.3798	0.0015	2.8465
公路密度	ROAD	地区公路通车里程数（标准化处理）	0.6775	0.3439	0.0461	1.4943

3. 样本及数据来源

（1）样本选择

根据研究目的，选择贵州省、广西壮族自治区、云南省的39个市州地区为样本，并基于实验原理将样本分为实验组和对照组，实验组是指在研究期间（2013—2018年）开通高铁的地区，对照组为研究期间（2013—2018年）未开通高铁的地区，具体分组见表4-2。

表4-2 样本分组表

组别	样本	样本数
实验组	贵阳市、六盘水市、遵义市、安顺市、铜仁市、黔东南州、黔南州、黔西南州、南宁市、柳州市、桂林市、梧州市、北海市、防城港市、钦州市、贵港市、百色市、贺州市、来宾市、昆明市、曲靖市、玉溪市、楚雄州、红河州、文山州、大理州	26个
对照组	毕节市、玉林市、河池市、崇左市、保山市、昭通市、丽江市、普洱市、临沧市、西双版纳州、德宏州、怒江州、迪庆州	13个

第四章 高铁发展对区域旅游经济绩效的影响研究

(2) 数据来源

本研究的 GDP、常住人口、固定资产投资、公路通车里程、旅游总收入、旅游人次数数据来源于 EPS 数据库中贵州、广西、云南县市统计数据库，缺失数据通过各市（州）统计年鉴和国民经济发展公报补齐；旅游景区数量来源于各省旅游行政部门官网统计的 A 级景区目录，最短旅行时间来源于 2013 年全国铁路时刻表及 12306 官方网站。

(四) 实证结果分析

1. 旅游发展业绩指数综合测度

根据旅游发展业绩指数模型，测度出贵州高铁开通前后四年（2011—2018）、广西高铁开通前后五年（2009—2018），云南高铁开通前后两年（2015—2018）[①]的旅游发展业绩指数，并分别取开通前后的年平均指数，采用 ArcGIS 中的自然间断点分级法将区域旅游综合发展水平指数（开通前、开通后及变化率）进行空间分层呈现（图 4-2）。

高铁开通前，如图 4-2（a），旅游发展业绩指数处于第一层次的地区有四个，分别为桂林市、昆明市、丽江市和大理州，都是旅游资源禀赋较好、旅游开发较早的城市，昆明市作为省会城市，因其政治经济及交通地位处于第一层级。处于第二层级的五个地区，拥有第一层级地区的两个特点：省会城市（贵阳、南宁）、旅游发达地区（迪庆州、红河州、西双版纳州）。处于第三、四层次的地区分别有 13 个、17 个，占区域总数的 76.9%。开通前区域旅游发展业绩指数呈现出三个特点：第一，高层次（第一、第二层次）的地区较少，只占样本地区的 23.1%；第二，传统旅游强省云南省旅游发展业绩占压倒性优势，其中高层次区域就有 6 个；第三，高层次地区主要为区位优势型和资源优势型城市。

---

① 贵州、广西、云南分别于 2014 年 12 月、2013 年 12 月、2016 年 12 月首次开通高铁，便于统计，将三省开通高铁开通的时间节点分别设置为 2015 年，2014 年和 2017 年。

高铁对民族地区旅游经济的空间效应测度及动力机制研究

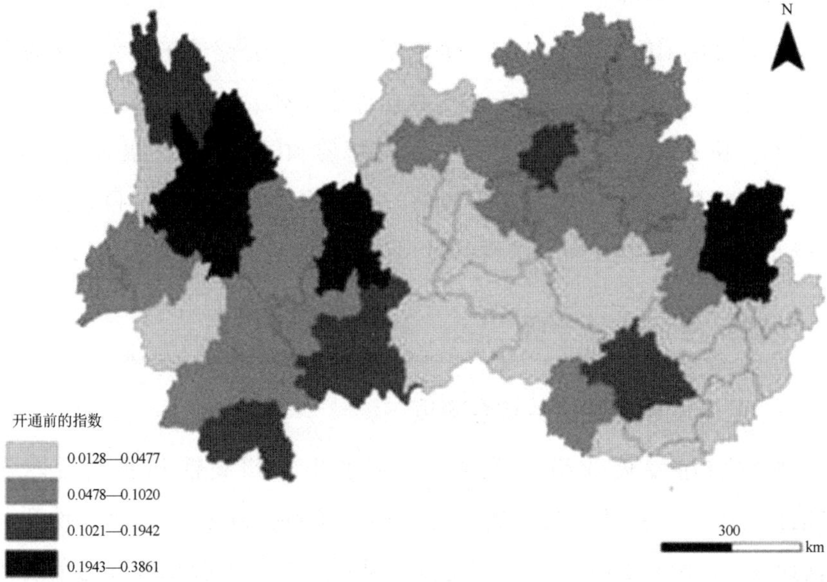

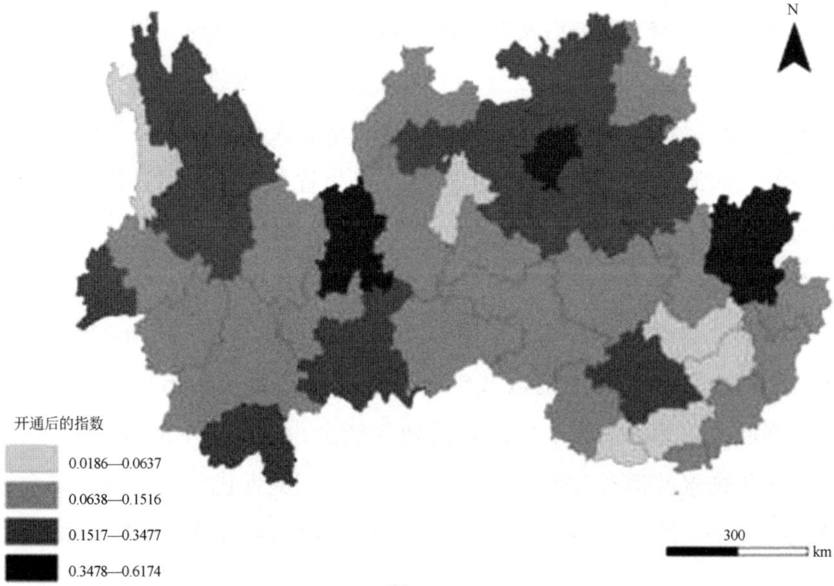

图 4-2 高铁开通前后黔桂云地区旅游发展水平指数变化分析（一）

第四章 高铁发展对区域旅游经济绩效的影响研究

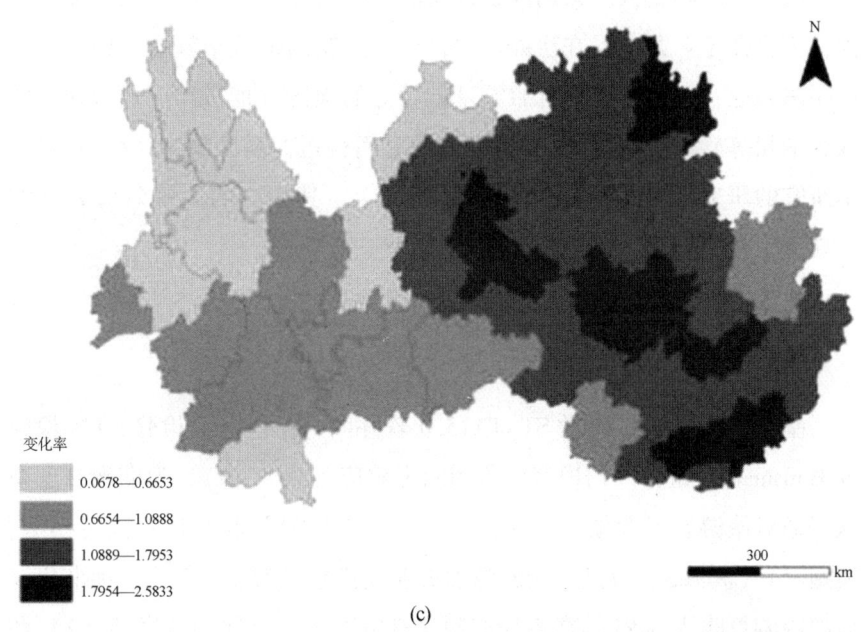

(c)

图 4-2 高铁开通前后黔桂云地区旅游发展水平指数变化分析（二）

高铁开通后，如图 4-2（b），丽江市和大理州退居二层次，贵阳市上升为第一层次，形成贵阳市、昆明市和桂林市三足鼎立的格局；在第二层次上，各省表现出不同的趋势。贵州以贵阳市为核心呈四周扩散之势，与之相邻者全部晋级到二层次，充分展现出高铁的扩散效应；而云南的二层次地区在个数上依旧是三省最多，但散状分布，以资源优势地区为主。广西在高层次地区上与开通前的秩序相同，但指数水平普遍提高。处于第四层次的地区个数降到 6 个，比开通前降低了 64.7%。高铁开通后区域旅游发展业绩指数普遍增大，区域内整体旅游发展业绩提高。

从高铁开通前后的变化率来看，如图 4-2c，变化率较大地区分别有 22 个，95.5% 的地区位于黔桂两省，且其中玉林市、河池市截至 2018 年年底未开通高铁，可见高铁通过扩散效应对区域内旅游发展基础较差的地区影响更大。云南高铁开通前后的旅游发展业绩指数变化率不大，主要在于：第一，在研究期内，云南高铁的覆盖率较低，还有9个市州未开通，且包含有部分旅游基础较好的地区（丽江市、迪庆州、西双版纳州等）；第二，云南开通高铁的时间较短，高铁效应存在滞后性，本研究的研究时限仅仅为开通前后的两年，其相应的高铁效应才刚刚出现。

2. 回归结果分析

（1）基准回归结果分析

基于模型（4），借助 STATA15.0 软件回归。根据 F 检验、LM 检验及 Hausman 检验，回归模型应采用固定效应（表4-3），为准确测度高铁开通对旅游发展业绩的影响，基准回归采用时间和个体双固定模型。模型（1）和（3）分别采用旅游发展业绩指数（TP）、各地区标准化以后的旅游总收入（RV）在不加控制变量情况下进行回归，模型（2）和（4）是在加入控制变量后的回归。模型（5）—（7）分别以三省为独立研究单元采用开通前后对等年限数据进行的双重差分回归。回归结果见表4-3。

表4-3 基准回归模型的选择

检验方式	值	TP	RV	结果
F 检验	F	35.83***	19.98***	固定效应优于混合回归
LM 检验	chibar2（05）	455.56***	471.75***	随机效应优于混合回归
Hausman 检验	ch2（5）	63.80***	75.16***	固定效应优于随机效应

注：***、**、*分别表示在1%、5%、10%水平下显著。

从总体上来看，模型（1）—（4）中 HSR 的系数均显著为正，表明高铁开通显著促进了区域旅游发展业绩和旅游收入的提升，理论假设1得证。模型（1）中，HSR 系数在 0.1 水平下显著为正，表明高铁的开通促进黔桂云地区旅游发展业绩提高了 0.0186%，加入控制变量以后〔模型（2）〕，HSR 系数增大，显著性进一步增强。同时将被解释变量

第四章 高铁发展对区域旅游经济绩效的影响研究

替换成旅游收入以后的模型（3）、模型（4）存在同样的变化趋势，进一步证实了高铁开通对区域旅游业的促进效应和模型的稳健性。说明投资状况对区域旅游发展业绩有正向影响但并不显著，理论上区域投资水平能够为地区旅游发展贡献力量，但在研究模型中这种贡献效应并不显著，在于研究区域属于西部民族地区，由于历史原因，整体经济水平相对落后，固定资产投资中的大部分资金都用于区域基础设施建设，对旅游设施的投资相对较小，导致其投资效应不显著；资源禀赋变量系数为正，且在 0.01 水平下显著，表明区域的旅游资源对旅游发展业绩的提升有正向促进作用，A级景区的旅游品牌效应逐渐外现。产业地位变量在模型中显著为正且在 0.01 水平下显著，说明区域旅游经济的依赖度对旅游综合发展水平有正向显著影响，主要在于区域旅游经济发展如果依靠旅游业，就会进一步加大对旅游业的投入，完善产业发展环境，进一步促进区域旅游发展。

从影响程度来看，在控制变量的系数中，人口密度的系数最大，其次是产业地位，表明区域旅游发展业绩受到区域人口密度、产业地位的影响较大，说明高铁对区域旅游发展业绩的促进效应主要通过带动区域本地居民的旅游活动、旅游产业地位的提升实现的。

表4-4 基准回归结果

模型变量	(1)TP	(2)TP	(3)RV	(4)RV	(5)TP黔	(6)TP桂	(7)TP云
HSR	0.0186* (1.86)	0.0246*** (3.12)	0.0341** (2.25)	0.0439*** (3.86)	0.1227*** (6.79)	0.0777* (7.64)	0.0816*** (4.18)
PEG	—	66.1109*** (9.17)	—	108.2134*** (10.39)	—	—	—
IVS	—	0.0097 (0.75)	—	-0.0010 (-0.54)	—	—	—
ATI	—	0.0020*** (4.26)	—	0.0035*** (5.05)	—	—	—

(续表)

模型变量	(1)TP	(2)TP	(3)RV	(4)RV	(5)TP 黔	(6)TP 桂	(7)TP 云
TRG	—	0.1337*** (6.53)	—	0.1962*** (6.64)	—	—	—
CONS	0.0785*** (12.09)	-1.1324*** (-8.88)	0.0625*** (6.34)	-1.8928*** (-10.28)	0.0884*** (3.42)	0.0621** (2.15)	0.1279*** (3.94)
F	57.03***	68.99***	57.54***	78.58***	—	—	—
Wald chi(2)	—	—	—	—	46.17***	58.41***	17.50***
R^2-within	0.6442	0.7886	0.6462	0.8094	0.4193	0.3145	0.2629
Model	FE	FE	FE	FE	RE	RE	RE
N	234	234	234	234	72	140	64

从分省回归的结果来看，在不加任何控制变量下，高铁对三省旅游发展业绩的影响均显著为正，但明显存在地区差异。从影响大小来看，高铁对贵州影响最大，其次是云南；从显著程度来看，贵州、云南的显著性较高，而广西次之。广西虽然开通高铁时间较早，但基础较差，导致高铁效应略低于其他两省；而贵州高铁的开通紧随广西之后，直接接入珠三角和长三角经济发达地区，且贵州气候凉爽、公路交通较好，进一步提升贵州高铁效应；云南省虽开通高铁较晚，但开通之时区域内高铁效应已初步显现，且云南旅游基础较好，故云南高铁效应高于广西。综上可见，高铁对区域旅游发展业绩的促进效应存在地区异质性，理论假设2得证。

（2）动态效应分析

根据相关检验，动态效应模型应采用随机效应（表4-5）。模型（8）和（9）分别对旅游发展业绩的动态效应在不加入和加入控制变量的情况下进行检验，模型（10）和（11）采用同样的方式检验旅游收入的动态效应，模型（12）—（14）分别对黔桂云三省的动态效应检验。检验结果见表4-5。

第四章　高铁发展对区域旅游经济绩效的影响研究

表 4-5　动态效应模型选择

检验方式	值	TP	RV	结果
F 检验	F	25.94***	25.47***	固定效应优于混合回归
LM 检验	chibar2（05）	130.96***	124.72***	随机效应优于混合回归
Hausman 检验	ch2（5）	0.98	4.38	随机效应优于固定效应

模型（8）和（9）的结果显示，无论是否加入控制变量，HSRk 的系数均为正，且在 1% 水平下显著，显著性稳定，同时系数值随 k 的增大逐步变大。说明高铁对区域旅游发展业绩的促进效应随开通时间的增长而逐步提高；对旅游收入动态效应检验的模型（10）和（11）得出类似结果。

表 4-6　动态效应回归结果

变量模型	(8)TP	(9)TP	(10)RV	(11)RV	(12)黔TP	(13)桂TP	(14)云TP
HSR^1	0.0535*** (4.28)	0.0210** (2.27)	0.0791*** (4.14)	0.0333** (2.40)	0.0553** (2.18)	0.0178 (1.26)	0.0547*** (3.32)
HSR^2	0.0884*** (7.07)	0.0313** (3.17)	0.1354*** (7.08)	0.0538*** (3.64)	0.1107*** (4.37)	0.0313** (2.23)	0.0951** (5.56)
HSR^3	0.1041*** (6.22)	0.0318** (2.38)	0.1534*** (6.01)	0.0469** (2.35)	0.1872*** (4.88)	0.0529*** (3.59)	—
HSR^4	0.1464*** (8.75)	0.0451** (3.10)	0.2203*** (8.64)	0.0699** (3.23)	0.2621*** (6.83)	0.0854*** (5.78)	—
HSR^5	0.1769*** (8.00)	0.0676*** (3.76)	0.2478*** (7.34)	0.0888*** (3.31)	—	0.1373*** (8.04)	—
CONS	0.1013*** (5.40)	-0.0727** (-8.88)	0.0972*** (4.90)	-0.1518*** (-4.58)	0.1141*** (4.68)	0.0898** (2.40)	-0.0706* (-1.91)
Wald chi2	130.96***	471.99***	124.72***	475.75***	65.13***	83.74***	220.68***
R^2-within	0.4057	0.6982	0.4012	0.6936	0.6092	0.5526	0.7154
Model	RE	RE	RE	RE	RE	RE	RE
控制变量	否	是	否	是	否	否	是
N	234	234	234	234	54	84	96

分省的动态效应检验依旧强烈支持以上结果,整体趋势一致。但三省的效应存在地区差异,首先在变量系数大小上,同样是高铁开通的第一年,贵州省和云南省的效应较大,主要在于贵州省和云南省在高铁开通之时,整个区域已进入高铁网络时代,贵广高铁以及沪昆高铁,直接将云南和贵州接入了珠三角及长三角经济发达地区,高铁效应较为明显;从变量系数的显著性上看,广西是区域内最早开通高铁,开通第一年的高铁效应不显著,以后显著性逐年提高,而贵州、云南则在开通第一年就显著,表明高铁对广西旅游发展表现出一定时间滞后性。通过以上可以得出:高铁能够持续不断地刺激区域旅游发展,但存在时滞效应和地区异质性,其促进效果随着高铁开通时间的推移而逐步增强,证实了理论假设3。

(4) 异质性分析

根据相关检验,异质性效应模型应采用固定效应(表4-7)。

表4-7 异质性效应模型选择

检验方式	值	TP	RV	结果
F 检验	F	125.63***	141.07***	固定效应优于混合回归
LM 检验	chibar2 (06)	463.67***	482.39***	随机效应优于混合回归
Hausman 检验	ch2 (5)	74.14***	87.77***	固定效应优于随机效应

模型(15)和(16)分别对旅游发展业绩的异质性效应在不加入和加入控制变量的情况下进行检验,模型(19)—(21)分别对黔桂云三省的异质性效应检验。检验结果见表4-8。

在不加入控制变量时,交互项系数 α^2 在0.05水平下显著为正,加入控制变量后,α^2 的数值及显著性都进一步提高,表明公路交通越发达的地区高铁对旅游发展业绩的促进效应越强。模型(17)—(18)对旅游收入的回归得出类似结论,理论假设4得证。但在分地域回归中仅贵州的异质性效应显著,这与贵州"县县通高速"的良好公路交通条件相关,而云南、广西的公路条件还有待提高。这一结果表明区域内高铁交通与公路交通存在互补关系,良好的公路交通有效解决了旅游"最后一公里"的问题,便捷的公路、高铁换乘体系会增加旅游者在出游时对高铁交通工具的选择几率。这与曾玉华(2018)的结论相悖,主要原因在于研究区域属于西部民族地区,公路的通车率及便捷度相对低于沿海地区,还不能跟高铁形成替代效应。

表4-8 异质性效应回归结果

模型变量	(15)TP	(16)TP	(17)RV	(18)RV	(19)黔TP	(20)桂TP	(21)云TP
HSR	-0.0307 (-1.29)	-0.0434** (-2.29)	-0.0395 (-1.09)	-0.0603** (-2.21)	-0.0952*** (-4.52)	-0.0521* (-1.7)	-0.0146 (-0.18)
HSR*ROAD	0.0950** (2.27)	0.1319*** (3.91)	0.1420** (2.23)	0.2024*** (4.17)	0.1292*** (3.89)	0.1301 (1.47)	0.0884 (0.64)
PEG	—	72.1740*** (10.15)	—	117.5125*** (11.49)	68.8561*** (11.63)	47.3921*** (2.98)	—
IVS	—	0.0055 (0.45)	—	-0.0163 (-0.91)	0.0791** (2.10)	0.0182 (0.69)	—
ATI	—	0.0015*** (3.19)	—	0.0027*** (3.93)	0.0014** (2.12)	0.0018 (1.25)	—
TRG	—	0.1330*** (6.75)	—	0.1952*** (6.89)	0.1770*** (3.34)	0.5158*** (5.22)	—
CONS	0.0839*** (12.26)	-1.2246*** (-9.79)	0.0704*** (6.78)	-2.0342*** (-11.32)	-1.6686*** (-11.31)	-0.9501*** (-3.01)	0.0836*** (9.19)
F	50.69***	68.95***	51.07***	79.36***	89.69***	17.54***	18.71***
R^2-within	0.6537	0.8048	0.6554	0.8259	0.9667	0.7658	0.6421
Model	FE	FE	FE	FE	FE	FE	FE
控制变量	否	是	否	是	是	是	否
N	234	234	234	234	54	84	96

(4)中介效应分析前文的理论机制分析已经表明可达性在高铁对区域旅游发展业绩影响中的重要贡献,本部分则通过可达性模型测算高铁开通前后区域可达性的变化及其对区域旅游发展业绩的影响,并进一步通过中介效应模型论证可达性在高铁对区域旅游发展业绩的促进过程中

的中介效应。

第一，高铁开通前后区域旅游可达性的变化。通过可达性模型测算高铁开通前后各地区的可达性值，并以均值、最大值、最小值分析其变化状况（表4-9）。从总体来看，高铁开通后，区域内旅游可达性普遍性提高了26.79%，其中沿线地区可达性提升37.22%，非沿线地区可达性提升11.22%。显然，高铁的开通对沿线地区可达性的提升程度大于非沿线地区。

表4-9 高铁开通前后区域可达性变化

时间 \ 样本	全部样本(N=39)			沿线地区样本(N=26)			非沿线地区样本(N=13)		
	均值	最大值	最小值	均值	最大值	最小值	均值	最大值	最小值
2013年	585.91	866.66	401.93	526.42	675.46	401.93	704.90	866.66	434.09
2018年	428.94	854.85	263.76	330.49	453.40	263.76	625.83	854.85	389.25
可达性变化值	-156.98	—	—	-195.93	—	—	-79.07	—	—
可达性变化率	-26.79%	—	—	-37.22%	—	—	-11.22%	—	—

第二，可达性对区域旅游发展业绩的影响。前文论证了高铁开通对区域旅游发展业绩的显著正向影响，且高铁带来了区域旅游可达性的变化，那么这种可达性的变化是否会影响区域旅游发展业绩？对高铁沿线地区和非沿线地区的影响差异如何？以旅游可达性为核心解释变量分别对全部样本、沿线样本和非沿线样本进行回归，并加入前文中的控制变量，以判断可达性变化对区域旅游发展业绩的影响，回归结果见表4-10。

表4-10可以看出，区域旅游可达性显著促进了区域旅游发展业绩的提升，区域可达性每提高1%，旅游发展业绩指数将提高0.44%，且这种促进作用对沿线地区影响程度更高，达到0.81%，对非沿线地区也存在促进效应但未通过统计学上任何水平下的检验。采取同样方式以旅游收入为被解释变量进行回归得到相似结论，证明了模型的稳健性。

第四章　高铁发展对区域旅游经济绩效的影响研究

表4-10　可达性对区域旅游发展业绩的影响

模型变量	(22)TP 全部样本	(23)TP 沿线样本	(24)TP 非沿线样本	(25)RV 全部样本	(26)RV 沿线样本	(27)RV 非沿线样本
A_i	-0.4448*** (-3.92)	-0.8052*** (-4.32)	-0.0275 (-0.44)	-0.6684*** (-3.98)	-1.2996*** (-4.68)	-0.0682 (-0.75)
PEG	57.9359*** (4.40)	63.5290*** (4.77)	0.6680 (0.79)	97.3136*** (4.99)	107.1129*** (5.40)	2.3888 (1.87)
IVS	0.0291 (1.20)	0.0152 (0.46)	0.0261 (1.40)	0.0042 (0.12)	-0.0161 (-0.033)	0.0001 (0.01)
ATI	0.0028** (2.90)	0.0021* (1.87)	0.0029** (2.86)	0.0046*** (3.16)	0.0037** (2.19)	0.0055*** (4.01)
TRG	0.1520*** (4.05)	0.2645** (2.50)	0.1276*** (9.97)	0.2051*** (3.69)	0.3028* (1.92)	0.1411*** (7.78)
$CONS$	-0.7098** (-2.76)	-0.7531** (-2.43)	0.0029 (0.05)	-1.2629*** (-3.32)	-1.3115** (-2.84)	0.0095 (0.11)
F	40.59***	40.97***	—	43.29***	43.79***	—
Wald chi2(5)	—	—	160.27***	—	—	126.67***
R^2-within	0.8807	0.9248	0.8793	0.8873	0.9293	0.9226
Model	FE	FE	RE	FE	FE	RE
N	78	52	26	78	52	26

第三，可达性对高铁提升区域旅游发展业绩的中介效应。在证实了可达性对区域旅游发展业绩的促进作用后，根据理论机制和假设，探究旅游可达性的中介效应。根据中介效应模型（7）—（9），采用2013年、2018年的相关数据进行分步回归并检验，结果见表4-11。

表4-11中模型（28）HSR的系数在10%水平上显著为正，表明高铁开通对区域旅游发展业绩的促进效应，前文已证；模型（29）HSR的系数为-0.1431，并在1%水平下显著，表明高铁开通对区域旅游可达性普遍提升了0.1431%，证实了高铁对旅游可达性的显著促进作用；模型（30）HSR的系数不显著，但可达性A_i的系数为-0.5221，且在

5%水平下显著。根据分步回归及逐步检验法①可知：可达性在高铁对区域旅游发展业绩的促进作用中存在中介效应，且为完全中介效应。假设5得到证实。

表4-11 可达性的中介效应分析与检验

模型变量	(28)TP	(29)A_i	(30)TP	(31)RV	(32)RV
HSR	0.0520* (1.95)	-0.1431*** (-5.60)	-0.0228 (-0.69)	0.0702* (1.75)	-0.0497 (-1.03)
A_i	—	—	-0.5221** (-3.27)	—	-0.8374*** (-3.57)
PEG	63.0997*** (4.21)	-9.9208 (-0.69)	57.9199*** (4.36)	105.5868*** (4.68)	97.2787*** (4.99)
IVS	0.0276 (0.99)	0.0033 (0.12)	0.0293 (1.20)	0.0018 (0.04)	0.0046 (0.13)
ATI	0.0032** (2.81)	-0.0005 (-0.46)	0.0029** (2.93)	0.0052** (3.05)	0.0047*** (3.25)
TRG	0.1684*** (3.77)	-0.0488 (-1.14)	0.1429*** (3.57)	0.2262*** (3.37)	0.1853*** (3.16)
CONS	-1.1056*** (-4.18)	0.8617*** (3.39)	-0.6557** (-2.42)	-1.8660*** (-4.69)	-1.1444** (-2.88)
F	29.56***	48.31***	34.31***	30.53***	37.34***
R^2-within	0.8431	0.8978	0.8824	0.8474	0.8909
Model	FE	FE	FE	FE	FE
N	78	78	78	78	78

旅游可达性的中介效应在理论机制分析中就可以看出，但完全中介效应的存在却与研究区域的特殊性有关。理论上，高铁对区域旅游发展业绩的促进还应该受到高铁的舒适性、准时性、便捷性等其他中介因素

---

① 说明：虽然中介效应的逐步检验法检验力较低，但较低检验力的方法都可以检验出完全中介效应，则不需要进行其他检验力较高的检验。

的影响,但民族地区相对落后的经济状况及追求经济高速发展的现实需求让更多的人忽视了高铁的其他特性而突出其可达性。同时,研究区域内开通高铁时间较短,旅游者关注较高的还是高铁的快速度而带来的可达性提升。时间、空间的特殊性致使可达性在模型中表现出完全中介效应。

3. 实证结果检验

(1) 平行趋势检验

双重差分模型的应用前提是满足随机性和一致性基本假设。随机性假设要求样本的分组时随机的,是否开通、何时开通高铁是一项国家政策,不受个人左右,故实验分组满足随机性;一致性假设也是平行趋势假设,即如果不存在高铁开通这项外生政策,实验组(2009—2018 年间开通高铁的地区)和对照组(2009—2018 年间未开通高铁的地区)的旅游发展趋势是平行的。基于此,通过旅游发展的平行趋势图检验(图4-3、图4-4)。

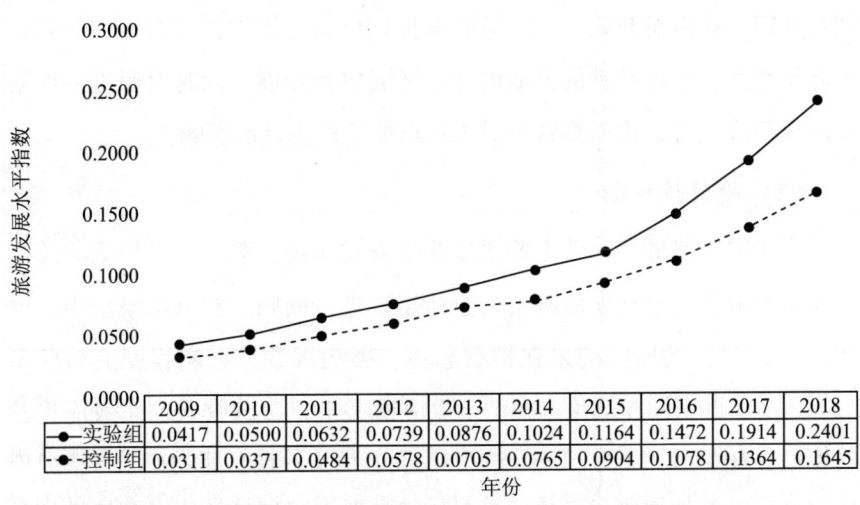

图 4-3 2009—2018 年黔桂云地区旅游发展业绩指数变化趋势图

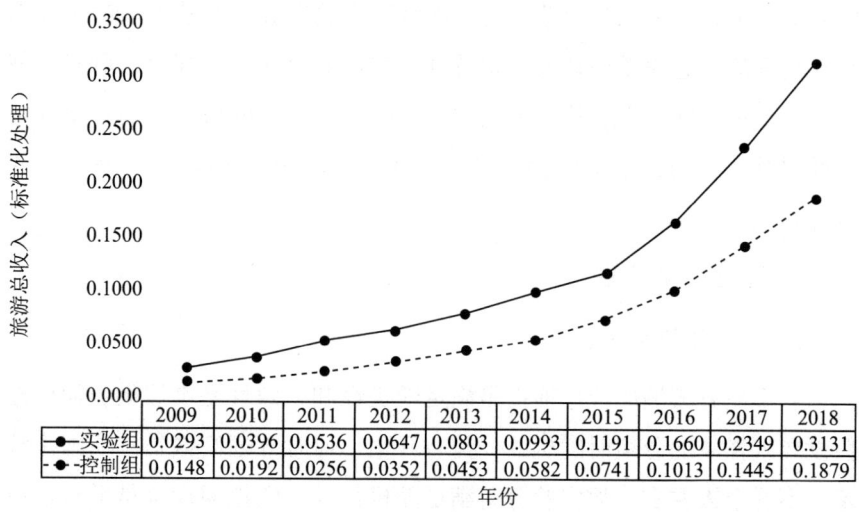

图 4-4 2009—2018 年黔桂云地区旅游总收入变化趋势图

可以看出：研究区域高铁开通前，实验组和对照组的旅游发展业绩指数、旅游总收入保持基本平衡趋势；2013 年以后，不论是旅游发展业绩指数还是旅游总收入，实验组的增长趋势明显增大，与对照组的差异亦逐年增大，表明高铁的开通促进了区域旅游发展；同时对照组的旅游发展也稳步上升，说明高铁开通未对对照组产生负面影响。

（2）稳健性检验

本研究的稳健性检验主要通过两个方式实现，第一，是用旅游总收入作为被解释变量替换旅游发展业绩指数进行回归。在基准模型中，模型（3）、（4）的回归结果在模型总体、影响因素、影响程度上与模型（1）、（2）得出同样结论；在动态效应模型中，旅游收入动态效应检验的模型（10）和（11）得出与旅游发展业绩指数模型相类似结果；异质性模型、中介效应模型中旅游收入的回归得出同样结论。因此替换被解释变量后模型的回归结果稳定，证实了原回归结果的稳健性。第二，是分组回归，将全样本按照省份分成三个子样本进行回归，模型（12）—

(14)、(19)—(21)分别对黔桂云三省的动态效应、异质性效应进行检验，得出与全样本模型类似的结果，证实了全样本模型的稳定性。

（五）结论及建议

1. 研究结论

本研究基于2009—2018年黔桂云三省39个市州的相关数据，采用双重差分模型探究高铁开通对区域旅游发展业绩的影响效应及作用机制。实证显示：

（1）高铁的开通显著促进了研究区域旅游发展业绩的提升，并存在地区异质性，地区人口密度、产业地位、资源禀赋都对高铁的促进效应产生显著正向影响；

（2）高铁开通对研究区域旅游发展业绩的促进作用存在时滞效应，其促进效果在研究期内随着高铁开通时间的推移而逐步增强；

（3）高铁对研究区域旅游发展业绩的促进效应存在公路条件的异质性，公路交通越发达的地区高铁对旅游发展业绩的促进效应越强，公路交通与高铁交通在旅游发展业绩的促进作用上存在互补效应；

（4）高铁发展通过提升区域交通可达性来促进区域旅游发展业绩的提升，旅游可达性在高铁促进区域旅游发展业绩过程中存在中介效应。

2. 讨论

高铁开通提高了西部民族地区的交通可达性，缩短了与核心客源地的时间距离，改善旅游业发展条件，对区域旅游发展产生深远影响。基于双重差分原理，采用黔桂云三省39个市州2009—2018年的面板数据构建多期DID模型探究高铁开通对区域旅游发展水平的影响结果及异质性，并采用中介效应模型考察高铁影响区域旅游发展水平的作用机制。本研究可能存在的边际贡献有：第一，摒弃传统单一指标的使用，构建旅游发展业绩指数模型测度区域旅游发展状况，并分析其时空演变特征；第二，验证了民族地区高铁对旅游发展业绩的促进效应及持续增长趋势；第三，揭示了民族地区公路条件与高铁在旅游发展业绩促进效应上的互补关系，有别于沿海地区的替代关系；第四，证实了旅游可达性对民族地区区域旅游发展业绩的促进关系，并明确其完全中介作用。

二、高铁对旅游业发展效率的空间效应测度及影响机制研究

党的十九大报告指出，中国经济已由高速增长阶段向高质量发展阶段转变。高质量发展的本质内涵，是以满足人民日益增长的美好生活需要为目标的高效率、公平和绿色可持续的发展（张军扩，2019）。高质量发展是衡量经济发展优劣程度的重要指标（刘英基，2020），是经济社会发展的高级阶段。但我国目前旅游经济仍然表现出粗放式的"规模扩张"，导致生态环境破坏、资源过度利用，产业转型升级困难等现实问题。针对社会主要矛盾转变，将旅游产业打造为幸福产业之首，促进旅游产业发展质量提升，是当下中国旅游产业发展的重要目标（夏杰长，2018）。而交通条件的改善对旅游发展效率的提高尤其重要（曹芳东，2014），高铁作为现代化交通的代表，势必将给旅游产业效率带来显著变化（魏丽，2018），具体表现在提升游客时间性价比（殷平，2012）、增加旅游目的地选择性（汪德根，2012）、扩大旅游客源市场（汪德根，2013）、提升沿线城市城市吸引力（覃成林，2013）、影响旅游产业的发展与空间布局（Wang，2018）等方面。

改革开放以来，我国政府高度重视民族地区经济社会发展（魏后凯，2018），在政策有力支撑和自身战略发展下，黔桂云等民族地区旅游经济得到快速发展。在铁路建设上，中国铁路总公司认真贯彻落实党中央、国务院部署，高度重视民族地区铁路规划建设，以民族地区对外联系通道、国际互联互通通道、资源开发性铁路和配套枢纽建设为重点（龚普康，2016），黔桂云从2013年到2018年间陆续开通高铁线路9条，占全国高铁线路数量的12.7%；由2009年旅游总收入的2339亿元

(分别占地区和全国 GDP 的 13.11% 和 0.67%)，到 2018 年的 26175 亿元（分别占地区和全国 GDP 的 49.34% 和 2.91%）。旅游产业在黔桂云地区中的支撑作用日益凸显，并成为本轮脱贫攻坚的重要产业。因此，揭示高铁开通对黔桂云民族地区的旅游发展效率问题，探讨民族地区旅游发展效率的时空演化和影响机制，推动我国民族地区旅游经济发展，推动产业转型升级，具有重要的理论指导和现实参考意义。

（一）研究综述

旅游发展效率已成为衡量旅游资源合理利用和旅游经济发展水平的重要依据，受到国内外旅游学界的关注。20 世纪 80 年代起，旅游效率问题已成为国外学者关注的热点，其研究的对象以传统旅游要素部门如酒店业（Anderson，1999）、旅行社业（Kôksal，2007）、旅游景区（Lee，2002）等为主，并从国家（Assaf，2012）等宏观层面对区域产业的效率问题进行了研究。近年来，随着我国旅游产业的不断发展壮大，关于旅游效率问题研究成果众多，现有文献几乎都以数据包络分析（Data Envelopment Analysis，简称 DEA）理论与方法来进行研究，研究对象从国家层面（陶卓民，2010）、区域层面（于秋阳，2009）、省域层面（龚艳，2014）以及城市层面（马晓龙，2009）多层面展开；从微观产业要素角度，也对旅行社业、酒店业、航空公司、旅游上市公司的效率问题进行了研究，并关注其效率演变的时空格局及地区差异（王恩旭，2016），特别重视对旅游发展效率的影响因素进行探讨（王凯，2016），由于旅游者的异地迁移特征（王兆峰，2018），交通区位又在一定程度上决定了旅游经济区位，成为旅游投资者投资考虑的先决条件（曹芳东，2014），因此交通条件从投入和产出两个角度成为影响旅游效率的关键因素。

高铁发展对旅游业带来了深远的影响，现有文献从高铁对旅游空间结构（刘军林，2016）、旅游者（冯英杰，2014）、旅游经济联系（孔令章，2019）等多个维度进行了研究，然而研究和探讨高铁对区域旅游产业发展效率问题文献还较少。在经济高质量发展背景下，同样作为国家战略的高铁对旅游发展效率的促进作用还未有大量量化研究，现有两篇文献，也没能明确高铁对旅游效率的作用机制及影响途径，且分别关注的是宏观视角全国31省市（魏丽，2018）以及从湖南省域层面仅关注高铁沿线城市（阎友兵，2020）的效率影响问题，由于采用方法不一致，所得出的结论似有相悖之处。高铁作为一种新型交通工具，其快速、高效、准点的优势已成为大多数旅游者出行首选（侯雪，2011），因此与其他交通工具相比，高铁对旅游效率的作用机制上必定会存在着较大差异，有必要进一步探究高铁对旅游发展效率的作用。因此，本文运用 DEA-Malmquist 模型分析黔桂云民族地区旅游发展效率的时空演变特征，并采用 Tobit 和中介效应模型验证高铁影响旅游发展效率的作用机制，探索高质量发展战略下，高铁对西部民族地区旅游高质量发展的影响、高铁助推旅游产业扶贫等提供政策依据。

（二）影响机制及理论假说

1. 影响机制

区域旅游发展效率是在经济政策导向的高质量发展、旅游产业结构调整，以及旅游消费需求增加的共同作用下产生的（曹芳东，2012），具体表现为宏观与微观、供应与需求两个维度（图4-5）。

（1）宏观与微观

国家宏观经济政策对区域旅游发展起到非常重要的作用，从根本上推动了旅游发展效率转变。在高质量发展的背景下，经济政策的制定和调整对区域旅游发展效率的改变尤为关键，高铁建设投入增加，会导致旅游要素配置合理化及旅游商品价格市场化，反过来又会促进区域高质量发展；宏观政策催生的高质量发展产生一系列微观连锁反应，引导旅游产业顺势而为进行结构调整，具体表现为旅游相关产业协调发展、大

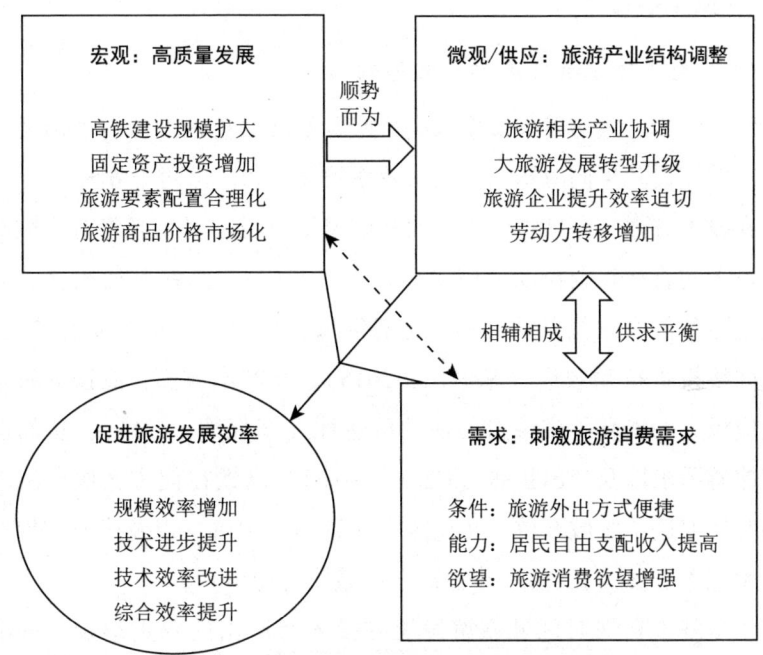

图 4 – 5　高质量发展背景下高铁对旅游发展效率影响机制

旅游发展转型升级、旅游生产单元创造产品价值以及第三产业劳动力转移增加等。

(2) 供应与需求

旅游产业结构调整不仅是微观环境影响下的改变,也是旅游市场做出反应的依据,旅游市场供应的由旅游生产单元创造的旅游产品,最终面向的是旅游消费者;再加上宏观经济政策支持所带来的间接性旅游消费刺激,比如旅游外出方式便捷、节假闲暇时间增多等,旅游产品的供应与需求将会达到理想的平衡状态;而旅游需求的不断增长,会从规模效率、技术效率、技术进步和全要素生产率提升上带动区域旅游发展效率。

2. 理论假设

(1) 高铁对旅游发展效率的影响

一般认为，旅游发展效率取决于旅游发展的投入及旅游产出两个维度。高铁建设几乎同时影响了旅游效率的投入和产出两个方面。

在投入方面，高铁作为重大的基础设施建设项目，必将对区域经济产生较大的直接投资拉动效应（蒋茂荣，2017）；高铁开通改善了区域对外交通条件及区位条件，形成优势区域，从而带来资本要素的流动，形成间接投资拉动效应（来逢波，2016）。在产出方面，高铁的时空压缩效应极大的提高了旅游目的地的可达性（李保超，2016），从而诱导更多旅游需求以及产出扩张（Chen，2016）。高铁在促进区域经济增长的同时还促进了区域开放、文化融合（魏丽，2018）以及产业结构的升级（邓慧慧，2020），进一步提高了区域旅游产出。

正是基于高铁对区域旅游发展在投入及产出的双重影响，提出假设1：

H1：高铁开通对区域旅游产业效率存在促进作用

由于先天条件的不同，高铁开通对区域交通地位的改善显然存在地区差异，资源要素的流动也因交通区位改善程度差异存在不同的流动方向（Ke，2017）；同时，基于可达性改善带来的旅游需求变化也将因其差异出现收敛及或发散（Cheng，2015），因此，高铁带来的旅游投入及产出效应因高铁线路、区域背景等差异而存在异质性。据此，提出如下假设2：

H2：高铁开通对旅游产业效率的促进作用存在地区异质性

高铁对区域旅游效率存在明显的促进作用得到了所有学者的公认，但高铁开通是通过促进纯技术效率来促进综合效率的提升，还是通过促进规模效率来促进综合效率的提升，这是值得进一步探索的问题。现有的两篇文献对此也出现了相悖的结论。魏丽（2018）的研究表明，高铁对纯技术效率也起到了积极的促进作用，且对西部省份（原本经济水平较低、旅游产业综合效率较低)其促进作用更为明显,但高铁对规模效率的促进作用无论是东部、中部还是西部截至研究期内(2004—2015)尚未表现出来。而阎友兵(2020)的研究结果表明,高铁对湖南省沿线城市的综合效率的提升,主要基于规模效率的增长,而纯技术效率并未得到整体的提升。作者认为这与研究区域或高铁开通时限有关,据此提出如下假设:

H3:高铁通过促进纯技术效率的增长来促进综合效率的提升

H4:高铁通过促进规模效率的增长来促进综合效率的提升

(2)高铁对旅游发展效率的促进机制

前述表明,高铁对区域旅游经济的促进作用存在直接拉动效应和间接推动效应,直接拉动效应是基于高铁作为基础设施投入,必将带来区域整体经济的发展,地区整体经济水平的提高不仅可以直接提升当地居民收入水平,也可以间接促进对社会有效劳动力的需求和供给,进一步促进地区经济的发展、就业增加及居民工资水平的提高(董艳梅,2016),工资水平的提高一定程度上增加了居民的可自由支配收入,提高了居民对旅游产品的购买力,形成新的旅游需求,从而增加目的地旅游收入(Martins,2017),并最终有利于提高旅游发展效率。基于此,提出假设5:

H5:高铁建设通过经济的直接拉动效应提高居民收入水平从而促进旅游发展效率的提升

高铁对旅游效率的间接推动效应主要表现在两个方面,一是高铁带来可达性的改变,促进地区区位条件的变化,带来区域产业要素的流动加快,客观上促进了旅游产业要素的投入和产出(王雨飞,2016),二是高铁带来的时空压缩效应,从主观上改变了旅游者对出行距离的心里感知(刘军林,2016),刺激更多旅游欲望,需求规模的扩大必定促进旅游效率的提升。总之,高铁对旅游效率的间接推动效应是基于提升了区域可达性从而促进旅游效率提高。基于此,提出假设6:

H6：高铁开通通过提升区域旅游可达性来间接促进旅游发展效率的提升

(三) 研究设计

1. 研究方法

(1) DEA 模型分析方法

数据包络分析（Data Envelopment Analysis，DEA）方法是评价具有多投入和多产出决策单元效率的一种有效方法（魏权龄，2004）。DEA 包括 CCR 和 BCC 两种模型，CCR 模型是假定规模报酬不变时测度的效率值，是最先被研究者用于效率评估的模型，而 BCC 模型是假定规模报酬发生变化时的效率测度，现成为了 DEA 法在分析效率时采用的主要模型，本文从投入导向型的角度，采用 DEA-BCC 模型（Banker，1984）评估高铁开通对区域旅游发展的效率影响问题。设定的模型如下：

设研究区域有 n 个决策单元 $DMUj$，每个决策单元有 m 种投入变量 X_{1j}，X_{2j}，… X_{mj} 和 s 种产出变量 y_{1j}，y_{2j}，… y_{sj}（其中 $X_{ij} > 0$，$Y_{ij} > 0$），λj 是各市州投入和产出的权向量。则 DMU_j 的模型为：

$$\begin{cases} \min \theta \\ s \cdot t \\ \sum_{j=1}^{n} \lambda_j y_j \leqslant \theta x_0 \\ \sum_{j=1}^{n} \lambda_j y_j \geqslant y_0 \\ \sum \lambda_j = 1 \end{cases} \quad 式（4-2-1）$$

式中 $\lambda_j \geqslant 0$，$j = 1, 2, … n$

1) 综合效率（OE）

综合效率又称技术效率，是指决策单元（DMU）在一定（最优规模

第四章 高铁发展对区域旅游经济绩效的影响研究

时）投入要素的生产效率，是对决策单元在资源配置以及使用等多方面能力的综合衡量与评价。如果决策单元处于生产前沿条件下，即综合效率等于1，表示决策单元是技术有效的。综合效率可进一步分解为纯技术效率（PTE）和规模效率（SE），其关系表现为：$OE = PTE * SE$（刘佳，2015）。

2）纯技术效率（PTE）

纯技术效率时指决策单元由于制度、管理水平和技术等因素影响的生产效率，测度的是可变规模报酬时技术效率。纯技术效率等于1，表示在目前的技术水平上，其投入的资源的使用是有效的。

3）规模效率（SE）

规模效率是由于决策单元规模因素影响的生产效率，反应决策单元的效率随规模扩张而变化，以及投入产出要素的合理配置程度，指在制度和管理水平一定的前提下，现有规模与最优规模之间的差距。

通过以上公式可计算出黔桂云 39 个市州旅游发展的综合效率（OE）、旅游发展纯技术效率（PTE）和旅游发展规模效率（SE）。

（2）Malmquist 指数模型（生产率指数）

采用 DEA 方法可以较好地分析旅游发展要素的利用状况，但不能清晰地反映旅游发展效率在时间维度上的变动趋势，以及导致变动的主要因素。而由曼奎斯特（Malmquist）于 1953 年首次提出的 Malmquist 生产率指数方法（赵磊，2013）可有效解决此问题。

Malmquist 生产率指数变化（TFPch）可把生产率变化分解为技术变化（TEch）和效率变化（Effch）（马海良，2012），效率变化又进一步分解（当假设规模不变时）为纯技术效率变化（PEch）和规模效率变化（SEch）。公式表达为：$TFPch = Effch * TEch = PEch * SEch * TEch$。

式中，TFPch 大于 1 表示全要素生产率从 t 期到 $t+1$ 期的水平提高，TE_{ch} 大于 1 代表技术进步，Eff_{ch} 大于 1 代表技术效率改善，PEch 大于 1

— 241 —

代表技术运用水平提高，SEch 大于 1 表明规模优化；以上所有指标若等于 1，表示没有变化；若小于 1，表示与大于 1 的情况相反。

(3) Tobit 模型

Tobit 模型是指因变量虽然在正值上大致连续分布，但包含一部分以正概率取值为 0 的观察值的一类模型，属于受限因变量（limited dependent variable）回归的一种。由于旅游发展效率均值处于 (0, 1]，因此采用 Tobit 模型（魏丽，2018）来探讨高铁发展与区域旅游效率的关系。具体的线性回归模型如下：

$$Y_{it}^* = \beta_0 + \beta_1 \times HSR_{it} + \beta_2 \times X_{it} + \mu_{it}$$

$$Y_{it} = \begin{cases} 1 & if \quad y_{it}^* > 1 \\ Y_{it}^* & if \quad 0 < y_{it}^* \leq 1 \\ 0 & if \quad y_{it}^* \leq 0 \end{cases} \quad \text{式} (4-2-2)$$

上式中，i 和 t 分别表示第 i 省和第 t 年，Y_{it} 是实际测算得到的旅游发展综合效率 OE_{it}、纯技术效率 PTE_{it} 以及规模效率 $SE{it}$，Y_{it}^* 为相应的隐藏变量。随机误差项 $\mu_{it} \sim N(0, \sigma^2)$，$X_{it}$ 为其他控制变量。为保证参数估计结果无偏且一致，本文采用极大似然估计法（MLE）。

(4) 中介效应模型

借鉴中介效应模型中的依次检验回归系数法（温忠麟，2014），进一步研究高铁开通对区域旅游发展效率的作用机制。计量模型如下：

$$\begin{cases} Y_{it}^{**} = \beta_0 + \beta_1 \times HSR_{it} + \beta_2 \times X_{it-1} + \varepsilon_{it} \\ M_{it} = \alpha_0 + \alpha_1 \times HSR_{it} + \alpha_2 \times X_{it-1} + \delta_{it} \\ Y_{it}^{**} = \gamma_0 + \gamma_1 \times HSR_{it} + \gamma_2 \times M_{it-1} + \gamma_3 \times X_{it-2} + \rho_{it} \end{cases}$$

$$\text{式} (4-2-3)$$

式中，i 和 t 表示第 i 个市州和第 t 年，HSR_{it} 为高铁开通班次数量，M_{it} 为中介变量，X_{it-1} 为控制变量，随机误差项 ε_{it}，δ_{it}，$\rho_{it} \sim N(0, \sigma^2)$。

依次检验回归系数法可能会错过一些实际存在的中介效应。Bootstrap 法的检验力高于依次检验回归系数法，但如果两种方法检验的结果都显著，依次检验结果要强于 Bootstrap 检验结果（温忠麟，2012）。故本文通过使用 Stata 命令语句，结合以上两种方法检验中介效应，以检验假设 H5 和 H6。

2. 指标构造及变量设计

（1）区域旅游发展效率指标的构造

本文研究范围涵盖黔桂云三省 39 个市州，以 2009—2018 年度投入产出指标的面板数据为研究样本。从经济学意义上讲，土地、资本、劳动力是最基本的生产要素（张淼丰，2000），大多数学者认为旅游生产不受土地面积约束（曹芳东，2012）。因此在核算旅游发展效率时往往忽略掉土地投入指标，研究者认为，旅游业作为实体产业，也是需要以土地投入为基础。事实上各个地方政府在核算旅游发展用地时，往往以旅游景区为基数进行核算。康晓羽（2016）在核算山东省各城市旅游效率时，把土地要素置换为同为自然赋予的旅游资源要素。因此本文以旅游景区数量来核算土地投入要素。又因本文研究关键点在于高铁开通对旅游发展效率影响，因此增加高铁建设这一投入指标。故本文在投入指标选择方面从资本、劳动力、旅游景区和高铁建设四个方面进行。在产出指标选择方面，参照通行的算法，旅游产出以地区接待的游客总人数和旅游收入来核算。

投入指标中，由于无法有效剥离旅游投入，加之目的地本身的无形吸引力对于游客来说也是区域旅游生产过程中的一个重要投入（张淼丰，2000），因此资本投入指标以各市州的固定资产投资总额（亿元）进行测算；以各市州旅游从业人数（万人）作为劳动力投入变量①；以

---

① 由于无法获取研究范围各市州旅游从业人数数据，采用相对核算方式进行核算。其计算公式为：旅游从业人数 = 市州期末就业人数 *（旅游总收入/GDP）。

景区加权数量值（马晓龙，2010）核算土地资源投入指标①，加权值取对应级别景区的最低得分比值；以区域高铁站点车次数（包括G、D、C字头进出站总车次数）作为高铁建设的投入变量。

旅游产出指标以各市州的旅游总收入（亿元）和旅游总人数（万人）作为产出变量（王兆峰，2018）。

表4–12　黔桂云39个市州城市旅游产业效率DEA模型投入—产出指标

一级指标	二级指标	指标内涵	序号	作用方向
投入指标	土地资本	资源景区（3A级以上景区数量加权值）	X_1	+
	经济资本	固定资产投入（亿元）	X_2	+
	人力资本	旅游从业人数（万人）	X_3	+
	高铁资本	高铁班次数（包括G、D、C字头）	X_4	+
产出指标	旅游产出	旅游总收入（亿元）	Y_1	+
		旅游总人数（万人）	Y_2	+

本文资本和劳动力投入指标，以及收入和人数产出指标的数据来源于2010—2019年各市州统计年鉴、2009—2018年社会发展统计公报、EPS数据库、wind数据库等；资源投入指标数据来源于黔桂云三地的文化和旅游厅官网；高铁投入指标数据来源于中国铁路官网及2009—2018年每年12月份的列车时刻表。

（2）Tobit模型变量设计

除了前文投入及产出指标外，在高铁开通情况下区域旅游发展效率还会受到其他因素的影响，为了进一步探讨黔桂云区域旅游发展效率影响因素问题，以及考虑到数据的可获得性，变量选取如下：

1）被解释变量

上面测度出来的区域旅游发展效率指标（旅游发展综合效率

---

① 旅游景区以3A级以上景区数量作为核算基数，考虑景区级别与容量的关系，容量基本反映了景区占地大小，因此旅游景区指标＝5A级景区＊0.95＋4A景区＊0.85＋3A景区＊0.75

（OE）、旅游发展纯技术效率（PTE）以及旅游发展规模效率（SE））。

2）核心解释变量

核心解释变量为高铁开通情况（HSR）。根据国家铁路局对高铁的定义整理出黔桂云地区 2009—2018 年间开通的高铁线路，然后统计整理出黔桂云三省各市州开通的高铁车次，并以此来衡量各市州高铁开通情况。

3）控制变量

鉴于数据获取可行性以及相关研究成果，选取：区域经济发展水平（$Economy$）、城市化水平（$Urban$）、产业结构（$Structure$）、资源吸引力水平（$Resource$）和服务及接待能力（$Service$）作为旅游效率影响控制变量。

①区域经济发展水平（$Economy$）。区域整体经济发展水平决定了区域旅游整体发展投入，也推动了居民旅游消费能力及需求的增加（王坤，2016）必将对区域旅游发展效率产生影响。以市州 GDP 在全省 GDP 中的占比衡量。

②城市化水平（$Urban$）。城市化化的过程是城镇人口和区域产业集聚的过程，促进了旅游业规模扩大及居民旅游消费能力（杨亚丽，2013）影响旅游效率。城市化水平以城镇人口在期末总人口中的占比衡量。

③产业结构（$Structure$）。产业结构调整可推动优势产业的集聚和融合、延伸产业链、实现区域资源互补，是效率提高的主要机制（刘建国，2015），产业结构可通过产业结构指数来衡量，计算式为：$Structure = 0.15 \times S_1 + 0.35 \times S_2 + 0.5 \times S_3$，式中，$S_1$、$S_2$、$S_3$ 分别为第一、二、三产业在各省 GDP 中的占比（魏丽，2018）。

④资源吸引力水平（$Resource$）。资源吸引力是区域旅游产业发展的关键，是区域旅游产业产出水平的重要表征。资源吸引力水平以 3A 级以上景区综合得分值在全省资源吸引力总和中的占比衡量；

⑤服务及接待能力（Service）。服务及接待能力仍是反映区域旅游产出能力的重要标志。服务及接待能力以第三产业从业人员在全省总从业人员中的占比衡量。

4）中介变量

根据前文研究假设，选取包括居民收入水平（income）作为高铁发展直接效应对旅游效率影响的中介变量；选取区域旅游可达性（accessibility）指标作为间接效应的中介变量，并进行验证。其中，居民收入水平使用各市州的人均GDP衡量，数据来源于EPS数据库；区域旅游可达性使用加权平均旅行时间（蒋海兵，2015）来测度，数据来源于12306和高德地图。

(3) 变量描述性统计

本文选取黔桂云三省39个市州城市，2009—2018年10年共390个样本进行分析，分别对数据的波动幅度、集中趋势、一般水平、最大值和最小值进行了统计意义上的描述。如下表所示：

表4-13 主要变量统计性描述

变量		样本数	标准差	平均数	中位数	最大值	最小值
综合效率	OE	390	0.196	0.810	0.843	1.000	0.359
技术效率	PTE	390	0.123	0.949	1.000	1.000	0.484
规模效率	SE	390	0.178	0.856	0.954	1.000	0.359
高铁班车量	HSR	390	0.174	0.179	0.100	1.000	0.100
经济水平	Economy	390	0.062	0.077	0.057	0.293	0.007
城市化水平	Urban	390	0.119	0.403	0.389	0.754	0.128
产业结构	Structure	390	0.139	0.238	0.194	0.000	1.000
资源吸引力	Resource	390	0.171	0.095	0.064	0.000	0.343
服务及接待能力	Service	390	0.188	0.259	0.200	0.871	0.036
收入水平	income	390	0.187	0.365	0.325	1.000	0.000
可达性	accessibility	390	0.224	0.657	0.741	1.000	0.000

（四）实证结果分析

1. 黔桂云三省旅游业发展效率的时空特征

（1）黔桂云区域整体分析

由表 4-14 可知，2009—2018 年黔桂云民族地区的旅游业发展综合效率平均值为 0.811，表示达到最优水平的 81.1%。从时序变化来看，综合效率以 2014 年为最低拐点，2009—2014 年整体呈下降趋势，2014—2018 年整体呈上升趋势，自 2014 年随着生产要素投入的充足使得综合效率在 2018 年达到 DEA 效率最优，为 0.859。值得注意的是，2014 年作为拐点可能是受到高铁建设这一投入要素的影响，2013 年 12 月黔桂云第一条高铁开通，共开设 16 个高铁站点。在特定的生产条件下，当这一旅游业发展投入要素增加到一定程度，且对增加的这些投入资源实现合理利用时，便推动了 2014 年以后综合效率的提升。就纯技术效率而言，黔桂云平均值为 0.965，高于综合效率水平，且总体上呈先持平后下降趋势，2015 年黔桂云纯技术效率最低，表明这一年旅游业发展要素投入与配置不合理，影响效率水平的提高；再看规模效率，其平均值是 0.842，整体上与综合效率表现出相同的演变趋势，即 2009—2014 年整体呈下降趋势，2014—2018 年整体呈上升趋势。

表 4-14 2009—2018 年黔桂云民族地区旅游业发展效率及其演变

时间	综合效率（OE）	纯技术效率（PTE）	规模效率（SE）
2009	0.828	1.000	0.828
2010	0.809	1.000	0.809
2011	0.808	1.000	0.808
2012	0.803	1.000	0.803
2013	0.792	1.000	0.792
2014	0.762	0.945	0.805
2015	0.787	0.909	0.863
2016	0.825	0.931	0.886
2017	0.837	0.942	0.892
2018	0.859	0.923	0.933
平均值	0.811	0.965	0.842

在 2013 年以前，纯技术效率均为 1，表示纯技术效率有效，综合效率主要源自纯技术效率的牵引。在 2013 年以后，综合效率出现先降后升特征；纯技术效率低于 1，表示高铁开通后纯技术效率出现无效；而规模效率逐渐提升，实际规模与最优规模的差距逐渐缩小；故此阶段的综合效率主要源自规模效率的牵引。

(2) 黔桂云三省旅游业发展效率分省对比分析

黔桂云三省旅游业发展效率表现最好的是贵州，纯技术效率和规模效率表现都优于其余两地。广西效率表现最差，纯技术效率下滑较严重，但规模效率提升明显。

1) 综合效率（OE）

图 4-6 给出了黔桂云地区旅游业发展综合效率的年度均值。综合效率值均未达到 DEA 最优（等于 1 为最优），三个省份的效率均位于 0—1 之间，值越大，对应的效率越高。可以看出贵州旅游业发展效率最高，除 2015 年外历年效率值都在 0.9 以上；其次是云南，除 2014 年外历年效率得分均在 0.80 以上；表现最差的是广西，整体上低于三省平

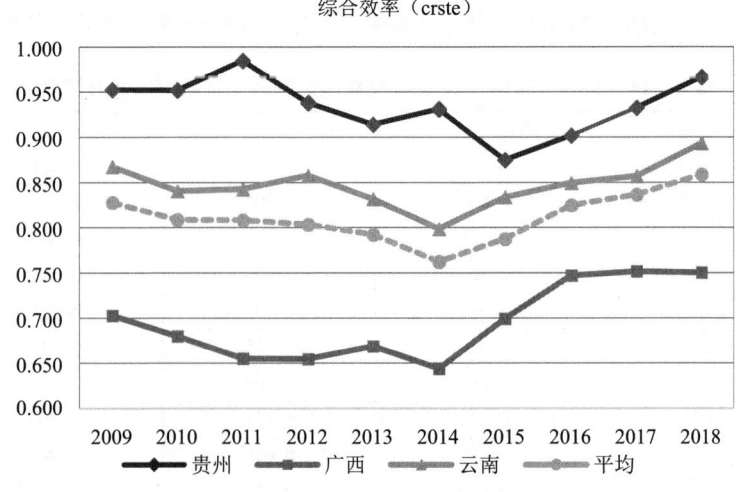

图 4-6　黔桂云三省地区旅游业发展综合效率

均水平,说明旅游业资源配置能力不高,资源使用效率提升空间较大。

2) 旅游业发展纯技术效率（PTE）

图4-7给出了黔桂云三省旅游业发展纯技术效率的年度均值,可以看出2009—2013年三个省份的纯技术效率均等于1,即在管理创新和技术方面不相上下,说明在此阶段三省的资源投入是有效的,不存在明显的资源浪费情况。广西、贵州和云南开通高铁时间分别是2013年12月、2014年12月和2016年12月,而三省纯技术效率呈现出明显下滑趋势的时间节点分别是2014年、2015年和2017年,与各省开通高铁年份相吻合。说明在高铁开通后,游客需求量增加,但是由于管理和技术水平暂时跟不上,会出现旅游投入资源浪费情况。贵州省的纯技术效率在急剧下降后出现逐年上升现象,直至又重新回到效率最优水平,说明贵州在逐年提高对高铁旅游的管理和技术水平,遏止住了旅游投入资源浪费现象。广西自2014年纯技术效率急剧下降后一直在0.85上下徘徊,无纯技术效率最优趋势,即对于高铁旅游的管理水平有待进一步提高。云南由于开通时间较晚,纯技术效率发展趋势尚不明朗,但其在高铁开

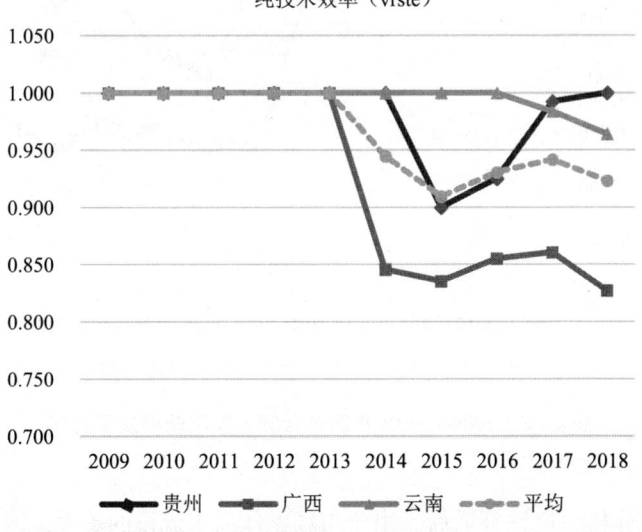

图4-7 2009—2018年黔桂云分区域旅游发展纯技术效率变化

通第二年的下降幅度相比较于其他两省而言是最低的,说明云南对高铁旅游的管理水平相对较高。

从旅游产品特征的角度分析,由于旅游产品具有生产与消费的同时性,高铁开通对游客提供出行便利性,旅游产品消费的最优规模也随着市场规模上限提升而扩大,但是管理能力尚处于前水平阶段,故而导致黔桂云各省的纯技术效率在高铁开通后出现不同程度的下降趋势。

3) 旅游发展规模效率（SE）

图4-8给出了黔桂云旅游发展规模效率的年度均值。可以看出随着时间的增长,三省规模效率均处于逐渐上升趋势。贵州历年规模效率均位于三省之首,始终在0.95上下,整体上接近于最佳规模收益阶段。广西规模效率变化幅度较大,2014—2016年间迅速提升,之后紧随云南,并逐渐接近于贵州规模效率。

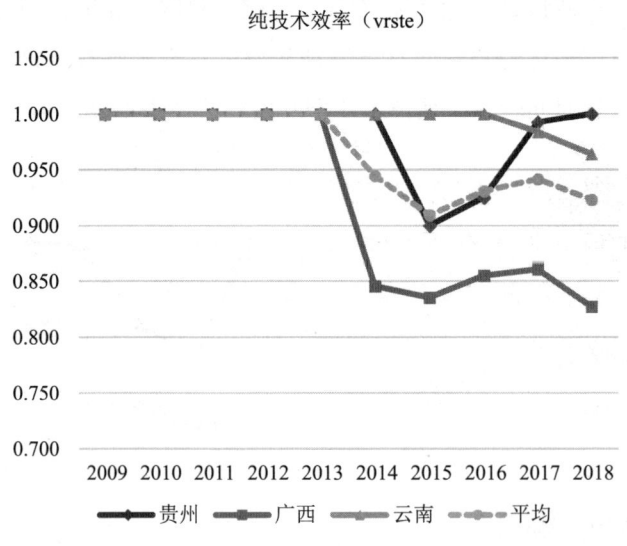

图4-8 2009—2018年黔桂云旅游发展规模效率变化

综上分析,高铁开通后,由于市场整体需求规模的扩大,区域综合效率实现整体逐步提升,规模效率与综合效率表现出相同的演变趋势,但纯

第四章 高铁发展对区域旅游经济绩效的影响研究

技术效率因高铁的开通出现了凸变（降低），表明各地区在应对高铁带来的新的旅游需求变化，在管理水平、服务能力以及营销宣传能力都表现出不足，综合效率的提升必须从加强高铁旅游的营销和管理能力着手。

（3）黔桂云旅游发展综合效率的空间格局热点演化

空间关联指数可以有效揭示黔桂云地区旅游发展效率的空间聚集特征。利用 Getis-Ord G_i^* 指数公式（魏权龄，2004）测量局部空间聚簇特征，识别空间位置上的冷点区域（旅游发展效率低值空间集聚区）和热点区域（旅游发展效率高值空间集聚区）的空间分布（马晓冬，2008）。进一步运用 ArcGIS 的空间统计模块，分别测算 2013 年（高铁未开通时期的最后一年）和 2018 年（高铁开通时期的最后一年）的黔桂云地区旅游发展综合效率的局部空间关联指数 G_i^*，揭示其旅游发展综合效率的空间特征。采用自然断点法将空间关联指数由低到高进行空间四分位图表达，形成旅游综合效率空间热点格局演化图，如图4-9所示。

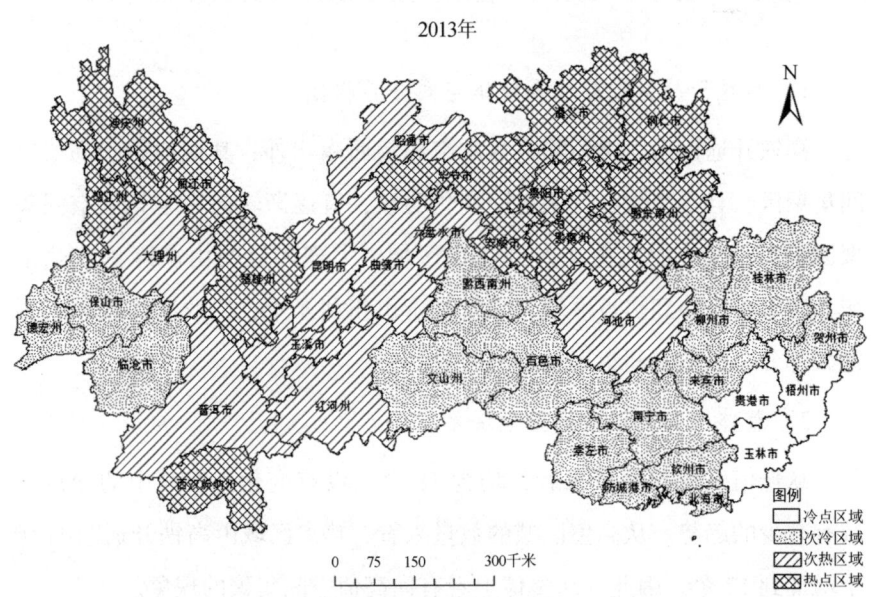

图4-9 2013年、2018年黔桂云地区综合效率的空间热点演化（一）

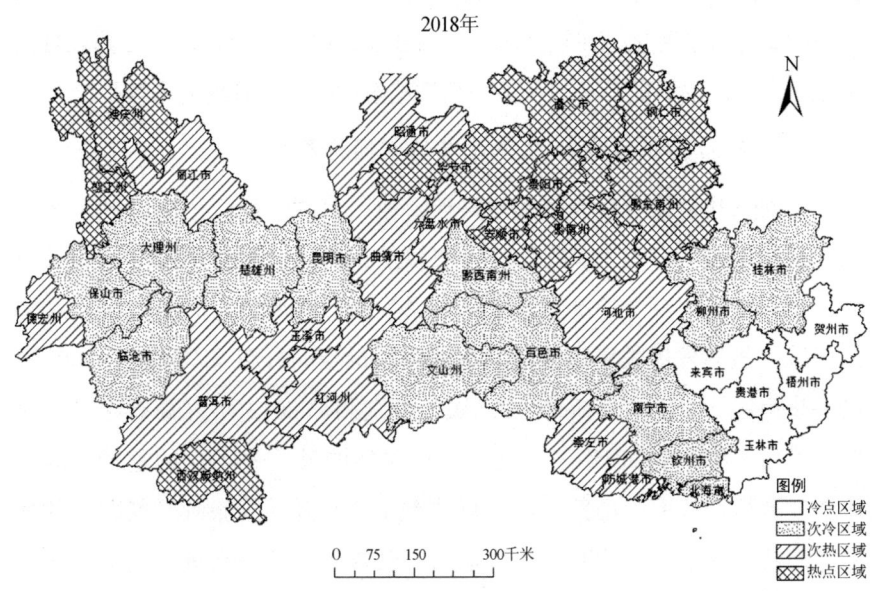

图 4-9　2013 年、2018 年黔桂云地区综合效率的空间热点演化（二）

1）黔桂云旅游发展综合效率空间分异明显

高铁开通前后，贵州除六盘水市和黔西南州外，其他均属于高值空间集聚区，且无变化；云南空间变化明显，有逐渐转向完全高值空间集聚区趋势；其中丽江由次热到热点区域，大理和昆明由次冷到次热区域，楚雄由次冷到热点区域，涉及进阶市州共 4 个；广西次冷区域占据绝大部分，低值空间集聚区趋势明显。

2）整体有向高值空间集聚现象

从低值区域的数量来看，均为 18 个，没有变化，但其中的冷点区域有减少的趋势。从高值区域的数量来看，热点区域由高铁开通前的 10 个增加到 12 个。因此，从整体上看有向高值空间集聚的现象。

第四章　高铁发展对区域旅游经济绩效的影响研究

3）存在区域转化特征

四大类型从高值到低值数量分别从 10、11、13 和 5 个变化到 12、9、15 和 3 个,热点区域增加两个,次热区域减少两个,冷点区域减少两个,次冷区域增加两个,涉及转化的市州有 9 个,占比 23.08%。

2. 基于 Malmquist 生产率指数黔桂云三省旅游发展效率的时空演化研究

（1）旅游发展 Malaquist 生产率指数及分解的时序动态变化

表 4-15 给出了 2009—2018 年黔桂云地区旅游发展分年度 Malmquist 生产率指数及其分解项的均值。可以看出研究期间全要素生产率指数均值为 1.061,意味着年均实现了 6.1% 的效率提升,其中技术进步贡献了 4.6 个百分点,大于同期技术效率贡献的 1.6 个百分点,表明黔桂云地区对各种旅游投入要素的利用程度较好,基本呈现利用效率递增趋势,市场化水平大幅度提升,已进入产业结构转型升级的重要阶段,旅游产业高质量发展已成为趋势。技术效率变化中纯技术效率变化指数年均下降 0.6%,规模效率变化指数年均提升 2.4%,技术效率的变化主要是规模效率提升引致。因此,黔桂云三省旅游发展效率提升的主要内在动力是技术进步,其次是规模效率,纯技术效率则产生了负向影响,区域旅游管理水平的提升,仍是未来效率改进的重要方向。

表 4-15　2009—2018 年黔桂云地区旅游发展分年度 Malmquist 生产率指数及分解

年份	技术效率变化指数（effch）	技术进步变化指数（techch）	纯技术效率变化指数（pech）	规模效率变化指数（sech）	全要素生产率指数变化（tfpch）
2009—2010	0.976	1.074	1.000	0.976	1.048
2010—2011	1.000	0.968	1.000	1.000	0.965
2011—2012	1.000	1.043	1.000	1.000	1.045
2012—2013	0.992	1.156	1.000	0.992	1.147
2013—2014	0.957	1.002	0.945	1.020	0.956
2014—2015	1.060	0.983	0.968	1.102	1.018

(续表)

年份	技术效率变化指数（effch）	技术进步变化指数（techch）	纯技术效率变化指数（pech）	规模效率变化指数（sech）	全要素生产率指数变化（tfpch）
2015—2016	1.084	1.070	1.037	1.045	1.146
2016—2017	1.027	1.103	1.020	1.010	1.134
2017—2018	1.045	1.017	0.980	1.067	1.087
年平均	1.016	1.046	0.994	1.024	1.061

从年度来看，技术进步变化指数只有2010—2011年和2014—2015年两个区间得分小于1，其余年份均大于1，表明技术进步是推动研究区域效率提升的主要动力。纯技术效率变化指数除了在2015—2017年间略大于1外，其他期间均小于等于1，说明旅游业管理创新对整体效率的提升甚微，甚至为负向影响。规模效率对整体效率的影响表现为先负向后正向，说明高铁开通过后，黔桂云三省规模效率一直呈改善趋势，旅游产业规模尚未达到最优规模，适度合理的扩大产业规模，仍是我们提升效率的方向。

从效率区间来看，研究区域在2010—2011年全要素生产率指数表现最差，下降了3.5%，其中技术进步下降3.2%，纯技术效率和规模效率无变动。在2012—2013年间和2015—2016年间的效率提升最为明显，全要素生产率指数均值分别是1.147和1.146，效率分别提升14.7和14.6个百分点，其中技术进步分别提升15.6和7.0个百分点，规模效率下降0.8和提升4.5个百分点，纯技术效率无变动和提升3.7个百分点。这两个时间节点一是高铁开通前的最后一年，二是高铁开通后的第二年，表明研究区域为迎接高铁开通做了大量准备，效率值提升明显；高铁开通后的第二年规模效率的作用开始显现，也使得整体效率提升较为明显。

（2）旅游发展Malaquist生产率指数空间差异以及演化特征

表4-16给出了2009—2018年黔桂云地区旅游发展分年度Malmquist

第四章　高铁发展对区域旅游经济绩效的影响研究

生产率指数。可以看出，广西指数均值最大，为1.090，即年均效率提升9.0%，广西虽然静态效率不高，但效率提升较快。其次是云南，指数均值为1.048，旅游发展效率年均提升4.8%。贵州与云南表现接近，指数均值为1.040，效率年均提升4.0%。根据效率提升速度，三省表现相当；贵州和广西在其高铁建设后的2015—2017年时间段实现了效率提升，云南在2017—2018年时间段实现了效率提升。

表4-16　2009—2018年黔桂云分地区旅游发展Malmquist生产率指数

年份	贵州	广西	云南	黔桂云
2009—2010	1.089	1.059	1.016	1.048
2010—2011	0.948	1.062	0.890	0.965
2011—2012	0.929	1.076	1.080	1.045
2012—2013	1.157	1.204	1.092	1.147
2013—2014	1.042	0.939	0.923	0.956
2014—2015	0.867	1.064	1.063	1.018
2015—2016	1.123	1.175	1.135	1.146
2016—2017	1.155	1.136	1.119	1.134
2017—2018	1.051	1.097	1.120	1.087
年平均	1.040	1.090	1.048	1.061

贵州在2009—2010年，2012—2014年，2015—2018年时间段实现了效率提升，其中2012—2013年和2016—2017年提升最为显著，达到了15个百分点；2010—2012年和2015—2016年效率有所下滑，其中2015—2016年效率下滑13.3个百分点。广西除了2013—2014年效率下滑6.1个百分点之外，其余年份均实现了效率提升，其中2013—2014年效率提升最大，达到了20.4个百分点。云南在2009—2010年、2011—2013年以及2014—2018年实现了效率提升，其中2015—2016年效率提升最多，达到了13.5个百分点；效率下降的年份当中2010—2011年表现最差，效率下降了11个百分点。效率提升的空间差异反映了各个省在高铁带来的需求变化时应对市场变化能力的差异，尤其是对发展高铁旅游时内

部综合管理能力的提升仍是未来各省提升效率的关键。

综上,高铁开通后黔桂云三省效率均有一定程度提升,技术进步是主要的内在动力,其次是规模效率,纯技术效率则出现了负向影响;规模效率对整体效率的影响表现为先负向后正向,说明黔桂云三省规模效率一直呈改善趋势。表明黔桂云地区未来效率提升的两个重要方向,一是提升对高铁旅游的综合管理水平和内部管理能力,利用好高铁带来的技术进步的赋予的旅游发展动力;二是适当合理的扩大产业规模,进一步提升地区旅游产业发展的综合效率。

3. 基于 Tobit 回归模型的高铁发展对区域旅游效率的影响分析

效率值(即被解释变量)均在(0、1)范围,符合 Tobit 模型;LR 检验结果强烈拒绝原假设,说明对该模型设定了适当的检验,使用 Tobit 模型是合理的。通过 Tobit 模型来验证假设 H1、H2、H3 和 H4。

(1) 综合效率(OE)

表 4-17 为黔桂云整体及分省的旅游发展综合效率对高铁开通核心变量(HSR)的回归结果。可以看出,无论是否加入控制变量,HSR 的系数均为正,表明高铁开通对旅游发展综合效率有促进作用,验证了假设 H1。加入控制变量后,黔桂云三省整体以及高铁开通较晚的云南省高铁对综合效率的影响虽不显著,但仍旧为正,对高铁开通较早的广西和贵州两地,高铁开通对综合效率有显著的正向促进作用。初步验证了假设 H2,即高铁对综合效率的促进作用存在开通时间的地区差异,对开通时间较早的区域存在显著促进作用,对开通时间较晚的区域有促进作用,但不显著,对整个黔桂云区域的促进作用尚不显著。

观察各省的 HSR 回归系数值大小不尽相同,说明高铁开通对黔桂云旅游发展综合效率的促进效应也存在区域异质性。观察表 4-17 可知,在未加入控制变量时,HSR 对 OE 的回归系数排序依次为广西、贵州、云南,这与高铁开通时间顺序一致。表明高铁开通时间越久,对综合效率的促进作用越显著,促进效应越大(回归系数越大)。加入控制变量

第四章 高铁发展对区域旅游经济绩效的影响研究

后的回归结果显示区域旅游综合效率还受到区域整体经济发展水平（Economy），地区产业结构指数（Structure）以及服务接待能力（Service）三个变量的共同影响。在看 HSR 对 OE 的影响效应，发现贵州虽比广西的高铁开通时间较晚，但其影响系数比广西更大，对比两省的控制变量发现，广西的整体经济发展水平（Economy）、产业结构指数（Structure）都比贵州大，但地区服务接待能力（Service）却比贵州低，表明高铁发展对经济发展水平较低、产业结构指数较低、服务接待能力加强的劳动密集型区域，其对旅游综合效率的促进作用越明显，也即是高铁对旅游综合效率促进作用的存在地区产业背景差异的异质性，进一步验证了假设 H2。

表 4-17 HSR 变量对黔桂云旅游发展综合效率的影响

变量	OE							
	未加控制变量				加控制变量			
	(1)黔桂云	(2)贵州	(3)广西	(4)云南	(5)黔桂云	(6)贵州	(7)广西	(8)云南
HSR	0.164** (2.00)	0.274** (2.26)	0.349*** 3.56	0.248 (1.21)	0.139 (1.42)	0.379** 2.21	0.334*** 2.86	0.153 (0.59)
Economy	—	—	—	—	2.085*** (5.92)	1.563*** (3.70)	2.142*** (2.47)	1.285** (2.04)
Urban	—	—	—	—	−0.038 (−0.35)	0.025 (0.19)	1.586*** (9.31)	−0.752*** (−2.73)
Structure	—	—	—	—	−0.584*** (−3.73)	−0.637*** (−3.75)	−1.213*** (−4.21)	−0.039 (−0.15)
Resource	—	—	—	—	0.119 (0.65)	0.439** (2.39)	0.557** (1.93)	0.431 (1.20)
Service	—	—	—	—	0.498*** (9.22)	0.243*** (2.83)	0.145 (1.00)	0.454*** (5.11)
cons	0.787** (2.00)	0.893*** (44.29)	0.629*** (26.01)	0.818*** (29.83)	0.615*** 15.54	0.773*** (20.38)	0.880*** (18.13)	0.886*** (10.91)
LR 检验	4.00**	4.99**	2.12***	1.47	112.70***	24.01***	97.09***	37.55***

注：括号中为 t 值；*、**、*** 分别表示在 10%、5% 和 1% 的显著性水平。

(2) 纯技术效率（PTE）

表 4-18 为黔桂云整体及分省的旅游发展纯技术效率对高铁开通核心变量（HSR）的回归结果。可以看出，无论是否加入控制变量，HSR 的系数均为显著负数。分省来看，未加入控制变量时，广西和云南回归系数均为显著负数，贵州回归系数虽为正数但不显著，且未通过 LR 检验。加入控制变量后，黔桂云整体回归系数为显著负数，贵州和广西两省为影响系数为正，但不显著，云南的影响系数为负也不显著。因此，整体而言高铁开通导致黔桂云旅游发展纯技术效率下降，暴漏出纯技术效率的无效性，表明区域整体管理水平和能力还不能应对高铁旅游带来的新冲击。假设 H3 并没有得到验证，还得出了与之相反的结论。

表 4-18 HSR 变量对黔桂云旅游发展纯技术效率的影响

模型 变量	PTE							
	未加控制变量				加控制变量			
	(1)黔桂云	(2)贵州	(3)广西	(4)云南	(5)黔桂云	(6)贵州	(7)广西	(8)云南
HSR	-0.186*** (-0.48)	0.069 (0.93)	-0.174*** (-2.64)	-0.108** (-2.36)	-0.128** (-2.48)	0.187* (1.73)	0.074 (0.75)	-0.050 (-0.77)
Economy	—	—	—	—	0.707*** (3.77)	0.993*** (3.71)	1.661** (2.25)	0.218 (1.39)
Urban	—	—	—	—	-0.108* (-1.84)	-0.136 (-1.62)	0.045 (0.31)	-0.038 (-0.56)
Structure	—	—	—	—	-0.175** (-2.01)	-0.286*** (-2.66)	-0.592** (-2.41)	-0.080 (-1.18)
Resource	—	—	—	—	-0.138 (-1.42)	-0.222* (-1.91)	-0.036 (-0.15)	-0.029 (-0.33)
Service	—	—	—	—	0.064** (2.24)	0.124** (2.27)	-0.282** (-2.30)	0.015 (0.66)
cons	0.992*** (135.24)	0.968*** (77.20)	0.954*** (58.73)	1.007*** (-2.36)	0.994*** (47.18)	0.926*** (38.56)	0.927*** (15.30)	1.009*** (49.80)
LR 检验	22.36***	0.86	6.81***	5.47***	41.10***	16.42***	25.42***	8.25

注：括号中为 t 值；*、**、*** 分别表示在 10%、5% 和 1% 的显著性水平。

第四章 高铁发展对区域旅游经济绩效的影响研究

由于旅游产品的消费是以旅游者的达到为前提，因此旅游产业的最优生产规模一定程度上取决于需求规模，高铁开通在理论上可以为沿线城市带来更大客源，即高铁带来的需求欲望的增加导致最优规模的扩大；但由于研究区域为我国民族地区，且该地区高铁开通尚在初期，要素市场改革尚未完成，没有达到高质量发展要求，导致资源配置效率、高铁旅游的管理水平和能力仍有提升空间。因此，与原假设结果相悖，高铁开通初期对黔桂云地区旅游纯技术效率的无效性暴漏的更为充分。但我们也看到，高铁对贵州纯技术效率出现了正向显著促进作用，对广西的促进作用虽不显著，但影响系数也开始转正，表明贵州在应对高铁旅游时，其管理水平和管理能力都获得了大幅度提高，纯技术效率也开始逐步提升，高铁开通对纯技术效率的影响效应与前面的现象分析基本一致。

（3）规模效率（SE）

表4-19为黔桂云整体及分省的旅游发展规模效率对高铁开通核心变量（HSR）的回归结果。可以看出，回归（1）—（8）中 HSR 的系数均为正数且显著，且 LR 检验一致通过，说明在高铁开通对黔桂云旅游发展规模效率起到显著的促进作用。假设 H4 得到验证。

表4-19　HSR 变量对黔桂云旅游发展规模效率的影响

模型 变量	SE							
	未加控制变量				加控制变量			
	(1)黔桂云	(2)贵州	(3)广西	(4)云南	(5)黔桂云	(6)贵州	(7)广西	(8)云南
HSR	0.349*** (4.56)	0.208** (2.11)	0.535*** (5.51)	0.345* (1.72)	0.278*** (3.02)	0.202** (1.37)	0.309*** (2.75)	0.197 (0.78)
$Economy$	—	—	—	—	1.484*** (4.46)	0.608* (1.37)	0.794 (0.95)	1.091** (1.77)
$Urban$	—	—	—	—	0.062 (0.59)	0.158 (1.39)	1.586*** (9.67)	-0.719*** (-2.67)

(续表)

模型	SE							
	未加控制变量				加控制变量			
变量	(1)黔桂云	(2)贵州	(3)广西	(4)云南	(5)黔桂云	(6)贵州	(7)广西	(8)云南
Structure	—	—	—	—	-0.447*** (-3.02)	-0.366** (-2.50)	-0.763*** (-2.75)	0.033 (0.12)
Resource	—	—	—	—	0.020 (0.12)	-0.220 (-1.39)	0.626** (2.25)	0.457 (1.30)
Service	—	—	—	—	0.443*** (8.70)	0.125* (1.69)	0.409*** (2.95)	0.442*** (5.08)
cons	0.791*** (54.80)	0.923*** (56.10)	0.663*** (27.75)	0.812*** (30.16)	0.615*** (16.43)	0.842*** (25.86)	-0.043 (-0.64)	0.878*** (11.04)
LR 检验	20.29***	4.33**	27.48***	2.94*	119.52***	14.13***	119.56***	39.61***

注：括号中为 t 值；*、**、*** 分别表示在 10%、5%和 1%的显著性水平。

进一步对比分析影响系数大小及显著性，高铁对规模效率的促进作用与对综合效率的促进作用表现出相同的特征，即高铁对开通时间越早的区域，其对规模效率的促进效应越明显和显著；规模效率仍然受到整体经济发展水平（*Economy*），地区产业结构指数（*Structure*）以及服务接待能力（*Service*）三个变量的共同影响。随着高铁旅游管理水平和能力的不断提高，资源配置不断完善，投入资源的逐渐充分利用，以及逐渐增加的规模效益，黔桂云地区最终会从规模效益转变到高质量发展阶段。

综上分析，高铁开通对区域旅游综合效率和规模效率存在显著的促进作用，但存在开通时间的差异以及产业背景差异的地区异质性；就黔桂云整体而言，在研究期内，高铁开通对旅游综合效率的促进作用是通过促进规模效率的提升来促进综合效率的提升；高铁对纯技术效率在研究期内存在反向促进作用，高铁开通使得纯技术效率的无效性暴露得更为充分。

第四章 高铁发展对区域旅游经济绩效的影响研究

(五) 高铁发展对旅游业发展效率的影响机制验证

1. 居民收入水平的中介效应

表 4-20，从黔桂云整体来看：未加入控制变量时，income 中间变量在 HSR 对 OE 影响中起到完全中介作用，即 HSR 没有对 OE 产生直接影响，而是通过 income 变量起到 96.62% 的中介作用；income 中间变量在 HSR 对 SE 影响中起到部分中介作用，即 HSR 对 SE 产生 47% 的直接影响，同时通过 income 变量对 SE 产生 53% 的中介作用。加入控制变量后，HSR 通过 income 对 OE 的影响中产生了遮掩效应（范长煜，2016）。根据 Mackinnon（2000）、温忠麟等（2012）对"遮掩效应"的解释，HSR 对 OE 的主效应为正，但通过 income 的间接效应为负，说明在 HSR 与 OE 之间还存在更大的正向机制（张昊民，2017）。HSR 和 income 对 SE 的影响亦是如此。因此，就黔桂云整体而言，在研究期内高铁开通并通过提高居民收入水平促进其旅游发展效率尚未显现，也即是说研究期内居民收入水平并不是高铁影响旅游效率的中介变量，遮掩效应表明，高铁开通还存在其它更大的正向机制来影响旅游效率。

表 4-20 居民收入水平的中介效应检验

	变量	income	income +	OE	OE +	PTE	PTE +	SE	SE +
黔桂云	HSR	0.737*** (9.38)	-0.111* (-1.74)	0.006 (0.06)	0.200** (2.19)	-0.159*** (-3.72)	-0.127** (-2.45)	0.164** (2.01)	0.339*** (3.98)
	income	—	—	0.215*** (4.17)	0.553*** (7.64)	-0.037 (-1.47)	0.009 (0.24)	0.251*** (5.26)	0.555*** (8.21)
	LR	79.73***	486.37***	20.99***	167.13***	24.51***	41.15***	47.03***	181.67***
	中介效应	—	—	96.62%!	30.69%#	—	—	53.00%	18.17%#

(续表)

	变量	income	income +	OE	OE +	PTE	PTE +	SE	SE +
黔	HSR	1.433*** (7.84)	0.219** (2.47)	0.305* (1.94)	0.147 (0.99)	0.181* (1.89)	0.123 (1.13)	0.130 (1.02)	0.025 (0.19)
	income	—	—	-0.021 (-0.31)	1.058*** (6.22)	-0.077* (-1.82)	0.291** (2.32)	0.054 (0.96)	0.806*** (5.28)
	LR	46.86***	258.40***	5.08*	56.22***	4.11	21.65***	5.24*	38.42***
	中介效应	—	—	—	61.13%!	9.31%#	34.08%!	—	87.38%!
桂	HSR	0.452*** (4.31)	-0.210** (-2.24)	0.127 (1.43)	0.418*** (3.71)	-0.162** (-2.31)	0.093 (0.92)	0.296*** (3.49)	0.380*** (3.46)
	income	—	—	0.493*** (7.30)	0.399*** (4.00)	-0.027 (-0.51)	0.089 (1.01)	0.527*** (8.18)	0.336*** (3.46)
	LR	17.48***	181.66***	57.25***	112.25***	7.07**	26.43***	82.18***	131.04***
	中介效应	—	—	63.85%!	20.05%#	—	—	44.52%	18.57%#
云	HSR	1.169*** (5.99)	-0.319* (-1.94)	-0.046 (-0.21)	0.312 (1.25)	-0.102** (-2.02)	-0.039 (-0.61)	0.045 (0.21)	0.347 (1.47)
	income	—	—	0.252*** (3.13)	0.495*** (4.18)	-0.005 (-0.27)	0.033 (1.06)	0.256*** (3.26)	0.466*** (4.00)
	LR	32.42***	200.58***	11.00***	54.10***	5.55*	9.37	13.24***	54.83***
	中介效应	—	—	640.4%#	50.61%#	—	—	86.74%!	42.84%#

注：#表示出现遮掩效应；!示出现完全中介效应；-表示效应不显著；+表示加入控制变量；*、**、***分别表示在10%、5%和1%的显著性水平。

对于黔桂云三省整体而言，高铁通过提高居民收入水平的中介效应机制来影响旅游发展效率的假设虽然没有得到验证，但我们进一步进行分省中介效应检验，发现三省中贵州的居民收入水平变量的中介效应得到了完全验证，高铁建设其产生的直接效应提高了居民收入水平，分别传到出对旅游发展综合效率、纯技术效率以及规模效率 61.13%、34.08%、87.38% 的完全中介效应。其他两省由于在加入控制变量后 HSR 对 income 为负向影响（-0.210 和 -0.319），故多出现遮掩效应。说明在广西和云南，HSR 与 OE 之间还存在更大的正向机制值得研究。

第四章 高铁发展对区域旅游经济绩效的影响研究

这表明居民收入水平对区域旅游发展效率的提升的中间效应存在明显的地区差异。事实上，由于发展战略的差异，贵州近年来地区经济的增长其中旅游业占了较大比重，2017年、2018年旅游综合收入分别占到GDP的48%和61%，旅游业的快速发展极大的提高了居民收入水平。同期的广西壮族自治区，旅游综合收入仅占到GDP的27%和37%，广西作为传统的工业省份，旅游业一直在地区经济中的地位较低，因此其对居民收入水平的拉动较小（与高铁的关系为负）。云南作为旅游大省，旅游业也在地区经济中占有较大比重（同期分别为42%和51%），但是计算期内期高铁刚刚开通，因此其对居民收入水平影响尚不明显。

综上，假设H4并没有完全得到验证。

2. 区域旅游可达性的中介效应

表4-21，从黔桂云整体来看：可达性变量产生中介效应发生在纯技术效率（加控制变量和未加控制变量）和未加控制变量的规模效率上，分别产生了34.04%和22.83%部分中介效应；由于纯技术效率的负向显著影响，故对综合效率的中介效应尚不明显，不过随着中介效应对规模效率影响提高，也会随之影响到综合效率。因此，在研究期内高铁对黔桂云地区整体纯技术效率的影响有34.04%是因可达性的提高而产生；可达性对三省整体综合效率和规模效率的促进作用尚未显现。

表4-21 区域旅游可达性的中介效应检验

	变量	accessibility	accessibility+	OE	OE+	PTE	PTE+	SE	SE+
黔桂云	HSR	0.718*** (10.45)	0.309*** (3.75)	0.157* (1.69)	0.165* (1.67)	-0.107** (-2.49)	-0.085* (-1.65)	0.269*** (3.13)	0.265*** (2.83)
	accessibility	—	—	0.011 (0.18)	-0.084 (-1.41)	-0.110*** (-3.93)	-0.141*** (-4.53)	0.111** (1.98)	0.043 (0.77)
	LR	96.29***	200.27***	4.03	114.68***	37.50***	61.05***	24.19***	120.11***
	中介效应	—	—	—	—	42.46%	34.04%	22.83%	—

(续表)

	变量	accessibility	accessibility+	OE	OE +	PTE	PTE +	SE	SE +
黔	HSR	0.946*** (8.53)	0.287*** (2.93)	0.211 (1.30)	0.162 (1.00)	0.186* (1.86)	0.134 (1.19)	0.028 (0.22)	0.032 (0.22)
	accessibility	—	—	0.067 (0.58)	0.755*** (4.55)	-0.122* (-1.74)	0.186 (1.62)	0.189** (2.07)	0.591*** (4.07)
	LR	53.34***	157.07***	5.32*	42.63***	3.83	19.01***	8.51***	29.35***
	中介效应	—	—	57.17%!	#	—	—	85.96%!	83.96%!
桂	HSR	0.443*** (8.88)	0.117* (1.75)	0.237* (1.95)	0.318*** (2.70)	0.077 (1.03)	0.136 (1.45)	0.189* (1.71)	0.234** (2.23)
	accessibility	—	—	0.254 (1.54)	0.143 (0.97)	-0.566*** (-5.60)	-0.429*** (-4.49)	0.778*** (5.17)	0.643*** (4.88)
	LR	62.52***	114.85***	14.46***	98.02***	35.14***	44.26***	51.95***	141.55***
	中介效应	—	—	—	—	#	36.91%#	64.42%	24.35%
云	HSR	1.656*** (7.37)	0.974*** (3.88)	0.489** (2.10)	0.219 (0.81)	-0.044 (-0.84)	-0.004 (-0.07)	0.529** (2.30)	0.224 (0.84)
	accessibility	—	—	-0.146** (-2.06)	-0.068 (-0.84)	-0.039** (-2.46)	-0.047** (-2.34)	-0.111 (-1.60)	-0.027 (-0.34)
	LR	46.73***	124.68***	5.65*	38.25***	11.43***	13.63***	5.47*	39.72***
	中介效应	—	—	49.44%#	—	59.80%!	91.55%!	—	—

注：#表示出现遮蔽效应，公式：间接效应/直接效应，!表示出现完全中介效应；—表示效应不显著；+表示加入控制变量；*、**、***分别表示在10%、5%和1%的显著性水平。

分省情况来看，可达性变量对贵州的综合效率和规模效率起到了完全中介作用，也即是表明高铁开通没有直接对贵州的综合效率和规模效率产生影响，而是通过可达性的改变分别起到了57.17%和83.96%的完全中介作用。就广西而言可达性变量只对广西的规模效率起到了24.35%的中介作用，对综合效率作用未显现，纯技术效率却出现了遮掩效应。可达性变量对云南的纯技术效率产生完全中介效应，且在加入控制变量时中介效应高达91.55%，说明高铁没有对云南的纯技术效率产生直接影响，而是通过可达性起到91.55%的中介作用；反而言之，

第四章 高铁发展对区域旅游经济绩效的影响研究

若提高云南的区域旅游可达性,将非常有利于促进该地旅游发展效率的提高。由于高铁开通时间较晚,可达性变量对云南的旅游综合效率和规模效率的中介作用尚未显现。

可达性变量对广西的纯技术效率产生遮掩效应,观察相关回归系数和显著性可知,高铁对可达性的正向显著影响,与可达性对纯技术效率的负向显著影响发生相互抵消现象。综合可达性对综合效率和纯技术效率的中介效应结果来看,对广西的综合效率没有产生中介效应即有合理解释。

综上分析,可达性的改变对区域旅游效率的影响较为复杂,就黔桂云而言,可达性的改变只是对纯技术效率起到了 34.04% 的部分中介效应;对高铁开通较晚的云南的纯技术效率起到了 91.55% 的完全中介作用;对高铁开通较早的广西而言只对规模效率起到了 24.35% 的部分中介作用;而对高铁开通 5 年,且区位条件较好①,旅游业也发展较好的贵州而言,对其综合效率和规模效率分别起到了 57.17% 和 83.96% 的完全中介作用。因此,结合 4.2.4 节内容,我们可以这样来理解和总结高铁开通带来可达性改变对区域旅游效率的影响:高铁开通初期,可达性的改变首先主要影响区域旅游纯技术效率,且是负向影响;其次,随着高铁开通时间增加,可达性改变影响区域旅游发展的规模效率,进而对区域旅游综合效率带来影响;最后可达性变量对综合效率的影响效应减弱,但同时对规模效率仍产生影响。

(六) 结论及讨论

1. 结论

(1) 黔桂云三省旅游效率的演变特征

空间关联指数可以有效揭示黔桂云地区旅游发展效率的空间聚集特征,从综合效率空间分布来看,黔桂云旅游发展综合效率有三个特征。

---

① 第三章分析表明,高铁开通后,贵州的可达性改变最大,区位条件在三省而言最好。

第一，黔桂云旅游发展综合效率空间分异明显，贵州占据高值空间集聚区比例最大，广西占据低值空间集聚区比例最大。第二，整体有向高值空间集聚现象，有两个城市从低值区域转向高值区域。第三，存在高低值区域转化特征，涉及转化的市州有9个，占比23.08%。

(2) 高铁对黔桂云三省旅游效率的作用

在综合效率方面，高铁开通对提高黔桂云旅游发展综合效率有促进作用，且存在区域差异性，在单纯的高铁对综合效率的回归结果中，系数大小排列与各省高铁开通时间一致。在纯技术效率方面，高铁开通导致黔桂云旅游发展纯技术效率暴漏出无效性，这与理论假设相悖；这是由于研究区域为民族地区，且高铁尚在开通初期，管理和技术水平跟不上最优规模水平的需求，资源配置效率仍有提升空间，因此导致纯技术效率的无效性暴漏的更为充分。在规模效率方面，高铁开通对黔桂云旅游发展规模效率起到显著的促进作用，并且随着黔桂云高质量发展阶段的不断成熟，投入资源的充分利用，以及逐渐增加的规模效益，最终会达到最佳的规模收益阶段。就研究区域而言，高铁开通对旅游发展效率的促进作用是通过提升规模效率来促进综合效率。

(3) 高铁对黔桂云三省旅游效率的作用机制

通过中介效应检验，高铁开通的直接效应带来居民收入水平的增加从而促进区域旅游发展效率的假设只在贵州得到了验证，而在三省整体样本和云南来说，其中介效应皆未显现，这也许与高铁开通的时限有关。广西由于其旅游业在国民经济的地位较低，因此居民收入水平的中介效应也未显现。

高铁开通带来可达性的改变对区域旅游效率的影响效应更为复杂，高铁开通初期可达性的改变首先主要影响区域旅游纯技术效率，且是负向影响；高铁开通中期，可达性的改变主要对规模效率和综合效率产生显著促进作用；当综合效率接近最优效率时，仅对规模效率产生影响。

第四章　高铁发展对区域旅游经济绩效的影响研究

2. 讨论

（1）高铁开通显著促进了区域旅游发展的综合效率，且存在地区异质性。这个结论与现有的两篇文献（魏丽，2018；阎友兵，2020）研究结论一致，但高铁的开通是通过促进规模效率来促进综合效率的提升，还是通过促进纯技术效率来促进综合效率的提升，本研究却与这两位学者的研究结论是有不一致。魏丽（2018）以全国 31 个省为研究对象，研究期限为 2004—2015 年，认为高铁对旅游效率的促进作用是通过促进纯技术效率的提升来促进综合效率；而阎友兵（2020）以湖南省为例，以高铁沿线城市为样本，认为高铁对旅游效率的促进作用是通过促进规模效率的提升来促进综合效率。而本研究表明，高铁对黔桂云三省的综合效率的提升是通过规模效率的提升以及纯技术效率的下降共同作用，但研究期内总体表现为对综合效率的促进作用。研究者认为高铁开通对纯技术效率和规模效率皆会产生影响，合理的解释是对规模效率产生正向促进作用，而对纯技术效率在开通初期必定会产生负向作用，研究者在可达性的中介效应检验中几乎验证了这一结论。这有待选取不同的研究对象和样本，更长期的考察高铁对效率的影响来进一步进行验证。

（2）关于高铁对效率作用机制的研究。本研究提出的两条作用路径，在黔桂云三省整体以及广西和云南皆未得到验证，但在贵州得到了全部验证。就居民收入水平的中介效应问题，魏丽（2018）的研究支持了这条路径假设，前述众多文献研究也表明居民收入水平是影响区域旅游发展效率的关键因素。研究者认为，这也许与各地区经济发展模式有关（广西）或者与高铁开通的时间有关（云南）。可达性改变的中介效应问题，也表现出相同的状况，且在广西和云南出现了现遮掩效应，说明在高铁开通核心变量与综合效率、纯技术效率、规模效率之间还存在更大的正向机制未纳入研究视野。这为后续关于高铁开通与黔桂云旅游发展效率关系的研究提供了一个全新的方向。

（3）本文的研究表明，高铁开通可达性的中介效应对旅游发展效率的影响较为复杂，高铁开通可达性的改变首先主要影响纯技术效率，其次对规模效率和综合效率产生影响，这一结论还有待进一步研究验证。其一，高铁开通的时限问题，初期、中期、后期如何划分确定；二是可达性的中介效应在西部经济欠发达的黔桂云三省产生了此种反映，但在东部其他地区是否有类似的情况，值得进一步论证。

三、高铁背景下旅游经济绩效的时空动态格局及耦合关系研究

党的十九大报告明确指出，新时代我国社会的主要矛盾已经转化为人民日益增长的美好生活需要和不平衡不充分的发展之间的矛盾。发展的不平衡不充分已成为人民追求美好生活的主要障碍，推动高质量发展是实现人民对美好生活向往奋斗目标的客观需要，是解决我国不平衡不充分发展问题的必然要求（林昌华，2019）。旅游活动是人民美好生活需要的重要组成内容，旅游产业能否高质量发展，关乎百姓福祉。2014年《国务院关于促进旅游业改革发展的若干意见》就已经指出旅游业发展要"以转型升级、提质增效为主线"，实现有质量、有效益的中高速增长，兼顾旅游发展"质"与"量"的平衡。旅游业的平衡发展、充分发展是推动人民实现美好生活需求的路径，是实现区域旅游高质量发展的重要内涵。

本章前两节，分别探讨了高铁发展对旅游经济发展的业绩和效率的空间影响效应，本节试图进一步探讨在高铁背景下业绩与效率的空间耦合关系，为区域旅游高质量发展提供政策建议。

（一）研究综述

旅游业的不平衡发展，在地理上主要表现为空间差异。空间的不平衡发展受到地理区位、资源禀赋、要素流动等因素影响（谭皓方，2019），而现代交通体系的完善，尤其是全国范围高铁网络的形成，改

第四章　高铁发展对区域旅游经济绩效的影响研究

善区域区位条件，并加速生产要素的流动，形成旅游经济高地和洼地，进一步影响旅游业的空间不平衡发展。旅游发展的空间差异一直是旅游地理学领域的研究热点。学者以县域、市域（徐冬，2020）、省域（马斌斌，2019）、经济区等不同尺度的案例地为基础，借助基尼系数、地理集中指数、地理探测器（孙泽乾，2019）等手段，以旅游人次数、旅游收入等单一指标或构建综合评价指标来分析旅游规模、旅游效率（赵松松，2019）、旅游绩效（王坤，2016）、旅游流（程成，2020）、旅游场强（胡美娟，2019）等旅游发展维度的空间差异。

旅游业的不充分发展，在经济上主要表现为旅游绩效的不协调。长期以要素扩张为主的粗放型发展模式造成了旅游业产能过剩、无序开发等问题，出现投资的边际效益递减、资源转化效率低下等现象（王松茂，2020）。高铁的快速、安全和高效率带来了区域旅游空间的明显的"时空压缩"效应，游客在同等的出行时间、出行成本下，出行的地理距离大幅度增加，即游客的出游半径增加，进而影响旅游者对目的地的选择和停留，并改变旅游者的旅游消费，由此带来旅游目的地一系列的旅游要素的深刻变化，带来高铁的"多米诺"效应（朱桃杏，2017）。这种效应主要表现在两个方面，一方面是旅游目的地的旅游客流的增加，即旅游业绩的增加；另一方面表现为旅游者在旅游目的地旅游消费的改变，引发旅游业投入与产出的改变，即旅游效率的改变。高铁所带来的旅游业绩与旅游效率的变化会形成旅游绩效的不断波动，并在波动中寻求旅游绩效的平衡。

旅游绩效协调是旅游经济评价的重要维度，也是目前学术界研究的重要内容。黄睿（2018）等学者运用ESDA、LISA时间路径和重心轨迹等研究方法对泛长三角地区的旅游发展状况从业绩和效率二维视角进行耦合关系分析，郭向阳等学者从时空耦合的演化视角分析了长三角经济带的旅游发展效率与发展强度的关系，认为高度耦合型省市具有较好空间集中性和年际变化稳定性，整体空间分布经历了"均衡—相对集中—

分散"的演变过程（郭向阳，2017）。

综上来看，区域旅游业发展的空间差异和绩效协调上的研究已经较为丰富，但依旧存在以下的不足。在旅游高质量发展时代，对旅游规模与质量的并举研究才是探究区域旅游不平衡不充分的重要途径，然而目前的研究偏重于旅游综合水平，且大多是对旅游业绩的研究；其次在考虑旅游业绩和效率的二维视角研究中心，多以其分布的空间格局为主，而对绩效内部关系的研究欠缺；在少量关注绩效的耦合协调研究中仅仅探究了耦合的结果和变化趋势，未对这种变化的因素和机制做出进一步深入的探讨。故本研究以黔桂云三省为案例地，采用综合评价法、DEA-MI 模型、耦合协调模型对旅游业绩、旅游效率及绩效耦合度、耦合协调度进行测量，并分析其时序演变和空间演化规律，探究高铁对旅游绩效的耦合过程、耦合类型中的影响。

（二）研究设计

1. 研究方法

（1）旅游业绩测度

旅游业绩，是指区域旅游发展的成果，衡量的常用指标是旅游人次数和旅游收入，前者在一定程度上能衡量旅游地的客源规模，后者是旅游地旅游业发展效益的重要体现。故采用线性综合评价法以综合测度地区旅游发展业绩。评价的具体步骤为：

确定指标：设有 m 个个体，j 个指标。$x_{\theta ij}$ 是 θ 城市 i 年第 j 个指标值。

指标无量纲化处理：由于不同的指标有不同的单位和量纲，为便于比较们进行标准化处理，处理的方式为：正向指标：$x'_{\theta ij} = \frac{x_{\theta ij}}{x_{max}}$；负向指标：$x'_{\theta ij} = \frac{x_{min}}{x_{\theta ij}}$。

第四章　高铁发展对区域旅游经济绩效的影响研究

确定指标比重：$y_{\theta ij} = \dfrac{x'_{\theta ij}}{\sum_m x'_{\theta ij}}$。

确定第 j 项指标的熵值：$e_j = -k \sum_{\theta} (y_{\theta ij} \ln(y_{\theta ij}))$，其中 $k = \ln(m)$。

确定第 j 项指标的信息效用值：$g_j = 1 - e_j$。

确定各指标权重：$w_j = \dfrac{g_j}{\sum_j g_j}$。

确定评价模型：$TP_{\theta i} = \sum_{j=1}^{n} (w_j x'_{\theta ij})$，$TP_{\theta i}$ 表示 θ 城市第 i 年的旅游发展业绩。

（2）旅游效率测度

旅游效率，是评价旅游经济主体利用资源的能力，资源利用过程的有效性，以及使所有利益相关者得到总剩余最大化的重要标尺（王坤，2013）。本文对旅游效率的测度采用数据包络分析（Data Envelopment Analysis，DEA），即将每个市州生产单元看做是实际的具有多个输入和输出的决策单元（Decision Making Units，DMU），则区域内所有市州决策单元组成被评价群体，通过对被评价群体的投入产出分析，找到生产的最佳前沿面，并把每个 DMU 的生产可能性同这个最佳前沿面进行距离比较，确定各 DMU 是否 DEA 有效。本文具体采用 Banker 等人 1984 年提出的 DEA-BCC 模型，在测量时有基于投入和产出两个角度，投入角度测量评价的 DMU 单元的无效率程度，关注的是在不减少产出的条件下，要达到技术有效各项投入应该减少的程度，故根据本文的研究目的选用投入角度进行测量。具体的模型为：

设定有 n 个决策单元 MDU，x_j、y_j、θ 分别代表第 j（$j = 1, 2, 3……n$）个省市的投入、产出变量和相对效率值，依据 CCR 模型，该模型方程式为：

$$\begin{cases} \min\theta \\ s \cdot t \sum_{j=1}^{n} \lambda_j y_j \leqslant \theta x_0 \\ \sum_{j=1}^{n} \lambda_j y_j \geqslant y_0 \\ \sum \lambda_j = 1 \end{cases} \quad (式4-3-1)$$

式中，$\min\theta$ 为目标函数；$s \cdot t$ 表示限制性条件；λ_j 代表每个省市在某一指标上的权重变量；x_0 与 y_0 分别表示决策单元的原始投入和产出值。DEA 测算的效率值是与当下最佳生产前沿面的比较而来，是某个节点的效率，不能在纵向时间上的进行比较，为了更加详细了解区域旅游效率的动态变化，采用曼奎斯特（Malmquist，1953）提出的 Malmquist 指数来进一步分析区域旅游效率的时间演变，具体的计算公式为：

$$MI_{t+1} = \left[\frac{D^{t+1}(x^{t+1},y^{t+1})}{D^{t+1}(x^t,y^t)} \times \frac{D^t(x^{t+1},y^{t+1})}{D^t(x^t,y^t)} \right]^{\frac{1}{2}} \quad (式4-3-2)$$

其中，$D^{t+1}(x^{t+1},y^{t+1})$ 表示 $t+1$ 期的 DMU 与 t 期生产前沿面之间的距离，即以 t 期的所有 DMU 构造生产前沿面来衡量 $t+1$ 期某个 DMU 的效率。若 $MI_{t+1}>1$，表明效率提高；若 $MI_{t+1}<1$，表明效率降低；若 $MI_{t+1}=1$，表明效率不变。

(3) 耦合协调评价模型

耦合，源于物理学的概念，表示不同系统间的作用强度，后被广泛应用于社会科学中进行两个及两个以上社会经济系统的相互作用和影响进行评价分析（丛晓男，2019）。旅游绩效耦合度能够测量出区域旅游业绩与旅游效率的相互作用程度，参照丛晓男的研究成果，构建两个系统的耦合度模型：

$$C_{it} = 2 \times \sqrt{\frac{P_{it} \times E_{it}}{(P_{it}+E_{it})^2}} \quad (式4-3-3)$$

其中，C_{it} 代表 i 地区第 t 年的耦合度，P_{it} 和 E_{it} 分别代表 i 地区第 t 年的旅游业绩和旅游效率。但同时可能存在业绩效率同时较大或较小时的

第四章　高铁发展对区域旅游经济绩效的影响研究

高度耦合，故借鉴相关成果（生延超，2009）进一步构建协调度测度旅游绩效系统的协调程度，其具体模型表达式为：

$$D_{it} = \sqrt{C_{it} \times T_{it}}，其中，T_{it} = \alpha P_{it} + \beta E_{it} \quad （式4-3-4）$$

其中，D_{it} 代表耦合协调度，T_{it} 为旅游绩效综合评价指数，其中 α、β 为系统权重，且 α+β=1，由于旅游业绩和旅游效率在衡量区域旅游综合发展水平时同等重要，故取 α=β=0.5。

2. 指标体系构建及数据来源

（1）旅游绩效指标体系

提质增效是旅游业转型发展的重要举措，旅游产业发展应该从"质"和"效"两个维度形成旅游绩效评估体系。

在旅游业绩上，单因素的单一指标很难表达出旅游业的综合水平，故一些学者寻求综合指标如区位熵（LTQ）（周强，2018）或相对指标（杨建明，2009）如旅游密度、人均旅游收入等来测度旅游发展成果。因此，在借鉴秦伟山（2014）等和杨丽（2015）等学者的研究成果基础上，以国内旅游收入、旅游外汇收入、国内旅游人次和入境旅游人次四项指标构采用综合评价法测度地区旅游发展业绩，其指标权重的确立采用熵值法。

在旅游绩效上，以每个市州作为旅游经济生产单元，生产过程中涉及投入指标和产出指标。在投入指标上，古典经济学认为经济活动的基本投入要素为土地、资本和劳动力（曹芳东，2015）。区域旅游发展受土地条件约束较小且旅游用地的规模难以剥离，故该指标不纳入区域旅游效率的计算中。区域旅游资本要素的投入以区域旅游业固定资产投入核算最为准确，但是该数据难以获取也没有专门的机构统计，故参照相关学者的处理方式，采用区域固定资产投资作为资产投入要素，虽然放大了旅游业的资本投入规模，但也一定程度能体现出旅游业涉及的食宿行游购娱等多个产业领域的综合性。旅游劳动力投入要素以区域旅游从业人数衡量，但该指标大多数区域未统计，故采用区域期末就业人数乘以旅游经济贡献度（旅游总收入/GDP）；在旅游经济生产过程中，涉及到消费的异地性，故除了资本和劳动的投入要素以外，旅游目的地的旅游资源吸引力及交通可达性会对旅游目的地旅游经济生产带来重大影响，故在投入指标中引入资源禀赋和交通便利度。其中旅游资源范围广泛，目前在旅游市场上接待量比较大的是国家文化和旅游部及各省市所评定的 A 级景区，故以 3A 级及以上景区数量为基础，并根据 A 级景区评分标准计算地区资源吸引力。交通便利度主要指游客能够快速、便捷地到达旅游目的地进行旅游活动的程度。目前，高铁以便捷、快速、准时等优点已经成为短距离旅行时游客的首选（王华，2016），故以高铁班次数衡量游客到达目的地的交通便利程度。而高铁班次数采用经过并停留该地区任何一个车站的 G、D、C 开头的列车班次数，同一班次列车在区域内多个车站停留时重复计算，因为对一个站点的停留增加了游客购买本次列车的机会，也加大了列车的运营成本，故重复计算的班次数作为投入指标更为准确。在产出指标上，旅游人次数和旅游收入是区域旅游经济最基础表征指标，因此同时选用国内旅游收入、旅游外汇收入、国内旅游人次和入境旅游人次四个指标来进行旅游效率的核算。

表 4-22 旅游效率评价指标体系

属性	指标层	具体指标	计算方式
投入指标	资本	固定资产投资	统计年鉴获取
	劳动力	旅游从业人数	区域期末就业人数 * （旅游总收入/GDP）
	资源禀赋	资源吸引力	5A 景区数量 * 0.95 + 4A 景区数量 * 0.85 + 3A 景区数量 * 0.75
	交通便利度	高铁班次数	经过并停留该地区任何一个车站的 G、D、C 开头的列车班次数（重复计算）

第四章　高铁发展对区域旅游经济绩效的影响研究

(续表)

属性	指标层	具体指标	计算方式
产出指标	旅游收入	国内旅游收入	统计年鉴获取
		旅游外汇收入	统计年鉴获取
	旅游人次	国内旅游人次	统计年鉴获取
		入境旅游人次	统计年鉴获取

(2) 数据来源

本文的 GDP、固定资产投资、旅游总收入、旅游人次数、第三产业从业人数数据来源于 EPS 数据库中贵州、广西、云南三省的县市统计数据库，缺失数据通过各市（州）统计年鉴和国民经济发展公报补齐；旅游景区数量来源于各省旅游行政部门官网统计的 A 级景区目录，高铁班次数据来源于 2013—2018 年的铁路运输时刻表。

(三) 研究结果分析

1. 旅游绩效的时序演变

(1) 旅游业绩的测度及时序分析

通过旅游发展业绩模型测度出黔桂云地区 39 个市州 2009—2018 年的旅游业绩，并对其变化状况在时间维度进行分析，其年均值的变化时序见图 4-10。

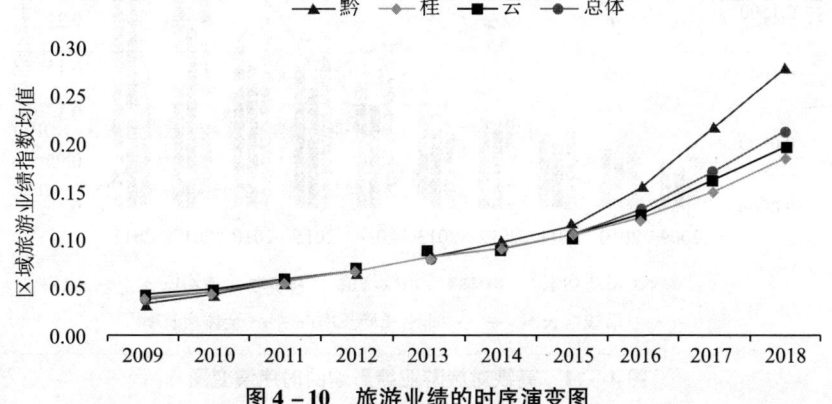

图 4-10　旅游业绩的时序演变图

从省际层面来看，研究区域的旅游业绩逐年提升，从 2014 年后增长速度明显加快。在省际差异上，三省的旅游业绩差异在 2014 年以前不明显，从 2014 年之后省际分异明显。贵州省的旅游业绩及其增长速度从 2014 年开始逐步高于区域均值并远超其他两省，云南、广西的差异逐步显现，但两省的旅游业绩低于均值。可以看出，2014 年时区域旅游业绩变化的重要节点，而在 2013 年 12 月，区域第一条高铁南广高铁开通。初步可以看出，高铁的开通对区域旅游业绩产生重要影响。

为进一步直观观察高铁开通对区域旅游业绩的影响，将研究区域的市州以 2018 年是否有高铁列车（G、D、C 开头的列车）班次分为高铁沿线地区和非沿线地区，以此来观察高铁对不同区域旅游业绩的影响。从图 4-11 可以看出，在高铁开通之前（2014 年），高铁沿线地区和非沿线地区旅游业绩差异较小，且非沿线地区旅游业绩的增长率大于沿线地区（2010 除外）；而在 2014 年、2015 年，两者的旅游业绩增长率交替变化，其主要原因是这两年区域内大量城市逐步开通高铁，或者目前在沿线组的城市在这两年并未开通高铁而导致影响效果不明显，但是这种现象从 2016 年开始明晰，沿线地区的增长率明显高于非沿线地区，

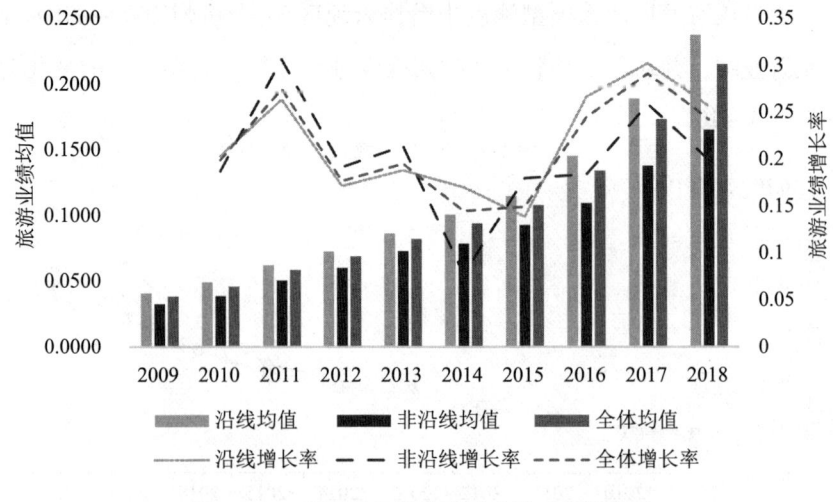

图 4-11 高铁对旅游业绩影响的时序演变图

第四章 高铁发展对区域旅游经济绩效的影响研究

并呈现出持续性稳定变化趋势。

综上可以看出,2009—2018 年,区域旅游业绩持续上升,高铁开通后其上升速度加快,且逐渐呈现出高铁沿线地区的增长速度高于非沿线地区的现象。

(2) 旅游效率的测度及时序分析

采用 DEA-BBC 模型测度各市州 2009—2018 年的旅游综合效率、纯技术效率、规模效率以及规模报酬变化状况,并以旅游综合效率的年均值静态分析区域旅游效率的时序变化(图 4 – 12)。

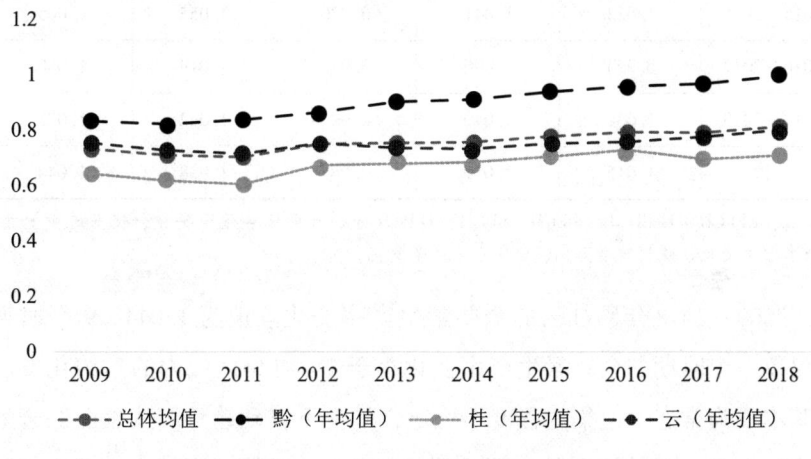

图 4 – 12　旅游效率的时序演变图

研究期间内区域总体旅游效率的变化幅度较小,围绕均值 0.76 附近波动;从省际来看,三省在研究期间的旅游效率变化趋势跟总体一致,但省际差异依旧明显且不存在位序变化,贵州省自始至终位居旅游效率首位。

旅游效率的静态分析不能体现随时间变化旅游效率的动态变化率,故采用 DEA-Malmquist 指数模型对旅游效率进行分解分析,以准确判断旅游效率的时间变化状况(表 4 – 23)。

表 4-23　2009—2018 年黔桂云旅游效率 Malmquist 生产指数及其分解

时段	EFFCH	TECHCH	PECH	SECH	TFPCH
2009—2010	0.963	1.056	1.000	0.963	1.017
2010—2011	0.993	0.960	1.000	0.993	0.954
2011—2012	1.083	0.956	1.000	1.083	1.036
2012—2013	1.003	1.133	1.000	1.003	1.137
2013—2014	1.004	1.021	0.990	1.014	1.026
2014—2015	1.039	0.975	0.954	1.089	1.013
2015—2016	1.023	1.041	0.970	1.055	1.065
2016—2017	0.993	1.096	0.975	1.019	1.088
2017—2018	1.034	1.040	0.993	1.042	1.075
均值	1.015	1.029	0.987	1.028	1.044

注：EFFCH、TECHCH、PECH、SECH、TFPCH 分别表示综合效率变化、技术进步变化、纯技术效率变化、规模效率变化、全要素生产率变化。

2009—2018 年黔桂云的全要素生产率变化均值为 1.044，9 个时期中仅仅一个时期的全要素生产率变化小于 1，可见区域内的集约化发展已基本成为常态，但集约程度不稳定，呈上下波动趋势。从旅游综合效率变化上看，区域旅游效率平均增长 1.5%，增长幅度较小，但 2/3 的评价期中都处于微弱增长趋势，但是全要素生产率变化均值、技术进步变化均值略大于旅游综合效率变化均值，表明导致全要素生产率相对有效的主要原因是技术进步变化的显著提高。但纯技术效率的均值小于 1，且在多个评价期内的变化幅度小于技术进步变化和规模效率变化，没有完全发挥技术进步优势，且拉低了规模效率变化对旅游综合效率的微弱增长趋势。因此，在规模效率增加、技术进步的情况下，旅游综合效率呈现波动的微弱正向变化，表明区域旅游要素配置不合理、技术利用率低。

而从时序上看，在 2013 年以前，纯技术效率变化一直为 1，表明在

第四章 高铁发展对区域旅游经济绩效的影响研究

当下的生产条件下技术效率达到最优,区域综合效率的提高主要依托规模效率的不断提升;而在 2013 年区域内高铁开通以后,技术效率变化出现"先递减后递增"的 U 型变化状况,表明区域的生产条件不能实现技术效率的完全转化,区域内部的生产要素还需进一步优化配置,以实现技术进步带来的效率优化。

2. 旅游绩效的空间演化

为进一步探究黔桂云地区 39 个市州旅游绩效的空间格局特征及演变规律,以研究时期的起始点 2009、2018 年及区域高铁开通的节点 2014 年 3 个时间截面的旅游绩效数据为基础,运用 ArcGIS10.3 软件中的自然断点法对区域的旅游绩效进行分级空间可视化呈现,形成图 4-13 的时空格局状态。

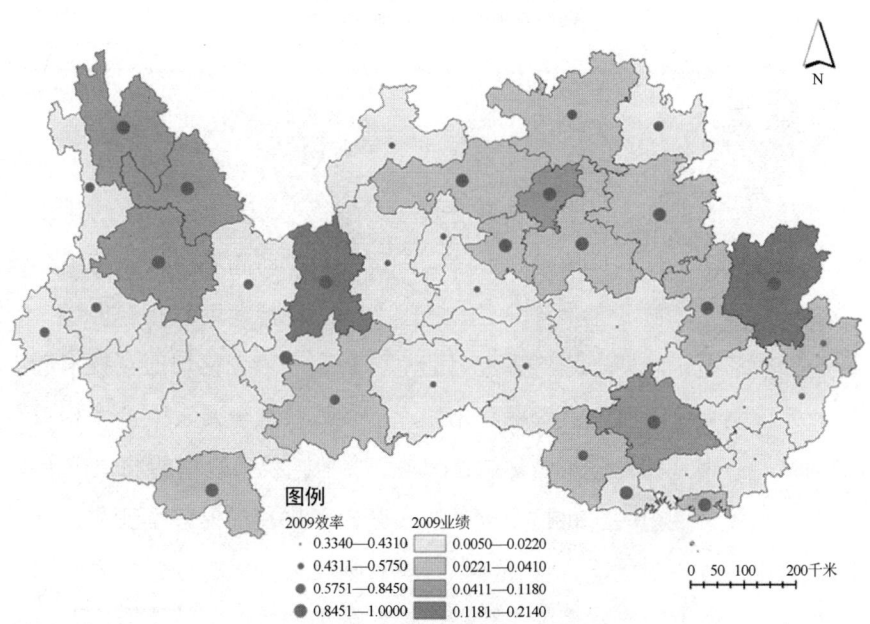

图 4-13 黔桂云 39 市(州)旅游绩效空间对比分布图(一)

高铁对民族地区旅游经济的空间效应测度及动力机制研究

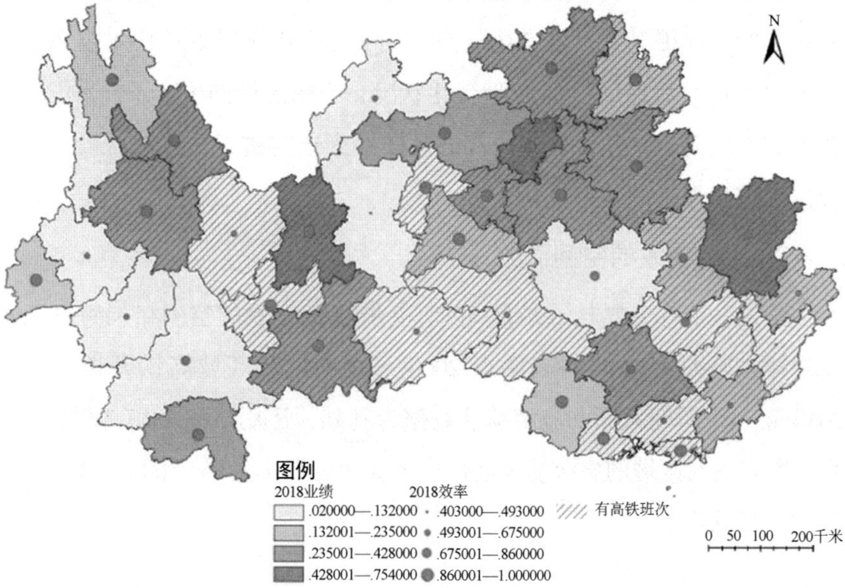

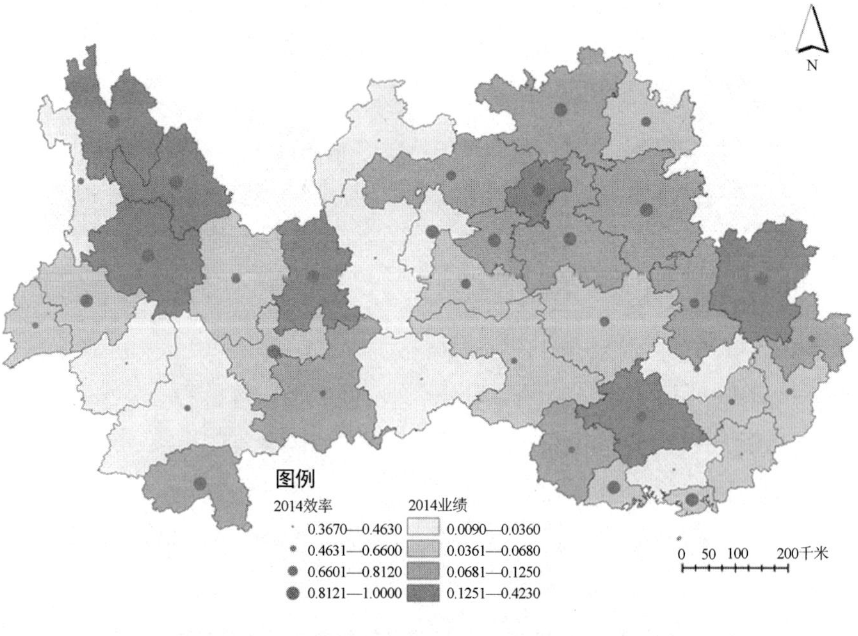

图4-13 黔桂云39市(州)旅游绩效空间对比分布图(二)

第四章 高铁发展对区域旅游经济绩效的影响研究

在旅游业绩上,2009 年的旅游业绩处于第一层次的地区有五个,分别为桂林市、昆明市、丽江市、大理州和迪庆州,都是旅游资源禀赋、旅游开发较早的地区;处于第二层级的两个地区,均是省会城市(贵阳、南宁);处于第三层次的城市具有以下两个特点:一是旅游资源型地区,如北海市、红河州、西双版纳州;二是与高业绩区域相邻,受到涓滴效应的影响。到 2014 年,曾经处于第一层次的地区依旧稳居首位,但贵阳从第二层次跃居第一层次;曾经处于第二层次的地区除北海市外都晋升为第二层次,具有 2009 年第三层次地区的特点;而 2009 年低业绩地区部分晋升为第三层次;2018 年,区域旅游业绩整体进一步提升,整体的提升后导致各层级市州数量有变化但其位序维持不变,且高业绩区域均位于高铁开通区域或者与之相邻。因此,黔桂云地区旅游业绩的空间分布特征表现为:(1)2009—2018 年,区域旅游业绩整体提升,尤其是高铁沿线地区;(2)资源优势型、区位优势型地区的旅游业绩多处于最高等级,其邻近地区旅游业绩因受涓滴效应而逐步进入较高等级。

在旅游效率上,2009 年旅游效率处于第一、二层次的地区分别有 16 个、8 个,总共占研究区域的 61.5%,表明在 2009 年大多数地区在当下的条件下能够实现高效率的旅游经济生产,且高效率的地区全部位于业绩的第一二层次,表明区域的旅游业绩与旅游效率之间存在一定程度的协调关系。2014 年区域旅游效率总体水平提高,保持着与 2009 年大致一致的格局关系,但出现部分高效率低业绩的区域。

自 2014 年起,区域陆续开通高铁班次,直至 2018 年,区域 27 个市州有高铁班次到达,在这之中,旅游业绩处于第一二层次的有 10 个,占总体高业绩区域的 76.92%,且高效率的有 17 个,占比 68%。而在未开通高铁班次的区域高业绩、高绩效的区域个数依次为 3 个和 8 个,显然高业绩、高效率的地区更集中于高铁开通区域。在未开通高铁区域的高业绩、高效率地区分别有 2 个、5 个与高铁区域相邻,受到邻近区域的高铁溢出效应的影响。综上,2018 年的高绩效区域位于有高铁班次的地区或者与之相邻,高铁对区域旅游绩效影响存在明显影响。

3. 旅游绩效的空间耦合关系

(1) 耦合程度

依托耦合度模型测度出区域 39 个市（州）2009—2018 年的耦合度，并参考相关成果（王成，2018）并结合研究区域特点将耦合程度

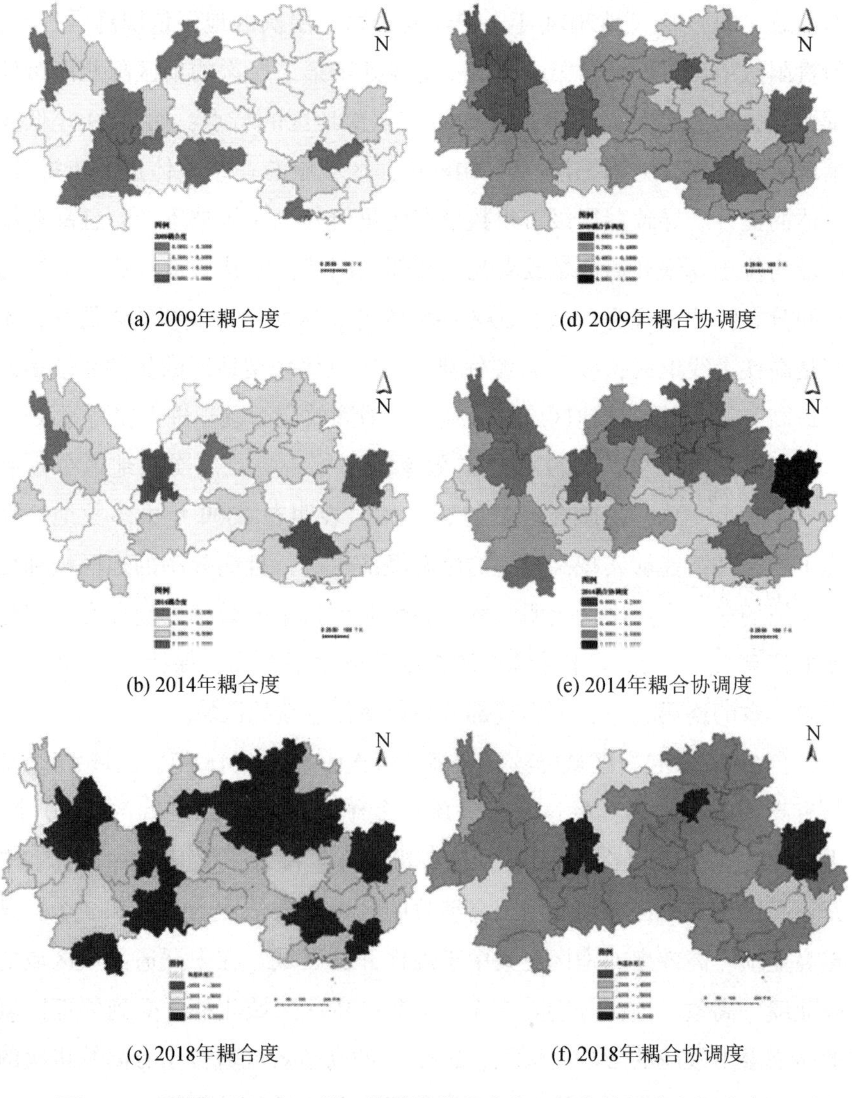

(a) 2009年耦合度

(d) 2009年耦合协调度

(b) 2014年耦合度

(e) 2014年耦合协调度

(c) 2018年耦合度

(f) 2018年耦合协调度

图 4-14　黔桂云 39 市（州）旅游绩效耦合度、耦合协调度空间分布图

第四章 高铁发展对区域旅游经济绩效的影响研究

分为四个等级：$0 \leqslant C \leqslant 0.3$ 处于低度耦合时期，旅游业绩与效率独自发展，但相互之间又有所关联；$0.3 < C \leqslant 0.5$ 处于磨合耦合时期，旅游业绩与效率之间的相互作用加强，出现相互磨合的状态；$0.5 < C \leqslant 0.8$ 属于良性耦合时期，伴随逐渐的发展与磨合，两者之间相互制衡，出现良性耦合；$0.8 < C \leqslant 1$ 属于高度耦合时期，耦合的相互作用进一步加强，两者逐步实现高度耦合。同时运用 ArcGIS10.3 对耦合的四大类型在 2009、2014 以及 2018 年的状态进行空间可视化呈现，如图 4-14（a、b、c）。

2009 年，区域内未出现高度耦合地区，处于良性耦合时期的市州有 6 个，占总数的 15.38%，分别为南宁市、桂林市、贵阳市、昆明市、丽江市和迪庆州，属于旅游资源禀赋或者区位优势明显的市州。而剩下的 33 个市州处于低度耦合时期或磨合耦合时期，耦合程度较低，空间差异明显。

2014 年，南宁市、桂林市和昆明市的旅游绩效出现高度耦合，处于低度耦合的市州仅仅有六盘水市和怒江州，区域总体的耦合度分布呈现出"两头小中间大"的哑铃形状，区域旅游绩效的耦合状况进一步优化，且空间差异缩小。

2018 年，区域处于高度耦合时期的市州达到 14 个，其中有 11 个市州已开通高铁班次，未开通高铁班次的有毕节市、丽江市和西双版纳州 3 市州，具有与高铁区域相邻或旅游资源禀赋的特点。同时，区域 61.54% 的市州处于良性耦合时期，仅剩下怒江州处于磨合耦合时期，区域旅游业绩和效率在 2014 年以后相互作用进一步加强，且在高铁区域这种相互作用更加明显。

显然，区域旅游绩效的耦合度在空间上出现了从"无序—多点—极化"演化模式，模式演化受到资源禀赋和高铁班次的影响，且高铁极点的扩散效应已初具端倪。在时间维度上，旅游绩效的耦合度从 2009 年的 0.3789 提升到 2018 年的 0.7543，增长了 99.07%，所有市州的耦合水平都在不同程度上得到了提高,尤其是从 2014 年到 2018 年,29 个市州的耦合类型得到提升,且六盘水市出现了从"低度耦合—良性耦合"的跳跃式发展。

(2) 耦合协调度

采用耦合协调度模型计算出区域的耦合协调度,参照方世敏(2020)等学者的研究将耦合协调度分成五种类型,见表 4-24。同时将耦合协调数据在矢量地图上进行呈现,形成 2009、2014 及 2018 年的空间分布图,如图 4-14(d、e、f)。

表 4-24 旅游绩效耦合协调度的类型划分及意义

耦合协调度	耦合协调类型	意义
[0, 0.2]	严重失调	过度重视旅游业绩发展,严重挤压旅游效率的发展空间。
(0.2, 0.4]	中度失调	旅游业绩占有极大的发展优势,旅游效率发展受限。
(0.4, 0.5]	基本协调	逐步重视旅游效率的提高,关注旅游业绩与效率的并举。
(0.5, 0.8]	中度协调	旅游效率进一步提高,与旅游业绩相互作用加强
(0.8, 1]	高度协调	旅游业绩与效率共同且有序发展,相互促进,齐头并进

在时间维度上,区域旅游绩效的耦合协调度平均水平从 2009 年的 0.377 提升到 2018 年的 0.618,实现从中度失调到中度协调的持续提升。2009 年,区域旅游绩效耦合协调度全部集中于中度失调、基本协调和中度协调三个类型,分别占比 64.10%、17.95% 和 17.95%,整体水平较低,半数以上的区域处于中度失调;2014 年,区域旅游绩效的耦合协调度取值位于 (0.263, 0.807),最低值和最高值分别出现于怒江州和桂林市,大部分地区处于基本协调和中度协调类型;2018 年,区域旅游绩效的耦合协调度的整体水平在 2014 年的基础上提升了 27.68%,除怒江州以外,所有市州均进入协调时期,其中基本协调、中度协调和高度协调的市州占比分别为 15.79%、76.32% 和 7.89%,区域旅游业绩和旅游效率的相互促进作用加强,逐步实现有序发展和协调发展。

第四章　高铁发展对区域旅游经济绩效的影响研究

在空间维度上，区域旅游绩效协调度在空间上表现出以区域中心城市（昆明、贵阳、南宁）为核心的圈层扩散趋势，但各个核心城市的扩散能力差异明显，2014年以后的高值扩散区沿高铁线路分布，空间分异存在但相互差异逐步缩小。

综上可知，2009—2018年间，区域旅游绩效的协调度与耦合度有一定的联系，但表现出不同的趋势。区域39个市州的旅游绩效协调度整体提升，半数以上的市州实现了从失调到协调的转变。在空间演化上表现出以中心城市为核心沿高铁沿线市州扩散的趋势。

（3）耦合类型

以2009年、2014年、2018年的旅游业绩、旅游绩效均值为交叉原点，将旅游绩效的耦合分为四种类型，分别为：高绩高效型、低绩高效型、低绩低效型、高绩低效型，并将四种类型在空间上进行可视化呈现（图4-15）。

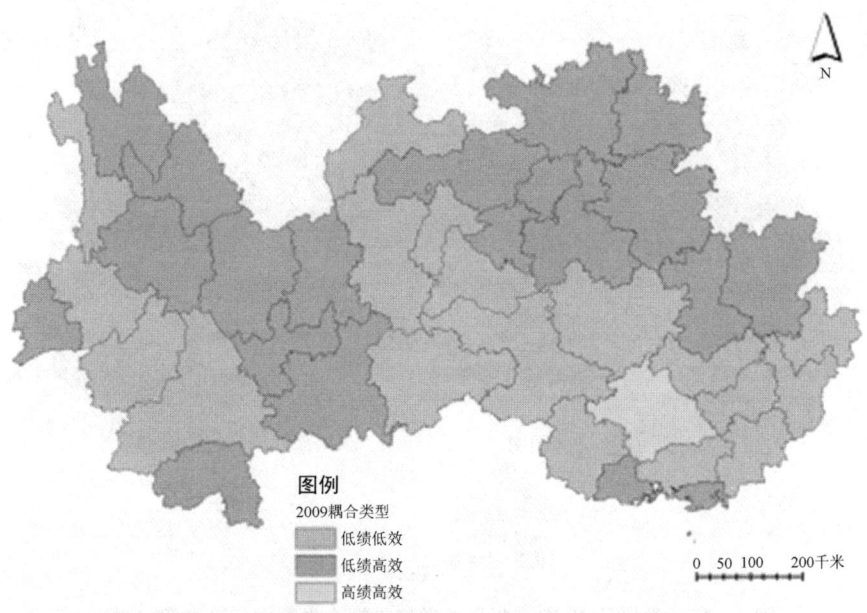

图4-15　黔桂云39市（州）旅游绩效耦合类型空间分布图（一）

高铁对民族地区旅游经济的空间效应测度及动力机制研究

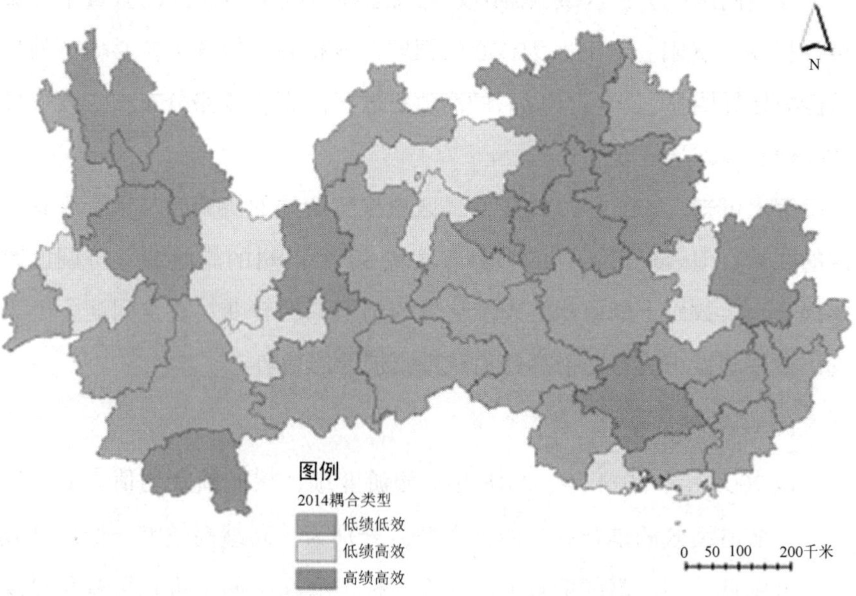

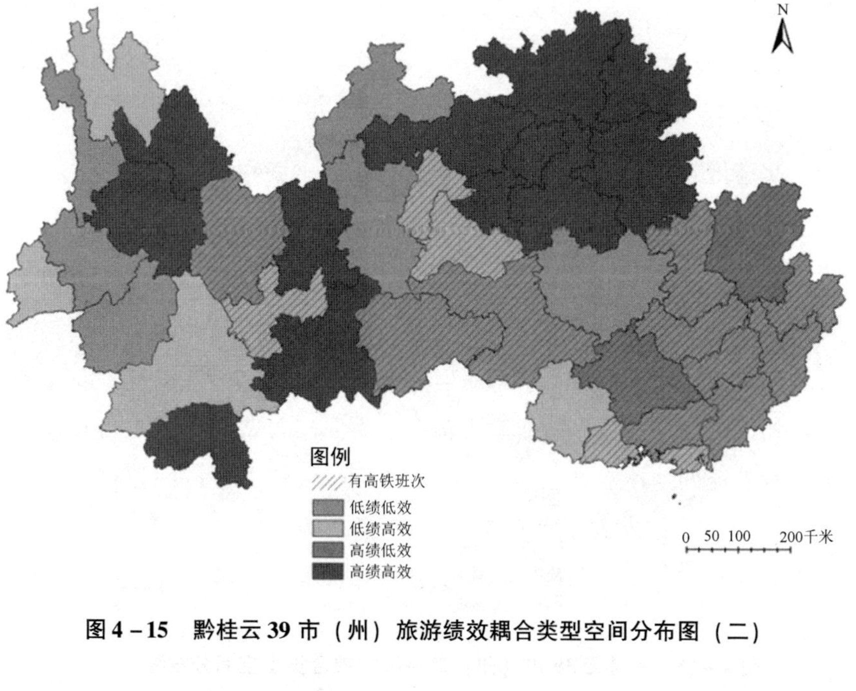

图例
2014耦合类型
低绩低效
低绩高效
高绩高效

图例
有高铁班次
低绩低效
低绩高效
高绩低效
高绩高效

图4-15 黔桂云39市（州）旅游绩效耦合类型空间分布图（二）

第四章 高铁发展对区域旅游经济绩效的影响研究

2009年,区域旅游绩效的耦合类型存在低绩低效、低绩高效和高绩高效三种类型,分别占比51.28%、46.15%和2.56%。主要存在低绩和高效两类,除南宁市以外全部处于低绩区,占比97.43%,旅游业绩整体水平较低;将近一半的市州在当下的技术条件下实现了旅游经济的高效发展。在空间上,耦合类型存在明显的省际界限,区域旅游发展受行政化局限;且在三省的空间上存在不同得分布格局。云南的低绩高效类型主要依托滇中经济圈形成丽昆红(丽江—昆明—红河州)的带状分布,而贵州的高效市州以贵阳为中心扩散四周,覆盖贵州省7个市州,广西的高效市州分布无明显特点。

经过5年的发展,区域高绩高效的耦合市州大幅增加,从2009年的1个发展到12个市州,在云南和广西,"双高"耦合主要存在于旅游发展成熟地区,如云南的昆、大、丽、西双版纳和广西的南宁、桂林,而在贵州这种耦合以贵阳为节点连成一片,表现出扩散之势;同时这一时期的低绩低效的耦合市州占到区域总数的48.72%,主要分布于广西、云南及三省交界之处。

到2018年,出现了四种耦合类型,低绩低效、低绩高效、高绩高效、高绩低效分别占比为41.03%、23.08%、30.77%和5.13%,在这三个时间节点,首次出现高绩低效的耦合市州,分别是南宁市和桂林市,表明在2018年,这两个市州的旅游发展业绩优于绩效,对旅游总量的注重优于旅游质量,两市是区域内第一批开通高铁的城市,高铁的开通缩短与广州、珠海等珠三角城市的时空距离,给区域带来了大量人流、物流,促使区域旅游业绩大幅提升,但同时便利的交通也加大了区域要素外流的速度,造成区域资源配置不合理、技术效率低下等问题;而"双高""双低"的耦合市州占总体的70%以上,与前文分析的区域耦合旅游协调度结论相仿,虽然区域总体的偶和协调度提高,但是这种耦合中的"双低"耦合所占比重依旧较大,区域旅游发展不论在业绩还是效率上还需要进一步提升;而在空间格局上,"双高"的优质耦合仅存贵州和云南，且分布格局完全不同，贵州呈现出以贵阳为中心的片状分布，而云南呈现出成熟旅游目的地的点状分布，主要位于大理、丽江、昆明和西双版纳，这与区域高铁的开通状况关联紧密，贵州的高铁网络以贵阳为中心四面发射，而云南到2018年高铁还仅仅呈带状布局。"双低"的耦合类型主要存在于广西以及滇黔交界之处。

综上可以看出，区域的耦合类型逐渐集中于高绩高效、低绩低效两种，这前文分析的耦合协调度结果一致。在空间演化上，贵州呈扩散之势，云南带状延伸而广西双核遥望，且在省际交界之处多为绩效低洼之地。"双高"耦合集中于贵阳周边和云南的大理、丽江、昆明和西双版纳，与区域高铁的格局相似。

（四）结论与讨论

1. 结论

本文以黔桂云三省为案例地，运用耦合协调模型对旅游业绩与旅游效率的耦合度、耦合协调度进行测量，并分析其时序演变和空间演化规律，探究高铁对旅游绩效的耦合过程、耦合类型中的影响。得出以下结论。

（1）2009—2018年，区域旅游业绩持续上升，高铁开通后其上升速度加快，且高铁沿线地区逐渐呈现出高于非沿线地区增长速度的现象；但区域综合旅游效率的变化幅度较小，省际差异明显；

（2）从分解效率上看，2009—2018年，区域内的集约化发展已基本成为常态，但集约程度不稳定，呈上下波动趋势；前五年区域综合效率的提高主要依托规模效率的不断提升，而高铁开通之后，技术进步变化显著提高，但区域的生产条件不能实现技术效率的完全转化。

（3）在空间分布上，旅游业绩和效率表现出相似的演化规律，资源优势型、区位优势型地区的旅游绩效多处于最高等级，其邻近地区因受涓滴效应而逐步进入较高等级。

第四章　高铁发展对区域旅游经济绩效的影响研究

(4) 2009—2018年，高铁开通后，区域各市州的旅游绩效耦合度在不同程度上都得到了提高，高值耦合市州大多位于高铁沿线或邻近区域，在空间上呈现出"无序—多点—极化"演化模式；耦合协调度在时间维度呈现出与耦合度一致的发展趋势，但在空间演化上表现出以中心城市为核心沿高铁沿线市州扩散的趋势。

(5) 高铁开通后，区域的耦合类型逐渐集中于高绩高效、低绩低效两种，且"双低"耦合占比较高；在空间演化上，贵州呈扩散之势，云南带状延伸而广西双核遥望，且在省际交界之处多为绩效低洼之地。

2. 讨论

(1) 指标的选取问题

旅游经济的高质量发展既要量（业绩）的增加，更需质（效率）的提升，对于经济相对落后的西部民族地区而言，旅游经济的高质量可以是经济发展优先，但也要注重资源环境友好导向。本文在借鉴传统的旅游业绩和旅游效率的评价指标基础上，对指标体系进行了优化，业绩指标考虑入境、国内旅游人次的同时，还将入境及国内旅游收入指标纳入一并进行衡量；效率指标测算时，将旅游景区数量（替代土地投入指标）、高铁等因素纳入进行投入指标进行考核，以切合本文研究主题。当然不同的指标设计，评价结果会有差异，进一步研究可以从指标的优化入手，如考虑地区开放程度、环境友好程度等。

(2) 旅游业绩与效率

高铁的发展客观上首先带来的是旅游业绩提升、规模的扩大，但效率的提升需要的是规模调整和技术要素更为合理配置。旅游效率较低的地区要注重资源要素的合理配置，效率较高的地区需强调技术创新能力的提升。高铁开通带来需求规模的扩大，地区旅游发展不能盲目扩大供给规模，以防产业发展控制失效、投资结构及投资冗余导致资源利用效率低下。高铁背景下，地区旅游经济的发展需要我们在保持适度规模的同时，更主要资源要素的配置及转化，促进旅游高质量发展。

(3) 区域协调发展

黔桂云三省旅游发展质量呈现以省会城市、区位城市为中心的中心高、周边低的空间分异，高铁发展一定程度减缓了此种空间差异。在高质量发展背景下，区域旅游发展必须依托高铁网络，强化区域协同发展。三省地理相连、资源多样，借助高铁网络，实现整体区域的"点—线—面"的延伸式发展，加大对省际交界之处基础设施的扶持力度，力争让其享受高铁的扩散效应而不是过滤效应。

四、高铁发展对区域旅游经济空间溢出效应的影响研究

交通是旅游六要素中的重要环节之一，交通决定了经济社会空间相互作用的强度与广度，是改变经济社会活动的重要因素，充分把握交通要素对旅游经济活动的影响，对于理解与认识区域旅游经济的空间布局规律意义重大。①

旅游活动的开展是以"异地性"特征为前提，旅游经济增长过程中的"食、住、行、游、娱、购"等六大要素具有明显的跨区域流动性特征，因此无论是旅游生产行为，还是旅游消费行为都具有普遍的空间关联性特征（吴玉鸣，2014）。众多的文献研究表明，区域旅游经济增长具有空间关联性及空间溢出效应特征。高铁开通在大大缩短旅游者与目的地之间的时间距离的同时，也节约了旅游者出行时间，对沿线地区旅游业和相关产业带动明显，高铁发展带来了大量的"人、财、物、资金、信息及技术"等的集聚，为沿线地区旅游产业结构升级提供了丰富的生产要素资源，推动地区旅游经济的快速发展。本章前两节分别从区

---

① 国家铁路局《高铁经济学导论》编写组：《高铁经济学导论》，北京：中国铁道出版社2018年版。

第四章 高铁发展对区域旅游经济绩效的影响研究

域旅游经济发展业绩和效率的角度探讨了高铁建设的促进作用,高铁在促进区域旅游经济增长的同时,对区域旅游经济的溢出效应影响如何及作用机制都是值得进一步探讨的话题。

从理论上讲,随着高铁网络的不断完善,各个旅游生产要素的流动成本的进一步降低,从而会导致区域旅游经济增长的相关性和溢出趋势增加(湛泳,2020),高铁发展会强化区域之间经济溢出,促进高铁沿线城市和相邻城市协同发展,区域经济发展更为均衡(俞路,2019)。因此研究和分析高铁发展对区域旅游经济的影响,不仅要分析和研究高铁发展对地区经济的直接影响,还要系统分析高铁对临近区域旅游经济的空间溢出效应。高铁发展提升了地区之间的可达性,强化了区域之间的经济联系,也重构了区域旅游经济空间格局。大量的研究文献表明,高铁发展对区域旅游经济带来了显著的促进作用(正向溢出效应),但同时也加剧了区域旅游产业之间的竞争,区域旅游产业会因高铁的"过滤效应"及"极化效应"(负向溢出)而陷入困境(Masson,2009)。通过上述分析,提出本节的两种分析逻辑:其一,高铁的时空压缩效应会促进区域之间旅游产业要素的有效流通,强化区域之间的旅游经济联系,通过高铁网络的扩散效应,带动临近区域旅游产业的发展,形成旅游经济的正向空间溢出效应;其二,高铁的网络化建设,也进一步强化了旅游优势区域的区位优势,促进旅游要素向其进一步集聚,使得临近区域旅游发展受困,产生负向空间溢出效应。为了验证高铁发展对旅游经济的空间溢出的两种效应,本节以黔桂云 39 个市州城市为研究对象,整理了其 2013—2018 年的六年的高铁开通后的面板数据,使用空间面板计量经济模型的方法分析了高铁发展对区域旅游经济之间的空间溢出效应影响及作用机制。

(一)研究综述

1. 交通发展的空间溢出效应

交通发展的空间溢出效应主要表现为地区间市场规模的空间溢出效

应和资源的空间配置效应（Berechman，2006）。自20世纪90年代以来，交通发展的空间溢出效应逐渐受到国内外学界的重点关注，研究内容主要集中在交通发展对经济增长与全要素生产率的空间溢出效应两个方面。学者从交通设施存量和交通设施投资（Holtz-Eakin，1995）等视角，从不同空间尺度分析国家（Hulten，2004）、州际（Holtz-Eakin，1995）、省域（张学良，2012）、典型交通带（李忠民，2011）的整体交通设施对区域经济增长的空间溢出效应。Haughwout（2002）、Cohen（2004）运用空间滞后模型和空间误差模型等来探讨交通设施的空间溢出效应对全要素生产率的影响，认为交通对全要素生产率的正向空间溢出效应明显（Duggal，2007），其带来的间接贡献远高于其直接效应（刘秉镰，武鹏，2010）。

2. 旅游经济的空间溢出效应

国外关于旅游经济的空间溢出效应问题，涉及的都是大尺度范围来进行探讨，Konstantinos（2019）探讨了希腊49个县旅游发展对对区域经济增长的溢出效应，研究表明其短期和长期溢出效应都较强；Jorge（2016）探讨了葡萄牙国家层面旅游经济对产出、就业和投资分别产生了重要的影响，且具有明显的地区异质性；Yoo（2020）以英国为例，探讨了产业集聚对旅游业生产率的直接和间接溢出效应；Niccolò（2020）探讨了日本的地方旅游及其经济的空间溢出效应问题，研究表明基础设施和自然公园促进了县之间的旅游溢出效应。国内关于旅游经济的溢出效应问题，大都是研究旅游经济的发展对于国民经济的拉动作用（赵磊，2014；严伟宾，2013；谢露露，2018），主要研究结论是旅游经济对于国民经济具有正向空间溢出效应。随着旅游业不断发展，越来越多的学者开始关注旅游业本身，从旅游业的相关要素出发探讨其溢出效应的问题。李凡（2008）研究发现珠江三角洲9个城市两两之间存在旅游空间溢出效应；刘承良（2009）研究了武汉市城市圈对周边城市旅游经济的正向溢出效应；王坤（2013）探讨了长三角城市之间旅游效率的空间溢出问题；赵金金（2016）研究指出，我国区域旅游经济增长存在显著的空间依赖性，是典型的生产要素、内生技术、制度质量驱动下的发展模式，旅游资源禀赋的正向空间溢出效应显著。苏建军（2013）研究发现我国进出口贸易对入境旅游存在溢出效应；王明康（2018）研究探讨了城镇化对区域旅游经济的溢出效应问题；王龙杰（2019）研究了信息化发展对我国旅游经济的具有明显的空间溢出效应；吴玉鸣（2014）认为，我国旅游经济存在空间依赖性，其中，影响旅游经济的因素中，资本要素居于首位，其次是劳动力投入，并且临近省域之间资本投入和旅游经济之间存在明显的空间溢出效应。

3. 高铁发展的空间溢出效应

我国高铁的建设和发展较晚，因而关于高铁的空间溢出效应问题研究文献匮乏，现有关于高铁溢出效应的文献主要探讨高铁对区域经济的增长及区域经济空间结构的优化。高铁作为一种快速的交通工具，促进了区域经济由东部发达地区向西部地区集聚，促进区域经济均等化和协调发展（李红昌，2016）；高铁开通促进了县域经济的溢出效应（李新光，2018）；也有研究表明高铁开通并未促进区域经济发展（王垚，2014），反而让中小城市经济发展受到影响（王赟赟，2018）。高铁对旅游经济的空间溢出效应问题研究文献更是屈指可数，李宗明（2019），探讨了武汉市城市旅游圈的空间溢出效应问题，观察到了高铁开通后其空间溢出效应的变化，但并没有进一步研究和探讨高铁与旅游经济溢出效应的定量关系；值得一提的是郭伟（2020）连续发表了两篇文章，从定量的角度，探讨了京津冀区域高铁发展对区域旅游经济增长的空间溢出效应及非均衡动态演进，但仍然没有回答高铁对区域旅游经济的空间效应的影响效应及影响机制。

综上，现有文献表明，高铁发展对区域经济和旅游经济都有显著的正向促进作用，但高铁与旅游经济的空间溢出的关系怎样？高铁是如何影响区域旅游经济的空间溢出效应的都值得进一步探讨。本节以黔桂云

39个市州城市为例,利用其2013—2018年的经济发展数据,来探讨高铁发展对旅游经济的空间溢出效应的影响以及影响机制。本节的边际贡献体现在:①从中观视角选取黔桂云民族地区39个市州城市为对象,探讨其旅游发展的空间相关性及变化趋势;②利用空间计量模型,选取多种距离矩阵实证分析高铁对旅游经济的空间溢出效应的影响;③进一步探索高铁发展对区域旅游经济的空间效应的影响机制。

(二) 影响机制

交通经济学认为,交通条件的改善一定程度上通过强化地区经济的溢出从而促进经济增长,并引领区域经济空间格局的调整和优化(王雨飞,2016),因此交通对区域经济的影响表现为增长效应及结构效应。作为新型快速交通工具,高铁发展强化了这两种效应。

交通发展对区域经济的作用机理表现为其对经济增长的直接效应和间接效应两个方面,因此高铁对旅游经济的作用仍表现为这两个方面。参考王雨飞(2016)的研究成果,本节绘制了高铁对区域旅游经济增长溢出效应的作用机理图(图4-16)。

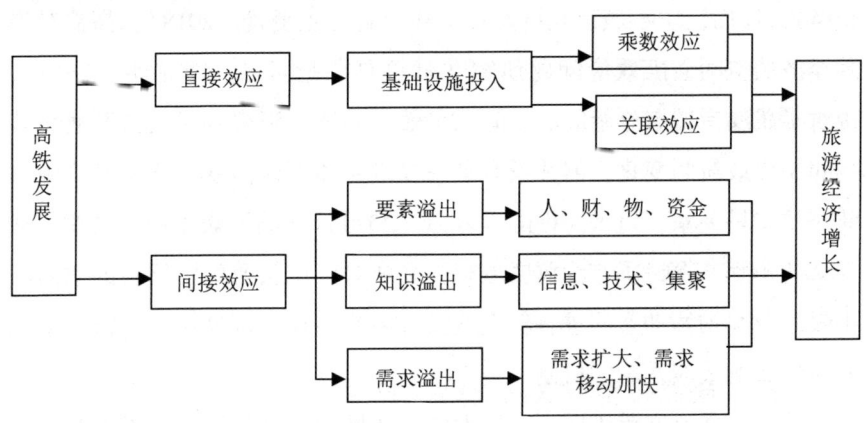

图4-16 高铁对区域旅游经济的作用机理

第四章 高铁发展对区域旅游经济绩效的影响研究

1. 直接效应

高铁发展对旅游经济的直接效应主要表现为高铁作为一种大规模的基础设施投入从而带来的直接投资拉动效应。由于高铁作为基础设施投入可以产生较为广泛的产业关联效应,高铁的建设及发展必然带动相关产业产出的增加,通过乘数效应扩大对地区经济的增长(胡鞍钢,2009),而地区整体经济水平的发展和提高,必将进一步提高对旅游经济的投入,带来旅游经济的增长。

2. 间接效应

与直接效应相比,高铁发展对旅游经济的间接溢出效应更为明显。一方面,高铁的网络化建设,必将极大降低区域之间的运输成本和时间成本,扩大区域对外开放程度,从而打破由于交通限制带来的市场分割,促进了区域之间人、财、物以及资本的快速流动,促进了区域之间的旅游经济联系,从而极大的提高了区域资源的整体配置效率(王雨飞,2016)。另一反面,高铁的网络化发展,促进了区域旅游经济一体化(Fridh,2008)、在加剧了区域旅游竞争的同时,区域旅游合作增强,打破了知识、技术溢出在空间范围的限制,从而促进旅游产品的创新、优势旅游产业集聚及集群化发展(王雨飞,2016),在促进区域旅游经济增长的同时,实现了区域旅游经济的空间溢出。最后,高铁作为旅游业发展的重要连接系统,其带来的时空压缩效应,必将极大提高区域旅游可达性,降低旅游者对旅游目的地之间的心里距离的感知,从而刺激更多旅游需求的产生(Chen,2016),同时,高铁的快速转运效率,也促进了目的地之间旅游需求的移动加快,从而促进整体旅游经济的增长,实现旅游需求的空间溢出。

(三)研究模型、方法及数据来源

1. 模型设定

高铁作为一种快速交通工具,其对区域旅游经济的直接效应已得到了实践验证,并获得了众多文献研究的一致认可。根据前文作用机理分析,高铁发展对区域旅游经济的间接效应表现为通过强化区域旅游经济的溢出效应来实现,本节通过构建空间计量经济模型来测度高铁发展对区域旅游经济的空间溢出效应。

(1) 理论模型设定

本节以柯布-道格拉斯生产函数作为基本模型来探讨区域旅游经济的空间溢出效应问题,其基本表达式为:

$$Y_{it} = A(t) K_{it}^{\alpha} L_{it}^{\beta} \mu \quad (式4-4-1)$$

式中,Y_{it}表示地区i在时间t的旅游经济产出;K_{it}表示地区i在时间t的资本投入;L_{it}地区i在时间t的劳动投入;$A(t)$时间t的综合技术水平;α、β表示资本和劳动对旅游经济增长的弹性系数,即贡献率;μ表示随机干扰的影响,$\mu \leq 1$。在估计该模型时,通常对式4-4-1两边取对数进行计算:

$$\ln Y_{it} = \ln A(t) + \alpha \ln K_{it} + \beta \ln L_{it} + \varepsilon \quad (式4-4-2)$$

(2) 空间面板计量模型设定

传统面板模型的设定往往没有考虑区域之间的空间溢出效应,因而导致模型设定存在偏差(Arbia,2003),因此,Anselin(1988)提出在传统回归模型中加入空间权重矩阵,从而考虑区域之间的空间溢出和空间异质性因素对模型设定的影响。在考虑空间权重矩阵的研究中,形成三种研究模型,其一,将空间权重矩阵放入到因变量中进行回归分析,考虑的是因变量的自相关问题,从而形成空间自回归模型(SAR),又称空间滞后模型(SLM);其二,将空间权重矩阵放入到误差项里进行回归,考虑的是误差项的自相关问题,形成空间误差模型(SEM);其三,同时考虑因变量和误差项的自相关问题,形成空间杜宾模型(SDM)。本节基于研究所需,同时考虑空间滞后模型(SLM)和空间误差模型(SLM),代入实证数据后,通过 LM 检验,来确定最终研究模型。基于柯布-道格拉斯生产函数设定的式4-4-2为基础,其空间滞

第四章 高铁发展对区域旅游经济绩效的影响研究

后模型（SLM）和空间误差模型（SEM）的基本表达式为：

$$\ln Y_{it} = \rho \sum_{j=1}^{n} W_{ij} \ln Y_j + \beta_1 \ln K_{it} + \beta_2 \ln L_{it} + \beta_3 \ln A(t) + \beta_4 X_i + \varepsilon_i$$

$$\varepsilon_i = \lambda \sum_{j=1}^{n} W_{ij} \varepsilon_i + \mu_i \qquad （式4-4-2）$$

其中新增符号中，X_i 表示其他控制变量集合；ρ 表示空间滞后项系数，反映研究样本的空间相关性；λ 表示空间误差系数，反映误差结构中存在的空间相关性；ε_i 表示地区 i 的随机扰动项。上式中当 λ 值为零时，形成空间滞后模型；当 ρ 值为零时，形成空间误差模型。

2. 空间相关性检验方法

空间计量的第一步是要进行空间自相关检验，在证明各个研究对象之间具有空间相关性的基础上，再进行下一步的空间计量分析。在旅游经济的空间溢出效应研究过程中，对区域旅游经济进行空间自相关检验，主要指的是一个区域内旅游经济发展水平在不用的地区之间是否具有潜在的关联性，即相同属性的要素在空间范围上的集聚分布状况，可以理解为一个区域内不同地区旅游经济活动在空间上的相互依赖、相互作用。旅游经济的空间自相关性的分析主有两个部分，分别是全局空间自相关检验和局部空间自相关检验。

（1）全局空间自相关检验

测算空间溢出效应研究过程中，Moran's I 检验是学者们普遍使用的方法，包括全局 Moran's I 指数和局部 Moran's I 指数。

1）全局 Moran's I 指数

其计算公式为：

$$\text{Moran's I} = \frac{\sum_{i=1}^{n} \sum_{j=1}^{n} W_{ij}(Y_i - \overline{Y})(Y_j - \overline{Y})}{S^2 \sum_{i=1}^{n} \sum_{j=1}^{n} W_{ij}}$$

$$S^2 = \frac{1}{n} \cdot \sum_{i=1}^{n} (Y_i - \overline{Y})^2 \qquad （式4-4-3）$$

式中，n 为地区总数，Y_i 和 Y_j 分别表示区域 i 和区域 j 的旅游经济发展水平，W_{ij} 为空间权重矩阵。Moran's I 指数的取值范围为（-1，1）之间，当 Moran's I 指数 > 0 时，表示观测值 Y_i 存在空间正相关，当 Moran's I 指数 < 0 表示观测值 Y_i 存在空间负相关，如果 Moran's I 指数等于 0 时，则表示在整个区域内各个地区之间旅游经济发展不存在空间相关性。

2）局部 Moran's I 指数

为了能够更加准确的反应区域内各个地区旅游经济发展在局部范围内的空间相关性，必须对该区域进行局部 Moran's I 指数分析。全局 Moran's I 指数主要是把区域作为一个整体来进行测算，那么局部 Moran's I 指数主要反映的对整个区域内局部地区之间的相互作用。局部 Moran's I 指数的公式如下：

$$I_i = \frac{(x_i - \bar{x})}{s^2} \sum_j W_{ij}(x_j - \bar{x}) \qquad (式4-4-4)$$

式中 x_i 和 x_j 分别表示 i 地区和 j 地区的观测值，W_{ij} 为空间权重矩阵，s^2 为观测值的方差，$\bar{x}$ 为观测值的平均值。与全局 Moran's I 指数相同，当指数大于 0 时，即显示观测值的空间正相关关系，表示周围地区的观测值都具有同类属性，高值与高值集聚（HH）、低值与低值集聚（LL）；当指数小于 0 时，极限是观测值的空间负相关关系，表示周围地区观测值不具有同类属性，表现为高值与低值集聚（HL）、低值与高值集聚（LH）。

3. 空间权重矩阵

空间权重矩阵主要表示的是被观察空间与空间之间的关联作用关系，合理构建空间权重矩阵是空间计量分析的关键，不同学者基于不同的研究视角选取空间权重矩阵也有差异，从而导致研究结论不具有一致性（李飞，2016）。常见空间权重矩阵有 3 种：

第一种，基于研究单元的地理邻近关系的空间矩阵（W_1），其计算式为：

第四章 高铁发展对区域旅游经济绩效的影响研究

$$W_{ij} = \begin{cases} 1 & \text{当区域 } i \text{ 与区域 } j \text{ 相邻} \\ 0 & \text{当区域 } i \text{ 与区域 } j \text{ 不相邻} \end{cases} \quad (\text{式} 4-4-5)$$

其含义主要是指 i 地和 j 地如果存在公共边界（地理相邻），W_{ij} 的取值定为1；如果 i 地和 j 地之间没有公共边界，W_{ij} 的取值为0。

第二种，基于地理距离的空间权重矩阵（W_2），根据研究单元之间的地理距离（常用欧式距离或幅度距离）来测度。其计算式：

$$W_{ij} = \frac{1}{d_{ij}} \quad (\text{式} 4-4-6)$$

第三种，基于广义的地理距离（常采用经济距离）的空间矩阵（W_3），根据地区人口密度或 GDP 等指标计算。其计算式：

$$W_{ij} = \frac{GDP_j}{GDP_i} \quad (\text{式} 4-4-7)$$

本节基于研究所需，采用第一种地理邻近关系的空间矩阵（W_1），来进行主要变量的空间关系测度，地理距离的空间权重矩阵（W_2）和经济距离的空间矩阵（W_3）用于进行模型稳健性检验。

4. 变量选取与数据

高铁与区域旅游经济是本节关注两个重点变量，但考虑到区域旅游经济增长受到众多因素的影响，在模型式 4-4-3 中加入了与旅游经济增长的相关控制变量，避免造成结果有所偏差，因此本节选取如下指标：

（1）被解释变量

被解释变量是旅游经济发展水平，表示的是 39 个城市（州）的旅游经济产出。最常用的指标就是旅游人次数和旅游收入，前者在一定程度上能衡量旅游地的客源规模，后者是旅游地旅游业发展效益的重要体现，但单因素的单一指标很难表达出旅游业的综合水平，故一些学者寻求综合指标如区位熵（LTQ）（周强，2018）或相对指标（杨建明，2009）如旅游密度、人均旅游收入等来进行衡量和测度。但经济的高质量发展更多的体现在效率、公平和可持续发展上，因此旅游高质量发展水平可以通过旅游者在旅游目的地综合消费来体现，故本节以旅游者在旅游地的平均消费水平，即旅游总收入与旅游人次数的比值来衡量旅游高质量发展水平，作为被解释变量，记为 *TP*。

（2）核心解释变量

高铁是本节重点关注的解释变量（*HSR*），因此，基于数据的可获得性本节选取高铁里程数作为第一个重要的指标。由于很难从官方获取各个市州通车高铁里程数，因此本节采取手动的方式测算了各个市州的高铁通车里程。黔桂云地区，各个市州高铁通车时间差异，其高铁通车之前里程数记为 0，通车后，高铁里程数在对数化之前先加 1 进行测算。

（3）核心控制变量

1）资本投入（*FC*）

中国旅游经济高速发展的一个重要原因是持续不断的资本投入，资本投入对旅游经济的增长具有重要的作用。左冰（2011）分析了影响中国旅游经济增长的各个要素，得出我国是旅游经济的增长主要是受到资本驱动的影响，资本投入在旅游经济增长过程中扮演了重要的角色。基于此，本节选取固定资产投资作为旅游资本要素投入的衡量。固定资产投资包括社会基础设施建设、房地产开发、固定资产投资项目等，虽然这些固定资产投资并没有直接作用率旅游投资，但是旅游业作为一个开放的产业，具有高度的综合性和行业关联性，这些固定资产投资对于旅游环境的改善、旅游交通基础设施的完善、旅游相关产业的发展都具有一定的促进作用，在很大程度上间接影响旅游产出。因此，本节旅游资本投入用各地区固定资产投资来进行衡量。

2）劳动力（*LA*）

旅游业具有劳动密集型产业的特点，左冰、保继刚（2008）利用 1992—2005 年我国各省旅游企业的数据进行分析，选取旅游企业的营业收入作为产出指标,就业人数作为投入指标,得出劳动力投入对于我国旅游经济增长的贡献率最高,我国旅游业的发展属于劳动力驱动型的结论。王坤(2013)选取第三产业就业人数作为研究旅游行业劳动力的表述,测算长江三角洲城市旅游效率的空间溢出效应。旅游从业人数是最合适的劳动力投入指标,由于旅游产业隶属于第三产业,旅游从业人数与第三产业人数有一定的关联,第三产业就业人数比较容易获得。因此,本节利用旅游收入、第三产业产值、第三产业就业人数之间的比重关系,有效剥离除了旅游从业人数作为衡量旅游经济的劳动力指标,更加准确的估算了劳动力投入对于旅游经济的影响。

3) 综合技术水平(HW)

基于柯布-道格拉斯生产函数中,还有一个重要指标对经济发展水平产生重要影响,即综合技术水平,即技术进步。技术进步被定义为一种知识力量,它不仅能够使产品的产量增加,更重要的是能够提高产品的质量。在劳动分工和规模化生产的前提下,技术进步最重要的表现在于生产效率的提高,从而又促进了生产力的发展。由于技术进步对于经济增长具有不可或缺的重要作用,因此,旅游经济同样也受到技术进步的影响。技术进步因为其"无形"的特征无法直观的测算,现有文献对技术进步的衡量时往往选取了 R&D 投入指标、年度发明专利数量和交通基础设施的发展水平等指标进行间接的测算。其中,饶品样(2012)采用 R&D 投入指标、年度旅游发明专利数量来测度技术进步水平,构建了我国旅游业生产函数以期测算各个要素对我国旅游业发展的作用和影响,结果表明,技术进步对对我国旅游业作用十分微弱,仅为 1.36%。王坤(2016)采用交通基础设施水平来衡量技术进步水平,研究发现交通基础设施水平对长江三角地区城市旅游经济增长具有显著影响,关伟(2018)以辽宁省为样本,利用耦合协调模型,研究辽宁省高速公路的发展对于旅游经济发展水平的影响,发现高速公路的快速发展对于辽宁省旅游经济具有至关重要的推动作用。因此,研究者认为交通基础设施的进步和发展更能体现技术进步给旅游业带来的影响，考虑到研究对象为黔桂云地区，水运和航空在选定区域内的影响较小，因此本节选定39个市州的高速公路里程数和高铁里程数作为衡量技术进步对于旅游经济影响的指标，而高铁指标已做作为重要的解释变量，本节将高速公路里程数（HW）来衡量区域综合技术水平。

（4）其余控制变量

众多文献研究表明区域旅游经济的增长还受到其资源禀赋、经济整体发展水平和旅游可达性的影响。本节在柯布-道格拉斯生产函数的基础上，增加了以上三个控制变量来构建其生产函数模型。

1）旅游资源禀赋（*TR*）

在区域旅游经济发展中，原赋资源状况决定了区域旅游发展水平，旅游资源是地区进行旅游开发的基本条件，也是游客旅游动机的前提，旅游资源禀赋在旅游经济发展过程中扮演着不可或缺的重要角色。田盛圭（2010）通过建立计量经济模型，发现旅游资源禀赋对旅游经济增长作用十分明显，有效促进了这些地区旅游经济的发展水平。因此张广海（2015）等采用研究对象的A级景区加权数量来表示旅游资源禀赋，研究结果表明，旅游资源禀赋对区域旅游经济增长具有显著作用。基于此，本节采用39个市（州）的A级景区数量分别设置权重，5A级景区设为3分，4A级景区设为2分，3A级景区设为1分，旅游资源的加权数量值表示各个市（州）的旅游资源禀赋。

2）地区经济发展水平（*PG*）

前述文献表明旅游业发展对地区整体经济水平具有显著的促进作用，相反，地区整体经济水平的提高，也将极大的促进地区旅游投资、增加居民收入水平和可自由支配收入，从而对旅游经济的增长产生反向溢出效应，何芙蓉和胡北明（2020）的研究表明，地区经济的整体发展水平对旅游经济增长具有显著的促进作用。高铁作为一种基础设施投入,毕竟对地区整体经济水平带来投资拉动效应。经济整体发展水平以地区实际人均生产总值来衡量。

3) 旅游可达性 (AC)

旅游可达性是区域可进入性的重要衡量标准,可达性决定了旅游者的出行时间成本,极大的影响地区旅游需求(赵金金,2016)。前述研究表明,高铁的时空压缩效应极大的提高了区域旅游可达性,促进区域之间旅游流的流入和流出,强化了区域旅游经济的溢出效应。旅游可达性指标采用加权平均旅行时间衡量,其计算式同前文式3-1。

为了消除数据的异方差影响,本节所用控制变量数据都采取自然对数进行转换后测算。本节所需要的数据均来自《贵州统计年鉴》、《广西统计年鉴》、《云南统计年鉴》、39个样本城市(州)的统计公报、政府官网、旅游局和统计局官方数据。高铁数据经作者手工计算整理后获得。样本基本属性见表4-25。

表4-25 变量的含义及描述性统计分析

变量		变量含义	样本数	均值	方差	最小值	最大值
旅游发展水平	$\ln TP$	地区人均旅游消费水平	234	4.5737	0.6839	2.8616	6.2678
高铁发展	$\ln HSR_{it}$	高铁里程数,通车前记为0	234	3.4085	3.1193	0	7.7284
资本投入	$\ln FC$	地区固定资产投资额	234	8.7433	1.0914	5.5437	10.9188
劳动力	$\ln LA$	旅游从业人员数	234	0.889	0.1956	0.3085	1
综合技术水平	$\ln HW$	高速公路通车里程数	234	0.6775	0.3439	0.0461	1.4943
资源禀赋	$\ln TR$	5A*3+4A*2+3A*1	234	11.7791	10.5267	0	67.75
经济发展水平	$\ln PG$	区域人均GDP	234	1.0677	0.4517	-1.0791	2.0283
旅游可达性	$\ln AC$	加权平均旅行时间	234	0.889	0.1956	0.3085	1

(四) 实证过程与结果分析

1. 空间相关性分析及检验

(1) 全局空间自相关分析

要科学测度 39 个城市（州）旅游经济空间溢出效应就必须证明城市间旅游经济的空间相关性。因此，本节采用 Moran's I 指数验证 39 个地级城市（州）之间旅游经济是否具有空间相关性。利用 2013—2018 年 39 个城市（州）的旅游总收入和旅游人次比值，运用 Moran's I 指数运算法则，结果见图 4-17 与表 4-26。

图 4-17　39 个市（州）2013—2018 年旅游经济发展水平全局 Moran's I 数值统计

表 4-26　39 个市（州）2013—2018 年人均旅游收入 Moran's I 数值统计表

年份	2013	2014	2015	2016	2017	2018
Moran's I 指数	0.054	0.067	0.102	0.104	0.117	0.152

数据来源：《贵州统计年鉴》《广西统计年鉴》《云南统计年鉴》数据计算得出。

第四章 高铁发展对区域旅游经济绩效的影响研究

全局莫兰指数检验结果均为正数,表示在 2013—2018 年期间,39 个城市(州)间的旅游经济具有显著正向相关关系,说明旅游经济呈现正的空间溢出效应。从图 4-17 可以明显的看出 6 年间莫兰指数基本都在 0.1 上下波动,最大值为 0.152,波动幅度不大,整体呈现上涨趋势,说明整体的相关性处于较为稳定的水平。从 2013 年的 0.054 到 2018 年的 0.152,莫兰指数不断呈现波动上升趋势,说明 39 个城市(州)的旅游经济发展在这 6 年之间一直存在一定程度上的空间依赖性,从 2013 年开始,旅游经济的空间相互作用关系在不断加强,空间联系变得越来越紧密。

从整体上来看,39 个城市(州)旅游经济全局 Moran's I 指数表现出不断上升的趋势,虽然中间略有下降,呈现出起伏变化的趋势,但是整体上还是处于不断上升的趋势。说明,39 个市州旅游经济的空间自相关关系在整体上表现出不断增强的趋势。各地区旅游经济不断发展,各个地区之间生产要素开始加速流动,各地区相互作用明显,空间相关关系增强,形成了 Moran's I 指数上升的局面。

(2)局部空间自相关分析

1)空间 Lisa 集聚分析

由上文可知,39 个城市(州)之间的旅游经济经济存在正的空间相关性。利用局部 Moran's I 指数的分析,进一步深入分析 39 个市州的旅游经济在空间范围上的分布情况。本节通过 Geoda 软件对 39 个市(州)旅游收入的局部 Moran's I 指数进行计算,得到图 4-18 至图 4-20,分别为 2013、2015 年和 2018 年人均旅游总收入的局部空间自相关集聚分布图。其中,High-High(HH:高发展水平—高空间集聚)表示的是:高旅游经济发展水平地区周围也都是高旅游经济发展水平地区,在一定程度上形成了旅游经济高水平发展的集聚情况;Low-Low(LL:低发展水平—低空间集聚)表示的是:低旅游经济发展水平地区周围同样也是低旅游经济发展水平地区,在一定程度上形成了旅游经济低水平发展的集聚情况;Low-High(LH:低发展水平—高空间集聚)显示了:旅游经济发展水平较低的地区周围是旅游经济发展水平较高的地区;

High-Low（HL：高发展水平—低空间集聚）显示了：旅游经济发展水平较高的区域周围是发展水平较低的地区。

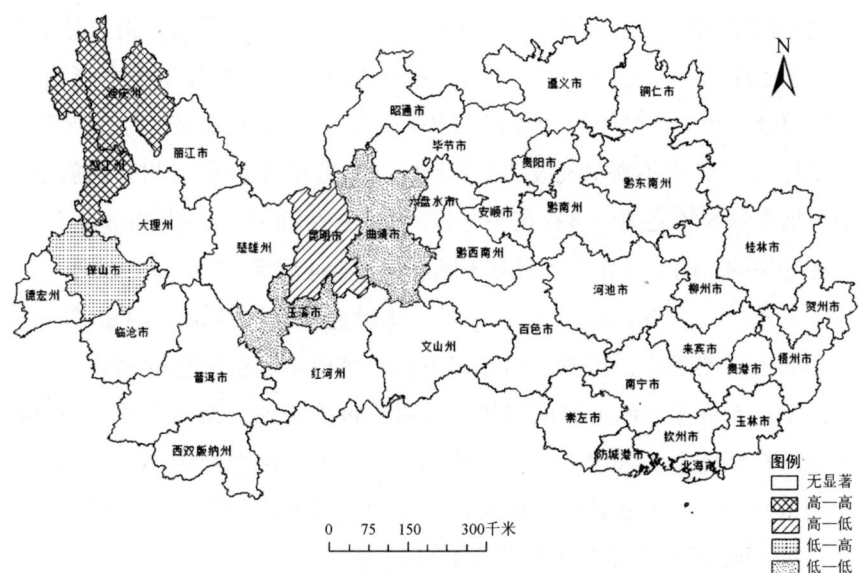

图 4-18　2013 年 39 个市州旅游经济发展水平局部自相关聚集图

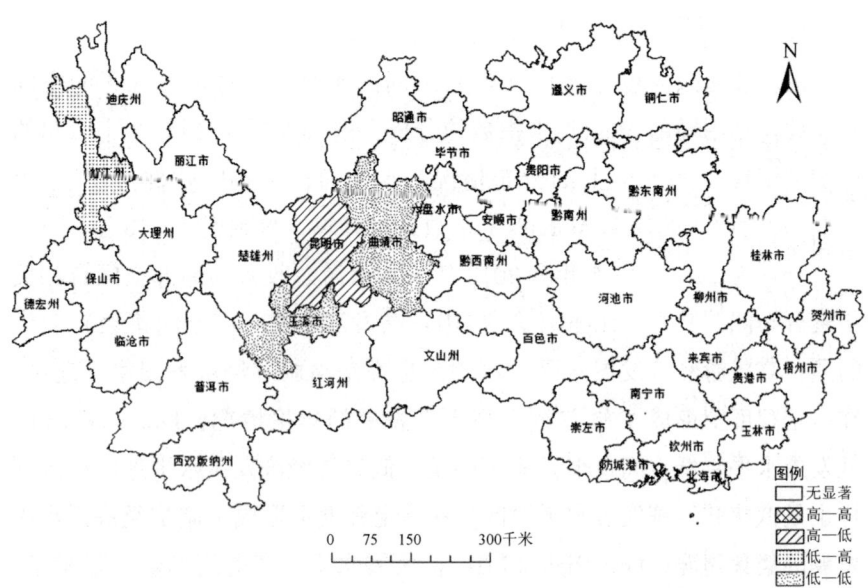

图 4-19　2015 年 39 个市州旅游经济发展水平局部自相关聚集图

第四章　高铁发展对区域旅游经济绩效的影响研究

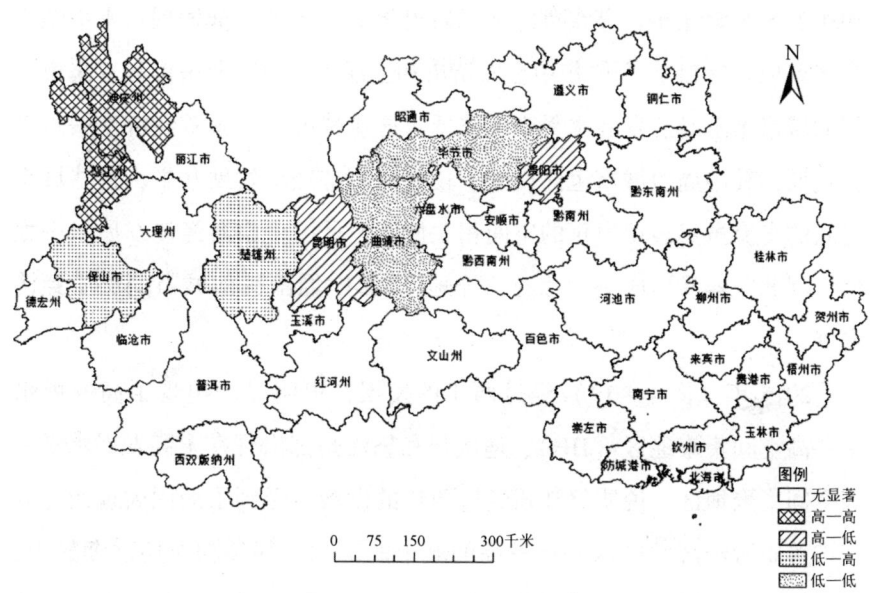

图 4-20　2018 年 39 个市州旅游经济发展水平局部自相关聚集图

从图 4-18 可以看出，以 2013 年为例，主要有高发展水平—低空间集聚地区（HL）、低发展水平—高空间集聚地区（LH）和低发展水平—低空间集聚地区（LL）。其中高发展水平—低空间集聚地区（HL）主要是昆明市，说明周边地区都是旅游经济发展水平比较低的城市，比如曲靖市、玉溪市和楚雄州，昆明市被这些旅游经济发展水平比较低的市州所包围，独有昆明市旅游经济发展水平比较高，周边地区的资源流向昆明市，促进了昆明市的旅游经济发展，但是昆明市的发展并没有带动周边旅游经济发展水平低的地区，昆明市成为"极点"地区；低发展水平—高空间集聚地区（LH）主要是怒江州，这说明怒江州旅游经济发展水平比较低，其周边城市旅游经济发展水平都比较高，比如丽江市、德宏州和大理州，但是怒江州并没有受到这些市州的积极拉动作用影响，怒江州旅游经济发展仍然处于较低的水平，旅游经济发展水平比较高的市州对怒江州的拉动作用还没有显现，目前看来丽江市、大理州和德宏州对怒江州是存在负的空间溢出效应的影响；低发展水平—低空间集聚地区（LL）主要集中在曲靖市和玉溪市，说明曲靖市和玉溪市周围的城市旅游经济发展水平都比较低，这些城市自身旅游经济发展水平比较低，其中周边城市也同样处于较低的旅游经济发展水平，这些城市之间的交流虽然表现出正的空间相关性，但是由于旅游经济发展水平太低，因此，容易形成一大片的"洼地"，影响周围其他城市的旅游经济发展。

2015年（图4-19）经过两年的发展，很明显的出现了高发展水平—高空间集聚地区（HH），迪庆州和怒江州都出现在了高发展水平—高空间集聚地区，说明怒江州经过两年的发展，受到了周围大理州、丽江市等旅游经济发展水平比较高的城市的影响，其拉动作用逐渐显现，这些城市之间逐渐呈现了正的空间溢出作用，怒江州在这些城市的带动下，旅游经济发展水平有明显的提高；低发展水平—高空间集聚地区（LH）主要集中在了保山市，由图可知，保山市周围市州是大理州和德宏州，这两个市州的旅游经济发展水平明显高于保山市，因此保山市成为了新的低发展水平—高空间集聚地区（LH）城市；高发展水平—低空间集聚地区（HL）、低发展水平—低空间集聚地区（LL）并没有发生明显的改变，昆明市依然是高发展水平—低空间集聚地区（HL），其周围城市的旅游经济发展水平依旧明显落后于昆明市，低发展水平—低空间集聚地区（LL）也仍然是玉溪市和曲靖市，旅游经济发展"洼地"现象依然存在。

2018年（图4-20）中，高发展水平—高空间集聚地区（HH）没有发生变化，高发展水平—低空间集聚地区（HL）新增加了贵阳市，说明在2018年，贵阳市成为了"极点"城市，其旅游经济发展水平大大地高于其周围的安顺市、遵义市、黔东南州和黔西南州；低发展水平—高空间集聚地区（LH）除了保山市以外，又新增加了楚雄州，说

第四章 高铁发展对区域旅游经济绩效的影响研究

明楚雄州的旅游经济发展水平明显低于周围城市,2016年还处于低发展水平的玉溪市经过两年的发展,其旅游经济水平明显的高于了楚雄州,在楚雄州周围的城市比如大理州、丽江市、昆明市和玉溪市旅游经济发展水平都明显高于楚雄州,因此在楚雄州就成为了低发展水平—高空间集聚城市;低发展水平—低空间集聚地区(LL)范围明显扩大,由曲靖市扩散到了贵州省的毕节市,本身曲靖市的旅游经济发展水平比较低,其周围城市毕节市、六盘水市、昭通市和黔西南州旅游经济发展水平本身也比较低,因此在曲靖市溢出作用的影响下,毕节市也成为了低发展水平—低空间集聚地区(LL)。

2) Moran's I 散点分析

由于图4-18至图4-20表示的是黔桂云三省各市州游经济的Lisa集聚图,但是由于Lisa集聚图只显示通过了5%显著性检验的市州,因此本节选取Moran's I 指数散点图来补充,以弥补Lisa集聚图的不足,充分显示出39个市州的旅游经济发展水平。图4-21分别选取39个市州2013年、2015年和2018年的旅游经济据与空间自相关莫兰散点图进行对比,使我们能够清楚地看出黔桂云旅游经济的空间集聚的空间变化格局。

从图4-21可以发现,旅游经济的空间自相关分布主要是低发展水平—高空间集聚地区(LH)和高发展水平—低空间集聚地区(HL),其中变化比较明显的是贵阳市和迪庆州,贵阳市是贵州省的省会城市,是西南地区的重要交通枢纽,最大的游客集散地,并且其自身拥有丰富的旅游资源,基础设施完善,服务水平较高,迪庆州受到周围丽江市、怒江州和大理州的拉动作用,由低发展水平—高空间集聚地区(LH)变化成了高发展水平—高空间集聚区域(HH)。这些地区成为旅游经济发展水平较高的焦点地区,由于这些地区旅游经济总量比较大,能够带动其余周边城市的旅游发展。因此,在这些城市周围的地区,例如保山市等地区的旅游经济受到了旅游经济发展水平高的地区的影响,形成了低发展水平—高空间集聚地区(LH)。丽江市不在高发展水平—高空间集聚区域(HH)范围内,丽江市是旅游经济发展水平比较高的地区,自身旅游资源丰富,交通便利,但是对周边地区的溢出作用并不明显,没有带动周边市州的旅游经济的发展。低发展水平—低空间集聚地区(LL)主要集中在铜仁市。2015 年主要是红河州,至 2018 年,低发展水平—低空间集聚地区(LL)变成了铜仁市。低发展水平的城市之间主要体现了相互制约的作用关系,可能会有一个城市通过自身努力,使得旅游经济有了质的飞跃,逐渐摆脱了旅游经济发展水平低的帽子,但是由于周围都是旅游经济发展低水平的地区,在空间范围上貌似形成了一个"洼地",受到周边旅游经济发展水平低的城市的空间效应影响,使

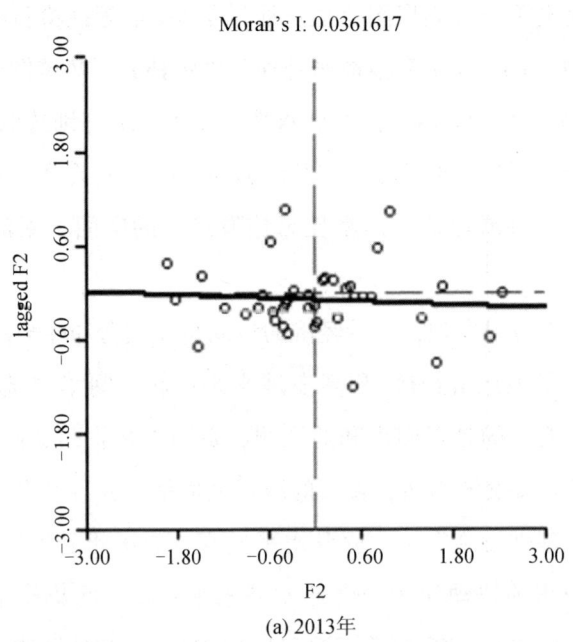

(a) 2013 年

图 4-21 2013、2015、2018 年 39 个市州旅游经济局部空间自相关莫兰散点图(一)

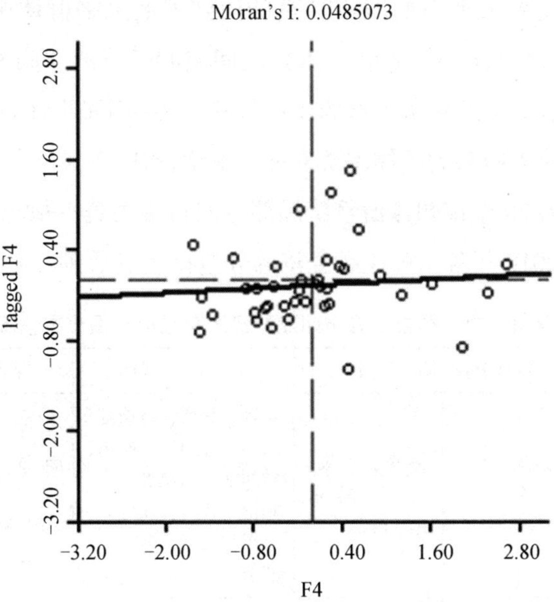

第四章　高铁发展对区域旅游经济绩效的影响研究

Moran's I: 0.0485073

(b) 2015年

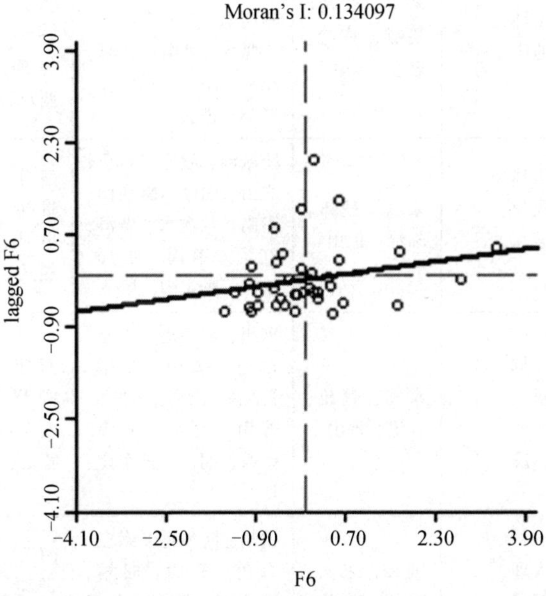

Moran's I: 0.134097

(c) 2018年

图4-21　2013、2015、2018年39个市州旅游经济局部空间自相关莫兰散点图（二）

得旅游经济发展水平高的城市又重新回到了低水平群体中。"低—低"集聚的现象,反映出39个市(州)之间旅游经济的空间相关性作用比较明显,旅游经济发展水平低的城市将其"萎靡不振"的状态传递给了周边城市,使得局部的整体旅游发展水平比较低。

将黔桂云39个市州旅游经济局部空间自相关莫兰散点图进行统计,选取2013—2018年各市州旅游经济的分布特点表示在表4-27中。

表4-27 黔桂云各市州旅游经济莫兰散点图分布情况

年份	第一象限(HH)	第二象限(LH)	第三象限(LL)	第四象限(HL)
2013	丽江、迪庆、黔南、北海、贺州、梧州	来宾、楚雄、怒江、黔东南、保山	贵港、钦州、防城港、崇左、百色、曲靖、黔西南、六盘水、临沧、普洱、红河、玉溪、昭通、铜仁、毕节	南宁、柳州、桂林、河池、文山、昆明、安顺、大理、德宏、西双版纳、贵阳、遵义、黔南
2014	梧州、玉林、贺州、迪庆	来宾、黔南、楚雄、临沧、怒江、保山	防城港、崇左、贵港、百色、文山、曲靖、黔西南、黔东南、六盘水、普洱、红河、玉溪、昭通、铜仁、毕节、遵义	南宁、北海、钦州、柳州、桂林、河池、昆明、丽江、安顺、大理、贵阳、德宏、西双版纳
2013	贺州、玉林、桂林、梧州、丽江、怒江、迪庆	来宾、楚雄、临沧、保山	防城港、崇左、百色、文山、曲靖、黔西南、黔南、六盘水、普洱、红河、玉溪、昭通、铜仁、黔东南、毕节	南宁、北海、钦州、贵港、柳州、河池、昆明、安顺、贵阳、遵义、德宏、西双版纳
2016	贺州、玉林、桂林、梧州、大理、丽江、怒江、迪庆	来宾、楚雄、临沧、保山	钦州、防城港、崇左、百色、文山、曲靖、黔西南、黔南、六盘水、普洱、红河、玉溪、昭通、铜仁、黔东南、毕节	南宁、北海、贵港、柳州、河池、昆明、安顺、贵阳、遵义、德宏、西双版纳
2017	贺州、大理、丽江、怒江、迪庆	玉林、来宾、楚雄、临沧、保山	钦州、防城港、崇左、百色、文山、曲靖、黔西南、黔南、六盘水、普洱、红河、玉溪、昭通、铜仁	南宁、北海、钦州、贵港、昆明、安顺、贵阳、遵义、德宏、西双版纳

第四章 高铁发展对区域旅游经济绩效的影响研究

（续表）

年份	第一象限（HH）	第二象限（LH）	第三象限（LL）	第四象限（HL）
2018	大理、丽江、怒江、迪庆、贺州、梧州	玉林、来宾、楚雄、临沧、普洱、保山	钦州、防城港、崇左、百色、曲靖、黔西南、黔南、安顺、六盘水、红河、玉溪、昭通、铜仁、黔东南、毕节	北海、贵港、柳州、桂林、河池、文山、昆明、贵阳、遵义、德宏、西双版纳

第一象限是高发展水平—高空间集聚区域（HH），表示在该象限的市州本身的旅游经济发展水平就比较高，周围其他市州的旅游经济发展水平也比较高，比如丽江市和大理州，这些城市之间具有空间溢出效应，并且是这种溢出效应是正向的，从2013年开始，梧州、贺州、迪庆一直处于第一象限，没有发生任何变化，说明这3个城市的旅游经济一直是高水平发展，并且其周围的城市旅游经济发展水平也都比较高，到2018年第一象限的城市增加了大理、丽江和怒江，说明经过6年的发展，云南省西北部的城市旅游经济发展已经达到了比较高的发展水平，形成了扩散效应，辐射拉动作用比较明显，但是广西省的贺州市和梧州市并没有对周围的贵港市和玉林市起到明显的拉动作用；

第二象限是低发展水平—高空间集聚地区（LH），表示在该象限的市州本身旅游经济发展水平比较低，周围市州旅游经济发展水平比较高，比如来宾市、楚雄州、保山市，来宾市与南宁市、河池市、柳州市相毗邻，楚雄州在昆明市和大理州之间，保山市在大理州和德宏州之间，这些城市的旅游经济都比较发达，城市之间是负的空间溢出效应，来宾市、楚雄州和保山市的旅游资源都源源不断的流向了这些旅游经济发展水平比较高的城市，虹吸作用比较强烈，造成这3个城市旅游经济发展雪上加霜。2013—2018年6年间，低发展水平—高空间集聚地区（LH）并没有发生明显改变。

第三象限是低发展水平—低空间集聚地区（LL），表示在该象限的市州本身和周边城市的旅游经济发展水平都比较低，其中，防城港市、

— 313 —

崇左市、百色市、曲靖市、普洱市、玉溪市、红河州、昭通市、黔西南州、黔东南州、六盘水市、毕节市、铜仁市等 13 个城市在 6 年间一直都处于低发展水平—低空间集聚地区（LL），没有发生明显的改变。

第四象限是高发展水平—低空间集聚地区（HL），表示在该象限的市州本身旅游经济发展水平比较高，但其周围其他市州的旅游经济发展水平比较低，其中，南宁市、北海市、西双版纳州和贵阳市的旅游经济总量明显高于周围其他市州，对周围其他市州具有"虹吸"效应。

总的来看，2013—2018 年以来黔桂云 39 个城市（州）之间旅游经济发展水平的空间分布基本上没有太大的改变。第一象限的城市有微小的变化，迪庆州由于与周边的丽江市、迪庆州有良好的互动关系，扩散效应大于极化效应，怒江州受到这两个城市的刺激带动作用个，因此，在 2018 年怒江州顺利进入了第一象限。第二象限中没有太大变化，临沧市从 2014 年就从第三象限进入到了第二象限，说明临沧市周围的城市在 2014 年旅游经济发展水平有所提高，玉林市和普洱市也是同理。第三象限城市数量没有发生变化，仍然是 15 个城市，但是安顺市由第四象限进入到了第三象限，说明其周围旅游发展经济水平低的市州对它有一定的传染性。第四象限没有发生明显变化，这些市州之间极化效应大于扩散效应，旅游经济水平低的市州的旅游资源流向旅游经济水平比较高的市州，各市州之间旅游经济水平差距愈来愈大。

（3）小结

综上，通过计算旅游经济的全局 Moran's I 指数和局域 Moran's I 指数，分析了黔桂云总体上的空间自相关性和各地区局部空间自相关性及其在空间上的分布。研究表明：

①黔桂云 39 个城市（州）在 2013—2018 年之间，旅游经济存在明显的空间相关性。由于 2013—2018 年之间全局 Moran's I 指数一直处于正数并且呈现不断上升趋势，说明各个城市（州）的旅游经济总体上具有空间自相关性，并且这种相关性作用在不断加强。

第四章 高铁发展对区域旅游经济绩效的影响研究

②根据局部 Moran's I 分析,旅游经济主要表现为两种:高发展水平—高空间集聚(HH)、低发展水平—低空间集聚地区(LL),高发展水平—高空间集聚区域(HH)旅游经济发展水平比较高,带动了周边地区的旅游经济发展;低发展水平—低空间集聚地区(LL)范围有扩大的趋势逐渐并且形成集聚的现象。

③高发展水平—高空间集聚(HH)地区表示正的空间溢出效应,主要分布在丽江市、大理州、迪庆州,这些城市主要呈现出相互合作相互促进的关系;低发展水平—低空间集聚地区(LL)虽然呈现的是正的空间溢出效应,但是这些城市之间由于自身旅游经济发展水平比较低,因此,彼此之间空间溢出作用比较弱,在空间上呈形成了主要集中在云南省东南和贵州省的西北地区;高发展水平—低空间集聚地区(HL)、低发展水平—高空间集聚地区(LH)表示的是旅游经济发展水平高的地区与旅游经济发展水平低的地区之间的相互作用关系,其中,旅游经济发展水平低的地区的资源都流向了旅游经济发展水平高的地区,导致这些地区与周边旅游经济水平高的地区之间的差距越来越大。

2. 空间溢出效应分析

由前文可知,通过全局和局部 Moran'I 指数的测算发现,39 个城市(州)之间并不是完全孤立的个体,各城市(州)的旅游经济存在明显的空间相关关系。在此基础上,合理的把空间因素考虑进来,构建合适的空间计量模型,不仅分析被解释变量的空间相关性,更从中分析各个解释变量的空间相关性,以期合理的测算各个城市(州)旅游经济的空间溢出效应。

(1)空间滞后模型(SLM)和空间误差模型(SEM)的选择

要进行 39 个市州之间旅游经济的空间溢出效应研究,本节先对面板数据进行 OLS 回归,之后再进行 LM 检验来选择空间滞后模型(SLM)和空间误差模型(SEM)。选定合理模型之后,再对面板数据进行豪斯曼检验来选择随机效应和固定效应。结果如表 4-28、表 4-29 所示。

表4-28 普通模型的 OLS 回归结果

变量	coefficient	t 值	p 值
LnHSR	0.0088	1.2393	0.2167
LnFC	-0.0573	-1.9903	0.0479
LnLA	0.2439	10.7937	0.0000
LnHw	-0.0842	-5.1857	0.0000
LnTR	0.0434	1.7759	0.0773
LnPG	0.0549	0.0207	0.0143
LnAC	-0.0253	0.0540	0.0764
intercept	4.7318	18.1003	0.0000
R-squard	0.4889		

表4-29 LM 检验及豪斯曼检验结果

检验方法	检验值	p 值
LM-Lag	46.292	0.000
Robust LM-Lag	11.4211	0.001
LM-error	35.2005	0.0000
Robust LM-error	0.3295	0.566
Hausaman	-113.4411	0.0000

对不考虑空间矩阵的普通模型进行回归得到了表4-28 的结果。由表4-28可知，7个自变量中，固定资产投资、高速公路里程数及旅游可达性3个变量对旅游经济的影响系数是负的，其余的4个变量旅游资源禀赋、旅游从业人员数和高铁里程数对于旅游经济的影响都为正。从显著性来看，有6个自变量都通过了显著性检验，但核心解释变量只通过了21.67%的显著性检验，且拟合度（R-squard）值为0.4889，模型拟合结果比较差，因此需要把空间矩阵加入模型中。固定效应和随机效应模型是空间面板模型的两大类，对于固定效应模型和随机效应模型的选择可以通过 Hausaman 检验来决定，如果 Hausaman 的 P 值通过了显著性检验，则使用固定效应模型，如若没有通过，就使用随机效应模型。

第四章　高铁发展对区域旅游经济绩效的影响研究

由表 4 – 29 可知，Hausaman 的 P 值通过了 1% 的显著性检验，因此，本节选定固定效应模型。

表 4 – 29 还包含了 LM 检验的结果，LM 检验是判断空间滞后模型（SLM）和空间误差模型（SEM）的标准。如果 LM-Lag > M-error，并且空间滞后模型的拟优合度也优于空间误差模型的拟优合度，在这种条件下，空间滞后模型是最为适合的。由表 4 – 29 可知，LM-Lag > M-error，并且 Robust LM-Lag Robust > LM-error，因此本节中我们选取空间滞后模型作为最合适的模型进行研究。

（2）空间滞后（SLM）模型回归结果分析

本节选取固定效应的空间滞后模型作为最合理的研究模型，时间固定效应、空间固定效应和时空双固定效应是固定效应的三大效应模型。因此，我们分别将对这三种固定效应进行回归分析，分析结果如表 4 – 30 所示。

表 4 – 30　三种固定效应的 SLM 模型回归结果

变量	空间固定效应	时期固定效应	时空双固定效应
$W * LnTP$	0.4519*** (6.7490)	0.1999** (2.5743)	0.3313*** (4.2039)
$LnHSR$	-0.0103*** (-2.7592)	0.0014 (0.2084)	0.0132*** (-3.5831)
$LnFC$	0.0837** (2.3287)	-0.053294* (-1.9386)	0.0133** (-1.9851)
$LnLa$	-0.1994*** (5.3039)	0.2325*** (10.7804)	-0.2079*** (4.4978)
$LnHW$	0.0156 (1.3249)	-0.0774*** (-5.0913)	0.0035 (0.2975)
$LnTR$	0.5316*** (8.8792)	0.0339 (-0.0774)	0.0601*** (-3.7431)
$LnPG$	0.683*** (0.0626)	0.5902*** (0.0618)	0.6381*** (0.0607)

(续表)

变量	空间固定效应	时期固定效应	时空双固定效应
Ln*AC*	-0.0963*** (0.0388)	-0.0623*** (0.0397)	-0.0251 (0.0402)
R^2	0.9642	0.5530	0.9675
Log-L	292.3896	52.7598	306.6808

注：** 表明通过5%的显著性检验，*** 表明通过1%的显著性检验。

由表4-30可知，对三种固定效应的Log-L值进行比较后发现，时空双固定效应的Log-L值最高，为306.6808，并且时空双固定效应的R^2值也是三种固定效应中最高的，为0.9675，表明时空双固定效应是最优的模型选择。接下来，对时空双固定效应模型下的各变量进行分析。值得注意的是，在空间滞后模型中，加入了对因变量的自相关回归变量，因此自变量的系数并不是表示直接对因变量作用的大小，但我们可以从系数的正负性以及显著程度来进行分析。

1）解释变量

解释变量W*Ln*TP*表示的是临近城市旅游经济对本城市旅游经济的影响，其通过了1%的显著性检验，这表明39个市（州）之间的旅游经济发展存在相互关联，相互作用的关系，周边地区的旅游经济发展会对本地区旅游发展形成正的影响，39个市（州）之间相邻地区的旅游经济效益会显著带动本地区的旅游经济效益，旅游经济存在显著的空间溢出效应。

2）核心解释变量

核心解释变量Ln*HSR*显著为正，表明高铁发展对区域旅游经济的增长在研究期内存在促进作用，但其促进方向（正向溢出还是负向溢出）还有待进一步验证。

3）控制变量

① 控制变量中资本投入变量（Ln*FC*）、劳动力（Ln*Labor*）、原赋资

第四章 高铁发展对区域旅游经济绩效的影响研究

源水平（LnTR）以及地区经济发展水平（LnPG），皆通过了显著性检验。其中劳动力变量（Ln$Labor$）与地区旅游经济发展水平呈显著负相关，这是应为本节中被解释变量旅游经济发展水平是采用的人均旅游消费水平来进行衡量，表明了旅游产业劳动密集型产业特征，从业人员数量增加并没有提高旅游经济的发展水平，劳动力的冗余和过剩影响了地区旅游经济发展水平的提升。资本投入（LnFC）、旅游资源禀赋（LnTR）以及地区经济发展水平（LnPG）皆对地区经济发展水平有显著的正向促进作用。

② 高速公路里程数（LnHw）的系数皆不显著，表明高速公路里程数的变化对于城市旅游经济的影响不够明显。这是因为，黔桂云地区虽然基础设施较为落后，但是高速公路的建设已日趋完善，例如贵州省在 2015 年实现了县县通高速，地区高速公路对于旅游业而言已日趋饱和，因此高速公路的增加，并没有实质上进一步提高地区旅游经济发展水平。可达性变量（LnAC）的系数不显著，表明可达性的改变无法在研究期内对旅游经济发展水平造成可观测到的影响，这一估计结果还需进一步检验。

（3）双固定效应空间滞后模型（SLM）空间效应分解

39 个市州的旅游经济存在着显著的空间溢出效应，各变量不仅对本城市的旅游经济产生影响，也会对临近城市的旅游经济产生一定影响。萨热和佩斯（LeSage & Pace，2009）在《*Introduction to Spatial Econometrics*》中指出的采用偏微分法分解效应，能够更加合理的解释各变量所发挥的影响作用。其中，在空间滞后模型的效应分解过程中，包括自变量对本地区的影响和对邻近地区的影响，对本地区所产生的影响为直接效益，对邻近地区产生的影响为间接效应，总效应指的是间接效应与直接效应的综合，表示的是各变量对旅游经济的整体影响。具体分析结果由表 4 - 31 所示。

表4-31 解释变量的空间效应分解

变量	直接效应	间接效应	总效应
LnHSR	0.0588*** (0.0009)	-0.0063** (0.2258)	0.0525*** (0.0012)
LnFC	0.0141* (0.0748)	-0.0070* (0.03485)	0.0071* (0.0745)
LnLa	-0.2168*** (0.0000)	-0.1015** (0.0211)	-0.3183*** (0.0003)
LnHW	0.3101 (0.7580)	0.0015 (0.8070)	0.3116 (0.7712)
LnTR	0.0521*** (0.0006)	-0.0287** (0.0195)	0.0234*** (0.0008)
LnPG	0.6871*** (0.0603)	0.4201*** (0.1870)	1.107*** (0.1962)
LnAC	-0.0811** (0.0412)	-0.236** (0.1103)	-0.3171** (0.1274)

注：*表明通过10%的显著性检验，**表明通过5%的显著性检验，***表明通过1%的显著性检验。

接下来根据表4-31，解释5个自变量对于旅游经济空间溢出效应的影响及其原因做出更具体的分析，分析结果如下：

1）核心解释变量

本节的核心问题是高铁对于区域旅游经济的空间溢出效应，因此首先分析高铁里程数的各项效应系数。直接效应系数、总效应系数都为正，分别是0.0588、0.0525，说明高铁里程数每增加一个单位，对本地区的旅游经济增长贡献0.0588%，对整体的旅游经济贡献0.0073%，但是间接效应系数为-0.0063，说明高铁里程数每增加一个单位，会使临近地区的旅游经济下降0.0063%。因此，从总体上来看，在研究期内，高铁开通过仍表现出对临近区域旅游经济的负向溢出效应，即极化效应。

第四章　高铁发展对区域旅游经济绩效的影响研究

2）控制变量

①资本投入：其对于旅游经济的直接效应为 0.0141，间接效应为 -0.0070，两者都在 10% 的置信水平上显著；总效应为 0.0071，通过了 10% 的显著性检验。这个结果表示的是在空间滞后模型的结果分析中，因为其直接效应和总效应的系数是正的，因此资本投入变量对本地区的旅游经济是正的空间溢出效应，并且整体上来看，资本投入对旅游经济的影响也是正的；间接效应的系数为负，表明资本投入对临近地区的旅游经济是负的空间溢出效应。即资本投入每增加一个单位，会使得本地的旅游经济增长 0.0141%，但是会使邻近地区的旅游经济减少 0.0070%。

②旅游从业人数：直接效应系数为 -0.2168，间接效应为 -0.1014，总效应为 -0.3183，全部为负，并且至少通过了 5% 的显著性检验。因此，旅游从业人数无论是对于本地区还是邻近地区来说，其每增加一个单位都会使旅游经济发展水平降低。

③高速公路里程数：直接效应系数、间接效应系数和总效应系数都是正的，但是都没有通过显著性检验，说明高速公路里程数的变化对于旅游经济的影响并不明显。

④旅游资源禀赋：直接效应系数和总效应系数都为正，分别 0.0521、0.0234；间接效应系数为负。说明旅游资禀赋对本地区的旅游经济增长有明显（在 1% 的水平下显著）的带动作用，但是对临近地区的旅游经济起到了明显的抑制作用即负溢出效应，即旅游资源禀赋每增加一个单位，会使得邻近地区的旅游经济下降 0.287%，但是在整体上，旅游资源禀赋对于旅游经济的增长仍然是正向的推动作用。

⑤地区经济发展水平：直接效应、间接效应及总效应的都为正，且通过了 1% 的显著性检验，表明地区整体经济水平的提高不但对本地区的旅游经济发展水平有促进作用，对临近地区的旅游经济也产生了 0.4201% 的增长作用。

⑥旅游可达性：旅游可达性的直接效应、间接效应及总效应都显著为

负,表明高铁开通带来的时空压缩效应,旅游可达性大幅度提升,可达性的提升不仅对本地区也对周边地区的旅游经济增长具有显著的促进作用。

最后,必须说明的是,时空双固定效应模型中,各个解释变量与空间效应分解中的总效应的影响系数并不一致,这是因为在前面模型中加入了 $W*LnTP$,但各个变量的显著程度及影响方向基本一致,这也进一步证实本模型选择的稳健性。

3. 稳健性分析

在本节进行进一步效应分解前,选取空间地理距离矩阵(W_2)和空间经济距离矩阵(W_3)带入时空双固定空间滞后模型进行空间面板数据的稳健性检验,以防止伪回归的出现。三种空间权重的回归结果见表4-32。

表4-32 三种空间矩阵的 SLM 模型(时空双固定)回归结果

变量	空间地理邻近矩阵(W_1)	空间地理距离矩阵(W_2)	空间经济距离矩阵(W_3)
$W*LnTP$	0.3313*** (4.2039)	0.3029** (3.4673)	0.4321*** (5.3608)
$LnHSR$	0.0132*** (-3.5831)	0.0086** (0.1987)	0.0103*** (-3.4831)
$LnFC$	0.0133** (-1.9851)	0.0094* (-1.0386)	0.0103** (-1.8450)
$LnLa$	-0.2079*** (4.4978)	-0.2325*** (7.9870)	-0.3265** (9.4098)
$LnHW$	0.0035 (0.2975)	0.0073* (0.0931)	0.0052 (0.7592)
$LnTR$	0.0601*** (-3.7431)	0.0439* (-0.0376)	0.0598* (-0.0430)
$LnPG$	0.6381*** (0.0607)	0.5768*** (0.0752)	0.6465*** (0.0703)
$LnAC$	-0.0251 (0.0402)	-0.0463** (0.0397)	-0.0251** (0.0135)
R^2	0.9675	0.8530	0.7690

注:** 表明通过5%的显著性检验,*** 表明通过1%的显著性检验。

第四章　高铁发展对区域旅游经济绩效的影响研究

通过变量的对比三种空间权重下各个变量的影响系数及显著程度，大多数变量的影响系数有一定差异，但其影响方向和显著程度基本一致，确保了选择本模型的稳健性以及后面进一步效应分解时变量估计的准确性。

（五）高铁对旅游经济的空间溢出效应的影响机制分析

前述分析表明，高铁发展对区域旅游经济的增长的溢出效应具有显著作用，但高铁是怎样影响区域旅游经济增长的溢出效应的有待进一步考察和研究。众多文献研究表明：控制变量地区经济发展水平和旅游可达性都与高铁有着显著联系，高铁作为一种基础设施投入，其带来的投资拉动效应，必将对区域经济产生正向的促进作用（蒋茂荣，2017），高铁的时空压缩效应，必将极大改变区域可进入性，高铁的开通不仅提高了高铁沿线城市的可达性，也促进了邻近城市的可达性（Gutierrez，1996）。因此高铁变量与区域经济发展水平和旅游可达性两变量之间都存在显著的线性关系，那么高铁发展是通过促进区域整体经济水平的提升以及缩短旅游可达性来实现对区域旅游经济增长的影响吗？需要进一步考察高铁与这二变量的交互效应。

1. 交互变量的引入

本节在时空双固定空间滞后模型的基础上引入高铁与地区经济发展水平（$LnHSR * LnPG$）以及高铁与旅游可达性（$LnHSR * LnAC$）的交互项，进一步进行回归和效应分解，估计结果见表4-33。值得注意的是，交互项系数的显著与否，还不能很好的解释高铁发展对区域旅游经济增长的作用机制，还必须结合效应分解来进一步进行解释。

表4-33　解释变量的空间效应分解（加入交互项）

变量	直接效应	间接效应	总效应
$LnHSR$	0.0606*** (0.0179)	-0.0048** (0.1432)	0.0566*** (0.0017)

(续表)

变量	直接效应	间接效应	总效应
LnHSR * LnPG	-0.0065*** (0.0029)	-0.0151** (0.0076)	-0.0116*** (0.0092)
LnHSR * LnAC	0.0051*** (0.0009)	0.0187*** (0.2258)	0.0238*** (0.0012)
LnFC	0.0230*** (0.0397)	-0.0028* (0.0285)	0.0202*** (0.0634)
LnLa	-0.1549*** (0.0001)	-0.0769** (0.0132)	-0.2318 (0.0019)
LnHW	0.2341 (0.7714)	0.0012 (0.9180)	0.2353 (0.8435)
LnTR	0.0652*** (0.0013)	-0.1369** (0.0106)	-0.0717*** (0.0108)
LnPG	0.7072*** (0.1462)	0.5363*** (0.1098)	1.2435*** (0.2146)
LnAC	-0.1098** (0.0965)	-0.2073** (0.3219)	-0.3171** (0.2007)

注：* 表明通过10%的显著性检验，** 表明通过5%的显著性检验，*** 表明通过1%的显著性检验。

2. 回归结果分析

（1）加入交互变量后，各个变量的显著性及影响方向几乎没变；但是大多数变量的影响系数增加，个别变量的影响显著性还提高，使得模型估计更趋合理。

（2）在直接效应中仅有劳动力指标与旅游经济发展水平呈负相关关系，表明旅游从业门槛较低，从业人数的增加对区域旅游经济增长出现了抑制作用。

（3）在间接效应中，高铁、固定资产投资、劳动力以及原赋资源等变量都表现为负溢出效应，且有增强趋势，这表明高铁发展在研究期内总体上表现出对邻近地区的极化效应，本地区固定资产投资以及原赋旅

第四章 高铁发展对区域旅游经济绩效的影响研究

游资源的增加,也对邻近地区表现出旅游经济增长的虹吸效应。地区经济发展水平和旅游可达性两个指标表现为正向显著关系,也表现出增强趋势,表明本地区经济水平的提高对邻近地区的旅游经济增长呈现正向溢出效应,高铁开通后,旅游可达性的改变对邻近地区旅游经济增长影响更大(其影响系数更大)。

(4)总效应中,原赋旅游资源变量表现出负的溢出效应关系,表明高铁开通在促进区域旅游整体发展的同时,也加剧了旅游目的地之间的竞争。由于研究区域地理相邻、地形地貌相近,所开发出来的旅游产品具有一定的同质性,例如,贵州和广西乃至云南其自然资源都主要表现为喀斯特地貌景观,具有一定相似性;黔桂云三地都属于我国西南民族地区,虽民族文化景观都有其地域特色,但对于观光旅游者而言,都表现为少数民族文化。近年来,贵州主打气候牌和民族文化牌,提出"爽爽贵阳""凉都六盘水"以及"多彩贵州"等宣传口号,与"春城昆明"和"七彩云南"都有异曲同工之处。但贵州的后发优势,以及高铁开通后的区位优势,加之,沪昆高铁通车后昆明至贵阳缩短为2小时,使得贵州的旅游获得了突飞猛进发展,一下超过了云南。高铁的快速、高效,加快了旅游要素在目的地之间的流通速度,也加剧了区域旅游之间的竞争,区域之间的负向溢出效应明显。

3. 影响机制分析

本节研究的核心问题是高铁发展如何影响区域旅游经济增长的溢出效应,即其影响机制或路径。这需要我们进一步观察和分析引入交互项的系数,见表4-33。

(1)高铁与地区经济发展水平($LnHSR*LnPG$)的交互项在模型效应分解中其直接效应、间接效应和总效应系数分别为-0.0065,-0.0151和-0.0116,且直接效应和总效应都在1%的水平显著,间接效应在5%水平下显著。这表明高铁通过地区经济发展水平对区域旅游经济的增长的正向溢出效应减弱。也即是说,高铁对原本经济发展水平

— 325 —

较好的区域与原本经济发展较差的地区其促进作用有差异,在同样的高铁发展水平下,地区经济发展水平较高的区域所获得的溢出效应比地区经济发展水平较低的区域获得的溢出效应要减少 0.0116%。

(2)高铁与旅游可达性(LnHSR * LnAC)的交互项系数分别为 0.0051、0.0187、0.0238,且都在 1% 的水平下显著。表明高铁通过可达性的改变对区域旅游经济增长带来正向溢出效应,也即是说通过高铁提升了地区可达性水平 1%,其对区域旅游经济增长的正向溢出效应会提高 0.0238%。值得注意的是,高铁通过提高可达性,在对本地区和邻近地区产生相同的可达性水平的基础上,其对邻近地区的溢出效应更为明显(交互项系数中间接效应系数大于直接效应系数)。

(3)我们将两项交互项的总效应系数相加得知:高铁带来的直接投资拉动效应带来地区经济水平的提升,以及通过间接效应改善区域旅游可达性对区域旅游经济增长所发挥的溢出效应占到了高铁对区域旅游经济溢出效应的 62.5%,其中,通过改变可达性而带来的溢出效应占到了 42%。这进一步证实,高铁对区域旅游经济增长的溢出效应主要是通过其投资拉动效应带来的地区整体经济水平的提升,以及间接改变了区域旅游可达性,加快了区域旅游要素的流动,两条途径来实现。

(六)结论与讨论

1. 结论

本节是本书的重点章节,在厘清了高铁对区域旅游经济的业绩及效率的促进作用以及促进机制,需进一步探讨了高铁发展对黔桂云民族地区旅游经济增长的空间溢出效应及其机制。首先采用 Moran'I 指数分析了黔桂云 39 个市州旅游经济增长存在全局自相关和局部自相关的基础上,基于柯布-道格拉斯生产函数构建和选取了高铁发展对区域旅游经济增长的空间溢出效应的时空双固定空间滞后模型,并且其通过了不同空间权重矩阵的稳健性检验,进一步进行空间溢出效应分析,研究

第四章　高铁发展对区域旅游经济绩效的影响研究

得出：

（1）黔桂云地区 39 个市州旅游经济发展存在明显的空间相关性，区域旅游经济发展处于长期不均衡状态，高铁发展缩小了区域经济发展的不均衡性。

（2）黔桂云 39 个市州旅游经济发展存在一定空间溢出效应，并且主要是正向的空间溢出，旅游经济主要表现为高发展水平—高空间集聚（HH）、低发展水平—低空间集聚地区（LL）两种形式，高发展水平—高空间集聚区域（HH）旅游经济发展水平比较高，带动了周边地区的旅游经济发展，这部分主要集中在云南省的西北部；低发展水平—低空间集聚地区（LL）范围有扩大的趋势逐渐并且形成集聚的现象，在空间范围上这部分地区主要集中在云南省的东南部与贵州省的西部地区。

（3）高铁发展显著的促进了区域旅游经济的空间溢出效应，在研究期内，高铁建设对本地区旅游经济增长表现出正向空间溢出效应，对邻近地区仍然表现为虹吸效应即负向溢出效应。

（4）高铁发展通过其直接投资拉动效应带来地区整体经济水平的提升，促进了区域旅游经济的空间溢出效应，其对原本经济水平较高的地区相比经济水平较低的地区其空间溢出效应的促进作用降低；高铁还通过其间接效应大幅度提升区域可达性来促进地区旅游经济的空间溢出效应。高铁发展正是主要通过直接效应和间接效应两种渠道对区域旅游经济的增长产生溢出效应。

（5）研究还发现，地区旅游经济增长还受到地区资本投入和地区原赋资源的影响，这两项指标对本地区而言表现出正向溢出效应，而对邻近地区表现出负向溢出效应；劳动力指标对区域旅游经济的增长无论是本地区还是邻近地区皆表现为负向溢出效应；高速公路指标对地区旅游经济的增长效应已不显著，表明研究区域的高速公路已趋于饱和，其旅游空间溢出效应较低。

2. 讨论

旅游经济的增长具有显著的空间相关性特征，高铁发展强化或加剧了区域之间的空间溢出关系。这是本节主要的研究结论，也是本研究想达到的主要研究目的。但事实上，现呈现的成果与作者最先的设想有较大的差异，或者说这也许是本研究的不足。

（1）研究时间段的选择上，最初设计仍然是选取2009—2018年10年期进行研究，然而带入结果并不理想，甚而至于出现高铁对区域旅游经济溢出效应的影响不显著、影响效果较差，不得已，课题组只有将研究期限缩短至高铁开通后2013—2018年，高铁对区域旅游经济的促进效应才开始出现，研究才得以继续进行。

（2）研究模型的选择上，课题组只选取了空间滞后模型（SLM）和空间误差模型（SEM）作为备选模型，而现今关于空间相关性的研究常采用空间杜宾模型（SDM）却没有成为我们的候选模型，事实上，课题组最初也将空间杜宾模型作为主要实证模型进行研究，但是其实证结果导致对变量的解释性较差，特别是控制变量的显著性降低，同时在用不同空间权重矩阵进行检验时，并没有通过稳健性检验，使得课题组陷入了长期困惑，不得不放弃了此模型。

（3）课题组原先进行了深入设计，那就是要更深入的探讨高铁发展对三省分区域的旅游经济增长的空间溢出效应的影响，并试图进行分区域对比分析，但事实上，三省中除了贵州省的影响效应较为明显外，各个控制变量的解释力度也较高，开通高铁较早的广西和开通高铁较晚的云南其影响效应都不明显，课题组也一直没能找到解释此现象的答案，也不得不放弃。

（4）最后，在控制变量的选择上，虽然课题组是基于较为成熟的柯布-道格拉斯生产函数的模型基础上进行设计，但是鉴于数据获取的可行性，控制变量的选取及衡量标准和计算方法还缺乏严谨性，有待进一步进行论证，例如关于技术进步指标，课题组也试图参考相关文献，采用研发经费投入（R&D）或者旅游专利等数据进行测算，但鉴于我国目前的统计制度，在省一级，这些数据相对容易获得，而到市区一级后，这些数据几乎无法获得。同时，课题组一直对用这些数据来衡量技术进步对旅游经济增长的促进作用也颇有微词，有鉴于此，采用了交通发展水平来测度区域技术进步水平，这也许会引起争议，但从目前呈现的研究结果来看，效果较好。

五、本章小结

（一）研究逻辑

本章是本成果的重点研究章节，在研究逻辑上仍然遵从现象到本质的研究思想，在高铁发展与旅游经济绩效分别量化测度的基础上，从时空二维视角探讨高铁与旅游业两系统之间的时空关系（图4-22）。

本章第一节，基于业绩的视角，构建区域旅游产业业绩发展的综合评价指标，采用双重差分（DID）方法，构建高铁发展对区域旅游经济业绩影响的评价模型，并采用异质性模型和中介效应模型对高铁发展对区域旅游经济发展水平的异质性和中介效应进行检验，探索高铁发展对区域旅游发展水平的影响机制。

本章第二节，采用DEA-Malmquist模型对区域旅游发展效率进行评价，分析在高铁背景下其效率的时空演变特征，采用Tobit模型，探索高铁对区域旅游经济的综合效率、纯技术效率以及规模效率的影响，并采用中介效应模型，厘清高铁发展对区域旅游经济发展效率的影响机制。

本章第三节，采用系统耦合度和耦合协调度评价模型评价区域旅游发展的业绩与效率的耦合关系及时空演变特征。研究发现高铁开通后，区域各市州的旅游绩效耦合度在不同程度上都得到了提高，高值耦合市州大多位于高铁沿线或邻近区域，在空间上呈现出"无序—多点—极化"演化模式；耦合协调度在时间维度呈现出与耦合度一致的发展趋势，但在空间演化上表现出以中心城市为核心沿高铁沿线市州扩散的趋

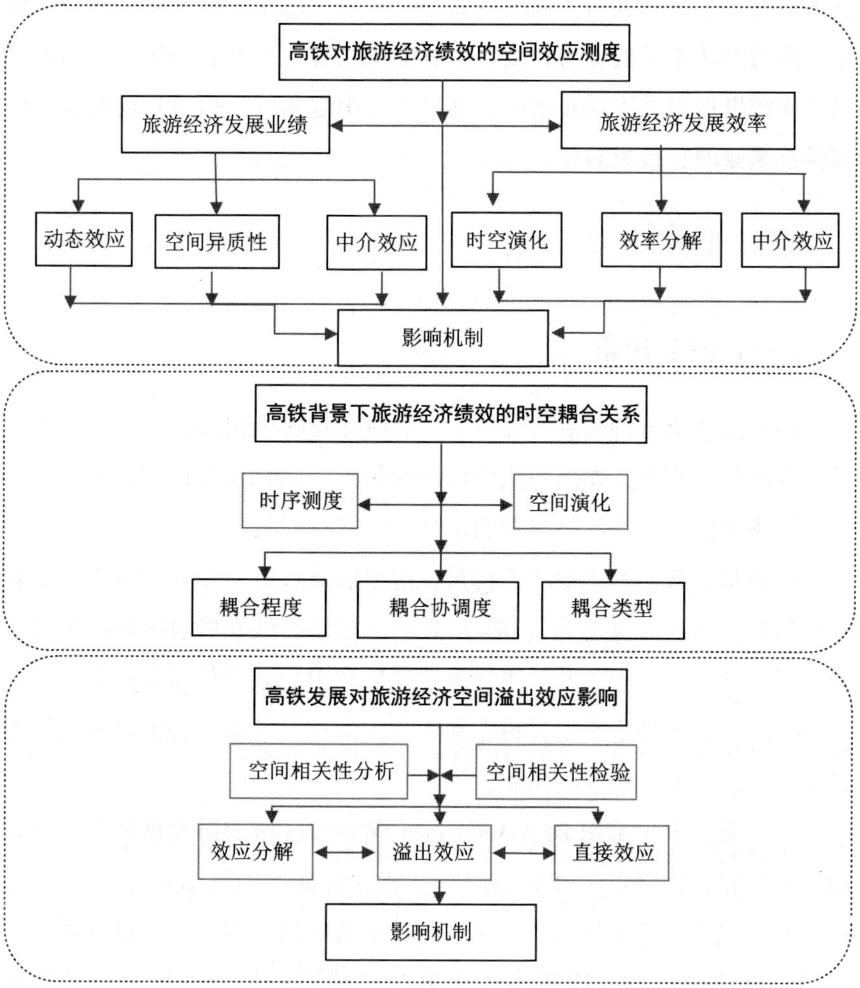

图 4-22 本章研究思路图

势;区域的耦合类型逐渐集中于高绩高效、低绩低效两种,且"双低"耦合占比较高。

本章第四节,采用空间计量经济学思想,引入影响旅游发展业绩与效率的重要控制变量,构建高铁发展及其维度对旅游发展业绩与效率影响的多种空间面板计量模型,以时间距离、欧式距离等多种空间权重矩

第四章 高铁发展对区域旅游经济绩效的影响研究

阵为依托,定量测度高铁发展对旅游经济绩效的直接影响和空间溢出效应,揭示高铁发展的空间溢出效应对旅游经济绩效的影响机理。将地理加权回归思想引入空间面板计量模型中,在此基础上探讨高铁发展对旅游经济绩效的直接影响和空间溢出效应在地理空间上的异质性,运用空间格局分析方法分析其分布特征与空间模式,揭示其空间格局形成机理;在界定黔桂云三个省级区域旅游空间结构的基础上,探讨核心区、过渡区与外围区高铁发展对旅游经济绩效的空间溢出与回流效应,揭示区域内部和区域之间的空间溢出机理。

(二) 启示及建议

1. 研究启示

(1) 把握"高铁时代"带来的旅游发展机遇

经过上文实证研究发现,高铁对于旅游经济增长的推动作用以及旅游经济的空间溢出效应非常显著,因此,对于经济发展相对较为落后的黔桂云民族地区而言,要紧紧把握高铁时代所带来的经济发展红利,充分发挥高铁在旅游过程中扮演的角色。国家在高铁的规划和修建的过程中要充分考虑区域经济发展的现实,加大高铁旅游与"精准扶贫"相结合,引导黔桂云地区在旅游扶贫的道路上快速稳步前进。

(2) 不断加强省会旅游经济增长的核心地位,增强其旅游经济的空间溢出效应

省会城市作为旅游经济发展的"首位城市",旅游总收入一直处于高速上升的发展趋势。2018年三省中,南宁市的旅游总收入为1387.54亿元,占广西的18%,贵阳旅游总收入达到2456.56亿元占全省旅游经济总量的25%,昆明市旅游总收入为2180.08亿元,占云南省总量的24%,由此可以看出,省会城市在省域范围内对于旅游总收入的贡献度一直居于首位,省会城市是整个省的交通枢纽中心,依托高铁和机场等

便利的交通基础设施;增强省会城市作为旅游发展"首位城市"的核心地位,充分发挥其旅游经济的空间溢出效应,使其能够惠及周边其余城市,带动整个旅游经济的发展。

(3)培育新的旅游经济增长点,实现各省从"旅游大省"向"旅游强省"的转变

根据旅游经济的空间分布可以看出,云南的丽江市、大理州、贵州的贵阳市、广西的北海市都是旅游经济发展水平较高的地区,形成了极点区域,周围其余市(州)旅游经济发展水平相对较低,整个区域旅游经济处于不平衡的发展状态,为了打破这一状态,要在现有区域旅游经济中寻找和培育新的旅游经济增长点,寻找一些旅游资源和旅游基础设施比较完善的市州,加大投资力度,培育其成为新的旅游经济增长点,努力成为次级核心城市,同时也要充分发挥昆明市、贵阳市和南宁市这种"首位城市"的发展带动作用,形成多极点多支撑的发展状态。

2. 政策建议

高铁对旅游经济增长的推动作用及旅游经济的空间溢出效应非常显著,因此,对于经济发展相对较为落后的黔桂云民族地区而言,要紧紧把握高铁时代所带来的经济发展红利,充分发挥高铁在旅游过程中扮演的角色及带来的高铁效应,实现旅游经济的大有作为。

(1)加大交通优势利用,提升产业要素流动效率

借高铁之风,用交通之势,进一步强化资源优势、区域优势等中心型城市的旅游服务设施,合理配置生产要素,提升技术转化率,充分发挥高铁的扩散效应,提升高铁旅游通道的纽带能力,促进民族地区商贸、物流等实体产业发展,带动区域旅游流的集聚,优化区域产业结构,持续释放高铁经济活力。

(2)推进旅游产业转型升级,促进供给侧改革

高铁的开通,促进了区域游客的便捷流动,为实现高铁提速背景下

第四章 高铁发展对区域旅游经济绩效的影响研究

"过路游"向"过夜游"的转变，必须对区域旅游产业进行供给侧改革，这就要求住宿、餐饮、旅游景区等相关行业和部门必须有更高标准、更具个性化、更加差异化的转型思路。首先，是高标准供给，严格把控区域旅游产品质量，将当地少数民族风情、乡村特色、文化与旅游相融合，对自身的旅游资源特色进行深层次挖掘，将静态旅游和动态旅游融为一体，提高服务质量和水平，实现高质量供给；其次，是个性化供给，在标准化供给之时，打造参与性、体验性强的异质性文化旅游产品，满足后现代高铁旅游者"情感化""符号化""体验性"及追求"自由和个性"的消费特质；最后，是差异化供给，要求黔桂云沿线地区，以旅游发展需求为导向，因地制宜，发展休闲、康养、生态、文化等多种差异性特色旅游产业，着力"旅游+"和"+旅游"发展，实现区域之间的产品互补，促进高铁开通后旅游经济转型升级。

(3) 加强区域旅游产业联动性，实现全域旅游发展

高铁的开通，区域之间可达性、旅游经济潜能等都发生了变化，强化了区域之间的旅游经济联系，区域之间的界限逐步缩小，城乡之间的差距也逐步缩小。区域旅游发展可以以城市旅游为核心、以乡村旅游为载体，建立健全全域旅游服务体系，实现区域内不同旅游业态的融合；大力发展旅游特色小镇、田园综合体等新型旅游业态，改善乡村旅游基础服务设施，助推乡村振兴；发展"慢"旅游，增加游客在目的地停留时间，提升游客的体验感和参与度。

(4) 构建旅游大数据信息系统，提升旅游产业智能性

高铁的开通大幅度缩短了旅游目的地的距离，使得出行更加便捷，进一步促进自由行的发展，因此必须要建立较为完善的旅游大数据信息系统，为游客提供景点、交通、住宿、天气、医疗、餐饮等全方位的旅游信息。同时搭建便捷旅游咨询服务平台，加强各个城市之间旅游信息的互联互通，及时保障旅游信息的更新。例如可以有效的借助"双微一抖"等平台，建立线上线下的旅游服务，可以根据游客自身的旅游需

求，因时因地，完成相应的目的地选择、机票订购、门票预约、旅游体验评价等为一体的旅游活动，达到根据自己喜好、天气状况、景点游客量选择合适的路线。同时，利用"云计算"技术分析相关数据，发现游客感兴趣的热点内容，将更加有利于掌握旅游需求市场的发展趋势，推动旅游业智慧化转型升级发展。

第五章　高铁对区域旅游空间结构的影响及动力机制研究

高铁作为重大的基础设施投入，是旅游经济发展的重要外生变量；同时高铁又作为一种新型的交通工具，是旅游业发展的重要支持系统，是促进旅游经济发展的重要内生变量，因此高铁发展一方面在极大缩短了"时空距离"，扩大了区域之间的旅游经济联系，促进了区域旅游经济的发展；另一方面，旅游产业在响应这一新型交通工具的过程中，必将带来旅游经济活动在空间上的变化或演变。本书第三章、第四章分别从高铁对区域旅游可达性、旅游经济联系以及旅游经济绩效的视角，探讨了高铁发展对其空间效应及其影响机制，而区域旅游可达性、旅游经济联系以及旅游经济绩效的变化，并将最终表现为区域旅游活动在空间格局或空间结构上的变化。

因此，本章进一步探讨高铁发展对区域旅游空间结构的影响，首先，采用衡量区域旅游经济规模的各项指标如首位度、位序—规模以及旅游经济空间分异指标等从现象上探讨高铁开通前后区域旅游经济的空间结构演变规律。其次，引入旅游流空间网络结构模型，探讨高铁发展对区域旅游流网络结构的影响及响应效应，在厘清各个节点的高铁效应的基础上，分析影响各个节点旅游发展的影响因素，从而并进一步探讨其影响的动力机制。最后，对黔桂云三省区域旅游发展，从"点、线、面"三个维度提出其空间结构优化方向。

一、高铁时代黔桂云三省区域旅游经济空间结构的演变

旅游空间结构是基于产业集聚（Industrial Agglomeration）理论指导下探索旅游产业在空间分布的问题，是指旅游经济活动各要素在空间中相互作用、相互影响所形成的空间集聚程度及集聚形态，是旅游经济活动在地理空间上的投影及表现，反映了旅游产业发展的空间属性及相互关系（黄震方，2015）。近年来，随着旅游业发展在区域经济发展中的地位凸显，对区域旅游空间结构问题的研究越来越多，由于旅游经济活动的结构要素在空间抽象上表现的复杂性，因此不同学者基于旅游经济活动的不同分类方式，如动态的旅游者的视角（张甜歌，2020）、静态的旅游资源（杨明举，2013）；点状的旅游服务设施，如旅游景区（张洪，2019）、酒店（陈雪钧，2011），面域的客源市场（靳诚，2010）；具象的旅游企业（卞显红，2008），抽象的旅游经济等多个角度对旅游空间结构进行了探讨。其中基于抽象的旅游经济的空间结构问题成为研究主线。关于旅游经济的空间结构问题研究，众多的学者从可达性（赵金金，2016）、旅游经济联系（史庆斌，2018）以及旅游发展水平（乌铁红，2009）、旅游发展质量（刘佳，2016）等角度对区域旅游经济的空间格局进行了探讨。

近年来随着高铁的出现和发展，高铁对区域旅游经济的影响研究的文献越来越多，其中高铁对区域旅游空间结构的影响成为了研究重点。国内外学者基于位序—规模法则（汪德根，2013；Pong，2020）、旅游可达性模型（姜博，2014；Héctor，2012）、旅游经济联系模型（郭建科，2016）等从时间维度、地理维度和经济维度等方面从研究了高铁对旅游空间格局的影响，而基于空间分异视角探讨高铁对旅游空间格局影响的研究较少，针对高铁对民族地区旅游空间分异的实证分析几乎属于

第五章　高铁对区域旅游空间结构的影响及动力机制研究

空白。基于此，本研究以黔桂云三省 39 个市州为例，运用首位度指数、位序—规模法则、偏移—分享法，结合区域旅游经济空间分异指标等方法探讨高铁开通后黔桂云三省旅游经济空间分异及其格局演变，以期为优化区域旅游空间格局，推动区域旅游合作发展以及旅游业可持续发展发展提供理论依据。

（一）高铁对旅游空间结构重塑的理论机制

高铁作为一种新型的交通工具，从其发展历程来看不仅对区域整体经济发展带来了深刻的影响，也对区域旅游产业发展和旅游空间结构的演变都起着重要作用（汪德根，2012）。高铁在地理空间的表现为"站点—线路—网络"结构，高铁对区域旅游空间结构的影响，同样表现出对区域旅游发展节点、旅游发展轴线和全域旅游空间网络均会产生不同程度的影响（李磊等，2019），也即是高铁发展从微观站点城市、中观沿线城市以及宏观整体区域旅游经济的空间结构皆产生了重要影响。

1. 高铁对站点城市旅游经济空间结构的影响

基于微观视角，高铁对区域旅游节点的空间结构的影响主要表现在对站点城市旅游产业要素的影响，加剧了站点城市的旅游要素的集聚与扩散（王丽等，2017），从而对整个站点城市整体旅游产业的空间结构产生影响（宋文杰等，2016），卢卡·贝托里尼提出的节点—场所（Node-Place）模型指出，交通站点是区域经济发展的重要节点，对站点城市旅游经济的要素结构、产业结构均会产生"虹吸效应"，从而产生重要影响。因此高铁对节点城市旅游空间结构的影响，主要表现在重塑了节点城市内旅游要素结构的空间布局结构。

2. 高铁对沿线城市旅游经济空间结构的影响

基于中观视角，高铁对轴线旅游空间结构的影响主要表现在对沿线城市影响的差异，高铁发展在促进区域旅游发展的同时，也加剧了区域旅游竞争，从而导致沿线地区旅游经济空间格局的重塑。由于各个沿线城市旅游发展条件存在地区差异,高铁对沿线城市旅游影响程度也会有较大差异,马森(Masson,2009)在研究法国佩皮尼昂至西班牙巴塞罗那段高铁对地区旅游产业发展的影响时就发现,高铁开通使得旅游流向原赋资源较好的巴塞罗那集聚,而对于旅游资源较差的佩皮尼昂却产生了负向的溢出效应,从而改变沿线城市旅游空间结构。殷平(2012)从可达性、旅行成本以及产业要素流动的视角构建了高铁对区域旅游空间结构影响框架,探讨了郑西高铁为对沿线区域旅游空间结构的影响,认为高铁对沿线城市旅游空间结构的影响结果是西安、洛阳、郑州的旅游中心地位得到加强,成为区域旅游发展的集散中心。因此高铁发展对轴线(沿线城市)旅游空间结构的影响主要表现在其加剧了沿线城市之间的竞争与合作关系,使得区域旅游经济发展空间分异明显。

3. 高铁对区域旅游空间结构的影响

基于宏观的视角,高铁对区域旅游空间结构的影响表现在对国家与国家之间以及一国内部的旅游经济联系与互动强度的改变,导致区域旅游空间结构的改变。相较于高铁站点、高铁线路对区域旅游的影响,区域高铁网络建设,影响的将是整个区域旅游产业布局。佩特斯(Peeters,2007)的研究表明,欧洲高铁系统在整个欧洲地区充当催化剂的作用,在加强欧洲各国区域旅游合作的同时,促使区域城市社会经济空间结构发生了较大的改变,加快欧洲旅游一体化进程(Fridh,2008)。在中国高铁使得传统市场京津地区、长三角、珠三角的市场藩篱被打破,圈层结构出现了相互挤压和叠加现象(王欣,2010),高铁还加深了长三角地区核心城市的旅游经济联系,提升了长三角地区旅游发展的一体化程度(穆成林,2016);汪德根(2015)的研究表明,高铁对区域旅游空间结构的影响作用机制表现为:虹吸机制(马太效应)、过滤机制、叠加机制和扩散机制,不同区域之间,由于高铁带来的时空距离的差异,区域旅游经济发展实际不一样,其影响方式不一样。因此高铁对区域旅游空间结构的影响主要表现在高铁发展加快了区域旅游一体化进程,打破了传统区域旅游发展的圈层结构,形成新的、范围更广的旅游发展圈层。

(二) 研究设计

1. 研究方法

(1) 首位度指数

马克·杰斐逊(M. Jefferson,1939)观察到一个国家的"首位城市"总是比第二位的城市异常的大,于1939年提出了城市首位度。首位度主要是表示城市发展要素在最大城市的集中程度。为了计算简化和易于理解的需要,杰斐逊提出了"两城市首位度指数",即用首位城市与第二位城市的人口规模之比的衡量。在旅游学的研究中,学者们多运用首位度衡量旅游规模分布及变化(朱竑,2005)。在本研究中,借用首位度指数衡量高铁开通前后黔桂云三省的旅游发展中心的变化,计算公式为:

$$S = P_1 / P_2 \quad (式5-1-1)$$

其中 S 为旅游规模两城市首位度指数,P_1 和 P_2 分别表示旅游总收入排名第一、二位的城市旅游总收入。

(2) 位序—规模法则

位序—规模法则是1913年奥尔巴克(F. Auerbach)在研究欧洲五个国家和美国的城市人口资料时,发现某城市人口与其城市人口位序的乘积是常数时所提出的。此后罗特卡(A. J. Lotka)、辛格(H. W. Singer)和捷夫(G. K. Zipf)等学者对位序—规模法则不断完善改进,使其更具科学意义(Alperovich,1984)。目前旅游学研究中多运用位序—规模法则分析城市的旅游经济空间分布特征(陈银娥,2016),计算公式为:

$$\ln P_i = \ln K - q \ln R_i \quad (式5-1-2)$$

其中 P 为城市 i 旅游规模,以各个城市的旅游总收入衡量,R_i 为城

市 i 的旅游规模位序，K 和 q 为常数，q 为 Zipf 参数。根据罗特卡（A. J. Lotka）对位序规模理论模型的完善，若｜q｜≥1.2，则表示旅游经济规模分布呈首位型；若 0.85＜｜q｜＜1.2，则表示旅游经济规模分布呈集中型；若｜q｜≤0.85，则表示旅游经济规模分布呈分散均衡型。

（3）偏移—分享法

偏移—分享法是 1942 年 Creamer 提出的，最初是运用于国家资源与产业结构调整分析，后来主要被应用于区域经济增长的研究。根据偏移—分享法，一定时期内可以将旅游收入分为"分享"和"偏移"两部分。分享增长是指某一地区以整个区域旅游收入增长率增长时所获得的增长量；偏移增长是指某一地区旅游收入增长对分享增长量的偏差数额，若其值为正，说明相对平均水平而言，该区域旅游收入增长快，反之表示旅游收入向外围扩散。本研究借用偏移—分享法分析高铁开通前后黔桂云三省旅游经济的空间分布变动，其计算公式为：

$$SHIFT_i = TOUR_i(t_1) - \left[\sum_{i=1}^{n} TOUR_i(t_1) / \sum_{i=1}^{n} TOUR_i(t_0) \right] * TOUR_i(t_0)$$

（式5–1–3）

其中 $SHIFT_i$ 为地区 i 的旅游经济偏移增长量，$TOUR_i(t_0)$ 表示地区 i 在初期的旅游收入，$TOUR_i(t_1)$ 表示地区 i 在末期的旅游收入，n 为地区总数量。

（4）区域旅游经济空间分异指标

衡量区域旅游经济空间分异的指标较多，基于数据的可取性，本研究选取绝对分异、相对分异、泰尔系数、差异化指数和赫芬达尔系数作为黔桂云旅游经济空间分异的衡量指标。

1）绝对分异（VOC）

标准差能够反映一组数据的偏离程度，可衡量区域旅游经济的绝对分异（张晓梅，2016）。计算公式为：

第五章 高铁对区域旅游空间结构的影响及动力机制研究

$$VOC = \sqrt{\sum_{i=1}^{n}(X_i - \overline{X})^2/n} \qquad (式5-1-4)$$

其中 VOC 为标准差，n 为旅游节点总数，X_i 为研究期内历年 i 市的旅游总收入，$\overline{X}$ 为研究期内黔桂云各市（州）旅游总收入的年平均值。

2）相对分异（CV）

也叫变异系数，通常为标准差与均值的比值，能够反映一组数据的离散程度，可衡量区域旅游经济的相对分异（陈勤昌，2019）。计算公式为：

$$CV = VOC/\overline{X} \qquad (式5-1-5)$$

其中 CV 为变异系数，VOC 为标准差，$\overline{X}$ 为研究期内黔桂云各市（州）旅游总收入的年平均值。

3）泰尔系数（T）

又叫锡尔系数、塞尔系数，其值越大表示区域经济差异越大，由 Theil 和 Henri 于 1967 年提出，是衡量区域经济差异的重要指标（徐建华，2005），计算公式为：

$$T_{ij} = \sum_j \frac{y_{ij}}{Y_i} \ln \frac{y_{ij}/Y_i}{p_{ij}/P_i} \qquad (式5-1-6)$$

其中 y_{ij} 为第 i 省 j 市的旅游收入，p_{ij} 为第 i 省 j 市的人口数，Y_i 和 P_i 为 i 省的旅游收入和人口数。

4）差异度指数（C）

可以衡量区域旅游的差异性，其值越小，差异性越小，反之差异性越大，计算公式为：

$$C = 1 + \left[\sum_{i=1}^{m} P_i \ln(P_i)\right]/\ln m \qquad (式5-1-7)$$

其中 m 为旅游节点数，P_i 为旅游节点 i 的旅游收入占全省旅游收入的比例。

5）赫芬达尔系数（H）

赫芬达尔系数可衡量旅游经济的集聚程度，越接近1，集聚程度越高（乔花芳，2019）。计算公式为：

$$H = \sum_{i=1}^{n} t_i^2 \qquad （式5-1-8）$$

其中 H 为赫芬达尔系数，n 为旅游节点数，t_i 为旅游总收入为第 i 位的市（州）的占全省旅游总收入的百分比。

2. 数据来源及处理

基于数据的可取性，本研究的旅游经济收入数据和各市（州）的人口数主要来源于 2009—2018 年黔桂云三省各个市（州）国民经济和社会发展统计公报，以及 2010—2019 年《贵州统计年鉴》《广西统计年鉴》《云南统计年鉴》，并利用 Excel 对所有市（州）的旅游总收入和人口数进行排序、均值、标准差等基础处理，以便后续使用。

（三）研究结果分析

1. 首位度分析

根据式首位度公式进行计算，结果如表 5-1。

表 5-1 黔桂云旅游收入首位度

年份	2009	2010	2011	2012	2013	2014	2015	2016	2017	2018
贵州	2.68	3.02	2.54	1.93	2.03	1.97	1.90	1.75	1.63	1.58
广西	1.83	1.42	1.43	1.46	1.37	1.41	1.44	1.44	1.16	1.06
云南	2.55	2.57	2.41	2.05	1.85	1.62	1.50	1.76	1.96	2.18
黔桂云	1.30	1.48	1.67	1.40	1.41	1.42	1.40	1.29	1.16	1.13

（1）高铁开通前首位度特征

从表 5-1 可以看出，高铁开通之前，黔桂云三省的两城市首位度指数呈波动式下降且绝对值较大，贵阳市、南宁市和昆明市作为三省的省会城市与居第二的遵义市、桂林市和丽江市收入差距较大，最高分别达到 3.02、1.83 和 2.57 倍，这说明此阶段黔桂云旅游经济的发展是以省会城市为主的"单核"带动模式，以集聚形态为主，空间结构中的极

第五章　高铁对区域旅游空间结构的影响及动力机制研究

化作用显著。省会城市是政治、经济以及文化中心，是一个省的核心城市，其旅游发展的中心地位不断加强。

（2）高铁开通后首位度演变

随着黔桂云三省分别在在 2014 年底、2013 年底和 2016 年开通高铁后，三省的两城市首位度指数开始出现比较大的变化。贵州省两城市首位度指数不断下降，这说明高铁的开通使贵州省旅游业"单核"带动的特征不断减弱，逐渐向以贵阳市和遵义市为主的"双核"带动模式转变，缓解了空间结构的极化作用，扩散作用开始显现。虽然贵阳市与遵义市的旅游收入规模差距逐步减小，但是贵阳市作为贵州省的省会城市，高铁开通后，其时空压缩效应显著，其旅游业正快速发展，影响力不断增强。

广西在高铁开通初期两城市首位度呈递增趋势，在 2016 年之后开始下降，这说明高铁开通初期南宁市的核心地位不断加强；在高铁开通的三年之后首位度大幅下降，南宁市的首位城市地位逐渐下降，开始形成次级核心城市，空间中的极化作用得到缓解，扩散作用开始显现。

云南开通高铁的时间最短，从结果来看，高铁开通初期云南省的首位城市昆明市的核心地位显著增强，空间结构中的极化作用显著，但这仅仅是高铁开通初期呈现出的效果。但从贵州和广西的数据结果看，均是在高铁开通三四年后首位度才有明显的大幅下降，这可能是由于高铁的滞后效应造成的。

从黔桂云三省整体的首位度来看，开通高铁之前，整个区域的首位度数值不稳定，波动较大，且数值偏大，最大值为 1.67。在 2016 年三个省均开通高铁后，首位度出现大幅下降，这说明区域旅游经济开始向均衡化发展。

2. 位序—规模分析

对黔桂云三省各个市（州）以及整体区域 2009—2018 年的旅游总收入进行位序—规模回归分析，将整体区域记作区域 A。此外，由于首位城市与其他城市发展差距较大,故认为将除首位城市以外的城市作为区域 B 进行一次回归,回归结果如表 5-2;并将代表各市(州)的点作于双对数图上,以观察拟合效果,选取代表年份呈现,如图 5-1。从回归结果可以看出,在研究期内,贵州省旅游总收入规模位序的相关系数均大于或等于 0.764,在可接受范围之内。对比三省(区),可以看出贵州的拟合度相对较差,广西和云南的拟合度更好。

表 5-2 黔桂云旅游位序—规模回归结果

年份		区域	2009	2010	2011	2012	2013	2014	2015	2016	2017	2018
q	贵州	A	1.222	1.226	1.091	1.052	1.003	0.985	0.967	0.887	0.825	0.770
		B	1.455	1.382	1.178	1.214	1.133	1.125	1.120	1.015	0.934	0.854
	广西	A	1.005	0.923	0.898	0.893	0.869	0.860	0.739	0.780	0.799	0.789
		B	1.126	0.971	0.966	0.960	0.946	0.916	0.890	0.821	0.827	0.775
	云南	A	1.462	1.366	1.478	1.271	1.283	1.169	1.138	1.098	1.051	1.138
		B	1.455	1.351	1.486	1.261	1.281	1.164	1.133	1.092	1.056	1.146
	黔桂云	A	0.966	0.966	0.934	0.888	0.860	0.843	0.941	0.790	0.759	0.749
R	贵州	A	0.879	0.839	0.888	0.896	0.894	0.896	0.898	0.908	0.912	0.917
		B	0.840	0.764	0.816	0.852	0.842	0.849	0.857	0.867	0.869	0.868
	广西	A	0.967	0.966	0.991	0.990	0.989	0.994	0.981	0.994	0.992	0.991
		B	0.960	0.947	0.989	0.987	0.987	0.994	0.989	0.991	0.987	0.987
	云南	A	0.950	0.931	0.933	0.900	0.916	0.904	0.908	0.885	0.851	0.837
		B	0.950	0.924	0.927	0.895	0.912	0.899	0.904	0.879	0.843	0.826
	黔桂云	A	0.944	0.940	0.950	0.937	0.940	0.938	0.793	0.938	0.928	0.918

(1) 空间分布类型演变

高铁开通前,贵州和云南的 Zip 参数值大于 1.2,旅游空间格局更趋近于属于首位型分布,而广西的 Zip 参数值大于 0.85,旅游空间格局更趋向于集中型分布;高铁开通后,贵州和广西的 Zip 参数值逐渐减小,旅游空间格局逐渐趋向于分散均衡型发展,而云南由于高铁开通时间较晚,其 Zip 参数值先减小后增大,旅游空间格局最终趋向于集中型分布。

第五章 高铁对区域旅游空间结构的影响及动力机制研究

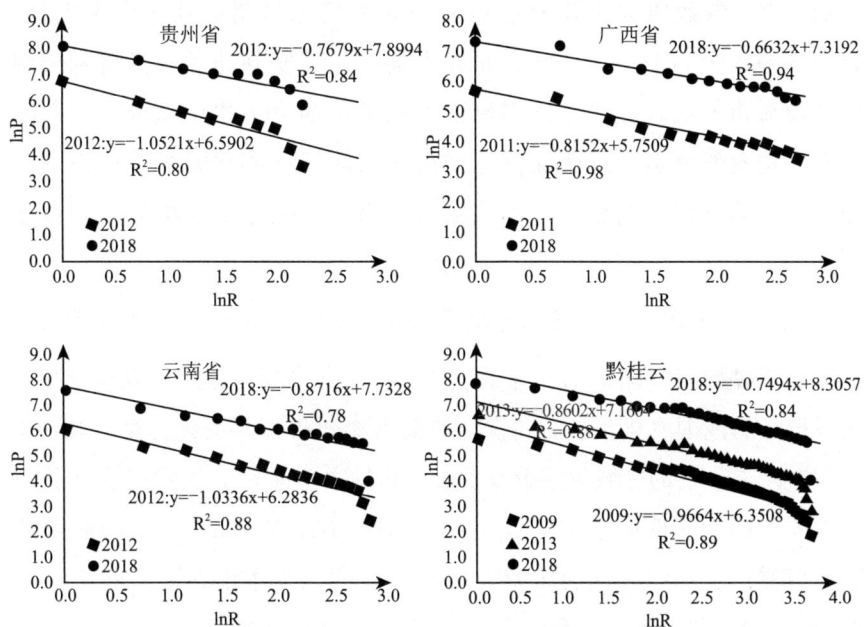

图 5-1 黔桂云旅游经济位序—规模双对数图

从三省整体来看,高铁开通前 Zip 参数值大于 0.85,旅游空间格局更趋向于集中型分布,高铁开通后 Zip 参数值呈下降趋势,多数年份均小于 0.85,趋向于分散均衡型发展。由此可见,在高铁开通后,黔桂云三省的旅游空间结构中扩散效应均加强了,但由于高铁开通时间不一致,扩散效应的强度不同,导致旅游空间结构呈现为不同的类型。

对比区域 A 和区域 B,可以看出在剔除首位城市以后,区域 B 的 Zip 参数值几乎普遍大于同期的区域 A,区域 B 空间中的极化效应更强,这说明首位城市在黔桂云旅游空间格局中发挥了扩散效应,带动了其他地区的发展,从而使整体空间结构逐渐趋向于均衡化发展。从区域 B 来看,在剔除首位城市后的区域,高铁开通前,贵州和云南的 Zip 参数值几乎均大于 1.2,这说明在剔除首位城市后的区域,旅游空间格局分布为首位分布型,空间分布十分不均衡,而广西除首位城市外的区域的 Zip 参数值大于 0.85，旅游空间格局比贵州省和云南省更佳，趋向于集中分布型，但空间分布亦不均衡；高铁开通后，贵州和云南除首位城市的区域旅游空间格局由首位分布演变为集中型分布，空间分布不均有所缓解，广西除首位城市外的区域旅游空间格局从集中分布型演变为分散均衡型，这也从侧面说明了首位城市的扩散效应在逐渐加强。

（2）高铁开通后分省无标度区变化较小，整体无标度区数量增加

从双对数图（图 5-1）来看，历年各省旅游经济位序—规模分布的无标度区的范围变化较小。高铁开通前后贵州省每年的无标度区均在 8 个左右，未包括的区域为旅游业发展靠后的六盘水市。虽然高铁开通前后贵州省的无标度区范围无变化，但对比 2012 年和 2018 年的双对数图可以看出，高铁开通后旅游业发展靠后的六盘水市在逐渐缩小与其他市（州）的差距，向无标度区靠近。广西每年的无标度区均在 13 个左右，对比 2012 年和 2018 年的双对数图可以看出，高铁开通后排名第二的桂林市旅游发展迅速，落入无标度区范围之外。云南每年的无标度区数量偶有波动，但大部分年份均在 14 个左右，对比 2012 年和 2018 年的双对数图可以看出，高铁开通后无标度区的范围略有增加，仅旅游业发展缓慢的怒江州与其余各市（州）的差距较大，落入无标度区之外。

从三省整体来看，历年的无标度区域变化比各省大。对比 2009、2015 和 2018 年的双对数图，可以看出无标度区分别有 33、35 和 38 个，高铁开通后无标度区的数量增加，截至 2018 年，仅排名第一的贵阳市落入无标度区之外，这说明从整体区域来看，各个市（州）的旅游发展差距在不断减小，旅游经济发展规模分布结构正逐步得到优化。

3. 偏移—分享分析

基于 2009—2018 年黔桂云三省旅游收入数据，根据偏移—分享法的计算公式计算出黔桂云三省高铁开通后前后旅游经济的偏移增长值，结

第五章 高铁对区域旅游空间结构的影响及动力机制研究

果见表 5-3 和图 5-2。

表 5-3 黔桂云旅游收入偏移增长量

节点	开通前	开通后	节点	开通前	开通后	节点	开通前	开通后
贵阳市	-64.96	-389.76	北海市	-14.28	-6.61	保山市	15.51	0.05
六盘水	17.23	114.63	防城港	9.65	2.03	昭通市	52.75	25.74
遵义市	62.46	110.49	钦州市	-0.88	146.07	丽江市	125.17	-186.08
安顺市	-20.14	34.11	贵港市	7.44	3.01	普洱市	53.20	26.51
毕节市	2.99	105.07	玉林市	-1.30	150.21	临沧市	21.20	38.65
铜仁市	30.03	110.90	百色市	-12.51	9.93	楚雄州	18.48	105.47
黔西南	27.31	144.39	贺州市	9.18	16.27	红河州	-42.60	164.87
黔东南	28.79	-87.48	河池市	-68.11	-3.20	文山州	-26.25	25.90
黔南州	-134.99	-142.35	来宾市	15.23	59.17	西双版纳	34.68	-146.64
南宁市	-44.98	-361.39	崇左市	12.35	54.06	大理州	15.54	-244.38
柳州市	-14.69	-74.46	昆明市	-191.25	91.20	德宏州	1.87	45.39
桂林市	30.96	30.19	曲靖市	-51.11	142.00	怒江州	-0.73	-15.09
梧州市	-5.33	-25.28	玉溪市	-10.75	51.44	迪庆州	-15.70	-125.05

(1) 高铁开通前旅游收入偏移—分享分析

高铁开通前,贵州的遵义市、广西的桂林市和云南的丽江市的偏移增长量在各省之中增加最多,这说明高铁开通前旅游经济的集聚在这些旅游节点最明显;贵州的黔南州、广西的河池市和云南的昆明市的偏移增长量在各省之中减少最多,这说明高铁开通前旅游经济的扩散在这些旅游节点最明显。在此研究期内,黔桂云三省旅游经济偏移增长量为正的旅游节点有21个,占总旅游节点的53.85%,可见此阶段黔桂云大部分节点城市的旅游经济处于集聚发展状态。从空间位置上来看(图5-2),旅游经济处于集聚发展状态的多是位于边缘的旅游节点。

— 347 —

 高铁对民族地区旅游经济的空间效应测度及动力机制研究

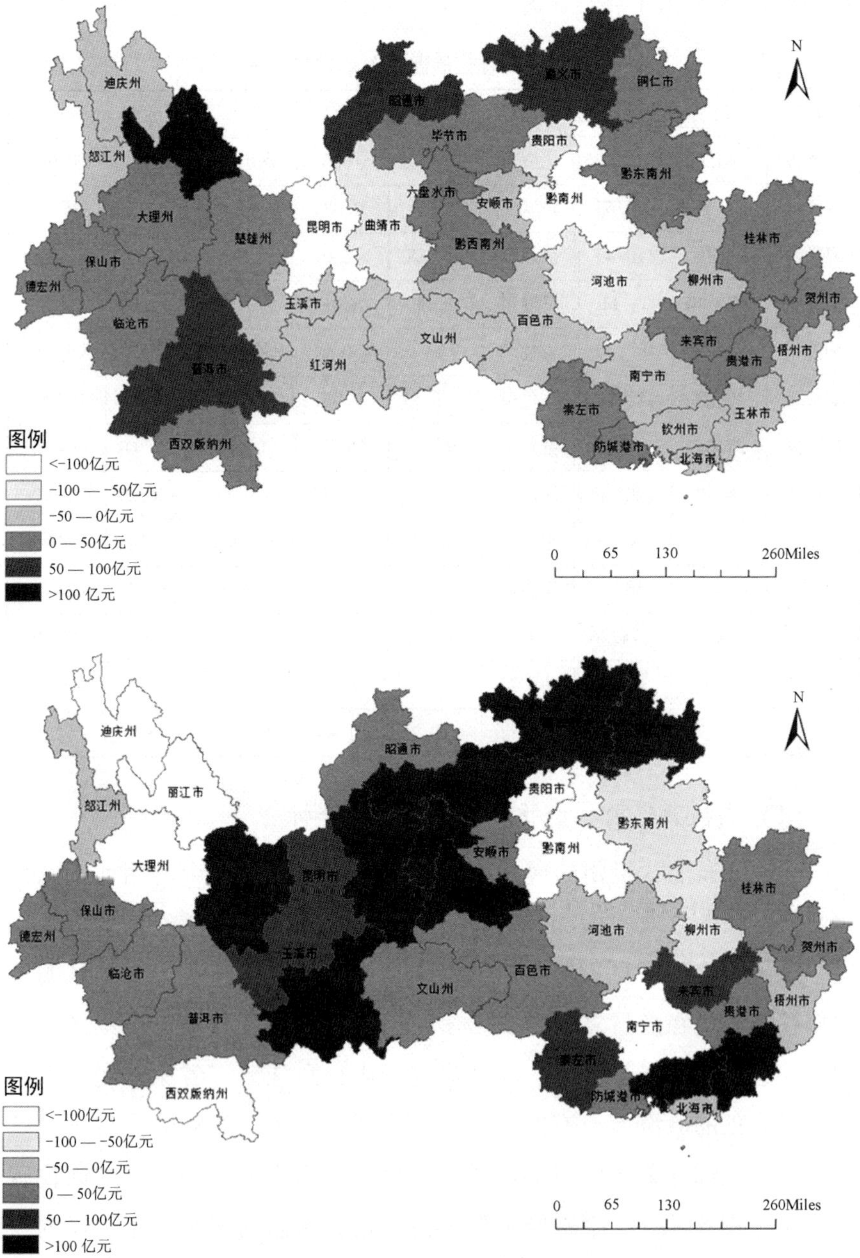

图 5-2 高铁开通前（上）后（下）黔桂云旅游经济偏移增长量

第五章　高铁对区域旅游空间结构的影响及动力机制研究

（2）高铁开通后加速发展旅游节点数量增加

高铁开通后，贵州的黔西南州、广西的玉林市和云南的红河州的偏移增长量在各省之中增加最多，这说明高铁开通后旅游经济的集聚在这些旅游节点最明显；贵州的贵阳市、广西的南宁市和云南的大理州的偏移增长量在各省之中减少最多，这说明高铁开通后旅游经济的扩散在这些旅游节点最明显。在此研究期内，黔桂云三省旅游经济偏移增长量为正的旅游节点有26个，占总旅游节点的66.67%，与高铁开通前相比，增加了5个旅游节点，且增加值大于100的由高铁开通前的1个增加到10个，这说明高铁开通后大部分的旅游节点旅游经济都处于加速发展状态。从空间位置上来看（图5-2），旅游经济处于集聚发展状态的多是位于中部的旅游节点。

（3）高铁开通后旅游经济的扩散态势更加明显

高铁开通后，黔桂云三省中旅游经济偏移增长量负向增长的旅游节点数量虽然略有减少，但大于100的旅游节点数量由高铁开通前的2个增加到7个，这说明高铁开通后部分旅游节点的扩散态势更加明显。其中，省会城市中，贵阳市在高铁开通前后旅游经济状态始终呈现向外围扩散态势，但高铁开通后扩散态势更为明显，负向增加值极大，幅度达到了500%；与高铁开通之前相比，南宁市在高铁开通后旅游经济状态也表现出更加明显的扩散态势，涨幅为703.45%；而昆明市，由于开通高铁的时间较短，在高铁开通后旅游经济处于飞速发展状态，暂未表现出明显的扩散态势。

4. 旅游经济空间分异研究

根据前文相关的计算公式，基于旅游总收入、人口数等数据，计算出黔桂云三省的绝对分异、相对分异、泰尔系数、差异化指数和赫芬达尔系数，结果如表5-4。

（1）高铁开通后绝对分异急剧扩大

绝对分异（VOC）能够反映一个市（州）历年旅游经济的偏离程

度。在 2009—2018 年之间,黔桂云三省旅游收入标准差始终呈增长态势,在高铁开通后绝对差异越来越大。贵州从 2014 年的 238.85 增加到 2018 年的 633.37,增加值为 394.52,增幅高达 165.17%,尤其是 2017—2018 年之间,增加值为 140.2,增长率达 28.43%;广西从 2013 年的 120.78 增加到 2018 年的 354.96,增加值为 234.18,增幅高达 193.89%,其中 2016—2017 年之间增加值最大,为 69.92,增长率为 31.9%;云南从 2016 年的 260.25 增加到 2018 年的 490.78,增加值为 230.53,增幅高达 88.58%,在 2017—2018 年之间的增加值高达 124.41,增长率为 33.96%。可见,高铁开通后,黔桂云旅游经济的绝对差异急剧增大,旅游经济收入主要集中在省会城市。

表 5-4 黔桂云旅游空间分异系数

区域		2009	2010	2011	2012	2013	2014	2015	2016	2017	2018
贵州	VOC	84.34	120.35	170.85	167.82	199.63	238.85	283.66	371.46	493.17	633.37
	CV	0.86	0.91	0.87	0.78	0.76	0.74	0.71	0.66	0.63	0.60
	T	0.28	0.29	0.25	0.20	0.19	0.18	0.17	0.15	0.13	0.11
	C	0.14	0.14	0.13	0.11	0.10	0.10	0.09	0.08	0.07	0.07
	H	0.18	0.19	0.19	0.17	0.17	0.16	0.16	0.15	0.15	0.15
广西	VOC	44.26	61.81	79.13	101.22	120.78	152.22	181.58	219.17	289.09	354.96
	CV	0.94	0.91	0.87	0.85	0.82	0.82	0.78	0.73	0.73	0.67
	T	0.16	0.15	0.13	0.12	0.12	0.11	0.02	0.09	0.08	0.07
	C	0.12	0.11	0.10	0.10	0.09	0.09	0.08	0.07	0.07	0.06
	H	0.13	0.13	0.12	0.12	0.12	0.11	0.10	0.11	0.11	0.10
云南	VOC	53.50	68.25	86.00	103.86	125.35	153.51	183.50	260.25	366.37	490.78
	CV	1.06	1.08	1.06	0.99	0.95	0.92	0.90	0.90	0.85	0.87
	T	0.42	0.41	0.40	0.42	0.42	0.41	0.47	0.37	0.30	0.26
	C	0.14	0.14	0.14	0.12	0.12	0.11	0.11	0.11	0.09	0.10
	H	0.13	0.13	0.13	0.12	0.12	0.11	0.11	0.11	0.10	0.11

第五章 高铁对区域旅游空间结构的影响及动力机制研究

(2) 高铁开通后相对差异逐渐减小

相对分异（CV）能够反映某一年各个市（州）旅游经济的离散程度。从变相对分异来看，在研究期内，黔桂云三省的旅游经济相对差异总体上呈现为波动式下降态势，但是高铁开通前下降趋势更为平缓，高铁开通后的下降趋势更为急剧。高铁开通前后贵州省旅游经济相对差异从2014年的0.76降为2018年的0.6，降幅达21.05%；广西旅游经济相对差异从2013年的0.82降至2018年的0.67，降幅为18.29%；云南旅游经济相对差异从2016年的0.9降为2018年的0.87，由于开通高铁的时间较晚，降幅较小，仅为3.33%。高铁开通后，黔桂云三省的变异系数均呈下降趋势，这说明在高铁开通后黔桂云三省旅游经济的离散程度均在减小，逐渐均衡化。

(3) 高铁开通后旅游空间差异缩小

泰尔系数（T）和差异化指数（C）均可衡量区域旅游经济的差异程度。通过对比泰尔系数和差异化指数可以看出，高铁开通前后两个系数的变化趋势基本相同，高铁开通后黔桂云三省旅游发展差异比高铁开通前更小。贵州高铁开通前后泰尔系数的均值分别为0.24和0.15，差异化指数分别为0.12和0.08，广西高铁开通前后泰尔系数的均值分别为0.14和0.08，差异化指数分别为0.11和0.08，云南高铁开通前后泰尔系数的均值分别为0.43和0.31，差异化指数分别为0.13和0.1，这说明高铁开通后黔桂云三省各自整体的旅游发展差异在变小，与前面分析的首位度不断减小的结果一致，这主要是与省会城市的扩散作用有关，尤其是贵阳市和南宁市，在加强发展的同时带动了其他城市的旅游发展，缩小了与其他城市的差距。

(4) 高铁开通后旅游经济集聚程度减小

赫芬达尔系数（H）可以衡量旅游经济的集聚程度。从赫芬达尔系数来看，高铁开通前后黔桂云的赫芬达尔系数呈现为稳中有降的态势，且高铁开通后的赫芬达尔系数均小于高铁开通前，这说明高铁开通后黔桂云的旅游经济集聚程度小于高铁开通前。从理想状态看，如果黔桂云各个市（州）的旅游均衡发展，则贵州 $H_1=1/9$，广西 $H_2=1/14$，云南 $H_3=1/16$，而即使取高铁开通后黔桂云三省最小的赫芬达尔系数，即贵州 0.15，广西 0.1 和云南 0.1，仍然大于理想值 0.111、0.071 和 0.063，这说明在高铁开通后，黔桂云三省旅游经济的集聚程度虽然有下降趋势，但旅游经济集聚的程度仍然高于理想值，旅游经济集聚程度仍较高。

综上，高铁开通后，黔桂云三省各个市（州）旅游经济之间的绝对差异扩大，相对差异减小，且呈波动式下降的趋势；得益于高铁开通后省会城市的扩散效应，旅游空间差异和旅游经济的集聚程度均呈下降趋势，但与理想值相比集聚程度仍然较高。

（四）结论与讨论

1. 结论

本节运用首位度指数、位序—规模法则、偏移—分享法，结合区域旅游经济空间分异指标探讨高铁开通后黔桂云三省旅游经济时空分异及空间格局的演变，结论如下：

（1）从首位度指数看，高铁开通后黔桂云三省旅游经济的空间格局逐渐从以省会城市为主的"单核"带动模式，逐渐向"双核"带动模式转变，其中贵州形成以贵阳和遵义、广西形成以南宁和传统旅游城市桂林为中心"双核"发展格局，云南由于高铁开通较晚，空间极化作用仍较为显著，双核驱动发展模式不明显。但从三省整体的首位度指数来看，高铁开通后，首位度指数大幅度下降，表明高铁的时空压缩效应下，削弱了核心城市的极化作用，扩散效应开始显现，区域旅游经济发展趋于均衡化方向发展。

（2）从位序—规模法则看，高铁开通后，黔桂云三省的旅游发展规模结构由首位型分布向集中型分布发展，旅游经济空间扩散效应增强，

第五章　高铁对区域旅游空间结构的影响及动力机制研究

促使空间格局向着均衡方向发展，但因高铁开通时间不同，旅游经济空间呈现为不同的类型。高铁开通后，无标度区域数量逐渐增加，表明高铁的时空压缩效应使得各个市（州）的旅游发展差距在不断减小，旅游经济发展规模分布结构正逐步得到优化。

（3）从偏移—分享分析看，高铁开通后，旅游经济偏移增长量为正的旅游节点增多，表明高铁开通后促进了大多数地区旅游经济的飞速发展，而三省的省会城市以及传统旅游城市的旅游规模增长放缓，高铁促进旅游经济扩散态势更加明显。

（4）从空间分异系数来看，高铁开通后，黔桂云三省各个市（州）旅游经济之间的绝对差异扩大，旅游经济规模仍集中在省会城市和传统旅游城市，但相对差异减小，旅游空间差异和集聚程度均呈下降趋势，但与理想值相比集聚程度仍然较高。

2. 讨论

本节分别采取采用了"首位度"指标、"位序—规模""偏移—分享"以及空间分异系数等多个衡量旅游经济发展空间格局的指标，研究发现，高铁开通后促进了区域旅游经济整体上发展，区域旅游经济发展模式由"单核"向"双核"驱动转变、旅游产业由"首位"型分布向集中型分布再向均衡型分布演变、旅游经济增长由极化效应明显向扩散效应加强、最后促使区域旅游经济在空间上虽绝对差异仍然增大，但相对差异逐步缩小，空间差异和空间集聚程度逐渐缩小，区域旅游经济向协调和平衡方向演变及发展。

二、区域旅游流网络空间结构的演变及高铁效应分析

旅游者是旅游活动的主体，是旅游客源地和旅游目的地之间旅游经济的主要贡献者、旅游文化的传播者。从经济学的视角看，区域旅游经济的空间分异主要是旅游者在不同时间和空间移动所导致，这种空间移动所产生的旅游流（Tourist Flow）是旅游地理学中研究的核心问题之一

(Pearce,1989)。基于交通运输角度,交通是旅游业发展的先决技术条件,每一次交通方式的变革都会深刻影响旅游业的发展。高铁作为交通运输的一项重要技术变革,扩大了旅游者的出游半径,缩短了旅游者出行的时间,产生了明显的"时空压缩"效应(汪德根,2013),同时,高铁由于其快捷、安全、准点、运量大等优势,已经成为旅游者出行的首选(梁雪松,2012),高铁开通影响了旅游者对目的地的选择(汪德根等,2015),改变了旅游者的出行时空规律,从而对旅游流产生了一系列的影响。因此,探讨区域旅游经济空间分异的高铁效应需要从旅游流的视角出发,才能找到高铁开通与区域旅游经济空间分异的直接联系。

(一)旅游流概念及研究综述

1. 旅游流的概念

旅游流是具有空间属性的旅游地理学概念,是区域旅游产业发展的基础(Pearce,1989),旅游流的空间差异是导致区域旅游经济发展不平衡的根本原因。旅游流有广义和狭义之说,广义的旅游流包括旅游客流、旅游信息流、旅游物流和旅游能流等的综合体系(唐顺铁、郭来喜,1998),还包括旅游促销流、旅游人才流、旅游管理流(李永军,2005)等与旅游相关产业要素的空间流动问题。狭义的旅游流指的是旅游客流,表现为旅游者在一定时空范围内的空间位移现象,具体指旅游者从客源地(Origin)到目的地(Destination)流动的方向、流动数量及形成的流动模式(杨兴柱,2011)。谢彦君(2015)认为旅游流是现代大众旅游现象最外部化的特征,是一个区域上因旅游需求的近似性而引起的旅游者集体性空间位移的现象,方向性是旅游流的基本特性(马耀峰,1999)。

本书基于研究所需,采用狭义的旅游流概念,探讨在高铁背景下基于旅游客流形成的空间网络结构的演变及其特征,并进一步分析旅游者对高

第五章 高铁对区域旅游空间结构的影响及动力机制研究

铁这种快速、安全的交通工具在空间上的响应效应,即旅游流高铁效应。

2. 研究综述

旅游流的研究是从空间视角考察旅游目的地和客源地的相互关系,即 O 对 D 的研究(汪德根,2015),主要关注旅游流流量、空间模式及形成机制等问题。旅游流流量是指在一定时间内,进入同一目的地国家或地区的旅游者的数量。巴拉兹·弗拉迪米尔(Vladimír Baláz,1998)和休伯斯(Huybers,2003)分别分析了悉尼游客在澳大利亚不同区域、日本游客在欧洲的旅游流流量,并分析了其影响因素;斯特凡(Stefan,2006)分析了气候变化条件下旅游流流量预测的不确定性,指出气候和资源条件是影响旅游流流量的主要因素。旅游流空间模式是指旅游者在空间位移规律和特征的总结,伦德格伦(Lundgren,1984)在研究加拿大旅游发展问题时提出了旅游流层次模型;帕帕塞奥佐鲁(PaPatheodorou,2004)从经济地理学的角度探讨了旅游流的核心—边缘空间演化模型;艾伦·卢(Lew,2006)提出了领域模型和线路模型两种目的地内的旅游流空间模式,同时分析了其形成路径;密奥塞克(Miossec,1976)提出了旅游流圈层结构模型,并将更多的影响变量纳入旅游发展差异的研究;国内学者张佑印(2011)、姚云霞(2016)、阎友兵(2013)等学者从旅游流流势、流量和流质等角度分析了北京市、江苏省和国内旅游流的时空演化规律。在对旅游流影响及形成机制方面,乌伊萨尔(Uysal,1984)认为人均收入、价格和汇率是影响土耳其国际旅游流的重要因素;凯姆(Kim,2016)认为历史渊源、民族主义、职业、社会文化和地缘政治等均会对中日旅游流产生影响;此外旅游目的地经济发展水平(杨兴柱,2011)、旅游资源条件(Murphy,2000)、旅游服务设施条件(Gearing,1974)、区位及交通条件(Chew,1987;Prideaux,2000)均对旅游流产生重要影响,其中区位条件及交通可达性是影响旅游流空间结构的重要因素。

高铁作为一种新型、快速交通工具,其产生和发展必将对旅游目的地的区位条件和交通可达性产生深远的影响,其带来的"时空压缩效应"也必将对区域旅游流网络空间结构带来深刻的影响,成为了近年来的一个新研究话题。李磊(2019)、汪德根(2014)、李磊(2020)、刘大均(2020)分别探讨了高铁对典型旅游城市黄山、京沪高铁站点城市、合福高铁沿线地区以及成渝城市群等旅游流的网络空间结构的影响,汪德根(2015)还进一步探讨了在高铁影响下区域旅游流空间结构演变的高铁效应及其影响机理。

综上,国内外的学者基于不同的基础数据从不同角度和不同空间尺度,通过构建模型和空间网络结构等进行了旅游流的相关研究,但从高铁这一新兴交通工具探讨其对旅游流的空间网络结构的影响的研究文献还较为匮乏,已有文献仅仅分析了在高铁开通前后区域旅游流的网络空间结构的演变特征,但对其背后影响机制几乎还未涉及。此外,对于旅游流的研究其最大困难在于基础数据的获取上,大多数研究者通过官方数据(面板数据)、问卷调查等方式,其中官方数据是二手数据,具有一定的失真性,其准确性不够;问卷调查具有极大的主观性且受制于调查成本,其有效数据的数量受限。在大数据时代,网络上产生了大量的带有游客活动时间、地点以及空间位置移的数字信息,这些信息往往通过游记文本的形式在网络上呈现。旅游游记是旅游者在完成旅游活动后,对旅游过程中的见闻、情感以及其旅游流动路径的记录文本,其中蕴含了大量的旅游空间信息(靳诚,2014;滕茜,2015),相比之下其获取容易,数据准确性和可靠性都较高、且数量大。根据已有的文献研究,通过挖掘旅游游记文本中的旅游空间信息能够达到问卷调查获得旅游空间信息的效果(彭红松,2014)。因此本研究通过爬虫软件爬取旅游网站的旅游游记来获得大量旅游空间信息,并基于此构建旅游流网络,运用 SNA 分析方法,分析高铁开通前后黔桂云三省旅游流空间网络结构的演变特征,进一步借助 GIS 空间分析技术,探讨其旅游流空间网络结构演变的高铁效应。

（二）研究设计

1. 研究方法

本研究主要运用社会网络分析（Social Network Analysis）方法进行旅游流网络分析，运用地理信息系统（GIS）进行可视化呈现。社会网络分析是新经济社会学中重要的研究方法，主要是用来研究作为节点的行动者之间的关系（刘军，2014），评价指标包括网络密度、中心性、凝聚子群和结构洞等多项指标。地理信息系统（GIS）是可以结合地理对象的空间信息和属性数据，从而对所研究的内容进行可视化形式呈现。

（1）网络密度

网络密度主要是衡量网络节点之间联系的紧密程度，其值为网络中实际存在的关系总数与理论上应该存在的最大联系总数的比值，介于0和1之间，网络节点之间联系越紧密其值就越大。计算公式为：

$$D = m/[n*(n-1)] \qquad (式5-2-1)$$

其中，D 为网络密度，m 为网络中的实际联系数量，n 为节点总数，$n*(n-1)$ 表示理论上网络中节点间的最大联系数量。

（2）网络距离

网络距离是指网络中两个节点之间在图论或矩阵意义上的捷径距离，即两个节点之间存在的多条途径中连接线最少的最优途径。网络距离越大，则两个节点之间的联系越疏远，反之，则越紧密。

（3）核心—边缘结构

主要是基于所搜集的数据区域网络中的核心节点和边缘节点，核心节点之间的联系紧密，边缘节点之间不存在联系或存在较少的联系。

（4）凝聚子群

关于凝聚子群没有明确的定义，大意是指由联系比较紧密、频繁或积极的节点所组成的"小团体"。凝聚子群的分析主要可以从四个方面：关系的互惠性、子群节点之间的可达性、子群节点之间联系的频次、子群内部节点之间的联系密度相对于内外部节点之间的联系密度。

（5）结构洞

指网络中节点之间非冗余的联系，例如节点 A、B、C 分别与节点 D 存在联系，但节点 A、B、C 之间不存在联系，则节点 A、B、C 之间就存在结构洞，节点 D 即为具有结构洞优势的节点。结构洞的结算主要有两类指标，一是伯特给出的结构洞指数，主要包括有效规模、效率、限制度和等级度等指标；另一个是中心度指数。本研究主要采用的是伯特的结构洞指数中的有效规模、效率和限制度对结构洞进行分析。

1) 有效规模

某节点的个体网络规模与网络的冗余度之差值，即该节点与其他节点联系的非冗余度。计算公式为：

$$ES = \sum_{j}(1 - \sum_{q} p_{iq} m_{jq}), q \neq i, j \quad （式5-2-2）$$

$$p_{iq} = (z_{iq} + z_{qi}) / [\sum_{j}(z_{ij} + z_{ji}), (i \neq j) \quad （式5-2-3）$$

$$m_{jq} = (z_{jq} + z_{qj}) / \max(z_{jk} + z_{kj}), (j \neq k) \quad （式5-2-4）$$

公式中 j 代表与节点 i 连接的所有节点，q 代表除了节点 i 和 j 外的每个第三节点，$p_{iq} m_{jq}$ 代表 i 和 j 之间的冗余度，其中 p_{iq} 为节点 i 投入到 q 的联系占总联系的比例，m_{jq} 为节点 j 到节点 q 的边际强度，z_{ij} 为节点 i 与节点 j 之间的联系状态，若存在联系则取值 1，若不存在联系则取值 0。

2) 效率

为有效规模与实际规模的比值，一个节点的效率越高，则其在网络中的地位越重要。

3) 限制度

指一个节点在网络中对其它节点的依赖程度，一个节点的限制度越小，则该节点在网络中的地位越重要。计算公式为：

第五章 高铁对区域旅游空间结构的影响及动力机制研究

$$C_i = (p_{ij} + \sum_q p_{iq} p_{qj})^2, q \neq i, j \qquad (式5-2-5)$$

其中 p_{ij} 为节点 i 投入到 j 的联系占总联系的比例,p_{iq} 为节点 i 投入到 q 的联系占总联系的比例,p_{qj} 为节点 q 投入到 j 的联系占总联系的比例。

(6) 中心性

是基于联系的角度对一个节点的权利进行定量分析,可以分为中心度和和中心势,前者主要是刻画一个节点在网络中的中心地位、与其余节点联系时的控制能力等,后者主要是刻画整个网络中的均衡度、中心趋势。常用的指标有度数中心性、接近中心性和中间中心性。本研究主要采用中心度对黔桂云旅游流网络进行分析。

1) 度数中心度

一个节点与其余节点直接产生联系的数量,衡量某个节点在整个网络中是否居于中心地位。在有向网络中,一个节点的度数中心性可分为内向度数中心性和外向度数中心性,前者衡量该节点的集聚能力,后者衡量该节点的扩散能力。集聚点(外高、内低)、辐射点(外低、内高)、核心点(外高、内高)。计算公式为:

$$C_{Da}^{in} = \sum_{a=1}^{n} r_{ab} \qquad (式5-2-6)$$

$$C_{Da}^{out} = \sum_{a=1}^{n} r_{ba} \qquad (式5-2-7)$$

其中 C_{Da}^{in} 和 C_{Da}^{out} 为节点 a 的内向度数中心度和外向度数中心度,n 为与节点 a 有联系的其余节点数量,r_{ab} 表示节点 a 到节点 b 之间的连接关系,r_{ba} 表示节点 b 到节点 a 之间的连接关系,若存在连接关系则取值为1,若不存在连接关系则取值为0。

2) 接近中心度

一个节点与其余节点之间的捷径距离之和,衡量一个节点与其余节点之间的通达性。在有向网络中,一个节点的接近中心性可分为内向接近中心性和外向接近中心性,前者表示由其余节点返回该节点的便捷程度，后者表示由该节点到其余节点的便捷程度。

$$C_{ca} = (\sum_{b=1}^{n} d_{ab})^{-1} \qquad （式5-2-8）$$

其中，C_{ca} 为节点 a 的接近中心度，n 为与节点 a 有联系的其余节点数量，d_{ab} 代表节点 a 与节点 b 之间的捷径距离。

3）中间中心度

一个节点处于其余多个节点对捷径上的次数，衡量一个节点控制其余节点之间联系的程度。若次数越大，则该节点的中间中心性越强，该点控制其余节点的能力就越强。计算公式为：

$$C_{Ba} = \sum_{b}^{n} \sum_{c}^{n} [g_{bc}(a)/g_{bc}], b \neq c \neq a \qquad （式5-2-9）$$

其中 C_{Ba} 表示节点 a 对节点 b 到达其余节点的控制程度，g_{bc} 代表节点 b 到节点 c 的捷径数量，$g_{ab}(a)$ 代表 g_{bc} 中经过节点 a 的捷径次数。

2. 数据来源及处理

经过对各大旅游网站的对比，最终选定用户量较大的携程网和原创内容较多的马蜂窝两个旅游网站作为本研究的主要数据采集平台，通过网络爬虫程序抓取携程网和马蜂窝上贵州、广西和云南相关的旅游游记文本作为基础数据，采集时间为 2020 年 4 月 16 日至 2020 年 4 月 28 日，一共采集到 3216 篇游记，经过对采集到的旅游游记进行清洗，① 最终得到 2477 篇有效游记，高铁开通前 1238 篇旅游游记，高铁开通后 1239 篇旅游游记。

对上述符合要求的旅游游记的文本内容转化为 UCIENT 软件要求的矩阵格式，本研究将各个市（州）作为旅游节点，建立一个 39×39 托矩阵，其中"行"为起始点，"列"为终点，若两个市（州）之间存在直接联系则取值为 1，若无直接联系或不存在联系的则取值为 0，将统计

---

① 删除不含空间信息或空间信息不明确的游记、非实际旅游经历的游记，合并相同的游记等。

第五章 高铁对区域旅游空间结构的影响及动力机制研究

数据存于原始的关系矩阵中。例如一篇旅游游记中记录的旅游路径为"遵义市—贵阳市—安顺市",则可拆分为"遵义市—贵阳市"和"贵阳市—安顺市",则可得出以下示例矩阵,如表5-5。运用此方法获得 39×39 的原始矩阵,并根据 UCIENT 软件的要求将原始矩阵转为二分矩阵。为了更好把握黔桂云旅游空间网络的特征,需要经过多次的测试以选择合适的阈值,经过多次尝试,本研究的阈值定为1,并利用 Netdraw 软件做出高铁开通前后黔桂云的旅游流网络结构图。

表5-5 示例矩阵

旅游节点	遵义市	贵阳市	安顺市
遵义市	0	0	0
贵阳市	1	0	0
安顺市	0	1	0

(三) 高铁开通前后黔桂云旅游流网络空间结构的演变分析

1. 网络密度分析

在 UCINET6 软件中运行"network-cohesion-density"则可计算旅游流网络的密度,结果如表5-6。从黔桂云旅游流网络密度来看,高铁开通前黔桂云旅游流网络密度为0.127,这说明在最多可能出现的1482(39×38)个网络连接中,实际上旅游节点间仅有188条旅游网络连接;高铁开通后,网络密度增加到0.155,这说明在最多可能出现的1482个网络连接中,实际上有230条旅游网络连接,增加了42条旅游网络连接,增幅为22.3%。虽然高铁开通后黔桂云旅游流网络密度有所增强,但旅游流网络仍然偏低,整体网络较为松散,网络节点之间的联系有待加强。

表5-6　高铁开通前后黔桂云旅游网络密度

区域	高铁开通前		高铁开通后	
	网络密度	标准差	网络密度	标准差
黔桂云	0.127	0.333	0.155	0.361
贵州	0.583	0.493	0.708	0.455
广西	0.269	0.444	0.291	0.454
云南	0.217	0.412	0.300	0.458

从黔桂云分地域来看，高铁开通前，贵州、广西和云南旅游流网络密度分别为0.583、0.269、0.217，这说明在最多可能出现的72、182、240个网络连接中，实际上分别存在42、49、52条旅游网络连接；高铁开通后，贵州、广西和云南三省旅游流网络密度分别为0.708、0.291、0.3，这说明在最多可能出现的网络连接中，实际上分别存在51、53、72条旅游网络连接，增幅分别为21.4%、8.2%、38.5%。可见，分区域的旅游网络密度比三省整体网络密度大，高铁开通后各旅游节点之间的联系更加紧密，但从绝对数值上来看，三省的旅游网络密度均有待加强。

2. 网络距离分析

在UCINET6软件中运行"network-cohesion-distance"则可计算旅游流网络各节点间的平均距离和凝聚力指数（表5-7），凝聚力指数越接近1，则旅游流网络越有凝聚力。从结果来看，高铁开通前，黔桂云旅游流网络中各个节点间的平均距离分别为2.407和2.357，以"距离"为基础的凝聚力指数分别为0.388和0.466，这说明高铁开通后，黔桂云旅游流网络凝聚力增强了，但从绝对值来看，网络凝聚力仍然一般。

从黔桂云分区域来看，高铁开通前，贵州、广西和云南以"距离"为基础的凝聚力指数分别为0.78，0.467，0.441，高铁开通后分别为0.854，0.52，0.59，可见高铁开通后黔桂云三省各区域旅游节点的联系更为紧密了，但凝聚力均仍有增强的空间。

表5-7 高铁开通前后黔桂云旅游流网络距离

区域	高铁开通前		高铁开通后	
	平均距离	凝聚力指数	平均距离	凝聚力指数
黔桂云	2.407	0.388	2.357	0.466
贵州	1.486	0.780	1.292	0.854
广西	1.909	0.467	1.821	0.520
云南	1.858	0.441	1.871	0.590

3. 核心—边缘结构分析

在 UCINET6 软件中运行"network-core/periphery"则可进行离散型或者连续型的核心—边缘结构分析。离散型核心—边缘结构分析只能将旅游节点分为核心节点或边缘节点两类，而连续型核心—边缘结构可作为离散型核心—边缘结构分析的补充，可根据"核心度"将旅游节点分为核心节点、半边缘节点和边缘节点三类，核心度越大，说明其与中心点的联系越强。

（1）离散型核心—边缘结构分析

对黔桂云旅游流网络进行离散型核心—边缘结构分析，结果见表5-8。从结果来看：①高铁开通前后，在整体网络密度分别为0.127和0.155的背景下，黔桂云核心区内部网络密度分别为0.494和0.545，边缘区内部网络密度分别为0.055和0.091，可以看出高铁开通前后核心区旅游节点之间的联系均比边缘区旅游节点之间的联系紧密；②高铁开通后核心区内部和边缘区内部网络密度均有增加，且核心区和边缘区之间的数值差距增大，这说明黔桂云旅游网络核心—边缘结构呈现强化发展趋势，但仍然存在明显的核心—边缘结构；③核心区与边缘区之间的网络密度均介于核心区内部密度和边缘区内部密度之间，这说明核心区旅游节点对边缘区旅游节点具有带动作用，边缘区旅游节点对核心区旅游节点具有依赖性。

表5-8 高铁开通前后黔桂云离散型核心—边缘结构分析结果

区域类型	高铁开通前各区之间网络密度		高铁开通后各区之间网络密度	
	边缘区	核心区	边缘区	核心区
核心区	0.494	0.101	0.545	0.148
边缘区	0.121	0.055	0.139	0.091

(2) 连续型核心—边缘结构分析

对黔桂云旅游流网络进行连续型核心—边缘结构分析，结果见表5-9和图5-3。高铁开通前黔桂云旅游流网络核心区的凝聚度为0.843，包括排名前7的节点，为昆明市、贵阳市、大理州、安顺市、黔东南州、桂林市、南宁市等，占旅游节点总数的17.9%；高铁开通后黔桂云旅游流网络核心区凝聚度为0.799，为排名前10的节点，包括昆明市、贵阳市、安顺市、黔西南州、黔东南州、桂林市、曲靖市、南宁市、黔南州、百色市等，占旅游节点总数的25.6%，高铁开通后核心区增加3个旅游节点，这进一步说明高铁开通后黔桂云旅游流网络的核心—边缘结构呈现出加强的趋势。值得关注的是在高铁开通后仍然有贵港和玉林两个城市在整个旅游流网中的参与度几乎可以忽略不计，是相对孤立的节点。除核心区以外的旅游节点，其核心度大于均值的为半边缘区，其核心度小于均值的为边缘区，具体见表5-9。

表5-9 高铁开通前后黔桂云旅游节点核心度

排序	高铁开通前		高铁开通后		排序	高铁开通前		高铁开通后	
	节点	核心度	节点	核心度		节点	核心度	节点	核心度
1	昆明	0.422	昆明	0.385	21	保山	0.118	河池	0.109
2	贵阳	0.335	贵阳	0.36	22	柳州	0.113	西双版纳	0.107
3	大理	0.315	安顺	0.335	23	德宏	0.104	柳州	0.106
4	安顺	0.281	黔西南	0.279	24	铜仁	0.093	保山	0.094
5	黔东南	0.278	黔东南	0.262	25	六盘水	0.075	迪庆	0.084
6	桂林	0.278	桂林	0.208	26	红河	0.075	贺州	0.08

第五章 高铁对区域旅游空间结构的影响及动力机制研究

（续表）

排序	高铁开通前		高铁开通后		排序	高铁开通前		高铁开通后	
	节点	核心度	节点	核心度		节点	核心度	节点	核心度
7	南宁	0.224	曲靖	0.198	27	文山	0.068	玉溪	0.078
8	黔南	0.178	南宁	0.196	28	玉溪	0.051	楚雄	0.067
9	黔西南	0.154	黔南	0.188	29	昭通	0.051	钦州	0.06
10	丽江	0.153	百色	0.18	30	普洱	0.051	防城港	0.054
11	遵义	0.149	毕节	0.164	31	防城港	0.049	普洱	0.035
12	河池	0.142	遵义	0.161	32	钦州	0.041	梧州	0.033
13	北海	0.139	北海	0.147	33	贺州	0.036	临沧	0.032
14	版纳	0.131	大理	0.141	34	玉林	0.022	德宏	0.027
15	毕节	0.128	丽江	0.138	35	梧州	0.018	昭通	0.015
16	百色	0.125	铜仁	0.135	36	贵港	0.000	来宾	0.012
17	楚雄	0.125	六盘水	0.131	37	来宾	0.000	怒江	0.011
18	迪庆	0.125	文山	0.129	38	临沧	0.000	贵港	0.000
19	曲靖	0.124	崇左	0.129	39	怒江	0.000	玉林	0.000
20	崇左	0.118	红河	0.121	均值	0.125		0.128	

注：高铁开通前核心区为排名前 7 的节点（核心区凝聚度为 0.843）；高铁开通后核心区为排名前 10 的节点（核心区凝聚度为 0.799）。

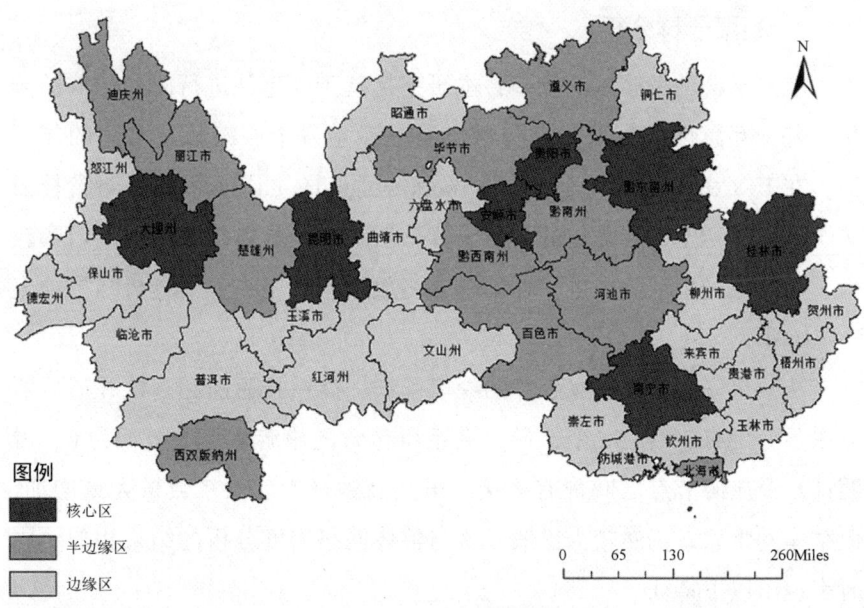

图 5-3　高铁开通前（上）后（下）黔桂云连续型核心—边缘结构（一）

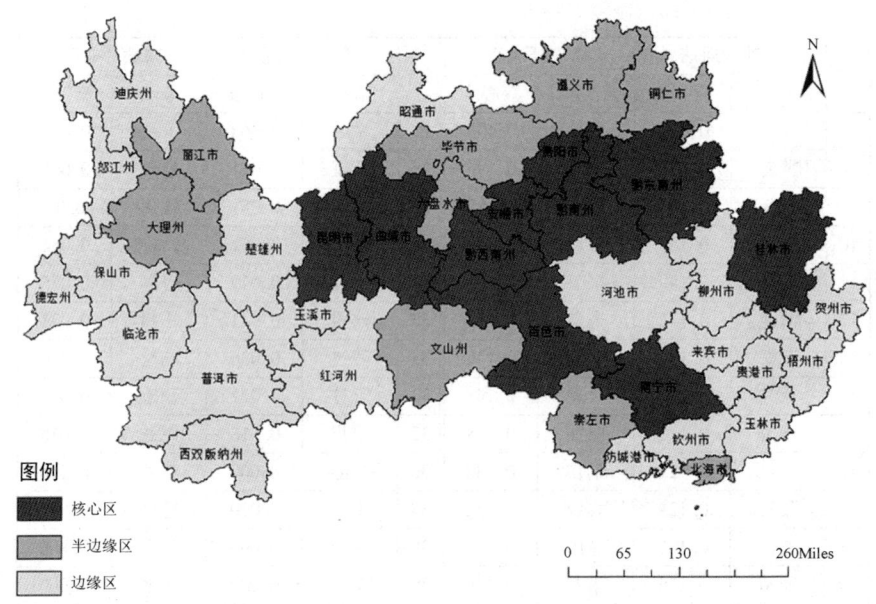

图 5-3 高铁开通前（上）后（下）黔桂云连续型核心—边缘结构（二）

4. 凝聚子群分析

凝聚子群的考察方法较多，本研究是基于互惠性进行凝聚子群的分析。基于互惠性的凝聚子群分析主要是考察各个旅游节点之间的相互性。在 UCINET6 软件中运行"network-subgroups-cliques"则可对黔桂云旅游网络进行基于互惠性的凝聚子群分析。由于具体结果所占的篇幅较大，在此仅列出部分结果，详细结果将放入附录中，部分分析结果如表 5-10 所示。

从结果来看，基于互惠性的凝聚子群，高铁开通前和高铁开通后所分派系分别有 37 和 50 个，最大派系所包含的旅游节点数量均为 6，说明这 6 个旅游节点之间都有连接。虽然高铁开通后派系数量大量增加，但整体网络联系仍然较为松散，这与整体网络密度分析的结果相似。同时表现出以下特征。

第五章　高铁对区域旅游空间结构的影响及动力机制研究

表 5-10　高铁开通前后黔桂云旅游网络派系分析（部分）

开通前旅游网络派系（CLIQUES）	开通后旅游网络派系（CLIQUES）
1：贵阳　安顺　黔西南　昆明　曲靖　大理	1：贵阳　安顺　黔西南　黔东南　昆明
2：贵阳　安顺　黔东南　昆明　大理	2：贵阳　安顺　黔西南　昆明　曲靖
3：贵阳　昆明　丽江　大理	3：贵阳　安顺　铜仁　黔东南　昆明
4：昆明　保山　丽江　大理	4：安顺　北海　昆明
5：昆明　保山　大理　德宏	5：安顺　昆明　保山　红河
6：昆明　丽江　楚雄　大理　迪庆	6：安顺　昆明　曲靖　红河
7：昆明　丽江　西双版纳　大理　迪庆	7：南宁　桂林　北海　昆明
8：贵阳　南宁　桂林　昆明	8：贵阳　南宁　桂林　昆明
9：南宁　百色　昆明	9：贵阳　黔西南　南宁　昆明
10：贵阳　安顺　黔东南　桂林　昆明	10：贵阳　黔东南　桂林　昆明
11：黔西南　百色　昆明	11：昆明　玉溪　丽江　红河　西双版纳
12：昆明　普洱　西双版纳	12：昆明　保山　丽江　红河　大理
13：昆明　曲靖　红河	13：昆明　丽江　红河　西双版纳　大理
14：贵阳　六盘水　黔西南　曲靖	14：昆明　丽江　大理　迪庆
15：贵阳　六盘水　黔东南	15：贵阳　昆明　丽江
16：贵阳　遵义　安顺　毕节　黔东南	16：昆明　坐吃山崩　楚雄　大理
17：贵阳　遵义　安顺　黔东南　黔南	17：昆明　曲靖　楚雄　大理
18：贵阳　遵义　安顺　铜仁　黔东南	18：昆明　楚雄　大理　迪庆
19：贵阳　安顺　毕节　黔东南	19：昆明　曲靖　红河　文山
20：贵阳　安顺　黔东南　黔南　桂林	20：北海　昆明　文山
21：黔东南　黔南　柳州　桂林　河池	21：昆明　曲靖　红河　大理
22：黔南　柳州　桂林　北海	22：贵阳　六盘水　安顺　毕节　黔西南
23：贵阳　安顺　黔西南　黔南	23：贵阳　六盘水　遵义　安顺　毕节
24：南宁　柳州　桂林　北海	24：贵阳　遵义　安顺　毕节　黔东南　黔南
25：南宁　柳州　桂林　河池	25：贵阳　遵义　安顺　毕节　铜仁　黔东南
26：南宁　柳州　北海　百色	26：贵阳　安顺　毕节　黔西南　黔东南　黔南
27：南宁　柳州　百色　河池	27：贵阳　黔东南　黔南　桂林
28：梧州　玉林　贺州	28：黔东南　黔南　桂林　河池
29：南宁　北海　防城港　钦州　崇左	29：南宁　柳州　桂林　北海
30：南宁　北海　百色　崇左	30：南宁　柳州　桂林　河池

— 367 —

表5-11 高铁开通前后各节点与各派系的联系情况（部分）

节点/派系	开通前									
	1	2	3	4	5	6	7	8	9	10
贵阳市	1.000	1.000	1.000	0.750	0.500	0.600	0.600	1.000	0.667	1.000
六盘水市	0.500	0.400	0.250	0.000	0.000	0.000	0.000	0.250	0.000	0.400
遵义市	0.333	0.600	0.250	0.000	0.000	0.000	0.000	0.250	0.000	0.600
安顺市	1.000	1.000	0.750	0.500	0.500	0.400	0.400	0.750	0.333	1.000
毕节市	0.500	0.600	0.250	0.000	0.000	0.000	0.000	0.250	0.000	0.600
铜仁市	0.333	0.600	0.250	0.000	0.000	0.000	0.000	0.250	0.000	0.600
黔西南州	1.000	0.800	0.750	0.500	0.500	0.400	0.400	0.500	0.667	0.600
黔东南州	0.667	1.000	0.750	0.500	0.500	0.400	0.400	0.750	0.333	1.000
黔南州	0.500	0.600	0.250	0.000	0.000	0.000	0.000	0.500	0.000	0.800
南宁市	0.333	0.400	0.500	0.250	0.250	0.200	0.200	1.000	1.000	0.600
柳州市	0.000	0.000	0.000	0.000	0.000	0.000	0.000	0.500	0.667	0.400
桂林市	0.500	0.800	0.500	0.250	0.250	0.200	0.200	1.000	0.667	1.000
梧州市	0.000	0.000	0.000	0.000	0.000	0.000	0.000	0.000	0.333	0.000
北海市	0.000	0.000	0.000	0.000	0.000	0.000	0.000	0.500	0.667	0.200
防城港市	0.000	0.000	0.000	0.000	0.000	0.000	0.000	0.250	0.333	0.000
钦州市	0.000	0.000	0.000	0.000	0.000	0.000	0.000	0.250	0.333	0.000
贵港市	0.000	0.000	0.000	0.000	0.000	0.000	0.000	0.000	0.000	0.000
玉林市	0.000	0.000	0.000	0.000	0.000	0.000	0.000	0.000	0.000	0.000
百色市	0.333	0.200	0.250	0.250	0.250	0.200	0.200	0.500	1.000	0.200
贺州市	0.000	0.000	0.000	0.000	0.000	0.000	0.000	0.500	0.333	0.200
河池市	0.000	0.200	0.000	0.250	0.250	0.000	0.000	0.500	0.667	0.400
来宾市	0.000	0.000	0.000	0.000	0.000	0.000	0.000	0.000	0.000	0.000
崇左市	0.000	0.000	0.000	0.250	0.250	0.000	0.000	0.500	0.667	0.200
昆明市	1.000	1.000	1.000	1.000	1.000	1.000	1.000	1.000	1.000	1.000
曲靖市	1.000	0.800	0.750	0.500	0.500	0.400	0.400	0.500	0.333	0.600
玉溪市	0.167	0.200	0.250	0.250	0.250	0.200	0.200	0.250	0.333	0.200
保山市	0.333	0.400	0.750	1.000	1.000	0.600	0.600	0.250	0.333	0.200

第五章 高铁对区域旅游空间结构的影响及动力机制研究

(续表)

节点/派系	1	2	3	4	5	6	7	8	9	10
开通前										
昭通市	0.167	0.200	0.250	0.250	0.250	0.200	0.200	0.250	0.333	0.400
丽江市	0.500	0.600	1.000	1.000	0.750	1.000	1.000	0.500	0.333	0.400
普洱市	0.167	0.200	0.250	0.250	0.250	0.200	0.400	0.250	0.333	0.200
临沧市	0.000	0.000	0.000	0.000	0.000	0.000	0.000	0.000	0.000	0.000
楚雄州	0.333	0.400	0.750	0.750	0.500	1.000	0.800	0.250	0.333	0.200
红河州	0.333	0.200	0.250	0.250	0.250	0.200	0.200	0.250	0.333	0.200
文山州	0.500	0.000	0.000	0.000	0.000	0.000	0.000	0.000	0.000	0.200
西双版纳州	0.333	0.400	0.750	0.750	0.500	0.800	1.000	0.250	0.333	0.200
大理州	1.000	1.000	1.000	1.000	1.000	1.000	1.000	0.500	0.333	0.800
德宏州	0.3333	0.400	0.500	0.750	1.000	0.400	0.400	0.250	0.333	0.200
怒江州	0.000	0.000	0.000	0.000	0.000	0.000	0.000	0.000	0.000	0.000
迪庆州	0.333	0.400	0.750	0.750	0.500	1.000	1.000	0.000	0.333	0.200
开通后										
节点/派系	1	2	3	4	5	6	7	8	9	10
贵阳市	1.000	1.000	1.000	0.667	0.500	.750	1.000	1.000	1.000	
六盘水市	0.600	0.600	0.400	0.333	0.250	0.250	0.000	0.250	0.500	0.250
遵义市	0.600	0.400	0.800	0.333	0.250	0.250	0.000	0.250	0.250	0.500
安顺市	1.000	1.000	1.000	1.000	1.000	1.000	0.500	0.500	0.750	0.750
毕节市	0.800	0.600	0.800	0.333	0.250	0.250	0.000	0.250	0.500	0.500
铜仁市	0.800	0.600	1.000	0.667	0.500	0.500	0.250	0.500	0.500	0.750
黔西南州	1.000	1.000	0.800	0.667	0.500	0.750	0.500	0.750	1.000	0.750
黔东南州	1.000	0.800	1.000	0.667	0.500	0.500	0.500	0.750	0.750	1.000
黔南州	0.800	0.600	0.600	0.333	0.250	0.250	0.250	0.500	0.500	0.750
南宁市	0.600	0.600	0.400	0.667	0.250	0.250	1.000	1.000	1.000	0.750
柳州市	0.200	0.000	0.200	0.333	0.000	0.000	0.750	0.500	0.250	0.500
桂林市	0.600	0.400	0.600	0.667	0.250	0.250	1.000	1.000	0.750	1.000
梧州市	0.000	0.000	0.000	0.000	0.000	0.000	0.500	0.500	0.250	0.250
北海市	0.400	0.400	0.400	1.000	0.500	0.500	1.000	0.750	0.500	0.500

(续表)

节点/派系	开通后									
	1	2	3	4	5	6	7	8	9	10
防城港市	0.000	0.000	0.000	0.333	0.000	0.000	0.500	0.250	0.250	0.000
钦州市	0.000	0.000	0.000	0.333	0.000	0.000	0.500	0.250	0.250	0.000
贵港市	0.000	0.000	0.000	0.333	0.000	0.000	0.250	0.000	0.000	0.000
玉林市	0.000	0.000	0.000	0.000	0.000	0.000	0.000	0.000	0.000	0.000
百色市	0.400	0.600	0.200	0.333	0.250	0.500	0.750	0.750	0.750	0.500
贺州市	0.200	0.000	0.200	0.000	0.000	0.000	0.500	0.500	0.250	0.500
河池市	0.200	0.000	0.200	0.000	0.000	0.000	0.500	0.500	0.250	0.500
来宾市	0.000	0.000	0.000	0.000	0.000	0.000	0.000	0.000	0.000	0.000
崇左市	0.200	0.200	0.200	0.667	0.250	0.250	0.750	0.500	0.250	0.250
昆明市	1.000	1.000	1.000	1.000	1.000	1.000	1.000	1.000	1.000	1.000
曲靖市	0.800	1.000	0.600	0.667	0.750	1.000	0.250	0.500	0.750	0.500
玉溪市	0.200	0.200	0.200	0.333	0.500	0.500	0.250	0.250	0.250	0.250
保山市	0.400	0.400	0.400	0.667	1.000	0.750	0.250	0.250	0.250	0.250
昭通市	0.200	0.200	0.200	0.333	0.250	0.250	0.250	0.250	0.250	0.250
丽江市	0.400	0.400	0.400	0.333	0.750	0.500	0.250	0.500	0.500	0.500
普洱市	0.000	0.000	0.000	0.000	0.250	0.250	0.000	0.000	0.000	0.000
临沧市	0.000	0.000	0.000	0.000	0.000	0.000	0.000	0.000	0.000	0.000
楚雄州	0.200	0.400	0.200	0.333	0.500	0.500	0.250	0.250	0.250	0.250
红河州	0.400	0.600	0.400	0.667	1.000	1.000	0.250	0.250	0.250	0.250
文山州	0.200	0.400	0.200	0.667	0.500	0.750	0.500	0.250	0.250	0.250
西双版纳州	0.200	0.200	0.200	0.333	0.500	0.500	0.250	0.250	0.250	0.250
大理州	0.200	0.400	0.200	0.333	0.750	0.750	0.250	0.250	0.250	0.250
德宏州	0.000	0.000	0.000	0.000	0.000	0.250	0.000	0.000	0.000	0.000
怒江州	0.000	0.000	0.000	0.000	0.000	0.250	0.000	0.000	0.000	0.000
迪庆州	0.200	0.200	0.200	0.333	0.250	0.250	0.250	0.250	0.250	0.250

第五章　高铁对区域旅游空间结构的影响及动力机制研究

(1) 高铁开通后跨省派系数量增加，已有派系与旅游节点联系加强

从跨省的派系来看，高铁开通前仅 13 个，占比 35.1%，高铁开通后 25 个，占比 50%，跨省的派系显著增加，且沿着高铁走向的新增派系增加明显。如高铁开通后的派系 3 "铜仁市、黔东南州、贵阳市、安顺市、昆明市"是沿沪昆高铁，派系 44 "黔东南州、桂林市、贺州市"是沿贵广高铁，派系 36 "贵阳市、桂林市、南宁市、百色市"是沿贵广高铁、柳南客运专线和南昆客运专线，派系 7 "桂林市、南宁市、北海市、昆明市"则是沿柳南客运专线、防钦线和南昆客运专线。此外，对比表 5-10 的数据，可以看出高铁开通前存在的派系与各个旅游节点的联系在高铁开通后更加紧密了，如"贵阳市、南宁市、桂林市、昆明市"，即开通前的派系 8 和开通后的派系 8，高铁开通后与梧州市的联系强度由 0 增加到 0.5，与北海市的联系强度由 0.5 增加到 0.75。

(2) 高铁开通后省内派系成员变化较大，已有派系与旅游节点联系加强

从黔桂云三省各区域内的派系来看，高铁开通前有 24 个，占比 64.9%，高铁开通后有 25 个，占比 50%，虽然派系数量变化不大，但是派系所包含的旅游节点有所变化，如高铁开通前的派系 5 "昆明市、大理州、保山州、德宏州"变为高铁开通后的派系 16 "昆明市、保山市、楚雄州、大理州"。省内增加的派系仍然是以高铁沿线为主，如派系 17 "昆明市、曲靖市、楚雄州、大理州"主要沿沪昆高铁和成昆铁路，派系 25 "贵阳市、遵义市、安顺市、毕节市、铜仁市、黔东南州"，派系 35 "南宁市、桂林市、北海市、百色市、崇左市"沿柳南客运专线和南昆客运专线。从表 5-10 (b) 的数据可以看出，在高铁开通后，高铁开通前已存在的派系与其余旅游节点的联系强度也有所增加，如"贵阳市、安顺市、遵义市、黔东南州、黔南州"，即开通前的派系 17 和开通后的派系 24，高铁开通后与六盘水市的联系强度由 0.4 增加到 0.667，与黔西南州的联系强度由 0.6 增加到 0.833。

(3) 高铁开通后原孤立节点逐渐融入整体旅游流网络

从黔桂云旅游流网络的孤立节点来看，根据表5-10（b）旅游节点所属的派系情况，每个派系下对应的数值表示旅游节点与该派系的接近程度，对应的值越接近1，则表明该旅游节点与对应派系越接近。高铁开通前，贵港市、来宾市、临沧市和怒江州不属于任何一个派系，相对比较孤立；高铁开通后，这些旅游节点均已融入各个派系之中，这说明虽然高铁开通后黔桂云整体网络联系较为松散，但较高铁之前呈现良好的发展态势，各个旅游节点均已融入整体网络。

基于以上分析，可以看出高铁开通后黔桂云旅游流网络的凝聚子群有以下特征：①高铁的开通使凝聚子群总量增加，且跨省的派系增加得更多。这说明高铁开通前跨省的旅游流较少，高铁开通后跨省的旅游流增加。究其原因主要有是黔桂云地区跨省旅游合作较少，旅游流在空间上呈现出较强的地域性，高铁开通后，时空压缩效应明显，受距离衰减规律的影响减弱，旅游者往往更愿意选择距离较远但知名度较大的景点，从而使得跨省的旅游者人数增加；②高铁开通后，在高铁开通前就已存在的派系与其余旅游节点的联系更加紧密；③虽然整体网络密度仍然有较大的加强空间，但是高铁开通后，贵港市、来宾市、临沧市和怒江州等相对孤立的旅游节点均已融入网络之中。

5. 结构洞分析

结构洞分析可以找出黔桂云整个网络中更具有竞争优势的旅游节点，利用UCINET6的相关模块对黔桂云旅游流网络进行结构洞分析，结果如表5-11。

(1) 高铁开通后优势节点数量增加

有效规模和效率越大且限制度越小的旅游节点越有竞争优势。根据表5-11的结果，高铁开通前，贵阳市、安顺市、黔东南州、南宁市、桂林市、昆明市、大理州等7个旅游节点的有效规模大于6.9，有效率

第五章 高铁对区域旅游空间结构的影响及动力机制研究

大于0.6，限制度小于0.3，排名位于39个旅游节点的前列，具有一定的优势。高铁开通后贵阳市、安顺市、黔东南州、南宁市、桂林市、北海市、百色市、昆明市、红河州等9个旅游节点具有优势。其中，增加的北海市、百色市和红河州这四个节点的有效规模和有效率均在呈上升趋势，限制度减小；减少的大理州有效规模和有效率则呈下降趋势，限制度增大。原有的旅游节点中，安顺市、南宁市和桂林市的有效规模和效率均在增加，限制度减小，贵阳市、黔东南州和昆明市的有效规模虽有略微减小，但绝对数值仍较大，这说明这些旅游节点的网络冗余度较小，具有一定的竞争优势。

表5-11 高铁开通前后黔桂云旅游网络结构洞指标

节点	高铁开通前			高铁开通后		
	有效规模	效率	限制度	有效规模	效率	限制度
贵阳市	9.292	0.664	0.209	9.038	0.646	0.200
六盘水	2.250	0.563	0.371	3.000	0.500	0.335
遵义市	1.950	0.325	0.423	2.318	0.331	0.380
安顺市	7.262	0.605	0.239	9.413	0.672	0.205
毕节市	1.667	0.333	0.408	3.077	0.385	0.349
铜仁市	1.000	0.250	0.466	1.722	0.287	0.379
黔西南	6.269	0.627	0.247	5.333	0.533	0.239
黔东南	7.881	0.657	0.225	7.476	0.623	0.224
黔南州	5.036	0.560	0.255	3.808	0.476	0.288
南宁市	7.475	0.680	0.233	9.091	0.699	0.209
柳州市	3.545	0.506	0.305	3.900	0.650	0.271
桂林市	6.905	0.628	0.207	8.095	0.675	0.203
梧州市	2.500	0.833	0.469	1.300	0.433	0.597
北海市	4.500	0.563	0.327	7.750	0.705	0.223
防城港	1.250	0.313	0.528	1.214	0.304	0.514
钦州市	1.250	0.313	0.563	1.000	0.250	0.534

(续表)

节点	高铁开通前			高铁开通后		
	有效规模	效率	限制度	有效规模	效率	限制度
贵港市	0.000	0.000	0.000	1.000	1.000	1.000
玉林市	2.500	0.833	0.469	1.000	1.000	1.000
百色市	5.409	0.676	0.262	8.735	0.728	0.185
贺州市	3.000	0.750	0.375	2.083	0.521	0.496
河池市	6.115	0.679	0.239	5.083	0.635	0.250
来宾市	0.000	0.000	0.000	1.000	1.000	1.000
崇左市	4.769	0.596	0.310	5.308	0.590	0.297
昆明市	15.559	0.819	0.140	14.914	0.785	0.133
曲靖市	4.542	0.568	0.297	5.385	0.598	0.236
玉溪市	1.000	1.000	1.000	2.063	0.413	0.418
保山市	3.778	0.630	0.343	5.500	0.688	0.250
昭通市	1.000	1.000	1.000	1.000	1.000	0.500
丽江市	3.292	0.470	0.398	6.500	0.650	0.245
普洱市	1.000	0.500	0.671	2.143	0.536	0.497
临沧市	0.000	0.000	0.000	1.500	0.500	0.577
楚雄州	1.000	0.250	0.501	3.286	0.548	0.371
红河州	1.700	0.567	0.496	7.094	0.645	0.244
文山州	2.000	0.500	0.464	4.583	0.655	0.249
西双版纳	2.063	0.413	0.441	4.038	0.577	0.319
大理州	7.895	0.658	0.266	6.344	0.634	0.280
德宏州	1.000	0.333	0.529	1.833	0.458	0.473
怒江州	0.000	0.000	0.000	1.000	1.000	1.000
迪庆州	1.333	0.267	0.499	2.000	0.500	0.393

(2) 高铁开通后原"弱势"旅游节点发展态势良好

从不具备结构洞优势的旅游节点来看，高铁开通前，玉溪市和昭通市的有效规模、效率和限制度均为1，这说明这两个旅游节点只有一条

第五章 高铁对区域旅游空间结构的影响及动力机制研究

有效连接,并且对其他旅游节点的依赖性和约束性相同。高铁开通后玉溪市和昭通市这两个节点的有效规模增大,这说明在整个旅游流网络中,其参与度加强。此外,高铁开通前贵港市、来宾市、临沧市和怒江州的有效规模、效率和限制度均为0,而在高铁开通后均有增大,这说明高铁开通前这4个旅游节点在黔桂云旅游流网络中比较孤立,而高铁开通后均融入旅游流网络中,呈现积极的发展态势。

(四)基于节点中心性旅游流空间网络结构演变的高铁效应分析

利用 UCINET6 软件,运行"Network-Centrality-Degree/Closeness/Freeman Betweenness",则可计算度数中心度、接近中心度和中间中心度。基于高铁开通前后黔桂云旅游流网络的内向和外向度数中心度、内向和外向接近中心度和中间中心度等衡量指标的变化(表5-12,图5-4),主要以度数中心度变化为主,以前文的相关指标为辅,对黔桂云各个旅游节点进行高铁效应分析。首先要说明的是,各个旅游节点表现出的各种高铁效应不是绝对的,而是多种效应之间的一种"博弈"的结果,因此可能会存在同一个旅游节点会表现出不同的效应的现象。

表5-12 高铁开通前后黔桂云旅游节点中心性

节点	高铁开通前				中间中心度	高铁开通后				中间中心度
	度数中心度		接近中心度			度数中心度		接近中心度		
	内向	外向	内向	外向		内向	外向	内向	外向	
贵阳市	31.579	31.579	17.757	14.902	9.520	34.211	34.211	26.761	36.190	9.799
六盘水	5.263	5.263	14.729	13.428	0.074	13.158	10.526	22.222	29.231	2.608
遵义市	13.158	13.158	15.833	13.523	0.089	13.158	15.789	22.485	30.159	0.162
安顺市	28.947	26.316	17.512	14.729	5.339	26.316	34.211	26.027	36.538	8.634
毕节市	13.158	10.526	15.833	13.475	0.038	18.421	15.789	23.030	30.159	0.325
铜仁市	7.895	7.895	15.702	13.428	0.000	13.158	10.526	22.485	31.405	0.228
黔西南	15.789	18.421	16.667	13.869	2.789	15.789	23.684	24.516	34.545	2.018

(续表)

节点	高铁开通前				中间中心度	高铁开通后				中间中心度
	度数中心度		接近中心度			度数中心度		接近中心度		
	内向	外向	内向	外向		内向	外向	内向	外向	
黔东南	28.947	26.316	17.512	14.672	6.209	28.947	26.316	26.027	33.929	5.617
黔南州	21.053	15.789	16.667	13.971	1.292	15.789	18.421	23.171	31.405	0.535
南宁市	26.316	26.316	17.674	14.902	12.233	26.316	31.579	26.573	35.185	9.043
柳州市	18.421	10.526	16.594	13.718	0.878	13.158	13.158	23.030	29.231	2.930
桂林市	28.947	26.316	17.757	14.902	11.357	31.579	23.684	26.573	34.545	9.041
梧州市	2.632	5.263	14.022	13.058	2.442	7.895	5.263	21.965	26.207	0.081
北海市	13.158	21.053	15.966	13.768	2.288	23.684	23.684	26.027	33.333	7.672
防城港	7.895	7.895	15.510	13.428	0.584	10.526	7.895	21.965	27.536	0.000
钦州市	5.263	5.263	14.126	13.333	0.024	5.263	10.526	21.591	27.737	0.000
贵港市	0.000	0.000	2.564	2.564	0.000	2.632	0.000	26.389	2.564	0.000
玉林市	2.632	5.263	12.541	12.667	0.198	2.632	0.000	25.503	2.564	0.000
百色市	15.789	13.158	16.450	14.286	3.527	18.421	26.316	25.166	34.234	5.509
贺州市	7.895	5.263	15.900	13.475	4.978	5.263	10.526	21.469	28.571	0.287
河池市	15.789	18.421	16.522	13.818	3.102	15.789	15.789	23.457	30.400	1.250
来宾市	0.000	0.000	2.564	2.564	0.000	0.000	2.632	2.564	29.457	0.000
崇左市	18.421	15.789	16.522	13.718	1.732	18.421	15.789	23.030	32.203	1.863
昆明市	47.368	42.105	18.357	15.261	33.781	47.368	44.737	28.358	39.175	32.999
曲靖市	18.421	13.158	16.740	14.074	2.476	15.789	18.421	24.675	33.043	2.352
玉溪市	0.000	2.632	2.564	15.574	0.000	10.526	10.526	23.171	30.159	0.827
保山市	13.158	10.526	16.450	13.971	1.580	18.421	15.789	24.837	31.148	6.809
昭通市	2.632	2.632	15.833	13.523	0.000	2.632	2.632	22.754	23.171	0.236
丽江市	15.789	15.789	16.594	13.869	1.066	23.684	18.421	25.503	33.043	4.112
普洱市	2.632	2.632	14.074	13.571	0.000	10.526	7.895	21.229	25.333	0.176
临沧市	0.000	0.000	2.564	2.564	0.000	2.632	7.895	19.487	25.503	0.000
楚雄州	10.526	10.526	16.034	13.669	0.000	7.895	10.526	21.348	29.921	0.235
红河州	5.263	7.895	16.034	13.718	2.347	23.684	18.421	25.503	31.933	5.372

第五章 高铁对区域旅游空间结构的影响及动力机制研究

(续表)

节点	高铁开通前				中间中心度	高铁开通后				中间中心度
	度数中心度		接近中心度			度数中心度		接近中心度		
	内向	外向	内向	外向		内向	外向	内向	外向	
文山州	2.632	7.895	14.126	13.428	0.127	15.789	15.789	24.516	31.933	1.987
版纳州	7.895	13.158	15.966	13.768	2.347	15.789	18.421	23.750	31.405	4.707
大理州	18.421	31.579	16.379	14.615	3.283	18.421	23.684	24.051	32.203	4.416
德宏州	7.895	7.895	16.102	13.669	0.000	10.526	5.263	21.714	25.000	0.018
怒江州	0.000	0.000	2.564	2.564	0.000	2.632	2.632	20.213	24.051	0.000
迪庆州	13.158	10.526	16.102	13.669	0.018	10.526	10.526	23.313	29.688	0.371
均值	12.686	12.686	14.344	12.762	2.967	12.686	12.686	23.242	29.334	3.390
标准差	10.591	9.934	4.659	3.500	5.85	10.591	9.934	3.904	7.139	5.695
总和	494.737	494.737	559.409	497.705	115.718	494.737	494.737	906.453	1144.04	132.219
方差	112.178	98.683	21.709	12.247	34.292	112.178	98.683	15.238	50.962	32.43
最小值	0.000	0.000	2.564	2.564	0.000	0.000	0.000	2.564	2.564	0.000
最大值	47.368	42.105	18.357	15.574	33.781	47.368	42.105	28.358	39.175	32.999

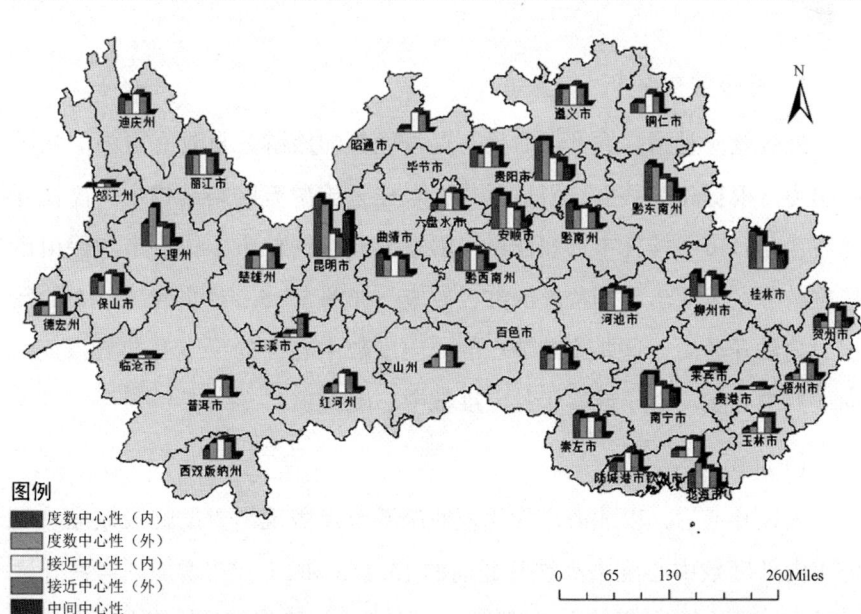

图 5-4 高铁开通前(上)后(下)黔桂云节点中心性(一)

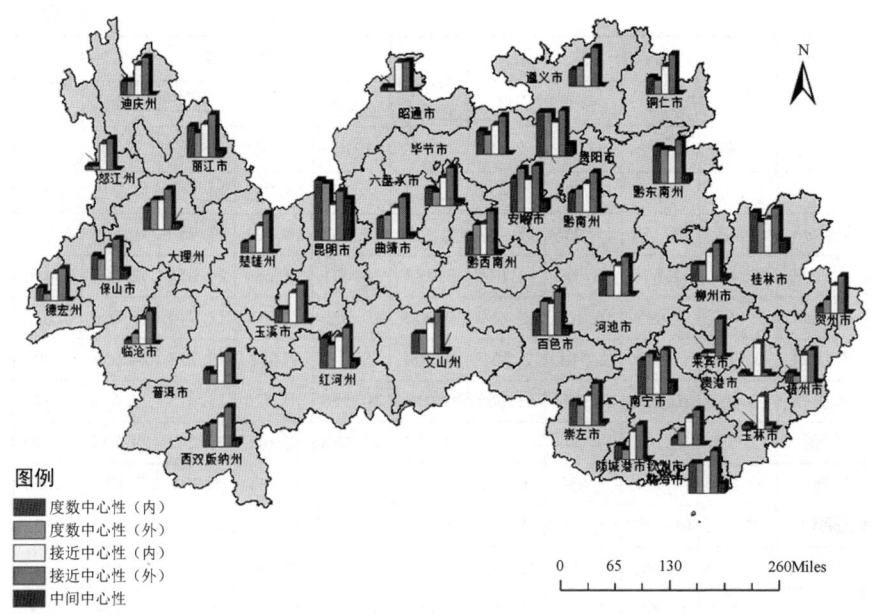

图 5-4 高铁开通前（上）后（下）黔桂云节点中心性（二）

1. 虹吸效应分析

虹吸效应是指高铁开通后具有竞争优势的旅游节点具有更强的旅游吸引力。根据相关数据结果显示，在黔桂云旅游流网络结构中，高铁开通后，北海市、桂林市、丽江市、黔东南州、铜仁市、毕节市和保山市等旅游节点表现出不同程度的虹吸效应，如图5-5。根据表5-12的数据，高铁开通后，这些旅游节点的内向度数中心度均呈上升趋势，且内向度数中心度均大于或等于外向度数中心度。

（1）重度虹吸效应

高铁开通后，以北海市为代表的旅游节点表现出重度虹吸效应。北海市内外度数中心度由高铁开通前的13.158和21.053增加到高铁开通后的23.684，内向度数中心度增加值超过10，且其绝对数值在所有旅游节点中也偏大，这说明高铁开通后北海市的集聚能力明显增强。同时，

第五章 高铁对区域旅游空间结构的影响及动力机制研究

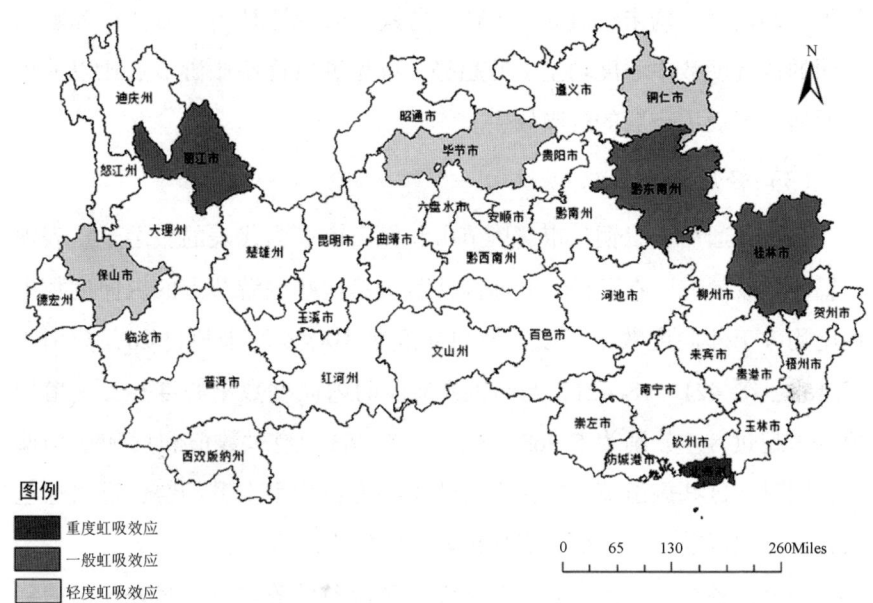

图 5-5 高铁开通后产生虹吸效应的旅游节点

其内外接近中心度由 15.966 和 13.768 增加到 26.027 和 33.333，中间中心度 2.288 增加到 7.672，接近中心性的增加说明高铁开通后进出北海市均比之前更为便捷，中间中心度的增加说明高铁开通后北海市对其余旅游节点的控制力有所加强。北海市自身的旅游资源知名度较高，尤其是涠洲岛，因此高铁开通后北海市对旅游者的吸引力大大增加，表现出重度虹吸效应。

（2）一般虹吸效应

高铁开通后，以桂林市、丽江市和黔东南州为代表的旅游节点表现出一般虹吸效应。由于高铁开通前自身的旅游资源知名度较高（如桂林山水、丽江古城、千户苗寨），已有一定的竞争优势，高铁开通后这些旅游节点的内向度数中心度绝对数值分别为 31.579、23.684、28.947，均在 20 以上，位于所有旅游节点前列，尤其是桂林市，内向度数中心度位居所有旅游节点第三，具有较强的集聚能力，但内向度数中心度的增加值却较小,均未超过8,同时,高铁开通后桂林市、丽江市和黔东南州的接近度数中心度均呈上升趋势,可见进出这些旅游节点比以前更加便捷,表现出一般的虹吸效应。

(3) 轻度虹吸效应

高铁开通后,以铜仁市、毕节市和保山市等为代表的旅游节点表现出轻度虹吸效应。在黔桂云开通高铁后虽然这些旅游节点的内向度数中性度均大于外向度数中心度,但内向度数中心度均未超过20,分别为13.158、18.421、18.421,与高铁开通前的内向度数中心度相比,增加值均未超过8,分别为5.263、5.263、5.263,绝对数值和增加值均偏小,同时,这些旅游节点的接近度数中心度也均呈上升趋势,进出这些旅游节点比以前更加便捷,表现出轻度的虹吸效应。

综上,各个节点由于其资源条件、区位条件等差异,其表现出的虹吸程度也有差异,根据节点度数中心度、接近中心度和中间中心度指标分别出现重度、一般和轻度等三种虹吸效应(图5-5)。

2. 扩散效应

扩散效应是指高铁开通后具有特别强集聚能力的旅游节点向周边旅游节点扩散旅游流。高铁开通带来的时空压缩,让旅游者在相同的时间内的游玩半径增大,使得这种扩散效应出现的可能性更大。

(1) 扩散源

根据表5-12的数据来看,在黔桂云旅游流网络结构中,高铁开通后,贵阳市、南宁市、昆明市、安顺市、黔西南州和大理州等旅游节点的外向度数中心度大于等于内向度数中心度,表现出了不同程度的扩散效应。

1) 强扩散效应

高铁开通后,贵阳市、南宁市、昆明市、安顺市表现出强扩散效应。从绝对值来看,高铁开通后贵阳市、南宁市、昆明市、安顺市等旅

第五章 高铁对区域旅游空间结构的影响及动力机制研究

游节点的外向度数中心度均在 30 以上,分别为 44.737、34.211、31.579、34.211,居于所有旅游节点前列,表现出强扩散效应。从增加值来看,高铁开通后它们的外向度数中心度分别增加了 2.632、2.632、5.263、7.895,尤其是安顺市的增加值最大,涨幅达到了 30%。同时,这些旅游节点的接近中心度也呈增加趋势,且外向接近中心度增加值均大于 20,分别为 23.914、21.288、20.283、21.809,可见从这些旅游节点出发去其余旅游节点的便捷性比高铁开通前更佳,这为旅游流流向其余旅游节点扩散提供了便利条件。

2) 弱扩散效应

高铁开通后,黔西南州和大理州表现出弱扩散效应。从绝对值来看,高铁开通后黔西南州和大理州的外向度数中心度均在 20 以上,分别为 23.684、23.684,表现出弱扩散效应。高铁开通后黔西南州的外向度数中心度呈上升趋势,而大理州比较特别,高铁开通后其外向度数中心度呈下降趋势,但其外向度数中心度仍比内向度数中心度大 5.263,这说明高铁开通后其扩散效应减弱了。同时,黔西南州和大理州的外向接近中心性也分别增加了 20.676、17.588,从这两个旅游节点出发去其余旅游节点的便捷程度提升了,旅游流从这些旅游节点流向其余旅游节点更便捷了。

(2) 扩散路径分析

运用 Netdraw 对旅游流网络进行可视化,运行路径"Properties-Lines-Size"对旅游流网络结构图中的连接线进行设置,其粗细代表联系的强度。经过多次尝试,将连接阈值设置为 10,只留下联系强度较大的连接线,方便分析旅游流走向。由图 5-6 和表 5-13 可以看出,高铁开通前,贵阳市的旅游流主要扩散至安顺市、黔东南州和黔南州,南宁市的旅游流主要扩散至崇左市、北海市和桂林市,昆明市的旅游流主要扩散至大理州和丽江市;贵州、广西和云南之间相对孤立,除了贵阳市至昆明市的一条单向连接线,几乎没有太多的联系。

高铁对民族地区旅游经济的空间效应测度及动力机制研究

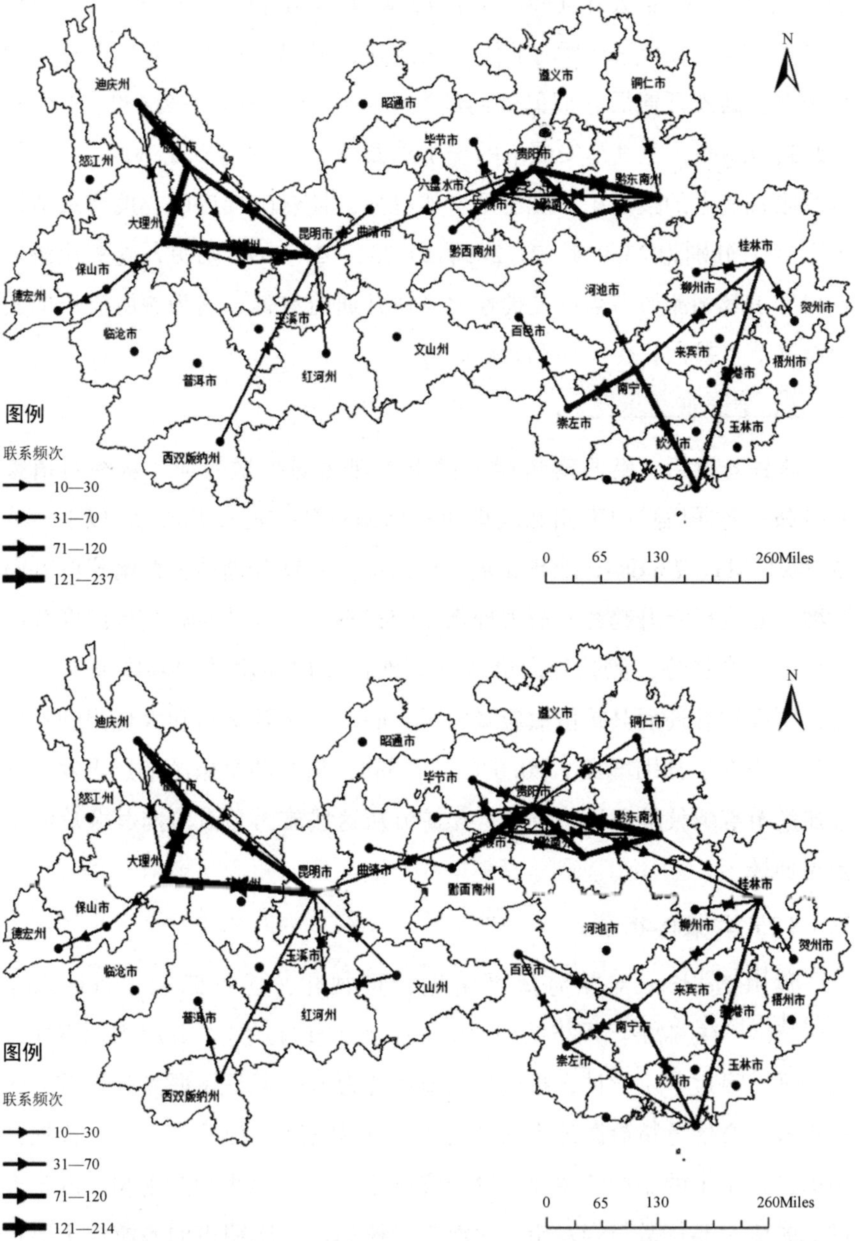

图 5-6 高铁开通前（上）后（下）黔桂云主要旅游流路径

第五章 高铁对区域旅游空间结构的影响及动力机制研究

表 5-13 高铁开通前后扩散路径

扩散源	高铁开通前	高铁开通后	
	主要扩散点	主要扩散点	新增扩散点
贵阳市	安顺市、黔东南州和黔南州	安顺市、黔东南州和黔南州	铜仁市、毕节市、六盘水市
南宁市	崇左市、北海市和桂林市	崇左市、北海市、桂林市	百色市
昆明市	大理州和丽江市	大理市和丽江市	红河州、文山州
黔西南	安顺市	安顺市	曲靖市
大理州	丽江市、昆明市	丽江市、昆明市	

高铁开通后，贵阳市的旅游流仍然主要扩散至安顺市、黔东南州和黔南州，这些旅游节点的内向度数中心度分别为 26.316、28.947、15.789，其次是辐射至距离较远的铜仁市、毕节市和六盘水市等新增加的扩散点，其内向度数中心度分别为 15.789、18.421、13.158，这得益于沪昆高铁的开通。南宁市的旅游流主要扩散至北海市、崇左市、桂林市，其内向度数中心度分别为 28.684、18.421、31.579，以及新增的扩散点百色市，其内向度数中心度为 18.421，这主要得益于南昆客运专线。昆明市的旅游流主要扩散至大理市和丽江市，其内向度数中心度分别为 18.421、23.684，其次是新增的扩散点红河州和文山州，其内向度数中心度分别为 23.684、15.789，这也得益于南昆客运专线。同时，黔西南州和大理这两个弱扩散源的扩散点变化不大，但黔西南州增加了一个曲靖市的跨省扩散点。

对比图 5-6 中的两幅图，可以看出，虽然高铁开通前后的旅游流的主要扩散点没有重大变化，但是黔桂云三省的联系加强了，如安顺市至昆明市、黔西南州至曲靖市、贵阳市至桂林市、黔东南州至桂林市等。此外，广西的南宁市和百色市之间也有了直接联系，这主要是受益于"南昆客运专线"的 2016 年的开通和 2019 年的提速。

3. 过道效应分析

过道效应是指高铁带来的时空压缩效应使原来旅游资源知名度不高或旅游资源品级度较低但具有区位优势的旅游节点，被距离较远但知名度较高的旅游节点所替代。在黔桂云旅游流网络结构中，柳州市、贺州市和楚雄州等旅游节点表现出了比较明显的过道效应。在高铁开通后，这些旅游节点的内向度数中心度分别为13.158、5.263、7.895，均小于外向度数中心度，而且呈现明显的下降趋势，分别下降了5.263、2.632、2.631、2.632，说明它们的集聚能力在减弱，同时，在所有旅游节点中，它们的中间中心度偏低，在黔桂云旅游网络中的控制旅游节点的能力较差，地位偏低，这说明这些旅游节点由于高铁开通带来的时空压缩效应而被知名度较高或品质较好的旅游节点分流，从而处于整个旅游流网络中被替代的位置，表现出比较明显的过道效应。

4. 叠加效应分析

叠加效应主要是高铁开通后在多个旅游节点的日可达范围之内且中心性呈增加趋势、发展较快的旅游节点所表现出来的高铁效应。王德（2001）指出3小时为一日交流圈的临界值，由于本研究的旅游节点较多，因此本研究以主要的旅游集散中心，即三个省的省会城市为端点，以3小时为时间范围分析高铁开通前后产生叠加效应的旅游节点。高铁开通前后贵阳市、南宁市和昆明市的各个时间范围内的旅游节点如图5-7。由图可以看出，高铁开通前，在贵阳市、南宁市和昆明市一日游范围内的旅游节点分别有5、6、3个，数量极少，而高铁开通后，在贵阳市、南宁市和昆明市一日游范围内的旅游节点分别有11、12、11个，数量增长非常明显，可见高铁的开通大大提升了黔桂云三省的交通水平。

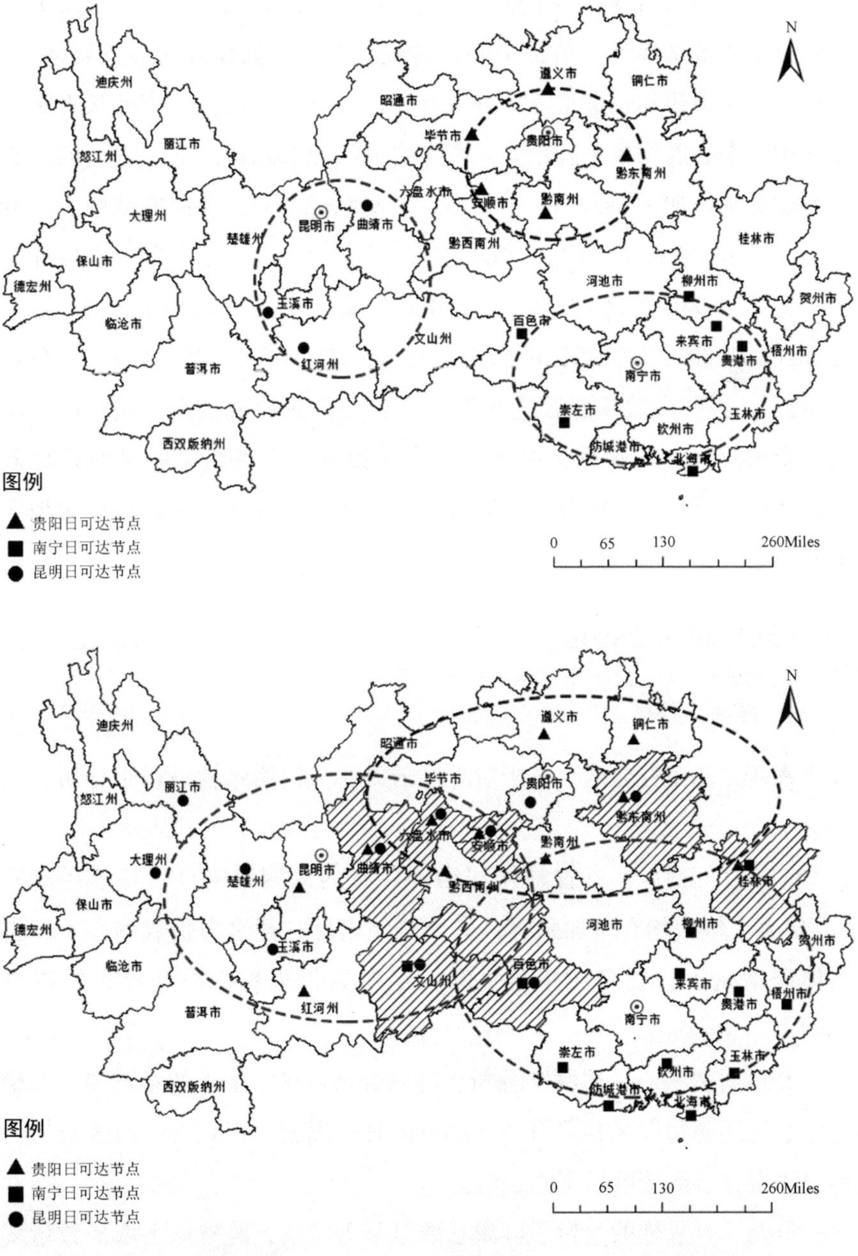

第五章 高铁对区域旅游空间结构的影响及动力机制研究

图例
▲ 贵阳日可达节点
■ 南宁日可达节点
● 昆明日可达节点

图例
▲ 贵阳日可达节点
■ 南宁日可达节点
● 昆明日可达节点

图 5-7　高铁开通前（右）后（左）省会城市一日交流圈节点分布

高铁开通后出现在多个旅游节点一日交流圈叠加范围内的旅游节点主要位于省域交界处。结合中心性的变化来看，高铁开通后，红河州、百色市、文山州和六盘水等旅游节点的内外度数中心度、内外接近中心度和中间中心度均呈上升趋势，产生明显的叠加效应。它们的内向度数中心度分别增加了 18.421、13.157、7.895、2.632，外向度数中心度分别增加了 10.526、7.894、5.263、13.158，内向接近中心度分别增加了 10.526、7.894、5.263、13.158，外向接近中心度分别增加了 18.215、18.505、15.803、19.948，中间中心度分别增加了 3.025、1.86、2.534、1.982，这说明高铁开通后这些旅游节点的集聚能力增强，同时加强了与其余旅游节点的联系，控制力均有所提升，表现出了明显的叠加效应。从前文核心—边缘分析也能看出来，在高铁开通后文山州从边缘区上升至半边缘区的行列。

（五）结论及讨论

1. 结论

本研究基于社会网络分析对黔桂云旅游流网络结构进行了分析，结果显示：

①高铁开通后，三省整体网络和各省内的网络密度、基于距离的"凝聚力指数"均有所加强，且省内网络密度、凝聚力指数均大于三省整体网络密度、凝聚力指数，但从绝对数值来看，均有较大的提升空间。

②根据"核心—边缘"分析，高铁开通后核心节点数量增加，无论是核心区还是边缘区其网络密度都不同程度增强，但核心—边缘结构仍然显著存在，凝聚度呈下降趋势。

③基于互惠性的凝聚子群派系数量显著增加，跨省派系增加数量多于省内派系，且多是沿高铁线路方向新增的派系；已有派系与其余节点联系更加紧密；相对孤立节点开始逐步融入区域旅游流网络中。

第五章 高铁对区域旅游空间结构的影响及动力机制研究

④根据有效规模、效率和限制度等指标看，高铁开通后具有结构洞优势的节点数量增加，旅游节点的在网络中的参与度增强，相对孤立的节点逐渐融入网络之中。

⑤根据旅游节点的中心性，各个节点由于其资源条件、区位条件等差异，高铁开通后会表现出虹吸效应、扩散效应、过道效应和叠加效应等不同效应，具体代表节点如图5-8所示。

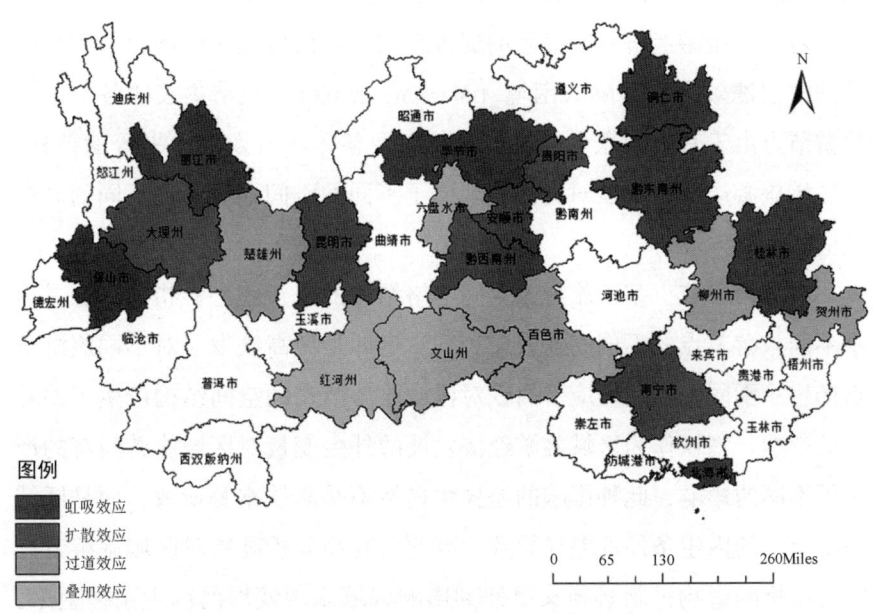

图5-8　不同高铁效应的代表性旅游节点

2. 讨论

本研究主要是基于旅游者网络游记中空间移动数据，构建黔桂云旅游流网络，运用社会网络分析软件UCINET6进行数据分析，并通过Arc-GIS进行空间可视化呈现得出以上结果，但仍然存在不足之处。由于受采集到的网络游记数量的限制，所构建的旅游流网络偏理想化，仅具有一定的代表性，这有待未来相关学术软件功能的完善和优化。此外，本研究仅仅通过中心性归纳了旅游节点所表现出的高铁效应，而并未深入分析不同效应的内在影响机制，这有待进一步的研究分析。

三、高铁对区域旅游流网络空间结构影响的动力机制研究

高铁的出现大大缩短了旅游者的到达旅游目的地的时间距离，越来越受到旅游者的青睐，大量文献研究表明高铁带来了显著的时空压缩效应，对区域旅游经济具有显著的促进作用，但区域旅游经济也会因为高铁的"过滤效应"而陷入困境（Masson，2009），此结论表明各个区域旅游节点由于其资源条件、区位条件以及整体经济发展水平等的差异，其区域旅游产业的发展对高铁表现出了不同的空间响应，即不同的高铁效应。

本章第二节，基于旅游流空间网络结构的节点中心性指标，探寻出了不同旅游节点的不同高铁效应表现，也即是说高铁发展对不同旅游节点产生了不同的空间效应，高铁对区域旅游节点的空间结构产生了差异化的影响。高铁作为区域旅游经济发展的外生变量对区域旅游经济的产生了不同的影响，此种影响的差异化显然不是高铁本身所致，而是区域旅游节点的内生条件的差异导致。因此研究和分析高铁对区域旅游节点空间结构的影响机制必须又要回到影响区域旅游发展的内生条件上来，也即是内生条件的差异正是高铁发展对区域旅游经济空间结构影响的作用机制和路径。

因此，本节首先采用传统多元线性回归的方式，分析出影响区域旅游发展的关键内部因素，并将具有相同空间结构响应的旅游节点进行归类分析，分析其共同的内部影响因素特征，从而探寻高铁发展对区域旅游经济空间结构影响和作用机制。

目前国内关于旅游业发展的影响因素的研究较多，大多数学者基于动态因子分析（王新越，2020）、Tobit 回归（王胜鹏，2020）、多元线性回归（孙根年，2011）、相关系数（黄泰，2016）等多种方法分析了

第五章 高铁对区域旅游空间结构的影响及动力机制研究

旅游经济发展的影响因素,认为旅游资源禀赋、旅游交通、旅游投资、旅游接待能力、区位条件、政府政策等多种因素均能影响旅游业的发展。而关于旅游经济空间效应的研究,多数学者认为旅游经济空间存在溢出效应(王坤,2016)、辐射效应(李宗明,2019)、集聚效应(王俊,2017)等。关于区域旅游空间结构的高铁效应问题,汪德根(2015)以京沪高铁为例做了较为系统的研究,研究表明区域旅游流空间网络结构表现出"马太效应""过滤效应""扩散效应"以及"叠加效应",并进一步分析了其影响机制。本节也是基于汪德根(2015)的研究思路,将高铁对区域旅游空间结构的影响由一条线路扩大到多条线路,由对沿线城市的影响扩大到整个区域的影响,研究和探索高铁发展对西部民族地区黔桂云三省39个地州城市(既有通高铁城市,也包含未通高铁城市)旅游流空间结构的影响机制,以期在一定程度弥补相关研究的空白,为推动高铁时代黔桂云旅游业健康快速发展提供理论借鉴。

(一)高铁开通前后区域旅游发展影响因素分析

本节以黔桂云三省39个市州城市为研究对象,基于高铁开通前和高铁开通后的相关指标数据构建线性回归模型,探索高铁开通前后旅游发展的影响因素极其影响程度。

1. 变量选取及数据来源

(1)变量选取

1)被解释变量

在现有的相关旅游研究中,衡量旅游业的发展时常采用旅游收入或旅游人次数进行衡量。旅游收入主要是衡量旅游业发展的效益,而旅游人次数主要是衡量旅游业发展的客源规模。结合本研究的实际情况以及现有的相关研究成果,本节选取黔桂云三省各个市(州)高铁开通前的年均旅游人次数作为被解释变量，记作 TR_i。

2）解释变量

根据现有的相关研究成果，影响区域旅游发展受到旅游资源禀赋、旅游交通、旅游投资、旅游服务接待能力、区位条件、政府政策、特殊事件等多种因素的影响。基于数据的可取性，选取旅游资源禀赋、可达性时间和交通优势度作为主要解释变量，分别记为 Re_i、A_i 和 D_i，具体的衡量方式如下：

①旅游资源禀赋：目前在旅游市场上接待量比较大的是国家文化和旅游部以及各省市所评定的 A 级景区，故以 3A 级及以上景区数量为基础，并根据 A 级景区评分标准进行加工后计算各个市（州）的旅游资源禀赋水平，具体计算公式如下：

$$Re_i = N_{5A} * 0.95 + N_{4A} * 0.85 + N_{3A} * 0.75$$

（式 5-3-1）

其中，Re 代表资源禀赋水平，N 代表景区数量。

②可达性：采用加权平均旅行时间进行衡量，其计算公式如下：

$$A_i = \left[\sum_{j=1}^{n} (T_{ij} * M_j) \right] / \sum_{j=1}^{n} M_j \quad (\text{式 } 5-3-2)$$

其中，A_i 为节点 i 的可达性，A_i 值越小，可达性越好，T_{ij} 为节点 i 到节点 j 的最短旅行时间，M_j 为节点 j 的中心质量，用地区生产总值 GDP 衡量，分别用高铁开通前后的年平均数。

③交通优势度：本节以交通网络密度进行衡量，其计算公式为：

$$D_i = L_i / S_i \quad (\text{式 } 5-3-3)$$

其中 D_i 为节点 i 的交通网络密度，S_i 为节点 i 的面积，L_i 为节点 i 的公路里程数，分别用高铁开通前后的年平均数。

(2) 数据来源

本研究中所需要的相关经济数据来源于2009—2018年黔桂云三省各个市（州）国民经济和社会发展统计公报，以及 2010—2019 年《贵州

第五章 高铁对区域旅游空间结构的影响及动力机制研究

统计年鉴》《广西统计年鉴》《云南统计年鉴》等；所需要的时间数据来源于中国铁路12306官网（https：//www.12306.cn/index/）。相关变量名称和统计描述见表5-14。

表5-14 变量的定义和统计描述

变量名		名称	时间段	平均值	标准差	最大值	最小值
被解释变量	$\ln TR_i$	旅游人次数	开通前	7.02	0.68	8.51	5.31
			开通后	8.08	0.66	9.49	5.91
解释变量	$\ln Re_i$	旅游资源禀赋	开通前	1.20	0.96	3.18	-1.77
			开通后	2.38	0.61	3.72	0.74
	$\ln A_i$	可达性时间	开通前	2.26	0.21	2.67	1.90
			开通后	1.90	0.35	2.66	1.48
	$\ln D_i$	交通优势度	开通前	-0.68	0.67	0.20	-3.11
			开通后	-0.55	0.68	0.40	-3.02

2. 模型构建及结果分析

本节将旅游总人数（TR_i）作为被解释量，旅游资源禀赋（Re_i）、可达性时间（A_i）和交通优势度（D_i）作为解释变量。为减弱模型中数据的异方差性，各个变量均取其对数值进行模型的回归数据，基本多元线性回归模型见式5-3-4，回归结果见表5-15。

$$\ln TR_i = \beta_0 + \beta_1 \ln Re_i + \beta_2 \ln A_i + \beta_3 \ln D_i + u_i$$

（式5-3-4）

其中β_0代表截距项，β_1、β_2、β_3为待估参数，u_i代表随机扰动项，i代表研究时间段。

表5-15 多元线性回归结果

系数	β_0	$\ln Re_i$	$\ln A_i$	$\ln D_i$	R	F	Prob.
高铁开通前	7.646	0.436	0.374	0.379	0.575	15.325	0.000
高铁开通后	7.598	0.484	0.236	0.322	0.542	13.425	0.000

根据回归结果可知，高铁开通前后多元线性回归的 P 值均小于 0.01，回归结果比较显著。比较高铁开通前后各个影响因素对旅游人数的影响可以看出，首先，无论是高铁开通前还是开通后，影响旅游人数的最主要的因素均是旅游资源禀赋，其回归系数最大。其次，分别是交通优势度和可达性时间，但是在高铁开通后，旅游资源禀赋在三个影响因素中所占的比重由 36.67% 上升至 46.45%，可达性的比重从 31.46% 下降至 22.65%，交通优势度变化较小，由 31.88% 下降至 30.9%。由此可见，在高铁开通后，旅游资源禀赋、可达性性时间和交通优势度对旅游者选择目的地均有不同程度的影响，其中旅游资源禀赋对旅游者选择旅游目的地的影响力在加强，可达性时间对旅游者选择旅游目的地的影响力在减弱，交通优势度对旅游者选择目的地影响力变化不大。

（二）高铁对区域旅游经济空间效应的动力机制分析

根据前文的分析，结合旅游发展的主要影响因素对高铁开通后黔桂云旅游经济空间效应的动力机制进行分析；衡量黔桂云各个旅游节点旅游发展的主要影响因素数值变化见表 5-16 以及图 5-8。

表 5-16　高铁开通前后主要影响因素数值变化对比

节点	高铁开通前				高铁开通后			
	TR_i	Re_i	A_i	D_i	TR_i	Re_i	A_i	D_i
贵阳市	4970.502	7.760	8.064	1.153	12107.128	15.430	4.438	1.254
六盘水	390.048	0.170	8.014	1.190	2283.276	8.350	4.396	1.396
遵义市	2663.456	9.380	10.054	0.779	9365.780	33.920	5.231	1.010
安顺市	1843.294	2.750	7.764	1.105	6014.386	11.750	4.700	1.485
毕节市	1601.138	2.240	7.235	0.979	6160.986	11.490	6.488	1.160
铜仁市	1396.990	2.030	10.211	1.219	5131.070	15.430	6.894	1.407
黔西南	785.354	1.190	7.137	0.888	3388.834	8.390	4.743	1.032
黔东南	2151.372	2.690	7.868	0.882	7031.584	17.280	4.799	0.966
黔南州	1941.750	5.650	8.303	0.602	7178.980	19.350	4.570	0.682

第五章 高铁对区域旅游空间结构的影响及动力机制研究

（续表）

节点	高铁开通前				高铁开通后			
	TR_i	Re_i	A_i	D_i	TR_i	Re_i	A_i	D_i
南宁市	4084.005	11.750	8.860	0.501	9119.548	29.292	5.738	0.571
柳州市	1470.704	11.913	8.911	0.430	3423.451	29.050	5.906	0.455
桂林市	2546.853	24.138	9.701	0.404	6073.962	41.192	5.497	0.473
梧州市	732.555	2.450	9.591	0.324	1852.393	9.608	7.210	0.504
北海市	1047.909	3.775	9.234	0.074	2499.093	12.283	7.004	0.080
防城港	614.773	2.800	8.990	0.045	1651.742	7.925	6.649	0.049
钦州市	536.705	3.300	8.401	0.515	1793.753	12.425	6.434	0.624
贵港市	707.903	1.063	9.239	0.575	1723.620	5.875	6.234	0.689
玉林市	799.653	3.388	10.294	0.700	2854.613	13.742	8.742	0.796
百色市	1118.512	7.350	6.699	0.383	2704.559	16.325	5.070	0.460
贺州市	571.356	3.088	10.167	0.338	1859.734	8.733	7.557	0.232
河池市	807.090	5.625	9.299	0.277	2152.353	18.142	7.460	0.388
来宾市	522.408	2.025	8.390	0.450	1779.643	10.158	5.535	0.508
崇左市	740.863	1.863	7.983	0.382	2061.021	14.992	7.610	0.411
昆明市	4893.051	9.914	10.283	0.799	13169.853	18.050	4.547	0.873
曲靖市	928.251	4.000	8.267	0.744	2755.293	7.600	4.753	0.853
玉溪市	1572.200	4.364	8.182	1.095	3527.567	6.683	5.000	1.130
保山市	859.661	2.450	12.747	0.639	2442.433	5.050	10.250	0.703
昭通市	1146.154	0.457	10.759	0.670	3196.380	3.850	9.201	0.792
丽江市	1750.090	8.514	12.492	0.327	4038.953	10.850	9.926	0.382
普洱市	866.044	0.964	11.939	0.442	2829.440	6.550	11.555	0.477
临沧市	444.326	0.964	14.174	0.607	1898.380	4.750	14.248	0.683
楚雄市	1403.883	6.536	9.179	0.624	3540.757	10.417	5.238	0.678
红河州	1688.220	4.914	7.893	0.637	4692.513	11.017	4.403	0.707
文山州	723.365	1.064	7.454	0.455	2266.367	2.100	4.587	0.508
西双版纳	1292.491	8.614	13.281	0.325	3296.610	9.067	13.296	0.347
大理州	1955.524	6.557	11.258	0.614	4263.727	15.000	6.079	0.684
德宏州	686.206	3.836	14.444	0.649	1969.537	4.733	12.351	0.709
怒江州	202.971	0.000	14.288	0.313	370.247	0.000	11.949	0.380
迪庆州	1058.409	3.936	13.793	0.221	2354.270	6.450	12.522	0.268

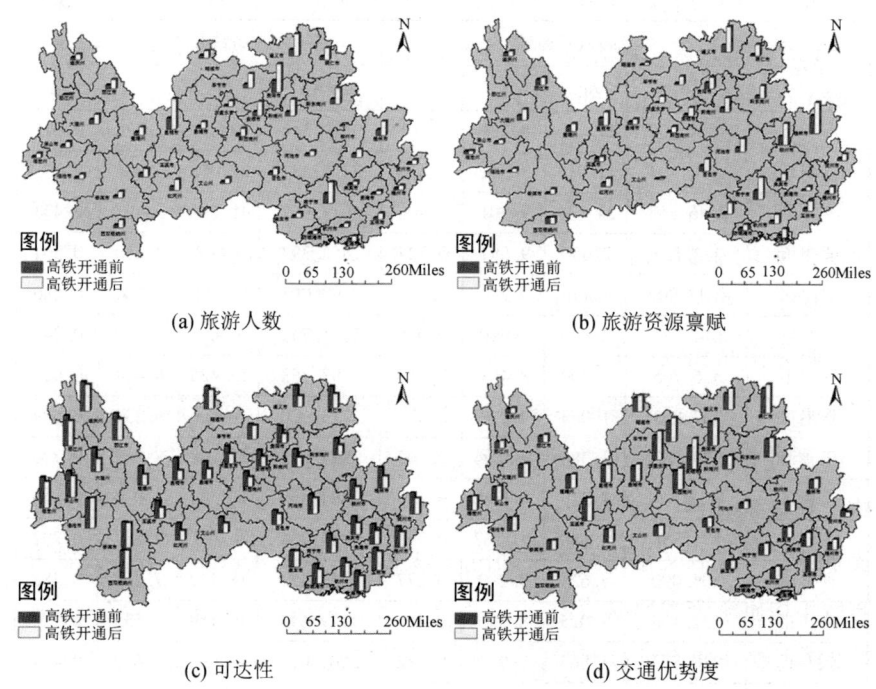

图 5-9 高铁开通前后主要影响因素数值变化对比

1. 虹吸机制分析

根据前文分析,在黔桂云旅游流网络中,高铁开通后,以黔东南州、桂林市、北海市、丽江市和铜仁市等旅游节点为代表的城市出现了虹吸效应。在高铁开通前后这些旅游节点的旅游人数上涨幅度比较大,其中铜仁市的上涨幅度达到了267.29%,其排名由高铁开通前的第16名上升到高铁开通后的第10名。

(1) 资源型旅游节点

在这表现出虹吸效应的旅游节点中,高铁开通后旅游资源禀赋排名前十位的有桂林市、黔东南州和铜仁市,分别排名1、8、10,旅游资源禀赋值较高,属于资源型旅游节点。

第五章 高铁对区域旅游空间结构的影响及动力机制研究

桂林市拥有漓江景区、独秀峰—王城景区和两江四湖象山景区等多个5A级旅游景区，旅游资源禀赋值非常高，在所有旅游节点中始终位居第1位；高铁开通后可达性时间由9.7小时缩减至5.5小时，缩减了4.2小时，时空压缩非常明显；交通优势度上涨了17.15%。高铁开通前桂林市对旅游者的吸引力已较强，高铁开通后对旅游者的吸引力进一步加强，年均旅游人次数上涨了138.49%，年均旅游总收入上涨了267.46%，表现出虹吸效应。

黔东南州和铜仁市，与桂林市有所不同，黔东南州和铜仁市是新兴的旅游节点，高铁开通前旅游资源禀赋值排名靠后，但高铁开通后排名均位于前十。黔东南州是苗族侗族自治州，拥有比较丰富的民族旅游资源，截至2018年，黔东南州拥有14个4A级旅游景区，如西江千户苗寨景区、肇兴侗文化旅游景区和岜沙原生态苗族文化旅游区等，高铁开通后年均旅游资源禀赋值由2.69上涨至17.28，在所有旅游节点中位居第8；高铁开通后可达性时间由7.9小时降至4.8小时，减少了3.1小时，时空压缩非常明显；交通优势度仅上涨了9.48%，但绝对数值在所有旅游节点中排名第9，仍然具有优势；年均旅游人数涨幅达到了226.84%，年均旅游总收入涨幅达到了256.26%，虹吸效应也比较明显。铜仁市境内的梵净山旅游景区是5A级旅游景区，同时也拥有石阡夜郎古泉旅游景区、思南温泉—石林旅游景区等多个4A级旅游景区，高铁开通后旅游资源禀赋值排名第10；可达性时间由10.2小时降至6.9小时，缩减了3.1小时，时空压缩非常明显；交通优势度上涨了15.49%，年均旅游人数涨幅达到了267.29%，年均旅游总收入涨幅达到了277.68%，也表现出虹吸效应。

(2) 品牌型旅游节点

高铁开通后，丽江市和北海市的旅游资源禀赋值排名虽然只在20名以内，位于中游，但是它们的旅游知名度比较高，属于品牌型旅游节点。

丽江市是一个旅游业发展比较成熟的旅游节点，高铁开通后旅游资源禀赋值排名虽由第7降至20，但绝对值略有增加，拥有玉龙雪山和丽江古城两个5A级景区，仍然有一定的资源优势；高铁开通后可达性时间由12.5小时缩减至9.9小时，减少了2.6小时，时空压缩较为明显，交通优势度上涨了16.70%；对旅游者的吸引力仍然较大，年均旅游人数涨幅达到了130.79%，年均旅游总收入涨幅为232.34%，虹吸效应比较明显。

北海市虽然没有5A级旅游景区，但由于地处我国的西南出海大道，有独特的海滨资源，拥有银滩旅游区、涠洲岛国家地质公园鳄鱼山景区、老城历史文化旅游区和汉闾文化园等多个4A级景区以及涠洲岛圣堂景区等多个3A级旅游景区，高铁开通后年均旅游资源禀赋值排名由19位上升至第16位，拥有一定的资源优势；高铁开通后可达性时间由9.2小时缩减至7小时，减少了2.2小时，时空压缩效应较明显，交通优势度变化较小，仅上涨了8.35%，在以上多个因素的影响下，其对旅游者的吸引力大大增强，年均旅游人数涨幅达到了138.48%，年均旅游总收入涨幅达到了254.02%，虹吸效应比较明显。

(3) 虹吸机制分析

综上所述，高铁开通后产生虹吸效应的旅游节点可以分为两类，第一类是资源型旅游节点，以桂林市、黔东南州、铜仁市等旅游节点为代表，此类旅游节点的旅游禀赋极好，对旅游者的吸引力极强，同时时空压缩效应非常明显，交通优势度虽有待加强，但绝对数值排名靠前；另一类是品牌型旅游节点，以丽江市和北海市等旅游节点为代表，此类旅游节点原始资源丰富，高铁开通后旅游资源禀赋值排名居于中游，但旅游知名度较高，对旅游者仍具有吸引力，时空压缩较为明显，交通优势度有加强，排名靠后。

由此可见，高铁开通后这两类旅游节点均有可能产生虹吸效应。其中资源型旅游节点即使在交通优势度有待加强的条件下，只要旅游资源禀赋极佳、时空压缩非常明显的情况下,仍有可能产生虹吸效应;品牌型旅游节点即使在交通优势度不强,旅游资源禀赋值一般,但只要旅游知名度够佳,时空效应较为明显的条件下也能产生虹吸效应。

2. 扩散机制分析

(1) 扩散源

根据前文的分析,从扩散源来看,贵阳市、南宁市、昆明市等为代表的旅游节点表现出比较强的扩散效应。贵阳市、南宁市和昆明市作为三个省的省会城市,是各个省的政治中心,拥有良好的区位优势,经济发展水平较高,是重要的旅游集散地,属于综合型旅游节点。从旅游资源禀赋来看,高铁开通后贵阳市、昆明市和南宁市的排名分别为10、7、3,旅游资源禀赋均较好,排名前十;从可达性时间来看,高铁开通后贵阳市、昆明市和南宁市在黔桂云旅游网络中的可达性时间分别为4.4、4.5、5.7小时,排名分别为3、4、16,分别缩短了3.7、5.8、3.2小时,时空压缩非常明显;从交通优势度来看,高铁开通后贵阳市、昆明市和南宁市的排名分别为4、10、22,由于南宁市的面积较大,因此交通优势度竞争力与贵阳市和昆明市相比较弱,但它作为省会城市,仍是旅游者出行的重要集散地。

(2) 扩散地

从扩散地来看,主要扩散点包括桂林市、黔南州、黔东南州、安顺市、北海市、大理州、丽江市和崇左市等旅游节点;新增扩散点包括六盘水市、红河州、曲靖市、毕节市、文山州、铜仁市、百色市等旅游节点。从空间位置来看,扩散源主要将旅游流扩散至附近或中等距离的主要扩散点,以及辐射至位于省域交界处的新增扩散点。从旅游节点类型上来看,主要扩散点多是资源型旅游节点和品牌型旅游节点,新增扩散点多是区位型旅游节点。

1) 资源型旅游节点

以桂林市、黔南州和黔东南州为代表的旅游节点。高铁开通后它们的旅游资源禀赋排名分别为 1、5、8，排名均位于前十，桂林漓江风景区、桂林市两江四湖象山景区、黔南州荔波樟江景区等均为 5A 级旅游景区，黔东南州虽然没有 5A 级景区，却拥有西江千户苗寨和黎平肇兴侗文化旅游景区等多个 4A 级景区，旅游资源禀赋值极高；高铁开通后可达性时间排名靠前，分别为 5.5、4.6、4.8 小时，分别缩减了 4.2、3.7、3.1 小时，时空压缩十分明显；高铁开通后黔东南州交通优势度排名第九，位于前十，而桂林市和黔南州的交通优势度虽略有上升，但排名却位于 20 以后。可见这些旅游节点在旅游资源禀赋和可达性时两方面拥有较强的竞争优势，但交通优势度有待加强。

2) 品牌型旅游节点

是以安顺市、北海市、大理州和丽江市为代表的旅游节点。高铁开通后，它们的旅游资源禀赋排名分别为 17、12、20、16，排名均在中游水平，但知名度和资源品级均较高，如安顺的黄果树瀑布、大理州的崇圣寺、丽江的玉龙雪山和古城景区等都是 5A 级旅游景点，北海市的涠洲岛拥有比较好的滨海旅游资源；高铁开通后可达性时间分别为 4.7、7、6.1、9.9 小时，分别缩减了 3.1、2.2、5.2、2.6 小时，时空压缩较为明显；它们的交通优势度排名分别为 1、38、18、33，安顺市的面积较小，交通优势度较好，而北海市、大理州和丽江市的交通优势度均略有上升，但不具备绝对的竞争优势。

3) 区位型旅游节点

以六盘水市、红河州和曲靖市等为代表的旅游节点。高铁开通后，它们的旅游资源禀赋排名分别为 27、11、22，均处于中游水平，旅游资源禀赋一般；可达性时间分别为 4.4、4.4、4.8 小时，均排名前十，区位优势显著，分别缩减了 3.6、3.5、3.5，时空压缩非常明显；交通优势度排名分别为 3、15、11，聚在中上游水平，在所有旅游节点中具有一定的优势。

(3) 扩散机制分析

综上所述，主要扩散点主要是旅游资源禀赋、可达性时间和交通优势度均比较具有竞争力的综合型旅游节点。高铁开通后，加强了这些旅游节点与其他旅游节点之间的联系，从而使旅游要素沿高铁线向其他旅游节点扩散。扩散地主要包括旅游资源禀赋极佳且可达性时间均具有竞争力的资源型旅游节点，旅游资源禀赋值一般但知名度较高的品牌型旅游节点，以及旅游资源禀赋一般但可达性极佳的区位型旅游节点。

由此可见，高铁开通后旅游资源禀赋、可达性和交通优势度均具有优势的综合型旅游节点（多为省会城市）会表现出扩散效应，旅游要素从此类旅游节点沿高铁线扩散至旅游资源禀赋极佳的资源型旅游节点和知名度较高的品牌型旅游节点，以及辐射至可达性极佳且交通优势度有一定优势的区位型旅游节点。

3. 过道机制分析

(1) 过道旅游节点的特征分析

在黔桂云旅游流网络中，柳州市、贺州市、楚雄州为代表的旅游节点表现出过道效应。这些旅游节点可以分为两类，一是以柳州市为代表的资源型旅游节点，另一类的以贺州市和楚雄州为代表的一般旅游节点。高铁开通后，它们的所有影响因素排名几乎均呈下降趋势。

高铁开通后，柳州市的旅游资源禀赋值居于第 4 位，排名靠前，属于资源型旅游节点。高铁开通前后，柳州市的旅游资源禀赋值、可达性时间、交通优势度的排名分别为 2/4、17/18、27/30，排名均呈下将趋势。柳州市是广西省有名的工业城市，经济发展不错但旅游业却发展不佳，虽然旅游资源禀赋值排名靠前，旅游资源丰富但品级不高，观光旅游资源无特色，没有 5A 景区，吸引力不佳，同时地理位置上与桂林市相邻，一定程度上受到了"遮蔽"，成为过境旅游地，年均旅游人数排名从第 14 降至 16，表现出过道效应。

高铁开通后,贺州市和楚雄州的所有影响因素排名均在中下游水平,属于一般旅游节点。高铁开通前后,贺州市的旅游资源禀赋值、可达性时间、交通优势度的排名分别为 22/25、26/28、31/37,楚雄州的排名分别为 11/21、19/14、17/21,排名均在中下游,且高铁开通后排名呈下降趋势。贺州市旅游资源并赋值排名位于中下游,原始旅游资源较差,无 5A 级旅游景区,且位于桂林市和广东省之间,成为旅游过境地,表现出过道效应。楚雄州的旅游资源禀赋位于中游水平,旅游资源不具特色,亦没有 5A 级旅游景区,位于传统旅游目的地昆明市和大理州之间,成为过境旅游地,导致表现出过道效应。

(2) 过道机制分析

综上所述,高铁开通后产生过道效应的旅游节点主要有资源型旅游节点和一般旅游节点。以柳州市为代表的资源型旅游节点,高铁开通后,所有影响因素排名均呈下降趋势,经济发展尚可,但旅游业发展不佳,旅游资源禀赋较好但不具特色,同时与旅游知名度极高的桂林市相邻,受到"遮蔽"成为过境旅游地而表现出过道效应。以贺州市和楚雄州未带表的一般旅游节点,高铁开通后,所有影响因素排名亦呈下降趋势,旅游资源禀赋不佳,无 5A 级旅游景区,对旅游者吸引力较弱,同时位于传统旅游目的地之间,无竞争优势,成为过境旅游地,表现出过道效应。

由此可见,高铁开通后,资源型旅游节点和一般型旅游节点均可能表现出过道效应。其中,资源型旅游节点即使旅游资源禀赋值较高,但在旅游资源无特色,同时位于旅游知名度极高的旅游节点周边的条件下可能会表现出过道效应。一般旅游节点在旅游资源较差且位于传统旅游目的地之间的条件下亦可能表现出过道效应。

4. 叠加机制分析

由前文的分析可知,高铁开通后,红河州、百色市、文山州和六盘水等旅游节点表现出了叠加效应。高铁开通后,它们的年均旅游人数的增长率分别为177.96%、141.80%、213.31%和485.38%，增长速度较快。从空间位置上来看，这些旅游节点多是位于省域交界处；从旅游节点类型上来看，可以分为以百色市为代表的资源型旅游节点和以红河州、文山州和六盘水为代表的区位型旅游节点。

(1) 叠加效应旅游节点的特征分析

高铁开通前后，百色市的旅游资源禀赋排名均位居第9，属于资源型旅游节点。截至2018年，百色市虽然没有5A级景区，但拥有靖西通灵大峡谷、凌云环浩坤湖山水生态体验区景区、靖西古龙山峡谷群生态旅游景区等众多4A级景区，生态旅游资源丰富，对旅游者的吸引力较强，此外百色市位于南宁市与昆明市之间，而南宁直达昆明所需时间较长，百色市则可作为二者之间的中转站；高铁开通后可达性时间由6.7小时降至5.1小时，缩短了1.6小时，时空压缩比较明显；交通优势度虽然排名靠后，不具备绝对优势，但增长率达到了20.16%。

高铁开通后，红河州、文山州和六盘水市为代表的区位型旅游节点的旅游资源禀赋和交通优势度排名均呈下降趋势，且大部分位于中下游水平，没有绝对的竞争优势，但是它们均位于三省交界处，拥有较好的区位优势，红河州和文山州拥有南昆客运专线途径站点，六盘水有沪昆高铁途径站点，一定程度上均能享受到多个省会城市带来的旅游要素福利。高铁开通后可达性时间分别为4.4、4.6、4.4小时，排名均位于前十，分别缩短了3.5、2.9、3.6小时，时空压缩非常明显。

(2) 叠加机制分析

综上，高铁开通后可能会产生叠加效应的旅游节点主要有资源型旅游节点和区位型旅游节点。高铁开通后，以百色市为代表的资源型旅游节点，旅游资源禀赋极好，时空压缩比较明显，区位优势突出，在多个综合型旅游节点的辐射范围之内，从而能享受到它们带来的旅游要素福利。以红河州和六盘水为代表的区位型旅游节点，虽然旅游资源禀赋和交通优势度不具备绝对的竞争优势，但高铁开通后时空压缩非常明显，同时位于多个综合型旅游节点的日可达辐射范围内,亦能享受到它们带来的旅游要素福利,表现出叠加效应。

由此可见,高铁开通后,资源型旅游节点和区位型旅游节点均可能表现出叠加效应。资源型旅游节点,在位于多个综合型旅游节点日可达辐射范围内、旅游资源极佳且时空压缩比较明显的条件下可能会表现出叠加效应。区位型旅游节点,在位于多个综合型旅游节点日可达辐射范围内,同时时空压缩非常明显的条件下也能表现出叠加效应。

(三) 结论及讨论

1. 结论

本研究基于影响旅游发展的主要影响因素分析高铁效应的内在机制,高铁对区域旅游空间结构影响机制见图 5-10。

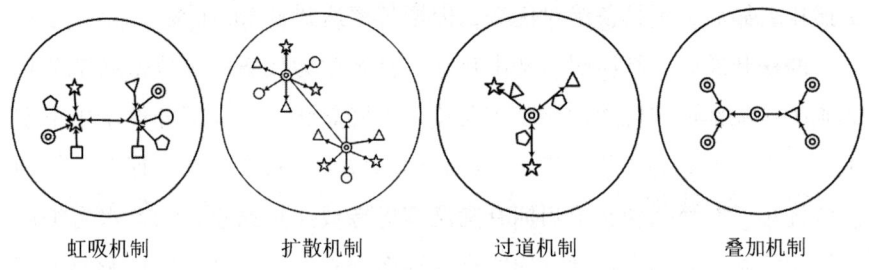

图 5-10 不同影响机制概念图

(1) 高铁开通后资源型旅游节点和品牌型旅游节点均可能会表现出虹吸效应。资源型旅游节点在旅游禀赋极好,时空压缩效应非常明显的条件下可能会表现出虹吸效应;品牌型旅游节点在旅游知名度极佳,且时空压缩较为明显的情况下也可能会表现出虹吸效应。

(2) 高铁开通后旅游资源禀赋、可达性时间和交通优势度均具有优势的综合型旅游节点会表现出扩散效应,且旅游要素更倾向于扩散至旅游资源禀赋极佳的资源型旅游节点、知名度较高的品牌型旅游节点、可达性极佳且交通优势度具有竞争力的区位型旅游节点。

（3）高铁开通后，旅游资源禀赋较好但不具特色，且位于旅游知名度极高的旅游节点周边的资源型旅游节点与位于传统旅游目的地之间的旅游资源较差的一般旅游节点均可能表现出过道效应。

（4）高铁开通后，位于多个综合型旅游节点辐射范围内、旅游资源极佳且时空压缩比较明显的资源型旅游节点以及在位于多个综合型旅游节点辐射范围内、且时空压缩非常明显的区位型旅游节点均可能表现出叠加效应。

2. 讨论

在研究高铁效应的内在机制时，基于数据的可取性，仅仅选取了旅游人次数、旅游资源禀赋、可达性和交通优势度进行总结分析，而未将其他因素纳入分析的范围内。在实际中，旅游发展往往是受到各种因素的综合影响，这会使得高铁效应的内在影响机制更加复杂，因此在今后的研究中有待进一步深入分析。

四、高铁时代黔桂云三省旅游空间结构的优化研究

本章第一节探讨和分析了黔桂云三省旅游空间格局的演变趋势，研究表明三省皆出现了由"单核"向"双核"驱动转变、区域旅游极化作用减弱扩散效应增强、绝对差异仍增大但相对差异缩小的空间格局演变趋势。本章第二节基于旅游流的视角得出核心节点及优势节点增多、凝聚子群派系数量及跨省派系显著增加、区域整体网络密度及凝聚力指数增强的空间网络演变趋势。以上研究表明高铁开通后黔桂云三省旅游空间结构在"节点""轴线""域面"以及"边界"四个方面都发展了巨大的变化，其发展趋势必将由"点—轴—面"的空间结构逐步向"网格化"的空间结构方向发展。

本节正是在前文空间格局演变趋势分析的基础上，运用点—轴系统

理论和"核心—边缘"理论对黔桂云三省及三省内部旅游产业空间结构进行优化设计,以期发挥高铁时代带来的积极效应、避免高铁带来的负向溢出效应,实现黔桂云三省旅游业健康、协调及可持续发展,助力三省民族地区脱贫攻坚,全面同步小康的目标。

具体优化设计的内容包括:一是旅游节点的优化,在强化核心节点、整合传统节点以及提升新兴节点的基础上,在节点内部实施差异化发展战略,开发新业态,打造差异化产品,完善节点内基础设施及服务设施。二是旅游轴线的优化,根据高铁时代旅游流的凝聚子群派系特征,优化传统旅游轴线、培育新兴旅游轴线、完善跨省旅游发展轴线,建构完善的旅游交通体系和旅游标识服务体系。三是域面空间结构优化,打造区域旅游发展板块,打造三省一级旅游发展板块、二级旅游发展板块,构建三省区域旅游合作发展板块,促进区域旅游合作。

(一)区域旅游空间结构优化的基本理论

1. 点—轴系统理论

点—轴系统理论是我国著名学者陆大道于 1984 年基于提出的,是增长极理论的一个延伸。其中"点"是指一个区域的中心城市、居民点等,是社会经济要素的重要集聚点;"轴"是指由交通、通讯干线和能源、水源通道等基础设施联系在一起而形成的人流量相对较大的廊道(陆大道,2002)。从区域发展过程看,大部分社会经济要素首先集聚于少数区位条件好的城市,即"点"。随着区域的发展,"点"的数量增加,"点"与"点"之间的生产要素需要则通过"轴"进行交换,则形成轴线,带动附近城市的发展,点轴系统便逐渐形成(陆大道,2001)。

高铁网络化发展从地理学意义上讲,由高铁枢纽城市和高铁干线形成的便是典型点—轴式网络空间结构。旅游业的空间结构作为区域经济空间结构的一种类型,也存在旅游节点—旅游轴线的空间形态,点即旅游节点,可大到一个区域、一座城市,也可以是旅游中心城镇、甚至是一个旅游景区;而旅游轴线则可以是由交通干线形成的旅游线路。旅游空间结构中的旅游节点,由于其内生条件的差异,如整体经济发展水平、旅游资源禀赋以及区位条件等的差异,部分节点必然会得到优先发展,成为区域旅游发展的增长极或称为核心旅游节点,核心节点通过交通轴线的扩散效应必将带动周边节点旅游增长,形成以点促线、以线带面的区域旅游增长模式。正是基于此,高铁的点—轴式地理网络结构对区域旅游业的空间结构影响也呈现"点—线—面"的理论影响框架。因此,"点—轴"式空间结构理论是高铁背景下黔桂云三省进行旅游空间结构优化的重要基础理论之一。

国内运用点—轴系统理论研究旅游主要涉及两个主题,一是关于旅游空间结构优化,程晓丽(2013)、徐清(2013,2009)、王联兵(2009)等学者分别研究了皖南、浙江江山、宁波市、宁夏等地的旅游空间结构现状,并基于点—轴系统理论提出了有针对性的旅游空间优化体系;二是关于旅游开发模式,魏婷(2018)、江小蓉(2010)、龚艳(2010)、李晓琴(2009)等学者以内蒙古、鄱阳湖、江苏、大香格里拉和西北地区为例,基于点—轴系统理论分别提出了体育旅游、生态旅游、沿海湿地旅游、温泉旅游的旅游开发模式。

2."核心—边缘"理论

核心—边缘理论是由美国学者弗里德曼(Friedman)于1966年系统提出的。该理论认为任何一个国家都是由核心区域和边缘区域组成的。核心区域是一个城市或城市集群及其周围区域所组成,这个区域的经济相对比较发达、人口密度较大,对其它地区的发展具有带动作用;边缘区域是经济发展相对落后、规模较小的地区,边缘的界限由核心与外围的关系来确定。在区域经济增长的过程中,核心区域发展较快,对边缘区域有着支配作用。

核心—边缘理论有利于正确认识区域旅游发展空间结构的演变规律及动态关系,可以为区域旅游空间结构的优化提供理论指导,促进区域旅游发展核心—边缘区域的动态转化及演变，有利于区域旅游业整体协调发展（王峰，2014）。

国内基于核心—边缘理论研究主要是涉及区域旅游空间结构演化和区域旅游合作方面。关于旅游空间结构演化，唐仲霞（2011）、史春云（2007）、梁美玉（2009）等学者运用核心—边缘理论分别对陕西省入境旅游空间结构、四川省旅游空间结构、长三角旅游空间结构进行分析，前两者均认为研究区域有明显的核心—边缘空间结构，且资源禀赋、交通因素、经济发展水平的等是形成核心—边缘空间结构的关键因素；后者认为上海作为核心城市集聚能力强，扩散作用加强，但长三角旅游城市空间总体均衡，等级系统发育较好。关于区域旅游合作，潘立新（2014）、龙良富（2011）、孙冬英（2011）、杨艳蓉（2010）、邱继勤（2004）等学者分别在分析南京和滁州，珠海、中山和江门，鄱阳湖生态经济区"山湖城村"，四川省和云南省，川黔渝等区域的跨区域旅游合作的基础上，运用核心—边缘理论提出跨区域旅游合作的相关建议。

（二）高铁时代黔桂云三省旅游空间结构优化原则与目标

1. 优化原则

（1）可持续发展原则

区域旅游产业空间结构的优化，其根本目标是实现区域旅游业的可持续发展。根据空间结构理论区域旅游产业的空间结构由"节点""轴线""域面"及边界构成。旅游节点的优化从宏观的角度而言在强化核心节点、整合传统节点的同时培育新兴节点，做大做强区域整体旅游产业；从微观角度节点的优化，需要保护节点旅游资源环境、规范化节点旅游资源的开发和建设。旅游轴线的优化需要完善节点之间的交通网络体系，提升节点之间的旅游通达性，促进节点资源的互补性，加快节点之间旅游客流、信息流、物流等的自由流通。旅游域面的优化需要提高

第五章 高铁对区域旅游空间结构的影响及动力机制研究

整体区域旅游资源的配置效率,促进区域差异化、协调化发展。旅游边界的优化需要打破地域行政壁垒,促进区域旅游合作,充分发挥高铁带来的旅游产业空间溢出效应和辐射带动效应。

(2) 整体协调发展原则

旅游空间结构优化是基于系统角度进行的整体优化。旅游空间结构中所有要素并不是孤立存在,而是相互影响、相互制约,作为整体的一部分协调发展。高铁作为一种新型交通工具,其根本功能是加强了区域旅游节点之间的联系、促使节点之间客流、物流、信息流等结构要素的快速流动,在促进区域旅游轴线发展的同时,也必将对区域旅游节点、旅游域面以及域面边界带来深刻的影响。因此高铁背景下探讨区域旅游空间结构优化,必须坚持整体发展和协调发展的原则。一是在区域内(各省区)旅游产业的发展作为一个完整的系统空间,在优化节点与轴线的同时,兼顾旅游域面及旅游边界的优化,也即是既要考虑系统内产业要素的优化(协调发展),更要考虑跨系统(省域之间)区域旅游合作,实现黔桂云三省旅游产业的整体、协调发展。

(3) 市场导向原则

旅游业作为一项休闲经济活动,其产业发展最终检验标准仍然是市场。高铁发展在促进了区域整体旅游产业发展的同时,加剧了旅游市场之间的竞争。和其他产业不一样的是旅游产业的市场检验标准是需要旅游者的认可,而旅游者是采用"脚"投票的,因此前文分析的旅游流的空间轨迹是检验区域旅游产业发展的总要标准,旅游节点的优化、旅游线路的设计必须根据旅游流的空间轨迹进行。区域旅游产业发展必须坚持政府引导、市场驱动为主的原则来进行,政府在优化和完善产业环境、营商环境的同时,还必须加大基础设施及服务设施的投入,为区域旅游业的开展创造一个舒适、安全的旅游环境,必须扩大企业主体责任,发展市场在资源配置中的决定性作用。

(4) 差异化发展原则

坚持旅游产业的市场化原则,必须要求我们进行差异化的旅游产品开发模式。产品差异化是产生旅游需求的根本动机,差异化决定了旅游产品的吸引能力,也决定了区域旅游节点的产业集聚能力。黔桂云三省偏处我国西南民族地区,三省地理相连、地形相似、民风趋同,其原赋资源的具有同质性的特征,这就要求我们进行节点选取时考虑原赋资源的差异性,旅游路线设计时考虑节点产品的差异性,区域整体发展时考虑区内产品功能的完整性和互补性,特别是跨区域(省域)旅游产品的开发,在差异化开发的同时,实现区域协调发展,避免同质化产品的恶性竞争,导致区域旅游发展的不可持续性。

2. 优化目标

高铁时代黔桂云三省旅游产业空间结构的优化,就是为了实现三省旅游业可持续发展的目标,促进和扩大三省旅游业的经济效益、社会效益及环境效益,通过旅游业发展带动地区整体经济发展水平的经济效益目标、助力民族地区脱贫攻坚,阻止反贫困的社会效益目标以及保护生态环境的环境效应等三大目标。

(三) 高铁时代黔桂云三省旅游空间结构的优化

从新经济地理学的视角来说,区域旅游空间结构优化主要表现为"点、线、面"的基本框架,即节点、轴线、区域的空间结构优化。本研究借助点轴系统理论和核心—边缘理论从"点—线—面"对高铁时代黔桂云旅游空间结构进行优化(图5-11)。

1. 节点旅游空间优化

高铁的开通对旅游节点会产生"双刃"影响,一方面,可以增强旅游节点的旅游吸引力,吸引更多的旅游者,从而提高旅游收入;另一方面,有也可能因为大量旅游者的涌入,现有的旅游接待设施跟不上旅游

第五章 高铁对区域旅游空间结构的影响及动力机制研究

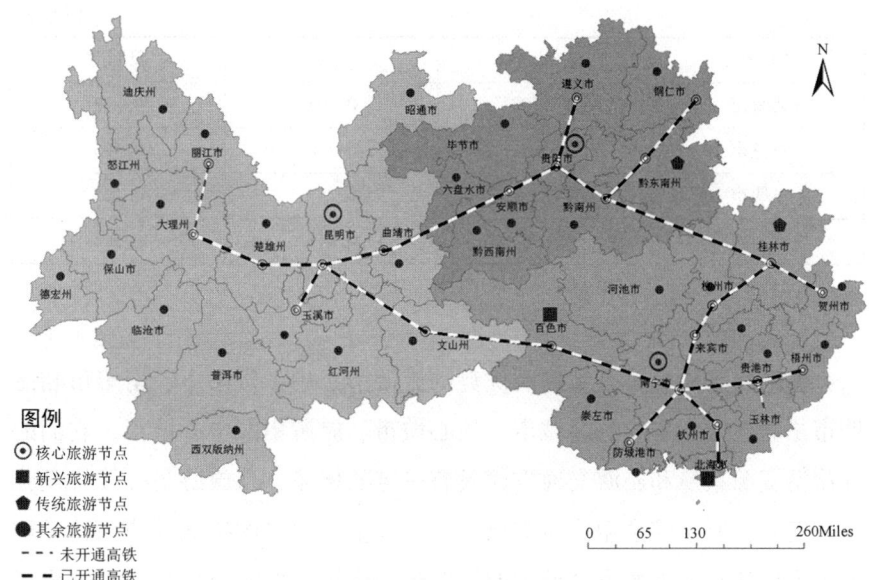

图 5-11 黔桂云节点空间结构优化图

者数量,从而导致当地的旅游承载力出现"超载"的状况。因此我们有必要对相关的旅游节点进行相应的优化措施,以应对高铁开通对其带来的影响。根据本章第二节分析,高铁开通后贵阳市、安顺市、黔东南州、南宁市、桂林市、北海市、百色市、昆明市、红河州等旅游节点有效规模大于 6.9,有效率大于 0.6,限制度小于 0.3,排名位于 39 个旅游节点的前列,具有结构洞优势,具体见表 5-17。

表 5-17 高铁开通后具有结构洞优势节点的结构洞指标

旅游节点	有效规模	效率	限制度
贵阳市	9.038	0.646	0.200
安顺市	9.413	0.672	0.205
黔东南	7.476	0.623	0.224
南宁市	9.091	0.699	0.209
桂林市	8.095	0.675	0.203

（续表）

旅游节点	有效规模	效率	限制度
北海市	7.750	0.705	0.223
百色市	8.735	0.728	0.185
昆明市	14.914	0.785	0.133
红河州	7.094	0.645	0.244

(1) 强化旅游核心节点

在高铁开通后具有结构洞优势的旅游节点中，贵阳市、南宁市和昆明市是黔桂云三省的省会城市、核心城市、旅游集散中心城市，它们的在旅游资源禀赋和旅游交通方面具有一定的优势，且旅游基础接待设施比较完善，属于综合型旅游节点，且均产生了明显的扩散效应。这类旅游节点应该充分发挥省会城市的辐射带动作用和旅游集散功能，突出省会城市的重要地位，巩固省会城市的旅游形象宣传作用，拓展旅游功能，加强它们在客源、旅游交通、会展旅游、商务旅游、民族文化展示、旅游购物、旅游教育、旅游服务等方面的辐射作用，将它们建设成为区域性的国际旅游中心城市。

首先，是基于科技手段，结合城市特色，丰富旅游产品体系，积极承办会议、活动等，发展节事旅游和会展旅游，以期吸引更多旅游者到黔桂云三省开展旅游活动，从而带动旅游经济的发展；其次，是优化各自区域内的交通网络，健全旅游上层设施，为旅游者提供更加全面、更优质的旅游服务，提升旅游者的体验感；最后，是进一步完善与其他旅游节点在航空、铁路和公路等的交通联系，加强旅游合作，以便输送游客至其他旅游节点，带动其他旅游节点共同发展，从而逐步实现各旅游节点达到相对均衡发展的状态。

(2) 整合传统旅游节点

从旅游资源禀赋来看，高铁开通后桂林市和黔东南州的排名均位列前10，安顺市位于17名，属于资源型旅游节点，旅游业发展比一般的

第五章　高铁对区域旅游空间结构的影响及动力机制研究

旅游节点更加成熟。同时，桂林市和黔东南州产生了比较明显的虹吸效应。因此这类旅游节点应该培育新型旅游业态，加强旅游产品建设和营销宣传，加速旅游景区的升级转型，实现全面升级增效，将它们建设为国内一流、世界著名的国际品牌旅游地。

首先，深入挖掘旅游资源的独特性、文化性，聚焦资源优势，打造有亮点的高铁专项旅游产品，对原有的著名旅游景区进行改造升级，为旅游景区注入新的元素，以巩固、改善和提高对旅游者的吸引力；其次，健全区内的旅游接待服务设施，尤其是交通网络的完善，注重提升旅游服务质量，满足旅游者的享乐心理；最后，借助互联网，完善智慧旅游系统，设计高端旅游产品体系，培育旅游新业态，拓宽旅游新空间。

（3）提升旅游新兴节点

高铁开通后，百色市的旅游资源禀赋位居前10，北海市排名居中，截至2018年，二者均没有5A级景区，属于新兴旅游节点。同时，北海市产生了明显的虹吸效应，百色市产生了明显的叠加效应。因此这类旅游节点应该开发新兴旅游产品，利用互联网加强营销宣传，开拓客源市场，培养旅游专业人才，将它们打造成国际知名旅游目的地。

首先，抓住高铁机遇，整合现有的旅游资源，升级旅游资源品级，开发新兴旅游产品，推出具有地方特色的高质量旅游景区，树立旅游品牌。

其次，建立健全旅游接待服务设施和旅游公共信息服务体系，完善基础交通网络，实现与高铁的无缝衔接，避免出现旅游"最后一公里"现象。

最后，推进旅游与互联网的融合发展，利用互联网对旅游产品进行营销宣传，打开旅游知名度，吸引旅游者。

2. 轴线旅游空间优化

运用Netdraw对旅游流网络进行可视化，运行路径"Properties-Lines-Size"对旅游流网络结构图中的连接线进行设置，其粗细代表联系的强度。

高铁对民族地区旅游经济的空间效应测度及动力机制研究

经过多次尝试,将连接阈值设置为5,方便分析旅游联系,如图5-12。

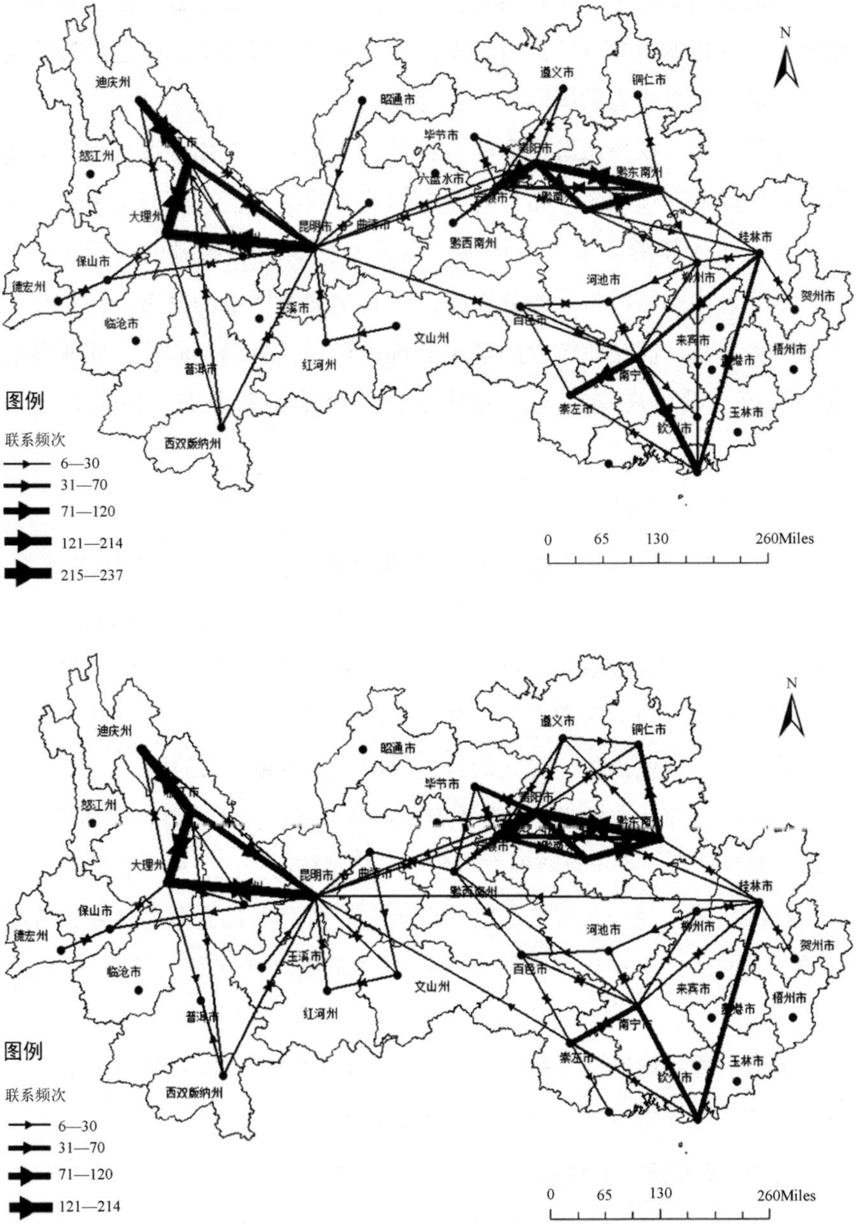

图5-12 高铁开通前(上)后(下)旅游流联系图

第五章　高铁对区域旅游空间结构的影响及动力机制研究

(1) 高铁开通后旅游轴线空间演变特征分析

由图 5-12 可见,高铁开通后,以省会城市为中心的旅游流网络比高铁开通前的密度更大,新增加了省内旅游联系以及跨省旅游联系,网络格局已经初步形成。

1) 传统旅游轴线仍未被打破,但联系强度减弱

从图 5-12 可以看出,高铁开通前,黔桂云三省存在的主要旅游发展轴,即贵阳市—安顺市、贵阳市—黔南州—黔东南州、桂林市—南宁市—北海市、昆明市—大理州—丽江市等旅游轴线,在高铁开通后并未被完全打破,大部分的旅游者仍然会选择沿着传统的旅游线路开展旅游活动。此外,高铁开通前存在小众旅游轴线,如大理州—迪庆州、昆明市—红河州、贵阳市—遵义市、安顺—遵义市、南宁市—柳州市等省内旅游轴线,在高铁开通后也仍然存在。但是高铁开通后部分旅游流强度减弱,如桂林—南宁—北海、昆明—大理—丽江等旅游轴线联系强度均在减弱。

2) 省内新兴旅游轴线沿高铁线初步形成,旅游竞争加剧

高铁开通后,沿高铁线出现新兴旅游轴线,如云南省内沿昆玉线新增加了昆明市—玉溪市之间的旅游联系;贵州省内沿沪昆高铁新增的直接旅游联系贵阳市—铜仁市以及黔东南州—铜仁市旅游联系强度增强。这些新兴的省内旅游轴线会对原有的传统旅游轴线进行旅游客源分流,从而加剧省内的旅游竞争。

3) 高铁催生了跨省旅游线路的形成,区域旅游合作增强

高铁开通后,新增了跨省旅游轴线,如沿沪昆高铁的曲靖市—黔西南州、沿贵广高铁的桂林市—黔东南州、以及沿防钦线南和昆客运专线的北海市—昆明市,这些跨省旅游轴线的出现,加强了黔桂云的跨省旅游联系,促使跨省的区域旅游合作增强。

— 413 —

(2) 高铁开通后区域旅游流轴线空间优化

1) 优化传统旅游轴线

由于高铁开通后,仍然有大量旅游者选择传统的旅游线路,因此以高铁为依托,继续优化这些传统旅游线路。贵州省内,沿沪昆高铁的贵阳市—安顺市和贵阳市—黔南州—黔东南州;广西壮族自治区内,沿衡柳线、柳南客运专线、邕北线、防钦线等省内高铁的桂林市—南宁市—北海市一线;云南省内,沿成昆铁路广昆段和楚大线的昆明市—大理州—丽江市一线。

对于这些传统旅游轴线,应该对其进行维护和优化,依托丰富的旅游资源,推进相关旅游节点之间的合作,着力完善传统旅游线路;结合新的旅游市场需求,加快升级旅游产品体系,积极开展旅游体验和旅游演出等活动;健全旅游交通网络体系,构建"快旅慢游"交通体系,实现各旅游节点之间的交通与高铁"零距离"换乘,全面提升传统旅游轴线水平。

2) 培育新兴旅游轴线

高铁的开通使黔桂云的旅游网络密度增大,新增了旅游节点之间的联系,应该以高铁为依托,完善新兴的旅游线路。如云南省内沿昆玉线的昆明市—玉溪市;贵州省内沿沪昆高铁新增的贵阳市—铜仁市和旅游联系增强的黔东南州—铜仁市。

对于新兴旅游轴线,应该对其进行合理规划,以政府牵头对该条线路的旅游资源进行有效整合,合理布局旅游景区景点,结合地区特色,明确旅游线路的定位,打造高铁沿线专项旅游产品;完善旅游公共服务体系,扩大旅游公共服务体系的有效供给,满足旅游者需要;建立健全旅游信息化体系,提升旅游管理、旅游服务和旅游营销水平。

3) 完善跨省域旅游轴线

高铁开通后,黔桂云旅游网络中跨省域的旅游联系加强了。沪昆高铁强化了云南省和贵州省的旅游联系,途径了昆明市、安顺市和贵阳市

第五章 高铁对区域旅游空间结构的影响及动力机制研究

三个具有结构洞优势的旅游节点,因此可以将昆明市—安顺市—贵阳市作为促进区域旅游一体化发展的新旅游发展轴。贵广高铁强化了贵州和广西两地的旅游联系,途径了贵阳市、黔东南州和桂林市三个具有结构洞优势的旅游节点,因此将贵阳市—黔东南州—桂林市作为促进区域旅游一体化发展的新旅游发展轴。南昆客运专线强化了云南和广西两地的旅游联系,途径了昆明市、红河州、百色市和南宁市等具有结构洞优势的旅游节点,因此可以将昆明市—百色市—南宁市一线作为促进区域旅游一体化发展的新旅游发展轴。

对于跨省域旅游轴线,应该对其进行开发和完善,整合跨省域旅游轴线的沿线旅游资源,打造跨省域精品旅游线路,建设跨区域旅游合作示范区,推进区域旅游一体化;完善旅游交通体系,实现高铁站、机场、公路交通间的无缝对接,提高交通便利度;大力推进跨区域旅游合作,建立沿线黔桂云三省旅游客源、旅游人才、旅游营销、旅游法律法规等交流共享的机制,巩固跨区域旅游合作。

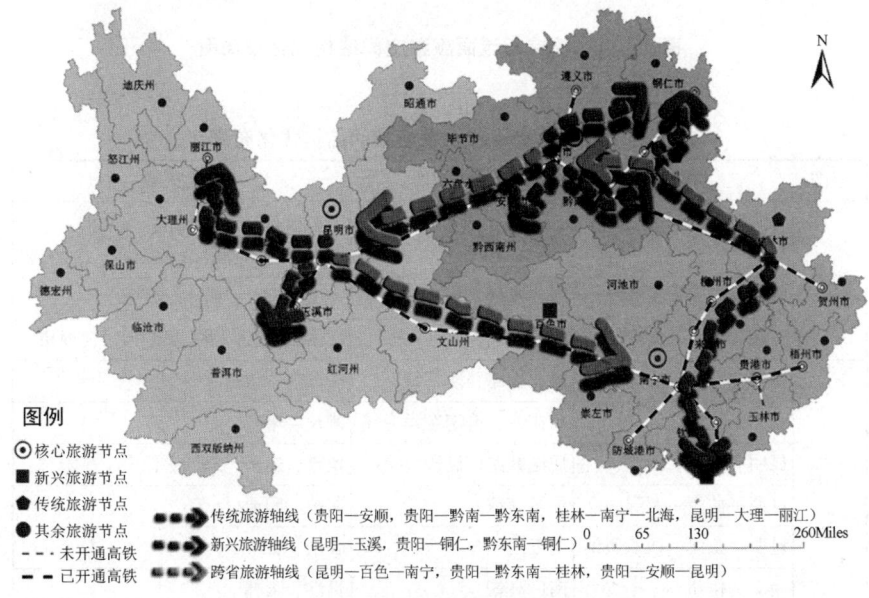

图 5-13 黔桂云轴线空间结构优化图

3. 区域旅游空间优化

结合节点优化、轴线优化以及前文高铁开通后各旅游节点与不同派系的接近情况，构建以下旅游发展板块，如图 5－14 和表 5－18 所示。

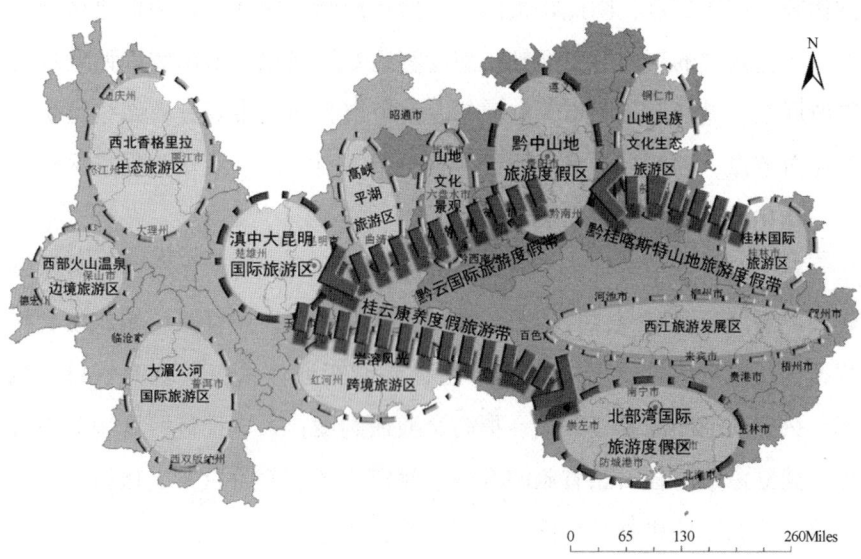

图 5－14　黔桂云域面旅游空间结构优化布局图

表 5－18　黔桂云域面旅游空间结构优化布局

范围	发展轴	依托高铁线	辐射区域
跨省	昆明—安顺—贵阳	沪昆高铁	黔西南州、六盘水市、毕节市、昭通市、曲靖市
	贵阳—黔东南—桂林	贵广高铁	遵义、铜仁、黔南、贺州
	昆明—百色—南宁	南昆客运专线	文山州、红河州、崇左市、河池市
省内	南宁—北海	邕北铁路、防钦线	防城港、钦州
	南宁—桂林	衡柳线、柳南客运专线	柳州、来宾
	昆明—大理—丽江	成昆铁路广昆段	楚雄、迪庆、怒江、保山、德宏
	昆明—曲靖—昭通	沪昆高铁	曲靖、昭通
	昆明—玉溪—西双版纳	昆玉线	临沧、普洱
	南宁—梧州	南广高铁	贵港、玉林

第五章　高铁对区域旅游空间结构的影响及动力机制研究

(1) 一级旅游发展板块

1) 以贵阳为核心的黔中山地度假旅游区①

依托沪昆高铁、贵广高铁、渝贵铁路、贵开铁路等铁路通道，涵盖贵阳市全部、遵义市、安顺市、黔东南州、黔南州、毕节市部分地区，包括青岩古镇、天河潭、赤水大瀑布、黄果树大瀑布、织金洞、百里杜鹃、南江大峡谷、天龙屯堡等著名旅游景点，以省会城市贵阳市为核心，以"黔中经济区"建设为契机，依托于贵阳良好的区位条件和"爽爽的贵阳"的气候品牌优势，大力发展避暑度假、山地休闲观光、特色乡村、养生养老、民族文化体验等旅游产品，打造黔中山地度假旅游区。

2) 以昆明为核心的滇中大昆明国际旅游区②

依托沪昆高铁、昆玉线和楚大线等铁路通道，涵盖昆明市、玉溪市、楚雄州、曲靖市等省内的市（州），包括滇池、东川红土地景区、抚仙湖、世界恐龙谷、金鸡峰丛等旅游景点，以省会城市昆明市为核心，以"滇中经济区"建设为契机，以"春城昆明"作为品牌，大力发展自然观光、民族风情、乡村旅游为载体的休闲度假、商务会展、康体娱乐产品，把滇中大昆明国际旅游区建设成为观光、休闲度假的国际旅游胜地以及面向南亚及东南亚市场的国际旅游集散中心。

3) 以南宁为中心北部湾国际旅游度假区③

依托南广线、防钦线等铁路通道，涉及南宁市、北海市、钦州市、

---

① 史静一：贵州省"十三五"旅游业发展规划思路及目标，贵州省人民政府在线访谈，http：//www.ddcpc.cn/2016/wzsl_0614/1405.html，查阅时间：2020年3月20日。
② 云南省旅游产业"十三五"发展规划，云南省人民政府官网，http：//www.yn.gov.cn/zwgk/zcwj/yzf/201910/t20191031_183829.html，查阅时间：2020年3月20日。
③ 广西壮族自治区旅游业发展"十三五"规划，广西壮族自治区文化旅游厅网站，http：//wlt.gxzf.gov.cn/zwgk/ghjh/t3924602.shtml，查阅时间：2020年3月20日。

防城港市、玉林市、崇左市等区域内市（州），包括青秀山旅游区、北海银滩、涠洲岛、三娘湾旅游区、江山半岛白浪滩、大容山国家森林公园、德天跨国瀑布等旅游景点，以南宁市为中心，以沿海地区旅游转型升级为重点，打造 21 世纪海上丝绸之路国际精品旅游线路，建设首府休闲、养生、娱乐和健身旅游圈，把北部湾建设成为开放度高、集聚力强、特色鲜明、服务一流和生态良好的中国—东盟旅游枢纽。

（2）二级旅游发展板块

二级旅游发展板块主要是省域内已有高铁的区域。

贵州省内主要以沪昆高铁、贵广高铁为依托，沿黔南州—黔东南州—铜仁市一线，打造东部山地民族文化生态旅游区；沿安顺市—黔西南州—六盘水市一线，打造西部山地文化景观旅游区。

广西壮族自治区内主要以邕北铁路、防钦线为依托，沿着南宁市—北海市一线，辐射防城港市、钦州市等旅游节点，形成北部湾国际旅游度假区；以衡柳线和柳南客运专线为依托，南宁市—桂林市一线，辐射柳州市、来宾市、贵港市和玉林市等旅游节点，形成西江旅游发展区。

云南省内以昆玉线、成昆铁路广昆段为依托，沿昆明市—大理州—丽江市一线，辐射玉溪市、楚雄州、迪庆州、怒江州等旅游节点，形成中部大昆明旅游区和西北部香格里拉生态旅游区；以沪昆高铁为依托，沿曲靖市—昭通市，构建高峡平湖旅游区；以南昆客运专线为依托，辐射红河州、文山州，构建岩溶风光跨境旅游区。

（3）跨省域旅游发展板块

1）黔云国际旅游度假区

黔云区域主要是以沪昆高铁为依托，沿贵阳市—安顺市—昆明市一线，辐射黔西南州、六盘水市、毕节市、昭通市、曲靖市等旅游节点，

第五章 高铁对区域旅游空间结构的影响及动力机制研究

以贵阳市和昆明市为双核驱动,基于贵阳市夏季的凉爽和昆明市四季如春的气候,构建黔云国际旅游度假区。

2）黔桂喀斯特山地国际旅游度假区

黔桂区域主要以贵广高铁为依托,沿贵阳市—黔东南州—桂林市一线,辐射遵义市、铜仁市、黔南州、贺州市等旅游节点,以贵阳市和桂林市为核心,基于该区域独特的地貌特点,构建黔桂喀斯特山地国际旅游度假区。

3）桂云康养度假旅游区

桂云区域主要以南昆客运专线为依托,沿昆明—百色—南宁一线,辐射文山州、红河州、崇左市、河池市等旅游节点,基于云南东南区的观光旅游资源和广西西北区的长寿旅游文化,构建桂云康养度假旅游区。

五、本章小结

（一）研究逻辑

本章研究逻辑仍然采用了从现象到本质的研究框架。本书第二章、第三章分别从可达性及旅游经济联系、绩效与空间溢出的视角探讨了高铁发展对区域旅游经济的空间效应,可达性及经济联系的改变,必将影响区域旅游经济的发展绩效和经济溢出,而绩效的改变和旅游溢出的加剧,必将最后反映在区域旅游的空间格局上。因此,本章基于此影响分析逻辑,重点探讨高铁发展对区域旅游空间格局的影响,并进一步探讨其动力机制。

本章第一节、第二节分别从高铁开通后旅游经济空间格局、旅游流空间网络格局的演变,探讨和分析了高铁背景下区域旅游空间结构的演变现象。具体来说：

高铁对民族地区旅游经济的空间效应测度及动力机制研究

本章第一节，采用首位度指数、位序规模法则、偏移—分享法则以及区域旅游经济空间分异指标等多个方法和指标，探索高铁开通前后研究区域旅游经济首位度演变特征、旅游经济的扩散效应特征和扩散态势以及区域旅游经济空间分异的绝对差异、相对差异和经济聚集度，指出高铁发展正是造成区域旅游经济空间分异的原因。

本章第二节，本节基于旅游流的视角，构建区域旅游流空间网络结构图，在大数据背景下利用网络文本数据，采用 SNA 方法对研究区域的旅游流网络结构（网络密度、网络距离、核心—边缘结构、凝聚子群、结构洞、中心性）在高铁开通进行的演变进行分析和评价，进一步研究网络结构评价指标分析区域旅游经济的高铁效应的几种表现，并分析这几种高铁效应在研究区域的具体表现特征。

本章第三节，高铁对区域旅游经济空间效应的动力机制研究，动力机制分析是本研究探讨的落脚点。本节首先构建回归方程模型探讨高铁开通前后区域旅游发展发展的关键因素，并进一步以此关键因素的演变为基础，探讨高铁带来虹吸效应、扩散效应、过道效应及叠加效应四种效应对应的旅游节点的关键因素的演变情况，从而归纳和提炼高铁对区域旅游经济空间效应影响的动力机制。

本章第四节，探讨高铁时代黔桂云三个民族地区旅游空间结构的优化内容及对策是本研究的目的。本节在基于前三节的基础上，以"点—轴"理论以及"核心—边缘"理论的指导下，制定了黔桂云三省区域旅游空间结构优化原则、优化目标，提出了研究区域节点的空间结构优化、旅游发展轴线的空间结构优化和旅游发展区域的空间结构优化，从"点—线—面"三维视角，分析高铁时代研究区域空间结构的优化对策，并进一步提出了空间结构优化的保障措施。

本章研究的基本思路及技术路线图见图 5-15。

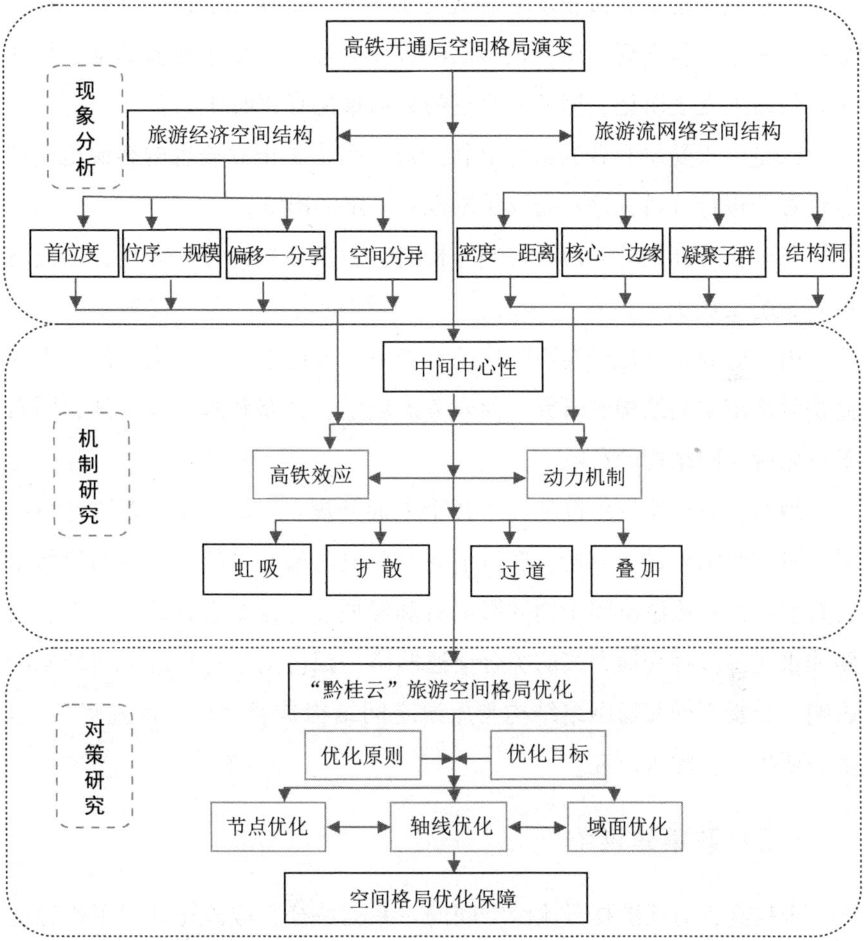

第五章　高铁对区域旅游空间结构的影响及动力机制研究

图 5-15　本章研究思路图

(二) 研究不足

本章基于旅游经济空间分异、社会网络分析法和 ArcGIS 等方法,将旅游地理学和旅游空间规划相结合,分析高铁对黔桂云旅游空间结构的影响,对黔桂云旅游空间结构进行优化并提出保障措施。研究中存在着以下不足之处:

一是数据搜集和分析上。构建旅游流网络的数据来源于网络游记，数据来源单一，在现实中，很多旅游者在黔桂云开展了旅游活动，但是未在网络上发表游记，因此所收集的数据难免有片面性。

二是由于受研究者的精力限制，未对网络游记发表者的客源地、情感色彩等进行分析，这对研究结论也有一定的影响。

三是在对高铁效应内在机制分析时，由于数据的可获取性，未能将所有旅游发展的影响因素考虑在内，对结论也会产生一定的影响。最后，由于研究是立足于高铁时代的背景下，因此整个研究更多的是立足高铁对旅游空间结构的研究，而未考虑航空、公路和水运以及其它因素等对旅游空间结构的影响。

因此，后续研究可以从以下几个方面开展：一是可以从客源地角度对旅游空间结构进行分析，探讨不同客源地的旅游者的旅游空间位移是否有差异，对旅游空间结构的影响有和异同。二是结合铁路、航空、公路和水运等多种交通方式的综合交通网络，探讨交通对旅游空间结构的影响，分析不同交通网络结构与旅游空间结构是否存在"最优解"，这都需要进一步深入研究。

（三）政策建议

根据高铁时代黔桂云旅游空间的一系列特征，应该充分利用资源优势，制定相应的措施，全面推进跨区域旅游合作，对高铁时代黔桂云旅游空间结构优化提供保障。

1. 统筹旅游发展规划，科学开展区域合作

高铁的开通为各省、各市（州）跨区域旅游合作提供了便利的交通条件，但科学有效的跨区域旅游合作仍应坚持规划先行。跨区域旅游合作可以立足政府组织上，以政府牵头，建立无障碍合作保障机制，打破行政藩篱，尤其是在"昆明市—安顺市—贵阳市、贵阳市—黔东南州—桂林市、昆明市—百色市—南宁市"沿线的跨省区域，制定跨区域旅游

第五章 高铁对区域旅游空间结构的影响及动力机制研究

发展规划,统一规划布局,增强执行力度,统筹安排区域内的旅游资源开发、旅游项目建设、旅游产品设计、旅游服务标准等工作,确保科学高效地开展区域旅游合作。

2. 构建高效合作机制,有效促进区域合作

高铁的开通给开展跨区域旅游合作提供了可能性,为深入开展跨区域旅游合作,可构建高效的合作机制。政府层面,充分发挥政府对旅游发展的组织领导作用,强化旅游行政主管部门在旅游规划、项目开发、市场监管等方面的统筹协调和管理职能,建立统一领导的统筹协调管理机制,可以成立跨区域合作领导小组,明晰职能职责,科学搭配人员,由各个区域的负责旅游的相关领导进入领导小组,实现多向进入,加强协调沟通,明确各个区域旅游发展的优势和短板,实现优势互补;同时强化监督考核,将跨区域合作的相关工作纳入考核范围,为区域旅游合作的开展提供坚实保障。非政府层面,可以成立跨区域的旅游行业协会,制定跨区域旅游行业公约,监督旅游企业遵守行业公约,定期组织经验交流和研讨会,提高旅游管理和服务水平;同时作为中介的旅游企业必须适应高铁时代旅游者新需求,深入开发能够满足多样化需求的高铁旅游新产品。

3. 协调投入发展要素,稳定推进区域合作

高铁的开通加强了黔桂云三省的旅游发展要素流动性,在黔桂云三省中,贵阳市、南宁市、昆明市、桂林市、丽江市、大理市等传统旅游城市是旅游发展较强的旅游节点,若是将大量发展资源投入这些旅游节点,可能会导致旅游空间结构严重的"极化"效应,从而使区域旅游发展非均衡化发展。高铁的开通有利于沿线城市的旅游发展,而对非沿线城市的发展积极影响较弱。故此,政府部门可以合理配置旅游发展要素,同时制定具有倾向性、针对性的发展政策,对旅游发展落后的旅游节点以及非沿线旅游节点进行定点"帮扶",提升区域的可进入性,完善旅游基础设施,合理开发旅游资源,实施旅游优惠政策,加大营销宣

传力度，通过政府部门的支持来协调高铁带来的非均衡性。

4. 建立开放市场体系，保障长期区域合作

高铁的开通催生出新的旅游市场，进而影响着区域旅游空间结构，为了保障跨区域合作长期有效，可建立开放的市场体系。构建完善的旅游公共服务体系，建设强化道路交通、旅游厕所、供水供电、网络通讯等基础设施建设，大力发展旅游购物、住宿、餐饮、娱乐等与高铁相适应的配套设施，打造跨区域旅游品牌，全面提升区域的交通便捷程度、美化区域内的住宿环境、优化区域内的旅游服务质量。构建智慧旅游体系，成立具有行业监管、产业数据统计分析、舆情监测、投诉建议、视频监控等智慧监管功能的旅游大数据中心，共享旅游资源和旅游客源全方位提高旅游的接待水平和服务能力。

第六章 结论与讨论

党的十九大指出,中国特色社会主义进入了新时代,我国社会主要矛盾已转化为人民日益增长的美好生活需要和不平衡不充分发展之间的矛盾。消除这些差距,交通发展是重要的措施,铁路网是国家发展的血脉,而高铁则承担了经济发展的大动脉的角色,血脉相通,则肌体健康。从"四纵四横"到"八纵八横"的高铁网络建设,为解决我国东西部经济发展中的不平衡、西部民族地区经济发展不充分提供了重要保障。

本书通过探讨高铁发展对民族地区旅游经济影响的空间效应及其动力机制,对民族地区旅游发展具有重要的实践价值。有助于提高旅游交通规划的科学性,为政府合理制定旅游交通投资顺序和投资规模提供政策指导;有助于提升民族地区旅游经济水平,促进旅游生产要素的合理配置,优化区域旅游空间结构;有助于促进民族地区旅游合作机制和模式的制定,推动黔桂云三地旅游经济协调发展理念的实施以及旅游业的可持续发展,实现民族地区真正脱贫,共享发展成果。

一、主要结论

本文构建起了"高铁与旅游者""高铁与旅游可达性""高铁与旅

游经济绩效"以及"高铁与旅游空间结构"四个维度的空间效应分析框架,以西部民族地区的黔桂云三省为案例样本,针对于其经济发展相对落后、旅游资源富集的现实,高铁发展对其旅游经济的空间效应主要表现在以下几个方面。

(一) 高铁与旅游者

1. 高铁发展让后现代旅游消费成为了可能,高铁的时空压缩效应强化了旅游消费的后现代特征。

2. 选乘意愿分别在高铁出游期望、游客获得感与旅游消费者行为之间起到中介作用,传导高铁出游期望、游客获得感对旅游消费者行为的影响;自我效能感在选乘意愿与旅游消费者行为关系中起调节作用。自我效能感正向调节选乘意愿和旅游消费者行为的关系;同时,自我效能感也调节了选乘意愿的中介作用,即增强了高铁出游期望和游客获得感对旅游消费者行为的影响;"出游目的·高铁出游期望·游客获得感·选乘意愿"模式对旅游消费的行为影响更大;较低或较高的游客获得感均能触发高铁对旅游消费者行为影响,关键需要考虑前因条件的组合效应。

(二) 高铁与旅游可达性

1. 高铁开通后都较为显著的提升了沿线城市的可达性;高铁对区域旅游可达性的影响变率存在空间分异;总体上表现出缩小了区域旅游可达性空间分布的差异。

2. 高铁开通后,区域整体旅游经济联系强度以及联系总量得到了大幅度提升;高铁对原赋资源较好而区位优势较差的区域其影响更大,带来了较为明显扩散效应;高铁开通后大幅度促进了边缘城市之间的旅游经济联系,高铁对非资源型城市和边缘型城市的旅游业出现了较大带动作用。

3. 无论是地理学意义上的可达性水平（加权平均旅行时间）还是经济学意义上的可达性水平（旅游经济潜能），研究表明其都对区域旅游经济联系总量产生显著性影响；高铁对区域旅游经济联系的影响是通过改变区域旅游可达性水平来影响区域旅游经济联系总量；高铁开通后，经济学意义上的可达性对区域旅游经济联系的影响更为深刻。

4. 黔桂云三省39个市州的旅游经济发展并不只是一条路径，而是不同路径的组合，包括全面驱动及制约型、内因制约型、外因驱动及制约型以及内外混合驱动型等6种模式，其中，外因变量在所有成因构型中都是十分重要的组成要素，外因变量中旅游经济联系是影响区域旅游发展的关键变量。

（三）高铁与旅游经济绩效

1. 高铁的开通显著促进了研究区域旅游发展业绩的提升，并存在地区异质性及时滞效应，高铁发展通过提升区域交通可达性来促进区域旅游发展业绩的提升，旅游可达性在高铁促进区域旅游发展业绩过程中存在中介效应。

2. 高铁开通显著的促进黔桂云三省的综合效率和规模效率，但同时使得旅游发展纯技术效率暴露出无效性；高铁开通带来可达性的改变对区域旅游效率的影响效应更为复杂，高铁开通初期可达性的改变首先主要影响区域旅游纯技术效率，且是负向影响；高铁开通中期，可达性的改变主要对规模效率和综合效率产生显著促进作用；当综合效率接近最优效率时，仅对规模效率产生影响。

3. 高铁开通后，区域各市州的旅游绩效耦合度在不同程度上都得到了提高，高值耦合市州大多位于高铁沿线或邻近区域，在空间上呈现出"无序—多点—极化"演化模式；耦合协调度在时间维度呈现出与耦合度一致的发展趋势，但在空间演化上表现出以中心城市为核心沿高铁沿线市州扩散的趋势；区域的耦合类型逐渐集中于高绩高效、低绩低效两种，且"双低"耦合占比较高；在空间演化上，贵州呈扩散之势，云南带状延伸而广西双核遥望，且在省际交界之处多为绩效低洼之地。

4. 高铁发展显著的促进了区域旅游经济的空间溢出效应，在研究期内，高铁建设对本地区旅游经济增长表现出正向空间溢出效应，对邻近地区仍然表现为虹吸效应即负向溢出效应；高铁发展通过其直接投资拉动效应带来地区整体经济水平的提升，促进了区域旅游经济的空间溢出效应，其对原本经济水平较高的地区相比经济水平较低的地区其空间溢出效应的促进作用降低；高铁还通过其间接效应大幅度提升区域可达性来促进地区旅游经济的空间溢出效应。高铁发展正是主要通过直接效应和间接效应两种渠道对区域旅游经济的增长产生溢出效应。

（四）高铁与旅游空间结构

1. 高铁开通后区域旅游经济发展模式由"单核"向"双核"驱动转变；旅游产业由"首位"型分布向集中型分布再向均衡型分布演变；旅游经济增长由极化效应明显向扩散效应加强；最后促使区域旅游经济在空间上虽绝对差异仍然增大，但相对差异逐步缩小，空间差异和空间集聚程度逐渐缩小，区域旅游经济向协调和平衡方向演变及发展。

2. 高铁开通后，三省整体网络和各区域内的网络密度、基于距离的"凝聚力指数"均有所加强；核心节点数量增加，但核心—边缘结构仍然显著存在，凝聚度呈下降趋势；基于互惠性的凝聚子群派系数量显著增加，跨区域派系增加数量多于区域内派系，且多是沿高铁线路方向新增的派系，已有派系与其余节点联系更加紧密；具有结构洞优势的节点数量增加，旅游节点的在网络中的参与度增强，相对孤立的节点逐渐融入网络之中；高铁开通后由于地区差异性会表现出虹吸效应、扩散效应、过道效应和叠加效应等不同效应。

3. 高铁开通后资源型旅游节点和品牌型旅游节点均可能会表现出虹吸效应；旅游资源禀赋、可达性时间和交通优势度均具有优势的综合型旅游节点会表现出扩散效应；旅游资源禀赋较好，但不具特色，且位于旅游知名度极高的旅游节点周边以及旅游资源较差的一般旅游节点均可能表现出过道效应；位于多个综合型旅游节点辐射范围内、旅游资源极佳且时空压缩比较明显的资源型旅游节点以及区位型旅游节点均可能表现出叠加效应。

4. 高铁的点—轴式地理网络结构对区域旅游业的空间结构影响也呈现"点—线—面"的地理影响框架，因此高铁时代区域旅游空间结构的优化也应从节点—轴线—区域的模式进行空间结构优化。

二、创新之处

（一）基于空间效应的研究视角

本书从空间效应入手，这些空间效应包括：区域之间的可达性改变、区域旅游经济联系加强、最终反映在区域旅游经济业绩与效率上的空间分异；区域经济在绩效上的差异，又进一步促使了旅游产业的空间集聚，从而改变和影响了区域旅游经济的空间结构。以上空间效应，正是本书关注的核心内容和研究焦点，这样更能真实地刻画高铁对旅游发展的影响过程、机理及路径，拓宽了旅游经济学的研究视角。

（二）影响研究的系统分析框架

本书搭建了从主体至客体影响分析框架，采用从现象到本质的哲学分析范式，以高铁发展和旅游经济的综合测评为基础，以两者的时空关系研究为依据，以高铁发展对旅游经济影响的空间效应为核心，以高铁背景下旅游发展的动力机制为拓展，确立了"综合测评—时空关系—空间效应—动力机制"的影响研究思路,构建起"高铁与旅游者""高铁与旅游可达性""高铁与旅游经济绩效"以及"高铁与旅游空间结构"四个维度,十二个研究命题的系统分析框架。

(三) 构建高铁发展对旅游经济绩效影响的空间效应测度模型

通过创新性探索研究,厘清高铁网络演化与旅游经济绩效的内在逻辑关系,构建高铁交通系统及其维度对旅游发展业绩和效率影响的空间效应理论框架及计量模型;进一步探讨旅游发展业绩与效率的之间的空间耦合关系及其演变;将高铁发展对旅游经济的影响划分为本地影响和周边影响,探讨高铁发展对旅游经济影响的直接效应和溢出效应。深化高铁与旅游发展关系机理的认识,丰富现代旅游经济学研究的理论内涵。

(四) 基于空间计量经济模型与 GIS 技术集成的研究方法体系

本书探索运用多方法集成的综合分析,应用空间计量经济学方法和 GIS 技术,从格局演化、时空关系和空间效应来分析影响机制,进而提炼与构建动力机制模型。重视定量研究及其与定性研究的结合,并率先将定性比较分析 (fsQCA) 引入到旅游经济问题研究,力求突破传统旅游交通研究方法的瓶颈,推动旅游交通研究方法的创新,丰富旅游地理学研究的方法体系。

(五) 聚焦民族地区高铁旅游发展

本书聚焦于西部民族地区黔桂云三省旅游经济发展问题。落后的地区经济、富集的旅游资源的现实,使得高铁发展更具有现实意义。探讨高铁发展对三省旅游经济影响的时空演变及耦合、区域协作及旅游发展动态调控机制,为民族地区旅游脱贫和实现共同富裕提供政策支持。

三、研究不足及展望

(一) 研究不足

1. 调查数据的有效性和一致性问题

(1) 在本书的第二章,探讨高铁发展对旅游消费者行为的影响分析中,采用了大量的调查问卷数据,本书尽量保证其有效性和一致性,但在实际调查过程中仍然受到被调查者个人文化背景、心情状态、问题理解等因素的影响,使得研究结果与实际情况会产生一定偏差。

(2) 在本书的第五章,探讨高铁发展对区域旅游流空间结构的影响中,采用了大量的网络文本数据,网络文本数据相对于问卷调查数据和面板数据,虽然其准确性和可靠性更高,但受制于数据采集的限制,并不能穷尽所有旅游者完整的旅游活动轨迹,因此所构建的旅游流网络空间结构模型具有一定理想成分。

(3) 在本书的三章和第五章,主要使用了官方公布的面板数据,但由于中国统计制度的不完善和不规范(特别是在市州一级),以及统计口径的不一致,使得部分统计数据横向缺乏对比性,研究者在采用过程中尽量进行了矫正处理,但仍然存在不足。部分变量数据,有些市州完全没进行统计,研究者不得已采用替代数据进行核算,也影响了研究的科学性和准确性。

2. 控制变量选取的完备性问题

定量研究中,控制变量的选取是关系研究结果准确性测度的一个重要因素,研究者在构建影响因素模型时,也试图将所有影响因素(控制)一并考虑,也通过文献的方式解释了每个变量选取的原因,但受制于数据获取的限制,有些变量也不得不放弃,影响了研究结果的准确性,这也许是所有做定量研究都面临的共同难题。例如在第五章中,为了探讨高铁发展对旅游经济的空间效应机制中，鉴于研究所需，只分析和探讨了资源禀赋、交通优势度以及可达性等三个变量因素进行了探讨；在第三章第四节，探讨区域旅游经济发展路径的研究中，在标定变量时，只选取了内外共四个因素进行探讨，因此对促进和抑制区域旅游经济发展的路径还不够全面，对具体案例的估计还有一定的偏差，有待进一步研究进行完善。

3. 研究的时间跨度问题

本书在拟定大纲时，确定统一研究期限为2009—2018年10年的时间跨度。事实上，在本书的第四章第三节，探讨高铁发展对旅游经济的空间溢出效应问题时，出现了结果不显著、效应不明显的问题，这与预期设计出现较大偏差，研究者不得不将研究期缩短为2013—2018年高铁开通后6年作为研究期，开通前未纳入研究期内。

4. 研究对象的问题

本书以黔桂云三省39个市州为研究对象，但是在本书的第三章，探讨高铁发展对旅游可达性的影响研究中，由于本章内容是较早展开的研究，研究者并没有将未通高铁的市州（13个）纳入样本进行研究，事实上，高铁开通对沿线城市的可达性和非沿线城市的可达性都会产生影响，在随后的研究中一并将39个市州纳入进行了研究，研究结果甚为理想。

5. 模型选取的合理性问题

定量研究中，模型的选取也是关键。本书基于不同的研究视角和研究方法，采用了众多的研究模型，研究者尽量采用成熟的理论模型来进行探讨，但个别模型也做了修正，例如对旅游经济潜力的研究中，研究者采用了修正的经济潜力模型（增加了资源吸引力正向变量）来测度旅游经济潜能，其科学性和严谨性还需进一步研究论证。在探讨高铁发展对旅游经济的空间溢出效应问题时，研究者原设计采用空间杜宾模型

(SDM)进行研究,但事实上最后不得不采取空间滞后模型(SLM)。同时为保证研究结果的准确性,研究者尽量采用了成熟的研究量表,并进行了严格的检验以及一系列验证性分析,但仍然存在一定的局限性,例如对获得感的量表测度。

综上,本书存在以上研究不足和缺陷,但总体上研究结果较为理想,与最初的研究设计较为吻合。

(二)研究展望

高铁经济学内容丰富、博大精深。高铁旅游作为一种新兴的旅游消费形态或者未来主要的旅游消费形态,必将较长时间成为旅游经济学研究的焦点问题。基于研究精力、时间的限制,研究者只从空间效应的视角对高铁旅游进行了探讨,但研究者认为还可以从以下方面进行拓展研究。

1. 研究样本的拓展

本书选取了西部民族地区黔桂云39个市州为研究样本,三省都表现为经济发展相对落后、旅游资源富集的特征,高铁发展对其影响会表现出不同的空间响应特征,但研究者限于选题的限制,并没有与东部发达地区(经济发达、交通通达但资源相对匮乏)进行影响结果的横向对比。未来的进一步研究中,如能将高铁对东、西部地区的影响效应进行横向对比分析,必将得出更为有意义的结果。

2. 时间跨度进一步延长

本书鉴于研究样本的限制,在时间跨度的选取上受到了一定的限制,研究期内,广西、贵州及云南的高铁开通时间仅为5年、4年和2年,因此高铁的影响效应并不一定得到了充分展示,其影响结果还有待进一步观察和研究。

3. 研究模型进一步完善

空间效应问题是空间经济学研究和探讨的核心话题,空间经济学研究的重点是资源在空间的配置问题以及经济活动在空间区位的布局问题,现已逐渐被主流经济学研究所接受。因此对旅游资源的空间配置问题和旅游活动的空间布局问题,将较长时间成为可持续旅游发展研究的热点,空间经济学的理论模型必将在旅游经济问题的研究中得到进一步运用。

4. 研究方法的拓展

本书以空间计量研究方法为主,但同时又引入了定性比较分析(fsQCA)至旅游经济问题研究。定性比较分析方法兼具传统定性研究和定量研究的优点,并能有效克服其缺点,该方法在微观管理问题的研究中较为流行,但在宏观旅游经济的研究中甚少,研究者也只是在发展模式和影响路径中采用了此方法进行了初步探讨,且变量的选取具有一定局限性,未来可在此方案的基础上进一步进行研究。

参考文献

安虎森，蒋涛：《块状世界的经济学——空间经济学点评》，载《南开经济研究》，2006年第5期。

安虎森：《增长极理论评述》，载《南开经济研究》，1997年第1期。

白光润，李仙德：《后现代旅游探析》，载《旅游科学》，2007年第3期。

保继刚，楚义芳：《旅游地理学》（修订版），北京：高等教育出版社1999年版。

保继刚，楚义芳：《旅游地理学》（修订版），北京：高等教育出版社2003年版。

卞显红，王苏洁：《长江三角洲城市旅游空间一体化分析及其联合发展战略》，北京：经济科学出版社2006年版。

卞显红，沙润：《长江三角洲城市旅游空间结构形成的产业机理——基于旅游企业空间区位选择视角》，载《人文地理》，2008年第6期。

卞显红：《城市旅游空间结构研究》，载《地理与地理信息科学》，2003年第1期。

曹芳东，黄震方，吴江等：《转型期城市旅游业绩效评价及空间格局演化机理：以泛长江三角洲地区为例》，载《自然资源学报》，2013 年第 1 期。

曹芳东，黄震方，吴江等：《城市旅游发展效率的时空格局演化特征及其驱动机制——以泛长江三角洲地区为例》，载《地理研究》，2012 年第 8 期。

曹芳东，黄震方，吴江等：《国家级风景名胜区旅游效率测度与区位可达性分析》，载《地理学报》，2012 年第 12 期。

曹芳东，吴江，徐敏：《长江三角洲城市一日游的旅游经济空间联系测度与分析》，载《人文地理》，2010 年第 4 期。

曹芳东，黄震方，徐敏等：《风景名胜区旅游效率及其分解效率的时空格局与影响因素：基于 Bootstrap-DEA 模型的分析方法》，载《地理研究》，2015 年第 12 期。

丛晓男：《耦合度模型的形式、性质及在地理学中的若干误用》，载《经济地理》，2019 年第 4 期。

曹国新：《中国与西方旅游的古代、现代和后现代特征》，载《旅游学刊》，2006 年第 6 期。

曾玉华，陈俊：《高铁开通对站点城市旅游发展的异质性影响——基于双重差分方法的研究》，载《旅游科学》，2018 年第 6 期。

陈国权：《组织行为学》，北京：清华大学出版社 2006 年版。

陈健昌，保继刚：《旅游者的行为研究及其实践意义》，载《地理研究》，1988 年第 3 期。

陈勤昌，夏莉惠，王凯：《长江经济带入境旅游经济发展水平省际差异研究》，载《世界地理研究》，2019 年第 2 期。

陈睿山，叶超，蔡运龙：《区域经济联系测度方法述评》，载《人文地理》，2013 年第 1 期。

陈秀琼，黄福才：《中国入境旅游的区域差异特征分析》，载《地理学报》，2006 年第 12 期。

陈雪钧：《重庆市主城区星级酒店的空间结构特征研究》，载《华中师范大学学报（自然科学版）》，2011年第2期。

陈燕萍：《中国高铁对沿线城市旅游产业集群空间结构影响研究》，载《改革与战略》，2015年第8期。

陈银娥，钟学进：《长江经济带城市旅游规模差异及位序规模分布优化研究》，载《江汉论坛》，2016年第12期。

陈正昌等：《多变量分析方法——统计软件的应用》，北京：中国税务出版社2005年版，第235—271页。

程成，周泽奇，鲁建琪：《中国—东盟旅游流空间分异与优化策略》，载《经济地理》，2020年第9期。

程聪，贾良定：《我国企业跨国并购驱动机制研究——基于清晰集的定性比较分析》，载《南开管理评论》，2016年第6期。

程晓丽，祝亚雯：《基于点—轴理论的皖南国际旅游文化示范区旅游空间结构研究》，载《地理科学》，2013年第9期。

楚义芳：《旅游的空间经济分析》，西安：陕西人民出版社1992年版。

戴斌：《论当代旅游发展与民众获得感》，载《社会科学家》，2017年第8期。

戴学珍，吕春阳，郑伊硕，邹娇：《交通方式对京津冀空间相互作用贡献率分析》，载《经济地理》，2019年第8期。

邓慧慧，杨露鑫，潘雪婷：《高铁开通能否助力产业结构升级：事实与机制》，载《财经研究》，2020年第6期。

邓涛涛，赵磊，马木兰：《长三角高铁网对城市旅游业发展的影响研究》，载《经济管理》，2016年第1期。

董洪杰，谭旭运，豆雪姣等：《中国人获得感的结构研究》，载《心理学探新》，2019年第5期。

董艳梅，朱英明：《高铁建设能否重塑中国的经济空间布局——基于就业、工资和经济增长的区域异质性视角》，载《中国工业经济》，2016年第10期。

杜运周，贾良定：《组态视角与定性比较分析（QCA）：管理学研究的一条新道路》，载《管理世界》，2017年第6期。

范海英，杨云峰：《基于改进引力模型的高铁对城市经济联系的影响与评价——以大西安地区为例》，载《资源开发与市场》，2016年第11期。

范长煜：《遮掩效应与中介效应：户籍分割与地方城市政府信任的中间作用机制》，载《甘肃行政学院学报》，2016年第3期。

方大春，孙明月：《高铁建设对我国城市空间结构影响研究：以京广高铁沿线城市为例》，载《区域经济评论》，2014年第3期。

方叶林，黄震方，王坤等：《不同时空尺度下中国旅游业发展格局演化》，载《地理科学》，2014年第9期。

方叶林，黄震方，王坤等：《基于PCA-ESDA的中国省域旅游经济时空差异分析》，载《经济地理》，2012年第8期。

冯英杰，吴小根，刘泽华：《高铁对城市居民出游行为的影响研究——以南京市为例》，载《地域研究与开发》，2014年第4期。

方世敏，黄琰：《长江经济带旅游效率与规模的时空演化及耦合协调》，载《地理学报》，2020年第8期。

高伟，高建，李纪珍：《创业政策对城市创业的影响路径——基于模糊集定性比较分析》，载《技术经济》，2018年第4期。

龚普康：《加快民族地区铁路建设步伐》，载《中国民族报》，2016年4月13日。

龚艳，郭峥嵘：《江苏旅游业发展效率及对策研究——基于超效率DEA和Malmquist指数分析》，载《华东经济管理》，2014年第4期。

龚艳，郭峥嵘：《江苏沿海湿地旅游的"点—轴系统"开发》，载《南京社会科学》，2010年第2期。

谷明：《我国旅游者消费模式与行为特征分析》，载《桂林旅游高等专科学校学报》，2000年第4期。

关伟，薛刘艳：《高速交通优势度与旅游经济耦合协调空间分析——以辽宁省为例》，载《沈阳师范大学学报（自然科学版）》，2018年第2期。

郭功星，周星，涂红伟：《消费者敌意、自我效能与旅游意愿——基于对青少年出境旅游市场的实证研究》，载《旅游学刊》，2016年第2期。

郭建科，王绍博，李博：《哈大高铁对东北城市旅游经济联系的空间影响》，载《地理科学》，2016年第4期。

郭腾云等：《区域经济空间结构理论与方法的回顾》，载《地理科学进展》，2009年第1期。

郭伟，曾祥静，许天骏：《高铁发展、空间溢出与区域旅游经济非均衡动态演进》，载《统计与决策》，2020年第10期。

郭伟，曾祥静，张鑫：《高铁网络、空间溢出与区域旅游经济增长》，载《统计与决策》，2020年第7期。

郭伟等：《高铁对京津冀旅游经济联系的影响分析》，载《企业经济》，2014年第12期。

郭向阳，穆学青，明庆忠：《旅游发展效率与旅游发展强度的时空耦合演变研究——以长江经济带为例》，载《云南师范大学学报（自然科学版）》，2017年第6期。

国家铁路局《高铁经济学导论》编写组：《高铁经济学导论》，北京：中国铁道出版社2018年版。

韩春鲜：《旅游感知价值和满意度与行为意向的关系》，载《人文地理》，2015年第3期。

何芙蓉，胡北明：《"一带一路"倡议对我国沿线省份旅游高质量发展影响效应评估——基于DID模型的实证分析》，载《经济体制改革》，

2020年第3期。

何兰萍：《大众旅游的社会学批判》，载《社会研究》，2002年第10期。

何忠诚，朱慧：《高铁时代旅行社面临的机遇和挑战》，载《旅游研究》，2012年第1期。

贺剑锋：《关于中国高铁可达性的研究——以长三角为例》，载《国际城市规划》，2011年第6期。

侯贺平：《湖北省多尺度社会经济空间网络构建与分析》，武汉大学博士论文，2015年。

侯杰泰，温忠麟，成子娟：《结构方程模型及其应用》，北京：教育科学出版社，2004年版。

侯杰泰，成子娟：《结构方程模型的应用及分析策略》，载《心理学探新》，1999年第1期。

侯满平，尹红坤，张美丽：《后现代视角启示下的旅游发展探析》，载《生态经济》，2009年第9期。

侯明明：《高铁影响下的综合交通枢纽建设与地区发展研究》，同济大学硕士论文，2008年。

侯雪，刘苏，张文新，胡志丁：《高铁影响下的京津城际出行行为研究》，载《经济地理》，2011年第9期。

侯雪，张文新，吕国玮，胡志丁：《高铁综合交通枢纽对周边区域影响研究——以北京南站为例》，载《城市发展研究》，2012年第1期。

胡鞍钢，刘生龙：《交通运输、经济增长及溢出效应——基于中国省际数据空间经济计量的结果》，载《中国工业经济》，2009年第5期。

胡北明，董延安，雷蓉：《旅游资源经营权价格评估指标及方法探》，载《商业研究》，2004年第18期。

胡静等：《高铁对湖北省旅游产业集聚水平的影响》，载《重庆交通大学学报（社会科学版）》，2015 年第 5 期。

胡启洲，李香红，曲思源：《高铁简史》，成都：西南交通大学出版社 2018 年版。

胡美娟，沈一忱，郭向阳，丁正山，张允翔，阮陵：《长三角城市群旅游场强时空异质性及演化机理》，载《长江流域资源与环境》，2019 年第 8 期。

胡天军，申金升：《京沪高铁对沿线经济发展的影响分析》，载《经济地理》，1999 年第 5 期。

胡宪洋，马嘉，寇永哲：《大西安旅游圈旅游规模分布演变及空间特征》，载《经济地理》，2013 年第 6 期。

黄爱莲：《高铁对区域旅游发展的影响研究——以武广高铁为例》，载《华东经济管理》，2011 年第 10 期。

黄晨晨：《后现代主义视角下旅游目的地选择行为的解读》，载《旅游学刊》，2014 年第 7 期。

黄睿，王坤，黄震方，陆玉麒：《绩效视角下区域旅游发展格局的时空动态及耦合关系——以泛长江三角洲为例》，载《地理研究》，2018 年第 5 期。

黄泰：《长三角城市群旅游流潜力格局演变及其影响因素》，载《资源科学》，2016 年第 2 期。

黄震方，侯国林，周年兴等：《旅游地理学》，大连：东北财经大学出版社 2015 年版。

江小蓉：《基于"点—轴"系统理论的鄱阳湖旅游开发研究》，载《农业考古》，2010 年第 6 期。

姜博，初楠臣，王媛，于晓雷，赵映慧，薛睿：《高铁影响下的城市可达性测度及其空间格局模拟分析——以哈大高铁为例》，载《经济地理》，2014 年第 11 期。

蒋海兵，张文忠，祁毅：《高铁与出行成本影响下的全国陆路可达性分析》，载《地理研究》，2015年第6期。

蒋华雄等：《高铁对中国城市产业结构的影响研究》，载《人文地理》，2017年第5期。

蒋茂荣，范英，夏炎等：《中国高铁建设投资对国民经济和环境的短期效应综合评估》，载《中国人口·资源与环境》，2017年第2期。

金凤君，焦敬娟，齐元静：《东亚高铁网络的发展演化与地理效应评价》，载《地理学报》，2016年第4期。

靳诚，陆玉麒，范黎丽：《江苏国内旅游客源市场空间结构研究》，载《经济地理》，2010年第12期。

靳诚，徐菁，黄震方，曹芳东：《南京城市内部景点间游客流动特征分析》，载《地理学报》，2014年第12期。

康晓羽：《交通网络影响下的城市旅游效率分析》，山东财经大学硕士论文，2016年。

柯惠新，沈浩：《调查研究中的统计分析法（第2版）》，北京：中国传媒大学出版社2005年版。

孔令章，李晓东，白洋等：《长距离高铁对沿线城市旅游经济联系的空间影响及角色分——以兰新高铁为例》，载《干旱区地理》，2019年第3期。

孔令章，白洋，江瞳等：《兰新高铁对沿线城市旅游经济联系的影响》，载《铁道运输与经济》，2019年第3期。

来逢波，刘春梅，荣朝和：《高铁对区域经济发展的影响效应及实证检验》，载《东岳论丛》，2016年第6期。

李保超，王朝辉，李龙等：《高铁对区域内部旅游可达性影响——以皖南国际文化旅游示范区为例》，载《经济地理》，2016年第9期。

李超：《高铁对区域经济的影响——基于中国城市、行业和企业数据的实证研究》，西南财经大学博士学位论文，2017年。

李陈，靳相木：《基于引力模型的中心镇空间联系测度研究——以浙江省金华市 25 个中心镇为例》，载《地理科学》，2016 年第 5 期。

李凡，黄耀丽：《区域间城市旅游经济的溢出分析——以珠江三角洲城市群为例》，载《旅游学刊》，2008 年第 5 期。

李飞，曾福生：《基于空间杜宾模型的农业基础设施空间溢出效应》，载《经济地理》，2016 年第 6 期。

李红昌，Linda Tjia，胡顺香：《中国高铁对沿线城市经济集聚与均等化的影响》，载《数量经济技术经济研究》，2016 年第 11 期。

李健，卢永彬，王蕾：《组织法律形式、政策工具与社会企业发展——基于全球 28 个国家的模糊集定性比较分析》，载《研究与发展管理》，2019 年第 1 期。

李磊，陆林，穆成林，孙小龙：《高铁网络化时代典型旅游城市旅游流空间结构演化——以黄山市为例》，载《经济地理》，2019 年第 5 期。

李磊，陆林，孙小龙等：《高铁沿线旅游流网络结构及其互动关系研究——以合福高铁沿线地区为例》，载《人文地理》，2020 年第 1 期。

李磊，陆林：《合福高铁沿线旅游地合作网络与模式》，载《自然资源学报》，2019 年第 9 期。

李磊等：《国内外高铁旅游研究热点、进展及启示》，载《世界地理研究》，2019 年第 1 期。

李琳，张家榕，段娅妮：《武广高铁对湖南沿线城市可达性的影响研究》，载《经济研究导刊》，2011 年第 12 期。

李如友，黄常州：《中国交通基础设施对区域旅游发展的影响研究——基于门槛回归模型的证据》，载《旅游科学》，2015 年第 2 期。

李涛，马卫，高兴川：《基于 Super-DEA 模型的厦深高铁可达性效应综合评估与空间分异》，载《经济地理》，2017 年第 8 期。

李晓莉，保继刚：《期望、感知与效果：来自奖励旅游者的实证调查》，载《旅游学刊》，2015 年第 10 期。

李晓琴，胡丹临，郑雨：《基于协同论、"点—轴系统"理论的大香格里拉东部温泉旅游开发研究》，载《生态经济》，2009年第3期。

李新光，黄安民：《高铁对县域经济增长溢出效应的影响研究——以福建省为例》，载《地理科学》，2018年第2期。

李新忠，汪同三：《空间计量经济学的理论与实践》，北京：社会科学文献出版社2015年版。

李亚非：《旅游经济》，北京：中国林业出版社2001年版。

李永军：《旅游流研究初探》，载《商场现代化》，2005年第18期。

李忠民，刘育红，张强：《"新丝绸之路"交通基础设施、空间溢出与经济增长：基于多维要素空间面板数据模型》，载《财经问题研究》，2011年第4期。

李宗明，刘敏，高兴民：《高铁网对城市圈旅游经济增长的空间效应分析》，载《经济问题探索》，2019年第10期。

梁美玉，史春云：《长三角旅游城市核心—边缘空间结构的演变》，载《旅游论坛》，2009年第2期。

梁明珠，易婷婷，Bin Li：《基于DEA-MI模型的城市旅游效率演进模式研究》，载《旅游学刊》，2013年第5期。

梁雪松：《基于双重区位空间的湖南旅游业发展机遇探讨："武广高铁"开通视阈》，载《经济地理》，2010年第5期。

梁雪松：《旅游消费需求与交通工具选择的相关性研究——基于高铁与航空运输视角》，载《经济问题探索》，2012年第10期。

林昌华：《新时代我国经济高质量发展的内在逻辑探究——基于社会主要矛盾变化的视域》，载《福建论坛（人文社会科学版）》，2019年第11期。

林聚任：《社会网络分析：理论、方法与应用》，北京：北京师范大学出版社2009年版。

林源源：《我国区域旅游产业经济绩效及其影响因素研究》，南京航空航天大学博士论文，2010年。

刘秉镰，武鹏，刘玉海：《交通基础设施与中国全要素生产率增长：基于省域数据的空间面板计量分析》，载《中国工业经济》，2010年第3期。

刘承良，颜琪，曾菊新：《武汉城市圈旅游经济的空间溢出分析》，载《经济地理》，2009年第5期。

刘大均，陈君子，贾垚焱：《高铁影响下成渝城市群旅游流网络的变化特征》，载《世界地理研究》，2020年第3期。

刘佳，陆菊，刘宁：《基于DEA-Malmquist模型的中国沿海地区旅游产业效率时空演化、影响因素与形成机理》，载《资源科学》，2015年第12期。

刘佳，王娟，奚一丹：《中国旅游经济增长质量的空间格局演化》，载《经济管理》，2016年第8期。

刘建国，刘宇：《2006—2013年杭州城市旅游全要素生产率格局及影响因素》，载《经济地理》，2015年第7期。

刘健，张宁：《基于模糊聚类的城际高铁旅客出行行为实证研究》，载《交通运输系统工程与信息》，2012年第6期。

刘军，吉敏：《产业聚集理论研究述评》，载《经济问题探索》，2011年第8期。

刘军：《整体网络分析：UCINET软件实用指南》，上海：格致出版社2014年版。

刘军林，尹影：《高铁交通体验对中小城市旅游空间结构的影响——以涪陵为例》，载《经济地理》，2016年第5期。

刘名俭，黄茜：《武汉城市圈旅游产业空间集聚的动力机制研究》，载《湖北大学学报（哲学社会科学版）》，2010年第5期。

刘强，杨东：《高铁网络对西北城市旅游经济联系的空间影响》，载《地域研究与开发》，2019年第1期。

刘瑞明，赵仁杰：《匿名审稿制度推动了中国的经济学进步吗？——基于双重差分方法的研究》，载《经济学（季刊）》，2017年第1期。

刘英基，韩元军：《要素结构变动、制度环境与旅游经济高质量发展》，载《旅游学刊》，2020年第3期。

刘宇青，徐虹，刘海玲：《高铁开通对消费者旅游线路节点选择的影响研究》，载《消费经济》，2014年第6期。

龙良富，黄英：《基于核心—边缘理论的珠中江旅游合作研究》，载《特区经济》，2011年第1期。

楼尊：《消费者对SSTs的评价与使用——企业形象、自我效能的调节作用》，载《管理评论》，2010年第1期。

陆大道：《关于"点—轴"空间结构系统的形成机理分析》，载《地理科学》，2002年第1期。

陆大道：《论区域的最佳结构与最佳发展——提出"点—轴系统"和"T"型结构以来的回顾与再分析》，载《地理学报》，2001年第2期。

陆贵山：《试论后现代主义社会文化思潮的二重性》，载《文艺理论与批评》，2005年第3期。

陆林，余凤龙：《中国旅游经济差异的空间特征分析》，载《经济地理》，2005年第3期。

路风：《冲破迷雾——揭开中国高铁技术进步之源》，载《管理世界》，2019年第9期。

罗鹏飞，徐逸伦，张楠楠：《高铁对区域可达性的影响研究——以沪宁地区为例》，载《经济地理》，2004年第24期。

吕伟成：《中国旅游地理》，北京：北京师范大学出版社2008年版。

马斌斌，陈兴鹏，鲁小波，蒲利利，郭子琰：《丝绸之路经济带背景下基于入境旅游时空差异视角的西北五省国际旅游目的地协同发展研究》，载《新疆大学学报（哲学·人文社会科学版）》，2019年第5期。

马海良，黄德春，张继国，田泽：《中国近年来水资源利用效率的省际差异：技术进步还是技术效率》，载《资源科学》，2012年第5期。

马丽君：《居民消费价格指数（CPI）与国内旅游需求相关分析》，载《软科学》，2014年第4期。

马晓冬，朱传耿，马荣华等：《苏州地区城镇扩展的空间格局及其演化分析》，载《地理学报》，2008年第4期。

马晓龙，保继刚：《基于DEA的中国国家级风景名胜区使用效率评价》，载《地理研究》，2009年第3期。

马晓龙，保继刚：《基于数据包络分析的中国主要城市旅游效率评价》，载《资源科学》，2010年第1期。

马晓龙：《基于绩效差异的中国主要城市旅游发展阶段演化》，载《旅游学刊》，2009年第6期。

马耀峰，李天顺：《中国入境旅游研究》，北京：科学出版社1999年版。

孟德友，李小建：《中国省会城市高铁费用可达性及居民消费格局》，载《地理科学进展》，2018年第8期。

苗长虹，王海江：《河南省城市的经济联系方向与强度：兼论中原城市群的形成与对外联系》，载《地理研究》，2006年第2期。

穆成林，陆林，黄剑锋等：《高铁网络下的长三角旅游交通格局及联系研究》，载《经济地理》，2015年第12期。

穆成林，陆林：《京福高铁对旅游目的地区域空间结构的影响——以黄山市为例》，载《自然资源学报》，2016年第12期。

倪维秋，廖茂林：《高铁对中国省会城市旅游经济联系的空间影响》，载《中国人口·资源与环境》，2018年第3期。

潘建民，李肇荣，黄进：《旅游业对广西国民经济的贡献率研究》，北京：社会科学文献出版社2003年版。

潘立新,吴必虎,晋秀龙:《基于"核心—边缘"视角的区域旅游合作研究——以南京都市圈南京滁州为例》,载《经济问题探索》,2014年第3期。

潘秋玲,丁蕾:《后现代社会下的旅游新趋势》,载《人文地理》,2007年第5期。

彭红松,陆林,路幸福,凌善金:《基于旅游客流的跨界旅游区空间网络结构优化——以泸沽湖为例》,载《地理科学进展》,2014年第3期。

彭建,张松,罗诗呷等:《北京居民对雾霾的感知及其旅游意愿和行为倾向研究》,载《世界地理研究》,2016年第6期。

亓圣美:《后现代消费文化与旅游营销组合策略》,载《市场周刊.理论研究》,2006年第12期。

齐飞:《旅游消费者行为:后现代主义下的趋同与分化》,载《旅游学刊》,2014年第7期。

乔花芳,高茜茜,谢双玉等:《长江经济带旅游经济的时空分异及影响因素研究》,载《华中师范大学学报(自然科学版)》,2019年第5期。

秦伟山,张义丰,李世泰:《中国东部沿海城市旅游发展的时空演变》,载《地理研究》,2014年第10期。

邱继勤:《区域旅游联动开发探讨——以川、黔、渝三角地区为例》,载《西南师范大学学报(自然科学版)》,2004年第4期。

饶品样:《中国旅游产业增长的技术因素及其贡献分析》,载《郑州大学学报:哲学社会科学版》,2012年第4期。

[美] Ragin C.:《重新设计社会科学研究》,杜运周译,北京:机械工业出版社2019年版。

[比利时] Rihoux B.,Ragin C.:《QCA设计原理与应用:超越定性与定量研究的新方法》,杜运周,李永发译,北京:机械工业出版社

2019年版。

沈惊宏等:《安徽省国内旅游经济增长与区域差异空间格局演变》,载《地理科学》,2012年第10期。

施张兵:《中国高铁外交研究——基于雅万高铁与孟艾高铁的案例分析》,上海外国语大学博士学位论文,2017年。

石大千,丁海,卫平,刘建江:《智慧城市建设能否降低环境污染》,载《中国工业经济》,2018年第6期。

史常凯:《基于后现代主义视角的21世纪旅游观》,载《集团经济》,2007年第2期。

史春云,张捷,尤海梅,李东和,王艳:《四川省旅游区域核心—边缘空间格局演变》,载《地理学报》,2007年第6期。

史春云等:《四川省旅游区域核心—边缘空间格局演变》,载《地理学报》,2007年第6期。

史庆斌,谢永顺,韩增林等:《东北城市间旅游经济联系的空间结构及发展模式》,载《经济地理》,2018年第11期。

生延超,钟志平:《旅游产业与区域经济的耦合协调度研究》,载《旅游学刊》,2009年第8期。

宋海岩,吴凯,李仲广:《旅游经济学》,北京:中国人民大学出版社2010年版。

宋慧林,马运来:《基于空间分析的中国省域旅游经济差异》,载《经济管理》,2010年第10期。

宋文杰等:《基于节点—场所模型的高铁站点地区规划评价——以长三角地区为例》,载《经济地理》,2016年第10期。

苏建军,徐璋勇,赵多平:《国际货物贸易与入境旅游的关系及其溢出效应》,载《旅游学刊》,2013年第5期。

孙冬英,龚双双:《鄱阳湖生态经济区"山湖城村"旅游区生态旅游联动开发研究》,载《安徽农业科学》,2011年第7期。

孙根年,潘潘:《陕西十地市旅游业发展的地区差异及其影响因素分析》,载《干旱区资源与环境》,2013 年第 11 期。

孙根年,张毓,薛佳:《资源—区位—贸易三大因素对日本游客入境旅游目的地选择的影响》,载《地理研究》,2011 年第 6 期。

孙彦玲,杨付,张丽华:《创造力自我效能感与员工创新行为的关系:一个跨层分析》,载《经济管理》,2012 年第 11 期。

孙泽乾,杨晓霞,曾于珈:《基于地理探测器的重庆市旅游发展水平空间分异影响因子研究》,载《西南师范大学学报(自然科学版)》,2019 年第 4 期。

覃成林,黄小雅:《高铁与沿线城市经济联系变化》,载《经济经纬》,2014 年第 4 期。

覃成林,郑海燕:《武广高铁对粤湘鄂沿线区域旅游发展影响分析》,载《经济问题探索》,2013 年第 3 期。

唐顺铁,郭来喜:《旅游流体系研究》,载《旅游学刊》,1998 年第 3 期。

唐仲霞,马耀峰,马占杰:《基于核心—边缘理论的入境旅游区域空间结构研究——以陕西省为例》,载《旅游论坛》,2011 年第 4 期。

谭皓方,任太增,谭征:《基于城镇要素集聚能力的河南省区域发展空间非均衡性研究》,载《地域研究与开发》,2019 年第 6 期。

陶卓民,薛献伟,管晶晶:《基于数据包络分析的中国旅游业发展效率特征》,载《地理学报》,2010 年第 8 期。

滕茜,杨勇,布倩楠等:《基于网络文本的景区感知及互动研究——以上海为例》,载《旅游学刊》,2015 年第 2 期。

田盛圭,杨晓霞:《我国三大都市经济圈旅游经济增长影响因素研究》,载《经济研究导刊》,2010 年第 29 期。

田野等:《长江经济带旅游资源空间结构及其交通可进入性评价》,载《经济地理》,2019 年第 1 期。

汪德根，陈田：《中国旅游经济区域差异的空间分析》，载《地理科学》，2011年第5期。

汪德根，陈田，李立等：《国外高铁对旅游影响研究及启示》，载《地理科学》，2012年第3期。

汪德根，陈田，陆林，王莉，Alan August Lew：《区域旅游流空间结构的高铁效应及机理——以中国京沪高铁为例》，载《地理学报》，2015年第2期。

汪德根，陈田：《中国旅游经济区域差异的空间分析》，载《地理科学》，2011年第5期。

汪德根，牛玉，陈田，陆林，唐承财：《高铁驱动下大尺度区域都市圈旅游空间结构优化——以京沪高铁为例》，载《资源科学》，2015年第3期。

汪德根，牛玉，王莉：《高铁对旅游者目的地选择的影响——以京沪高铁为例》，载《地理研究》，2015年第9期。

汪德根：《高铁网络化时代旅游地理学研究新命题审视》，载《地理研究》，2016年第3期。

汪德根：《高铁网络时代区域旅游的空间格局》，北京：商务印书馆2016年版。

汪德根：《京沪高铁对主要站点旅游流时空分布影响》，载《旅游学刊》，2014年第1期。

汪德根：《旅游地国内客源市场空间结构的高铁效应》，载《地理科学》，2013年第7期。

汪德根：《武广高铁对湖北省区域旅游空间格局的影响》，载《地理研究》，2013年第8期。

汪德根：《武广高铁对沿线都市圈可达性影响及旅游空间优化》，载《城市发展研究》，2014年第9期。

汪宇明：《核心—边缘理论在区域旅游规划中的运用》，载《经济地理》，2002年第3期。

王欣，邹统钎：《高铁网对我国区域旅游产业发展与布局的影响》，载《经济地理》，2010年第7期。

王博，吴清，罗静：《武汉城市圈旅游经济网络结构及其演化》，载《经济地理》，2015年第5期。

王成，唐宁：《重庆市乡村三生空间功能耦合协调的时空特征与格局演化》，载《地理研究》，2018年第6期。

王纯阳，屈海林：《旅游动机、目的地形象与旅游者期望》，载《旅游学刊》，2013年第6期。

王德，刘锴，耿慧志：《沪宁杭地区城市一日交流圈的划分与研究》，载《城市规划汇刊》，2001年第5期。

王德忠，庄仁兴：《区域经济联系定量分析初探——以上海与苏锡常地区经济联系为例》，载《地理科学》，1996年第1期。

王恩旭，吴荻，匡海波：《基于标准离差—G1-DEA的旅游机场竞争力与效率差异性评价的对比研究》，载《科研管理》，2016年第2期。

王峰：《西南边疆山区交通网络与旅游空间结构演化关联机制及效应研究》，华东师范大学博士论文，2014年。

王冠孝，黄解宇：《旅游经济等级规模结构演变规律实证研究——以山西省为例》，载《干旱区资源与环境》，2014年第6期。

王华：《城市居民出游的高铁选乘行为研究——以广西五市为例》，载《社会科学家》，2016年第5期。

王姣娥，丁金学：《高铁对中国城市空间结构的影响研究》，载《国际城市规划》，2011年第6期。

王姣娥，焦敬娟，金凤君：《高铁对中国城市空间相互作用强度的影响》，载《地理学报》，2014年第12期。

王敬武：《对旅游艾斯特定义的质疑》，载《北京工商大学学报（社会科学版）》，2010年第1期。

王俊，夏杰长：《中国省域旅游经济空间网络结构及其影响因素研究——基于QAP方法的考察》，载《旅游学刊》，2018年第9期。

王俊，徐金海，夏杰长：《中国区域旅游经济空间关联结构及其效应研究——基于社会网络分析》，载《旅游学刊》，2017年第7期。

王开泳等：《黄河流域旅游经济的时空分异与R/S分析》，载《地理科学》，2014年第3期。

王凯，易静，肖燕等：《中国旅游产业集聚与产业效率的关系研究》，载《人文地理》，2016年第2期。

王坤，黄震方，曹芳东，陈晓艳：《泛长江三角洲城市旅游经济发展的空间效应》，载《长江流域资源与环境》，2016年第7期。

王坤，黄震方，陶玉国，方叶林：《区域城市旅游效率的空间特征及溢出效应分析——以长三角为例》，载《经济地理》，2013年第4期。

王丽，曹有挥，仇方道：《高铁开通前后站区产业空间格局变动及驱动机制——以沪宁城际南京站为例》，载《地理科学》，2017年第1期。

王联兵，杨新军，刘辉：《基于"点—轴系统"理论的宁夏旅游空间结构优化研究》，载《生态经济》，2009年第6期。

王龙杰，曾国军，毕斗斗：《信息化对旅游产业发展的空间溢出效应》，载《地理学报》，2019年第2期。

王明康，刘彦平：《城镇化、空间溢出与旅游经济——基于中国287个地级市面板数据的实证研究》，载《城市发展研究》，2018年第9期。

王松茂，褚玉静，郭安禧，郭英之：《"一带一路"沿线重点省份旅游经济高质量发展研究——基于旅游资源转换效率的测度》，载《地理科学》，2020年第9期。

王胜鹏，冯娟，谢双玉，方叶林，乔花芳：《中国旅游业发展效率时空分异及影响因素研究》，载《华中师范大学学报（自然科学版）》，2020年第2期。

王树茂：《红色旅游需关注游客的获得感》，载《中国旅游报》，2017年6月23日。

王新越，芦雪静，朱文亮：《我国主要旅游城市旅游业发展影响因素分析与评价》，载《经济地理》，2020年第5期。

王垚，年猛：《高铁带动了区域经济发展吗？》，载《上海经济研究》，2014年第2期。

王莹，徐东亚：《新假日制度对旅游消费行为的影响研究——基于在杭休闲旅游者的调查》，载《旅游学刊》，2009年第7期。

王瑜：《增长极理论与实践评析》，载《商业研究》，2011年第4期。

王雨飞，倪鹏飞：《高铁影响下的经济增长溢出与区域空间优化》，载《中国工业经济》，2016年第2期。

王赟赟，陈宪：《基础设施、城市化与发展新空间：来自中国高铁的实证研究》，载《世界经济研究》，2018年第5期。

王兆峰，罗瑶：《交通运输网对武陵山区旅游业发展响应的测度与差异研究——以张家界为例》，载《地域研究与开发》，2013年第3期。

王兆峰，罗瑶：《旅游驱动下的张家界交通运输响应机制分析》，载《地理科学》，2015年第11期。

王兆峰，徐赛：《不同交通方式对旅游效率的影响与评价——以张家界为例》，载《地理科学》，2018年第7期。

魏后凯：《确保民族地区与全国同步全面建成小康社会》，载《中国民族报》，2018年3月19日。

魏丽，卜伟，王梓利：《高铁开通促进旅游产业效率提升了吗？——基于中国省级层面的实证分析》，载《经济管理》，2018年第7期。

魏权龄：《数据包络分析》，北京：科学出版社2006年版。

魏婷，李铁录，马士龙，殷鼎：《基于"点轴系统"理论的内蒙古体育非物质文化遗产旅游开发研究》，载《体育文化导刊》，2018 年第 5 期。

温忠麟，吴艳，侯杰泰：《潜变量交互效应结构方程：分布分析方法》，载《心理学探新》，2013 年第 5 期。

温忠麟，刘红云，侯杰泰：《调节效应和中介效应分析》，北京：教育科学出版社 2012 年版。

温忠麟，叶宝娟：《中介效应分析：方法和模型发展》，载《心理科学进展》，2014 年第 5 期。

乌铁红，张捷，李文杰等：《中国入境旅游经济发展水平的空间格局演变及成因——基于入境旅游经济区位熵的分析》，载《干旱区资源与环境》，2009 年第 5 期。

吴必虎，唐俊雅，黄安民等：《中国城市居民旅游目的地选择行为研究》，载《地理学报》，1997 年第 2 期。

吴康等：《京津城际高铁影响下的跨城流动空间特征》，载《地理研究》，2013 年第 2 期。

吴旗韬：《基于矢量—栅格集成法的厦深高铁影响空间分布——以广东东部地区为例》，载《地理科学进展》，2015 年第 6 期。

吴玉鸣：《旅游经济增长及其溢出效应的空间面板计量经济分析》，载《旅游学刊》，2014 年第 2 期。

吴玉鸣：《中国经济增长与收入分配差异的空间计量经济分析》，北京：经济科学出版社 2005 年版。

吴媛媛，宋玉祥：《中国旅游经济空间格局演变特征及其影响因素分析》，载《地理科学》，2018 年第 9 期。

夏杰长：《如何把旅游业打造成幸福产业》，载《经济日报》，2018 年 1 月 25 日。

夏鑫，何建民，刘嘉毅：《定性比较分析的研究逻辑——兼论其对经济管理学研究的启示》，载《财经研究》，2014 年第 10 期。

谢露露，王雨佳：《旅游产业集聚对经济增长的空间溢出效应——来自长三角地区的经验研究》，载《上海经济》，2018年第4期。

谢彦君：《基础旅游学（第四版）》，北京：商务印书馆2015年版。

徐东，黄睿，黄震方，汤傅佳：《2001—2015年中国市域旅游流的时空格局与溢出效应》，载《地理与地理信息科学》，2020年第2期。

徐建华，鲁凤，苏方林等：《中国区域经济差异的时空尺度分析》，载《地理研究》，2005年第1期。

徐清：《基于"点—轴系统"理论的乡村旅游空间集聚研究——以浙江江山市为例》，载《经济地理》，2013年第4期。

徐清：《基于点—轴系统理论的宁波乡村旅游空间结构优化》，载《经济地理》，2009年第6期。

徐银凤，汪德根：《中国城市空间结构的高铁效应研究进展与展望》，载《地理科学进展》，2018年第9期。

许陈生：《我国旅游上市公司的股权结构与技术效率》，载《旅游学刊》，2007年第10期。

许春晓，姜漫：《城市居民出游的高铁选乘行为意向的形成机理——以长沙市为例》，载《人文地理》，2014年第1期。

严伟宾，张运：《入境旅游对中国区域经济发展的溢出效应分析》，载《中国农学通报》，2013年第2期。

阎友兵，陈一铭：《高铁对沿线区域旅游效率影响的实证分析——以湖南省为例》，载《湖南社会科学》，2020年第3期。

阎友兵，贺文娟：《国内旅游流流量与流质的时空演化分析》，载《经济地理》，2013年第4期。

晏国祥：《消费者行为理论发展脉络》，载《经济问题探索》，2008年第4期。

杨建明：《中国旅游业发展空间差异的综合评判》，载《地理科学》，2009年第4期。

杨立勋，陈晶，程志富：《西北五省区旅游产业绩效影响因素分析：基于面板数据分位数回归》，载《旅游学刊》，2013年第8期。

杨丽，孙之淳：《基于熵值法的西部新型城镇化发展水平测评》，载《经济问题》，2015年第3期。

杨明举，白永平，张晓州，张秋亮：《中国国家级风景名胜区旅游资源空间结构研究》，载《地域研究与开发》，2013年第3期。

杨维凤：《京沪高铁对我国区域空间结构的影响分析》，载《北京社会科学》，2010年第6期。

杨吾扬：《经济地理学、空间经济学与区域科学》，载《地理学报》，1992年第6期。

杨兴柱，顾朝林，王群：《旅游流驱动力系统分析》，载《地理研究》，2011年第1期。

杨亚丽，孙根年：《城市化推动我国国内旅游发展的时空动态分析》，载《经济地理》，2013年第7期。

杨艳蓉：《核心—边缘理论在川南与滇东北区域旅游合作研究中的运用》，载《生产力研究》，2010年第7期。

姚凯：《自我效能感研究综述——组织行为学发展的新趋势》，载《管理学报》，2008年第3期。

姚云霞，管卫华，李在军：《江苏省入境旅游流的时空演变及影响因素分析》，载《旅游科学》，2016年第5期。

殷平，杨寒胭，张同颢：《高铁网与京津冀旅游：空间作用与结构演化》，载《旅游学刊》，2019年第3期。

殷平：《高铁与区域旅游新格局构建——以郑西高铁为例》，载《旅游学刊》，2012年第12期。

殷平：《高铁与旅游业：成果评述与经验启示》，载《旅游学刊》，2012年第6期。

于秋阳，冯学刚，范槊：《基于DEA模型的长三角旅游产业效率差异的评价与对策研究》，载《经济论坛》，2009年第22期。

于秋阳：《基于SEM的高铁时代出游行为机理测度模型研究》，载《华东师范大学学报（哲学社会科学版）》，2012年第3期。

俞路，赵佳敏：《京沪高铁对沿线城市地区间溢出效应的研究——基于2005—2013年地级市面板数据》，载《世界地理研究》，2019年第1期。

詹军：《长江三角洲城市群旅游经济差异及影响因素研究》，载《世界地理研究》，2018年第3期。

湛泳，田知敏慧：《高铁对居民消费的空间溢出效应研究》，载《消费经济》，2020年第2期。

张驰，郑晓杰，王凤彬：《定性比较分析法在管理学构型研究中的应用：述评与展望》，载《外国经济与管理》，2017年第4期。

张广海，赵金金：《我国交通基础设施对区域旅游经济发展影响的空间计量研究》，载《经济管理》，2015年第7期。

张昊民，何奇学：《高管薪酬激励与组织绩效：基于管理者过度自信的"遮掩效应"》，载《现代财经（天津财经大学学报）》，2017年第6期。

张洪，石婷婷，鲍涵：《中国5A级旅游景区空间结构特征研究》，载《华侨大学学报（哲学社会科学版）》，2019年第4期。

张军扩，侯永志，刘培林等：《高质量发展的目标要求和战略路径》，载《管理世界》，2019年第7期。

张克中，陶东杰：《交通基础设施的经济分布效应——来自高铁开通的证据》，载《经济学动态》，2016年第6期。

张莉，朱长宁，曹莉娜：《沪宁城际高铁对区域可达性的影响研究》，载《铁道运输与经济》，2013年第1期。

张淼丰：《知识经济的可持续发展含义》，载《理论导刊》，2000年第3期。

张品:《"获得感"的理论内涵及当代价值》,载《河南理工大学学报(社会科学版)》,2016年第4期。

张茜,赵鑫:《交通基础设施及其跨区域溢出效应对旅游业的影响——基于星级酒店、旅行社、景区的数据》,载《经济管理》,2018年第4期。

张书明等:《高铁影响区域旅游产业发展的机制与效果分析》,载《东岳论丛》,2013年第10期。

张甜歌,吴晋峰,石晓腾等:《"轮毂"模型:城市自驾旅游者的出游空间结构——以北京、西安、武汉为例》,载《地理研究》,2020年第8期。

张文新,刘欣欣,杨春志等:《城际高铁对城市旅游客流的影响——以南京市为例》,载《经济地理》,2013年第7期。

张晓梅,程绍文,李照红:《长江经济带入境旅游经济的时空差异分析》,载《华中师范大学学报(自然科学版)》,2016年第5期。

张学良:《中国交通基础设施促进了区域经济增长吗:兼论交通基础设施的空间溢出效应》,载《中国社会科学》,2012年第3期。

张应语,封燕:《社会网络分析回顾与研究进展》,载《科学决策》,2019年第12期。

张佑印,马耀峰,顾静:《北京间接入境聚集旅游流流势时空演化规律研究》,载《旅游学刊》,2011年第10期。

张宇等:《高铁对旅游消费行为的影响——基于四川市场的分析》,载《商业经济研究》,2019年第3期。

张书明,王晓文,王树恩:《高铁影响区域旅游产业发展的机制与效果分析》,载《东岳论丛》,2013年第10期。

张苑:《贵广高铁经济带发展规划出台》,载《城市轨道交通研究》,2017年第7期。

章素珍:《意向和行动:逻辑关系还是因果关系?——冯·赖特之

逻辑关系论证》，载《华东师范大学学报（哲学社会科学版）》，2014年第1期。

赵金金：《基于交通可达性的山东省旅游经济空间格局研究》，载《资源开发与市场》，2016年第10期。

赵金金：《中国区域旅游经济增长的影响因素及其空间溢出效应研究——基于空间杜宾面板模型》，载《软科学》，2016年第10期。

赵磊，方成，吴向明：《旅游发展、空间溢出与经济增长——来自中国的经验证据》，载《旅游学刊》，2014年第5期。

赵磊：《中国旅游全要素生产率差异与收敛实证研究》，载《旅游学刊》，2013年第11期。

赵松松，王兆峰：《区域旅游发展规模与效率时空动态演化及耦合研究——以湖南省14地市（州）为例》，载《长江流域资源与环境》，2019年第10期。

郑方辉，刘畅：《国家治理绩效：概念内涵与评价维度——兼议新冠肺炎抗疫中的国家治理体系和治理能力》，载《理论探讨》，2020年第3期。

郑新业，王晗，赵益卓：《"省直管县"能促进经济增长吗？——双重差分方法》，载《管理世界》，2011年第8期。

钟业喜，黄洁，文玉钊：《高铁对中国城市可达性格局的影响分析》，载《地理科学》，2015年第4期。

周强，薛海燕，马效：《旅游产业发展影响因素的区域差异研究——基于中国省际面板数据的分析》，载《城市发展研究》，2018年第1期。

周世强：《生态旅游与自然保护、社区发展相协调的旅游行为途径》，载《旅游学刊》，1998年第4期。

朱承亮，岳宏志，严汉平等：《基于随机前沿生产函数的我国区域旅游产业效率研究》，载《旅游学刊》，2009年第12期。

朱竑，吴旗韬：《中国省际及主要旅游城市旅游规模》，载《地理学报》，2005 年第 6 期。

朱桃杏：《新型轨道交通条件下都市旅游圈旅游发展特征研究》，北京：科学出版社 2017 年版。

左冰，保继刚：《1992—2005 年中国旅游业全要素生产率及省际差异》，载《地理学报》，2008 年第 4 期。

左冰：《中国旅游产出乘数及就业乘数的初步测算》，载《云南财贸学院学报》，2002 年第 6 期。

左冰：《中国旅游经济增长因素及其贡献度分析》，载《商业经济与管理》，2011 年第 10 期。

左晓斯，李钰：《现代性、逃避主义与后现代旅游》，载《思想战线》，2009 年第 5 期。

［美］霍金斯，［美］马瑟斯博：《消费者行为学》，符国群，吴振阳译，北京：机械工业出版社 2011 年版。

［美］道格拉斯·C. 诺思：《制度、制度变迁与经济绩效》，上海：格致出版社 2008 年版。

［英］迈克·费瑟尔斯通：《消费文化与后现代主义》，刘精明译，南京：译林出版社 2000 年版。

［英］麦克·J. 斯特布勒等：《旅游经济学》（第二版），林虹译，北京：商务印书馆 2015 年版。

［美］艾萨德：《区位与空间经济》，杨开忠译，北京：北京大学出版社 2011 年版。

Aacher, B. "Importance of tourism for the economy of Bermuda", *Annals of Tourism Research*, Vol. 22, No. 4, 1995, pp. 918 – 930.

Aiken, L. S., West S. G. *Multiple Regression: Testing and Interpreting Interactions*. CA: Sage, 1991.

Alperovich, G. A. "The size distribution of cities: on the empirical validity of the rank-size rule". *Journal of Urban Economics*, Vol. 16, No. 2, 1984, pp. 232 – 239.

Anderson, J. C. & D. W. Gerbing. "Structural equation modeling in practice: A review and recommended two-step approach", *Psychological Bulletin*, Vol. 103, No. 3, 1988, pp. 411 – 423.

Anderson, R. I. & M. Fish, Y. Xia, et al. "Measuring efficiency in the hotel industry: A stochastic frontier approach", *International Journal of Hospitality Management*, Vol. 18, No. 1, 1999, pp. 0 – 57.

Andreas, Papatheodorou. "Exploring the evolution of tourism resorts", *Annals of Tourism Research*, Vol. 31, No. 1, 2004, pp. 219 – 237.

Andriotis, K. "Researching the Development Gap Between the Hinterland and the Coast: Evidence from the Island of Crete", *Tourism Management*, Vol. 27, No. 4, 2006, pp. 629 – 639.

Anselin, Luc. *Spatial Econometrics: Methods and Models*. Springer Netherlands, 1988, pp. 310 – 330.

Arbia, Giuseppe & H. P. Paelinck Jean. "Spatial econometric modeling of regional convergence in continuous time", *International Regional Science Review*, Vol. 26, No. 3, 2003, pp. 342 – 362.

Assaf, A. G. "Benchmarking the Asia Pacific tourism industry: A bayesian combination of DEA and stochastic frontie", *Tourism Management*, Vol. 33, No. 5, 2012, pp. 1122 – 1127.

Baker, Wayne E. "Market networks and corporate behavior", *American Journal of Sociology*, Vol. 96, No. 3, 1990, pp. 589 – 625.

Baker, Wayne E. "Three-dimensional blockmodels", *Journal of Mathematical Sociology*, Vol. 12, No. 2, 1986, pp. 191 – 223.

Bandura, Albert. *Self-Efficacy: The Exercise of Control*. New York: Freeman, 1997.

参考文献

Banker, R. D. , A. Charnes & W. W. Cooper, "Some models for the estimation of technical and scale inefficiencies in data envelopment analysis", *Management Science*, Vol. 30, No. 9, 1984, pp. 1078 – 1092.

Baron, R. M. and D. A. Kenny. "The moderator-mediator variable distinction in social psychological research: Conceptual, strategic, and statistical considerations", *Journal of Personality and Social Psychology*, Vol. 51, No. 6, 1986, pp. 1173 – 1182.

Berechman, J. , D. Ozmen and K. Ozbay. "Empirical analysis of transportation investment and economic development at state, county and municipality levels", *Transportation*, Vol. 33, No. 3, 2006, pp. 537 – 551.

Beritelli, P. "Cooperation among prominent actors in a tourist destination", *Annals of Tourism Research*, Vol. 38, No. 2, 2011, pp. 607 – 629.

Bertolini, L. Nodes and places: "Complexities of railway station redevelopment", *European Planning Studies*, Vol. 4, No. 3, 1996, pp. 331 – 345.

Brumbrach, A. *Performance Management*. London: The Cromwell Press, 1998.

Cárdenas, J. "Varieties of corporate networks: Network analysis and fsQCA", *International Journal of Comparative Sociology*, Vol. 53, No. 4, 2012, pp. 298 – 322.

Chandra, S. , S. Vadali. "Evaluating accessibility impacts of the proposed America 2050 high-speed rail corridor for the Appalachian Region", *Journal of Transport Geography*, Vol. 37, No. 5, 2014, pp. 28 – 46.

Charles, K. N. , S. Paul. "Competition, privatization and productive efficiency: Evidence from the airline industry". *The Economic Journal*, Vol. 111, No. 473, 2001, pp. 591 – 619.

Chen, Z. , J. Xue & A. Z. Rose, et al. , "The impact of high-speed rail investment on economic and environmental change in China: A dynamic CGE analysis", *Transportation Research Part A Policy & Practice*, Vol. 92, October 2016, pp. 232 –245.

Cheng, Y. S., Loo B. P. & R. Vickerman. "High-speed rail networks, economic integration and regional specialization in China and Europe", *Journal of Environmental Sciences*, Vol. 2, No. 1, 2015, pp. 171 –176.

Chew, J. "Transport and tourism in the year 2000", *Tourism Management*, Vol. 5, No. 2, 1987, pp. 83 –85.

Chi-Chuan Lue, John L. Crompton, Daniel R. Fesenmaier. "Conceptualization of multi-destination pleasure trips". *Annals of Tourism Research*, Vol. 20, No. 2, 1993, pp. 289 –301.

Chou, S. Y., J. M. Pearson. "Organizational citizenship behavior in IT professionals: An expectancy theory approach", *Management Research Review*, Vol. 35, No. 12, 2012, pp. 1170 –1186.

Cliff, A. D. and J. K. Ord. *Spatial Autocorrelation.* London: Pion, 1973.

Clift, S., S. Forrest. "Gay menand tourism: Destination sand holiday motivations", *Tourism Management*, Vol. 20, No. 5, 1999, pp. 615 –625.

Codurasa, A., J. A. Clemente & J. Ruiz. "A novel application of fuzzy-set qualitative comparative analysis to GEM data", *Journal of Business Research*, Vol. 69, No. 4, 2016, pp. 1265 –1270.

Coto-Millan, P., V. Inglada & B. Rey. "Effects of network economies in High-speed Rail: the Spanish case", *Annals of Regional Science*, Vol. 41, No. 4, 2007, pp. 911 –925.

Cohen, J., C. M. Paul. "Public infrastructure investment, interstate spatial spillovers, and manufacturing costs", *Review of Economics and Statistics*, Vol. 86, No. 3, 2004, pp. 551 –560.

Crouch, G. I. "Demand elasticities for short-haul versus long-haul tourism", *Journal of Travel Research*, Vol. 33, No. 2, 1994, pp. 2 –7.

David Frost & Jim Steer. "High speeds, high time the business case for high speed rail", *London: British Chambers of Commerce*, Vol. 11, 2009, pp. 1 – 25.

de Rojas, C. & C. Camarero. "Visitors' experience, mood and satisfaction in a heritage context: Evidence from an interpretation center", *Tourism Management*, Vol. 29, No. 3, 2008, pp. 525 – 537.

De-gen Wang, Yu Niu, Jia Qian. "Evolution and optimization of China's urban tourism spatial structure: A high speed rail perspective", *Tourism Management*, Vol. 64, February 2018, pp. 218 – 232.

Delaplace M., F. Pagliara, J. Perrin & S. Mermet. "Can high speed rail foster the choice of destination for tourism purpose?", *Procedia-Social and Behavioral Sciences*, Vol. 111, No. 5, 2014, pp. 166 – 175.

Denicolai, S., G. Cioccarelli, A. Zucchella. "Resource based local development and networked core competencies for tourism excellence", *Tourism Management*, Vol. 31, No. 2, 2010, pp. 260 – 266.

Duggal, V. G., C. Saltzman & L. R. Klein. "Infrastructure and Productivity: an Extension to Private Infrastructure and it Productivity", *Journal of Econometrics*, Vol. 140, No. 1, 2007, pp. 485 – 502.

Edwards, J. R. and L. S. Lambert. "Methods for integrating moderation and mediation: A general analytical framework using moderated path analysis", *Psychological Methods*, Vol. 12, No. 1, 2007, pp. 1 – 22.

Fare, R. & S. Groskopf, C. Lovell, *Production Frontiers*. London: Cambridge University Press, 1994.

Fiss, P. C. "Building better causal theories: A fuzzy set approach to typologies in organization research", *Academy of Management Journal*, Vol. 54, No. 2, 2011, pp. 393 – 420.

Fiss, P. C. "A set-theoretic approach to organizational configurations",

Academy of Management Review, Vol. 32, No. 4, 2007, pp. 1180 – 1198.

Fridh, O. "Perspectives for a future high-speed train in the Swedish domestic travel market", *Journal of Transport Geography*, Vol. 16, No. 4, 2008, pp. 268 – 277.

Friedman, J. R. *Regional Eevelopment Policy: A Case Study of Venezuela.* Cambridge: MIT Press, 1966.

Fröidh, O. "Market effects of regional high-speed trains on the svealand line", *Journal of Transport Geography*, Vol. 13, No. 4, 2005, pp. 352 – 361.

Gao, Y. Y., W. Su and K. N. Wang. "Does high-speed rail boost tourism growth? New evidence from China", *Tourism Management*, Vol. 72, June 2019, pp. 220 – 231.

Gutiérrez, J. "Location economic potential and daily accessibility: An analysis of the accessibility impact of the high-speed line Madrid-Barcelona-French Border", *Journal of Transport Geography*, Vol. 9, No. 4, 2001, pp. 229 – 242.

Garmendia, M., J. M. Ureña, J. M. Coronado. "Long-distance trips in a sparsely populated region: The impact of high-speed infrastructures", *Journal of Transport Geography*, Vol. 19, No. 4, July 2011, pp. 537 – 551.

Gearing, C. E., W. W. Swart and T. Var. "Establishing a measure of touristic attractiveness", *Journal of Travel Research*, Vol. 12, April 1974, pp. 1 – 8.

Geurs, K., B. Wee. "Accessibility evaluation of land-use and transport strategies review and research directions", *Journal of Transport Geography*, Vol. 12, No. 2, 2004, pp. 127 – 140.

Gist, M. E. "Self-Efficacy: toward: Implications for organizational behavior and human resource management", *Academy of Management Review*, Vol. 12, No. 3, 1987, pp. 472 – 485.

Givoni, M. "Development and impact of the modern high-speed train: A review", *Transport Reviews*, Vol. 26, No. 5, 2006, pp. 593 – 611.

Gomez, G., J. Gutiérrez & R. González. "The European high-speed train network: predicted effects on accessibility patterns", *Journal of Transport Geography*, Vol. 4, No. 4, 1996, pp. 227 – 238.

Greckhamer, T. "Cross-cultural differences in compensation level and inequality across occupations: A set-theoretic analysis", *Organization Studies*, Vol. 32, No. 1, 2011, pp. 85 – 115.

Gunn, C. A. and T. Var. *Tourism Planning: Basics Concepts Cases* (4th ed.). New York: Routledge, 2002.

Gutierrez, J., R. Gonzalez & G. Gomez. "The European high-speed train network: Predicted effects on accessibility patterns", *Journal of Transport Geography*, Vol. 4, No. 4, 1996, pp. 227 – 238.

Gutierrez, J. "Location, economic potential and daily accessibility: An analysis of the accessibility impact of the high-speed line Madrid-Barcelona-French border", *Journal of Transport Geography*, Vol. 9, No. 4, 2001, pp. 229 – 242.

Hall, P. "Magic carpets and seamless webs: opportunities and constraints for high-speed trains in Europe", *Built Environment*, Vol. 35, No. 1, 2009, pp. 59 – 69.

Hansen, W. G. "How accessibility shapes land-use", *Journal of the American Institute of Planners*, Vol. 25, No. 2, 1959, pp. 73 – 76.

Harman, R. "High-speed Trains and the Development and Regeneration of Cities", *London: Green Gauge*, Vol. 21, No. 6, 2006, pp. 5 – 126.

Haughwout, A. F. "Public infrastructure investments, productivity and welfare in fixed geographic areas", *Journal of Public Economics*, Vol. 83, No. 2, 2002, pp. 405 – 428.

Héctor, S., Martínez Sánchez-Mateos, Givoni M. "The accessibility impact of a new High-speed rail line in the UK—A preliminary analysis of winners and losers", *Journal of Transport Geography*, Vol. 25, No. 9, 2012, pp. 105 - 114.

Higgs, B., M. J. Polonsky & M. Hollick. "Measuring expectations: Forecast vs. ideal expectations. Does it really matter?", *Journal of Retailing and Consumer Services*, Vol. 12, No. 1, 2005, pp. 49 - 64.

Holtz-Eakin, D., A. E. Schwartz. "Spatial productivity spillovers from public infrastructure", *International Tax and Public Finance*, Vol. 31, No. 2, 1995, pp. 459 - 468.

Horner, A. "Changing rail travel times and time-space adjustments in Europe", *Geography*, Vol. 85, No. 1, 2000, pp. 56 - 68.

Huang, Q. F. and Y. Q. Lu. "Generational perspective on consumer behavior: China's potential outbound tourist market", *Tourism Management Perspectives*, Vol. 24, No. 10, 2017, pp. 7 - 15.

Hulten, C. R., E. Bennathan. "Transport infrastructure, productivity and externalities", Working Paper prepared for the 132nd Round Table of the European Conference of Ministers of Transport, 2004.

Ian Munt. "The 'other' postmodern tourism: Culture, travel and the new middle class", *Theory, Culture and Society*, Vol. 11, No. 3, 1994, pp. 101 - 123.

Jackson, J. "Developing regional tourism in China: The potential for activating business clusters in a socialist market economy", *Tourism Management*, Vol. 27, No. 4, 2006, pp. 695 - 706.

JAI Baidal. "Regional development policies: An assessment of their evolution and effects on the Spanish tourist model", *Tourism Management*, Vol. 24, No. 6, 2003, pp. 655 - 663.

James Le Sage, R. Kelley Pace. *Introduction to Spatial Econometrics*. London: CRC Press of Taylor & Francis Group, 2009.

Javier Gutierrez. "Location, economic potential and daily accessibility: An analysis of the accessibility impact of the high-speed line Madrid-Barcelona-French border", *Journal of Transport Geography*, Vol. 9, No. 4, 2001, pp. 229 – 242.

Jefferson, M. "The law of the primate city", *Geographical Review*, Vol. 29, No. 2, 1939, pp. 226 – 232.

Jorge M. Andraz, Nélia M. Norte & Hugo S. Gonçalves. "Do tourism spillovers matter in regional economic analysis? An application to Portugal", *Tourism Economics*, Vol. 22, No. 5, 2016, pp. 939 – 963.

José, M. U., P. Menerault, M. Garmendia. "The high-speed rail challenge for big intermediate cities: A national, regional and local perspective", *Cities*, Vol. 26, No. 5, 2009, pp. 266 – 279.

Judge, W. Q., S. Fainshmidt, Brown Ⅲ J. L. "Which model of capitalism best delivers both wealth and equality", *Journal of International Business Studies*, Vol. 45, No. 4, 2014, pp. 363 – 386.

Kaul, R. N. *Dynamics of Tourism: A Trilogy Transportation and Marketing*. New Delhi: Sterling Publishers, 1985.

Ke, X., H. Chen, Y. Hong, et al., "Do China's high-speed-rail projects promote local economy? —New evidence from a panel data approach", *China Economic Review*, Vol. 44, July 2017, pp. 203 – 226.

Khadaroo, J., B. Seetanah. "The role of transport infrastructure in international tourism development: A gravity model approach", *Tourism Management*, Vol. 29, No. 5, 2008, pp. 831 – 840.

Kim, S. S., B. Prideaux & D. Timothy. "Factors affecting bilateral Chinese and Japanese travel", *Annals of Tourism Research*, Vol. 61, No. 11,

2016, pp. 80 – 95.

Kôksal, C. D., A. A. Aksu. "Efficiency evaluation of a-group travel agencies with data envelopment analysis (DEA): A case study in the Antalya Region, Turkey", *Tourism Management*. Vol. 28, No. 3, 2007, pp. 830 – 834.

Komei, S., T. Ohashi & A. Ando. "High-speed rail transit impact on regional systems: Does the shinkansen contribute to dispersion", *The Annals of Regional Science*, Vol. 31, No. 1, 1997, pp. 77 – 98.

Konstantinos Eleftheriou, Evangelos Sambracos. "Tourism-growth nexus and spatial spillovers: Evidence from Greece", *Tourism Economics*, Vol. 25, No. 2, 2019, pp. 297 – 302.

Krugman, P. "Increasing returns and economic geography", *Journal of Political Economy*, Vol. 99, No. 3, 1991, pp. 483 – 499.

Lee, C. K., S. Y. Han. "Estimating the use and preservation values of national parks tourism resources using a contingent valuation method", *Tourism Management*. Vol. 23, No. 5, 2002, pp. 531 – 540.

Lee, M. J. *Matching, Regression Discontinuity, Difference in Difference, and Beyond*, Oxford: Oxford University Press, 2016.

Leiper, N. *Tourism Management*. Collingwood, VIC: TAFE Publications, 1995.

Leiper, N. "Towards a cohesive curriculum in tourism: The case for a distinct discipline", *Annals of Tourism Research*, Vol. 8, No. 1, 1981, pp. 69 – 84.

Levinson, D. M. "Accessibility impacts of high-speed rail", *Journal of Transport Geography*. Vol. 22, No. 5, 2012, pp. 288 – 291.

Lew, A., B. Mckercher. "Modeling tourist movements: A local destination analysis", *Annals of Tourism Research*, Vol. 33, No. 2, 2006, pp. 403 – 423.

Li, X. M. , L. X. , S. Hudson. "The application of generational theory to tourism consumer behavior: An American perspective", *Tourism Management*, Vol. 37, No. 8, 2013, pp. 147 – 164.

Liu, B. , S. S. Huang & H. Fu. "An application of network analysis on tourist attractions: The case of Xinjiang, China", *Tourism Management*, Vol. 58, February 2017, pp. 132 – 141.

Lopez-Pita, A. , F. Robuste. "Impact of high-speed lines in relation to very high frequency air services", *Journal of Public Transportation*, Vol. 8, No. 2, 2005, pp. 17 – 36.

Luca, B. "Nodes and places: Complexities of railway station redevelopment", *European Planning Studies*, Vol. 4, No. 3, 1996, pp. 331 – 345.

MacKinnon D. P, J. L. Krull & C. M. Lockwood. "Equivalence of the mediation, confounding and suppression effect", *Prevention Science*, Vol. 1, No. 4, 2000, pp. 173 – 181.

Martin, C. A. & S. F. Witt. "Substitute prices in models of tourism demand", *Annals of Tourism Research*, Vol. 15, No. 2, 1988, pp. 255 – 268.

Martins, L. F. , G. Yi, A. Ferreira-Lopes. "An empirical analysis of the influence of macroeconomic determinants on world tourism demand", *Tourism Management*, Vol. 61, August 2017, (61): 248 – 260.

Masson, S. , R. Petiot. "Can the high-speed rail reinforce tourism attractiveness? The case of the high-speed rail between Perpignan (France) and Barcelona (Spain)", *Technovation*, Vol. 29, No. 9, 2009, pp. 611 – 617.

Milne, S. "Tourism and development in south pacific microstates", *Annals of Tourism Research*, Vol. 19, No. 2, 1992, pp. 191 – 212.

Murphy, P. E. , B. Andressen. "Tourism development on Vancouver Island: An assessment of the core-periphery model", *The Professional Geographer*, Vol. 40, No. 1, 1988, p. 32.

Murphy, Pritchard, Smith. "The destination product and its impact on traveler perceptions", *Tourism Management*, Vol. 21, No. 1, 2000, pp. 43 – 52.

Nanni, A. etc., "Integrated assessment of traffic impact in an Alpine region", *Science of The Total Environment*, Vol. 334 – 335, 2004, pp. 465 – 71.

Nelson, R. and G. Wall. "Transport and accommodation changing interrelation ships on Vancouver Island", *Annals of Tourism Research*, Vol. 13, No. 2, 1986, pp. 239 – 260.

Niccolò Comerio, Fausto Pacicco, Massimiliano Serati. "An analysis of sub-national tourism in Japan: Tourist and economic spillovers and their determinants", *Annals of Tourism Research*, Elsevier, Vol. 85, 2020, pp. 1 – 4.

Nordin, S. *Tourism clustering & Innovation: Paths to Economic Growth & Development. östersund*, Sweden: European Tourism Research Institute, Mid-Sweden University, 2014.

Oskar Fröidh. "Market effects of regional high-speed trains on the Svealand line", *Journal of Transport Geography*, Vol. 13, No. 4, 2005, pp. 352 – 361.

Páez, A., D. M. Scott, C. Morency. "Measuring accessibility: Positive and normative implementations of various accessibility indicators", *Journal of Transport Geography*, Vol. 25, No. 11, 2012, pp. 141 – 153.

Pagliara, F., F. Mauriello, and A. Garofalo. "Exploring the interdependences between high speed rail systems and tourism: Some evidence from Italy", *Transportation Research Part A: Policy and Practice*, Vol. 106, December 2017, pp. 300 – 308.

Palomero, A. G., Ò. S. Borraz & S. A. Clavé. "High-speed rail and tourism destination choice: The role and significance of the Camp de Tarragona station for passengers visiting the Costa Daurada", *Boletín de la Asociación de Geógrafos Españoles*, No. 76, 2018, pp. 479 – 503.

PaPatheodorou, A. "Exploring the evolution of tourism resorts", *Annals of Tourism Research*, Vol. 31, No. 1, 2004, pp. 219 – 237.

Peeters, P., E. Szimba, M. Duijnisveld. "Major environmental impacts of European tourist transport", *Journal of Transport Geography*, Vol. 15, No. 2, 2007, pp. 83 – 93.

Pearce, D. G. *Tourism Development*. Harlow: Longman, 1989, pp. 20 – 33.

Pearce, D. G. *Tourism Today: A Geographical Analysis*. Harlow: Longman, 1987, pp. 1 – 3, 5 – 19.

Pong Lung Lau, Tay T. R. Koo, Cheng-Lung Wu. "Spatial distribution of tourism activities: A polya urn process model of rank-size distribution", *Journal of Travel Research*, Vol. 59, No. 2, 2020, pp. 231 – 246.

Preston, J. and G. Wall. "The ex-ante and ex-post economic and social impacts of the introduction of high-speed trains in South East England", *Planning, Practice & Research*, Vol. 23, No. 3, 2008, pp. 403 – 422.

Prideaux, B. "Possible elects of new transport technologies on the tourism industry in the 21st century". Papers of the Australasian Transport Research Forum, Graduate School of Management. The University of Queensland, Vol. 18, 1993, pp. 245 – 248.

Prideaux, B. "The resort development spectrum—A new approach to modeling resort development", *Tourism Management*, Vol. 21, No. 3, 2000, pp. 225 – 240.

Prideaux, B. "The role of the transport system in destination development", *Tourism Management*, Vol. 21, No. 3, 2000, pp. 53 – 63.

Ragin, C., B. Rihoux: "Qualitative Comparative Analysis (QCA): State of the art and prospects", *Qualitative Methods*, Vol. 2, No. 2, 2004, pp. 3 – 13.

Ragin, C. *Comparative Method*: *Moving Beyond Qualitative and Quantitative Strategies*. University of California Press, 2014.

Ragin, C. *Redesigning Social Inquiry*: *Fuzzy Sets and Beyond*. University of Chicago Press, 2008.

Ragin, C. *The Comparative Method*: *Moving Beyond Qualitative and Quantitative Strategies*. Berkeley: University of California Press, 1989.

Ragin, C. "Set relations in social research: Evaluating their consistency and coverage", *Political Analysis*, Vol. 14, No. 3, 2006, pp. 291 – 310.

Raymond Y. C. Tse. "Estimating the impact of economic factors on tourism: Evidence from Hong Kong", *Tourism Economics*, Vol. 7, No. 3, 2001, pp. 277 – 293.

Reg Harman. "High speed trains and the development and regeneration of cities", *London*: *Green Gauge* 21, Vol. 6, 2006, pp. 5 – 126.

Ragin, C. *The Comparative Method*: *Moving Beyond Qualitative and Quantitative Strategies*. Berkeley: University of California Press, 1989, pp. 214 – 233.

Robert C. Mings, Kevin E. McHugh. "The spatial configuration of travel to Yellowstone National Park", *Journal of Travel Research*, Vol. 15, No. 3, 1992, pp. 38 – 46.

Robinson, H. *Geography of Tourism*. London: MacDonald and Evans, 1976, p. 98.

Sanchez, R. J., D. M. Truxillo, T. N. Bauer. "Development and examination of an expectancy-based measure of test-taking motivation", *Journal of Applied Psychology*, Vol. 85, No. 5, 2000, pp. 739 – 750.

Scott, N., R. Baggio, C. Cooper. *Network analysis and tourism*: *From theory to practice*. New York: Channel View Publications, 2008.

参考文献

Sean Randolph. *California high-speed rail economic benefits and impacts in the San Francisco Bay Area.* San Francisco: Bay Area Council Economic Institute, 2008, pp. 1 – 44.

Sharpley, R. "Tourism and sustainable development: Exploring the theoretical divide", *Journal of Sustainable Tourism*, Vol. 8, No. 1, 2000, pp. 1 – 19.

Sophie Masson, Romain Petiot. "Can the high speed rail reinforce tourism attractiveness? The case of the high-speed rail between Perpignan (France) and Barcelona (Spain)", *Technovation*, Vol. 29, No. 9, 2009, pp. 611 – 617.

Stefan Gössling, C. Michael Hall. "Uncertainties in predicting tourist flows under scenarios of climate change", *Climatic Change*, Vol. 79, No. 3, 2006, pp. 163 – 173.

Stephen, J. "Sustainability in tourism", *Annals of Tourism Research*, Vol. 20, 2002, pp. 302 – 318.

Stepniak, M., C. Jacobs-Crisioni. "Reducing the uncertainty induced by spatial aggregation in accessibility and spatial interaction applications", *Journal of Transport Geography*, Vol. 61, May 2017, pp. 17 – 29.

Stokke, O. S. "Qualitative comparative analysis, shaming, and international regime effectiveness", *Journal of Business Research*, Vol. 60, No. 5, 2007, pp. 501 – 511.

Strobl, A., M. Peters. "Entrepreneurial reputation in destination networks", *Annals of Tourism Research*, Vol. 40, January 2013, pp. 59 – 82.

Tarik, D., B. Umit. "Is tourism an engine for economic recovery? Theory and empirical evidence", *Tourism Management*, Vol. 67, No. 8, 2018, pp. 425 – 434.

Theobald, W. F. *The context, meaning and scope of tourism. In W. F.*

Global Tourism: The Next Decade. Oxford: Butterworth-Heinemann, 1994.

Twan Huybers. "Modelling short-break holiday destination choices", *Tourism Economics*, Vol. 9, No. 4, 2003, pp. 389 – 405.

Urena, J. M., P. Menerault, M. Garmendia. "The high-speed rail challenge for big intermediate cities: A national, regional and local perspective", *Cities.* Vol. 26, No. 5, 2009, pp. 266 – 279.

Uysal, M., J. L. Crompton. "Determinants of demand for international tourist flows to Turkey", *Tourism Management*, Vol. 5, No. 4, 1984, pp. 288 – 297.

Vickerman, R. "Can high-speed rail have a transformative effect on the economy?", *Transport Policy*, Vol. 62, February 2017, pp. 31 – 37.

Vladimír Baláz. "Japanese tourists in transition countries of Central Europe: present behaviour and future trends", *Tourism Management*, Vol. 19, No. 5, 1998, pp. 433 – 443.

Vroom, V. H. *Work and Motivation.* New York: Wiley, 1964.

Wang, S. S. and H. G. Xu. "Influence of place-based senses of distinctiveness, continuity, self-esteem and self-efficacy on residents' attitudes toward tourism", *Tourism Management*, Vol. 47, No. 4, 2015, pp. 241 – 250.

Wiendu Nuryanti. "Heritage and postmodern tourism", *Annals of Tourism Research*, Vol. 23, No. 2, 1996, pp. 249 – 260.

Wood, R. E., D. Cervone, N. Jiwani. "Goal setting and the differential influence of self-regulatory processes on complex decision-making performance", *Journal of Personality and Social Psychology*, Vol. 61, No. 2, 1991, pp. 257 – 266.

Xin Wang, Songshan Huang, Tongqian Zou, Hui Yan. "Effects of the high-speed rail network on China's regional tourism development", *Tourism Management Perspectives*, Vol. 1, January 2012, pp. 34 – 38.

Yang, L. , X. Zhou, L. Tao, et al. , "The economic impact of chronic disease in rural China", IHEA 2007 6th World Congress: Explorations in Health Economics Paper, 2007.

Yoo Ri Kim, Allan M. Williams, Sangwon Park, et al. , "Spatial spillovers of agglomeration economies and productivity in the tourism industry: The case of the UK", *Tourism Management*, Vol. 82, February 2021, pp. 1 – 13.

Yua, M. and F. Wei. "Accessibility impact of future high speed rail corridor on the piedmont Atlantic megaregion", *Journal of Transport Geography*, Vol. 73, December 2018, pp. 1 – 12.

Yung-Hsiang Cheng. "High-speed rail in Taiwan: New experience and issues for future development", Vol. 10, *Transport Policy*, 2009, pp. 1 – 13.

Zhang, W. X. , P. H. Nian and G. W. Lyu. "A multimodal approach to assessing accessibility of a high-speed railway station", *Journal of Transport Geography*, Vol. 54, June 2016, pp. 91 – 101.

后　记

当我终于在键盘上敲下"后记"二字时，心中如释重负。本书是课题负责人 2017 年国家社科基金一般项目的最终成果。本课题从立项至今已整整三年有余，虽然课题负责人有工科出身的背景，但重拾经济学的定量研究，仍甚感压力。非常幸运的是有一个团结的课题组，并在社会各界的帮助下，完成了本研究，形成了 40 余万字的最终研究成果，甚感欣慰！

本课题的选题具有偶然性。2014 年底，课题负责人坐上前往广州的高铁（贵广高铁），当窗外的山水飞速在眼前越过，列车上的电子显示屏的数字跳到 298 公里/小时，原本需要近 20 小时的车程（普通列车），我们 4 小时到达了目的地，不得不发出："高铁改变了我们的时空观""高铁时代未来旅游业发展不可限量"的感叹。2015 年，课题负责人应贵州省旅游局的委托，主持了横向软科学课题《贵广高铁对贵州省旅游业发展的影响研究》，由于当时课题时间所限，只从量上简单探讨了高铁发展对旅游业的影响。结题后，课题负责人掩面深思，高铁作为一种新型的交通工具，必将对旅游业产生深刻的影响，而地处中国西部民族地区旅游资源如此之丰富，高铁发展必将带动民族地区旅游业的腾飞。然而，软科学课题研究让我们看到的只是对旅游业影响的表面，其深入的影响机制、影响效果的测度以及其动力机制都值得进一步探讨。2016

后 记

年年底，当我第一个国家社科基金课题结题后，并将此思考付诸在国家社科基金项目的申报书上，幸运的是本课题获得了专家的认可，并最终获得了立项。

本书的完成，我们做了大量的调研工作及数据采集工作。首先，是问卷调研工作。2018年暑假，课题组利用暑假时间，成立了三个调查组，先后奔赴贵州、广西、云南三地的主要旅游景区和高铁站进行调研，发放问卷千余份，访谈200余人。其次，是数据收集工作。由于本课题核心内容皆为定量研究，需要大量的面板数据，但鉴于我国目前的统计制度，在省一级行政区划中，相应的数据获取较为容易（对应官方网站公开发布的数据），但是到地市州一级，数据获取却非常困难，课题组不得已采取信函、电话、实地调查获取等手段，与三省39个市州的统计局、旅游局以及三省的省级统计局、旅游局、图书馆进行联系获取。但即便如此，仍有部分市州由于统计缺失，无法提供相应的数据。因此，在研究过程中，对部分变量不得不舍弃或者采取相关数据衡量。

本书的研究框架，也花费了近两年时间进行调整。本课题在立项之初，拟只探讨高铁发展对三省旅游经济绩效的影响以及其空间效应，课题经过两轮专家论证会，大部分专家指出，如仅把研究重点发到对绩效的影响及评价上，显得本课题研究甚为单薄，同时四川大学王挺之教授指出，"高铁发展对区域旅游经济的影响是具有系统性的，绩效只是高铁发展对旅游经济影响的结果，而欲有效厘清高铁对区域旅游经济的影响机制，必须从高铁发展对区域旅游经济的影响过程的角度入手"。最终，课题组经过若干次讨论，接受了开题论证会专家建议，构建起了"高铁与旅游者""高铁与旅游可达性""高铁与旅游经济绩效"和"高铁与旅游空间结构"四维度空间效应分析框架，来系统的探讨高铁发展对区域旅游经济的影响并进行空间效应测度。最后形成研究框架后，再次征求了两次论证专家的意见，获得了大部分专家的认同。

本书是集体智慧的研究成果。感谢有一个团结、认真负责的课题

组,他们分别是来自贵州财经大学的雷蓉副教授、贵州商学院的曾绍伦教授、广西财经大学的马东跃博士、云南开放大学的王永志教授以及贵州财经大学的何静老师;感谢所有参与课题研究的我的学生们,他们分别是博士研究生何芙蓉、左文超,硕士研究生李娅南(现工作于齐鲁理工学院)、郭冰洁、舒心、黄俊、黄欣等!同时感谢两次参加本课题论证的专家们,分别是来自四川大学的王挺之教授;中南财经政法大学的邓爱民教授;贵州大学的李锦宏教授;贵州师范学院的李乐京教授。

本书的问卷调查部分,得到了黄果树旅游景区、云南丽江古城、广西桂林景区等管委会领导的支持;还得到了贵州高铁北站、云南高铁南站以及桂林高铁站相关领导的支持,使得问卷调查得以顺利进行,在此表示衷心感谢!研究数据的获取,得到了贵州、云南以及广西三省的旅游和文化厅、统计局以及省图书馆相关领导的支持,地市州数据获得了对应文化和旅游部门以及统计部门的支持,大多数领导都未曾谋面,只鉴于一纸信函、一个电话皆提供了无私帮助。

在本书的撰写过程中,我们曾参阅了数以千计的文献资料,广泛吸收了他们的思想观点,限于篇幅,书中只能部分列举。在此谨向所有对本课题研究与本成果撰写提供过有参考价值的文献的作者和对本课题予以支持、帮助的朋友们表示由衷的谢意。

感谢我现工作单位的肖小虹教授,也是我工作上的直接领导,是她在我人生遇到最大困难时,给予了无私帮助,让我走出了人生困境,也让我有更多的精力投入本课题的研究。

感谢我的家人,特别是我妻子对我的支持和理解,没有她们在精神上的鼓励、生活上的照顾,我是不可能完成这一艰巨任务,对她们的感激无法用言语来表达。

本书写作的三年期间,是我人生中最困难的时期,先是在工作上遇到人生中从未遇到的世俗之烦扰,后是我最敬爱的、亲爱的父亲离我而去。提笔至此,不禁潸然泪下。在父亲生病住院期间,我不得不为此课

后　记

题进行长时间的外出调研，直到父亲离去，也没能在病榻前尽更多孝道，说上最后一句话。仰望苍穹，只有以此成果来纪念那远在天堂的父亲。

　　本书完成期间，中国旅游业遭遇突如其来百年未遇的公共危机事件——新冠肺炎疫情，给中国旅游业乃至世界旅游业带来了重创，旅游业进入了最艰难的发展时期。可喜的是，在以习近平同志为核心的党中央英明领导下，新冠肺炎疫情在我国得到了有效的控制，我国旅游业也基于其强劲的韧性开始复苏。在此，仅向在本次疫情中逝去的英灵和同胞表示哀悼；对本次疫情做出贡献的英雄们表示崇高的敬意！愿人类平安度过此浩劫，愿世界旅游业早日走出冬天的阴霾！

课题负责人：胡北明
2020.9.28 于花溪

附 录

附录一 关于游客乘坐高铁出游行为的调查量表

调查日期_____　　问卷编号：_____

尊敬的先生（女士）：

  您好！

  我们是国家社科项目的一个课题组，正在开展"高铁对旅游消费者行为影响"研究，邀请您参与高铁与旅游发展的学术问卷调查。题目选项无对错之分，请您根据实际情况和您的真实想法在问卷每一选项后面的相应数字上打"√"。我们郑重承诺：问卷获取数据仅用于学术研究，将严格保密您的个人信息。衷心感谢您的参与和理解。

第一部分　基本信息

（请在每一题后面选择一项，在□中打"√"；此部分信息对研究很重要，请一定详细准确填写，绝对保密，请您放心，谢谢！）

1. 您的性别是
   - □ 男
   - □ 女
2. 您的年龄是：
   - □ 16 岁以下（含 16 岁）
   - □ 17—24 岁（含 24 岁）
   - □ 25—45 岁（含 45 岁）
   - □ 46—64 岁（含 64 岁）
   - □ 65 岁以上
3. 您的文化程度是：
   - □ 小学
   - □ 初中
   - □ 高中及中专
   - □ 专科
   - □ 本科
   - □ 硕士
   - □ 博士
4. 您的职业是：
   - □ 离退休人员
   - □ 公务员
   - □ 企事业管理人员
   - □ 服务销售人员
   - □ 专业技术人员（教师、会计师、律师等）
   - □ 私营企业主/个体户
   - □ 学生
   - □ 工人
   - □ 农民
   - □ 其他
5. 您的月收入大约为：
   - □ 4□2000 元及以下
   - □ 2000—2999 元
   - □ 3000—4999 元
   - □ 5000—7999 元

□8000 元以上

6. 您每年旅游支出占家庭总支出的比重

　　□ 5%及以下　　　　　　□ 6%—10%

　　□ 11%—15%　　　　　　□ 16%—20%

　　□ 21%及以上

7. 您所在的城市：（　　　）

8. 您经常乘坐的高铁区间是：_____—_____

9. 您每年乘坐高铁出行的次数

　　□ 1次及以下　　　　　　□ 2—5次

　　□ 6—10次　　　　　　　□ 10次及以上

10. 您乘坐高铁出游的目的是：

　　□ 探亲访友　　　　　　□ 观光游览

　　□ 商务会议　　　　　　□ 休闲疗养

　　□ 娱乐购物

第二部分　高铁出游期望

您对选乘高铁出游的期望：

　　（请在每题后面所列您认为合适的选项数字上打"√"，5表示非常同意，4表示同意，3表示一般，2表示不同意，1表示非常不同意）

题项	非常满意	同意	一般	不同意	非常不同意
HTE1 期望出行更快捷（节省旅途时间、增加游玩天数）	5	4	3	2	1
HTE2 期望价格更合理	5	4	3	2	1
HTE3 期望扩大旅游空间范围	5	4	3	2	1
HTE4 期望高铁加强城市交往的功能更强	5	4	3	2	1

(续表)

题项	非常满意	同意	一般	不同意	非常不同意
HTE5 期望能提升个人交通效率（高铁准时准点）	5	4	3	2	1
HTE6 期望服务条件优于其他交通方式	5	4	3	2	1
HTE7 期望安全性高于其他交通方式	5	4	3	2	1
HTE8 期望高铁出行绿色环保	5	4	3	2	1

第三部分　自我效能感

您关于乘坐高铁的相关能力状况：

题项	非常满意	同意	一般	不同意	非常不同意
SE1 我有足够的经济条件	5	4	3	2	1
SE2 我有足够的时间	5	4	3	2	1
SE3 我有足够的高铁信息获取源	5	4	3	2	1
SE4 我有良好的身体条件	5	4	3	2	1
SE5 即使别人反对我，我也能坚持自我	5	4	3	2	1

第四部分　游客获得感

您对选乘高铁出游之后的获得感、满意度：

题项	非常满意	同意	一般	不同意	非常不同意
VA1 高铁节省了我在途时间	5	4	3	2	1
VA2 高铁票价对我是比较适宜的且购票方便	5	4	3	2	1

(续表)

题项	非常满意	同意	一般	不同意	非常不同意
VA3 高铁增加了我区域外围旅游目的地选择的可能性	5	4	3	2	1
VA4 高铁增加了我在外游玩停留天数	5	4	3	2	1
VA5 高铁增加了我单次旅游选择景点的个数	5	4	3	2	1
VA6 一次出游可以到多个城市	5	4	3	2	1
VA7 高铁提升了我外出旅游体验质量	5	4	3	2	1
VA8 高铁出游满足了我绿色出行的需求	5	4	3	2	1

第五部分　选乘意愿

基于前两部分您对选乘高铁的意愿：

题项	非常满意	同意	一般	不同意	非常不同意
HTI1 无论去哪，只要有高铁我都会坐	5	4	3	2	1
HTI2 短途（4小时以内）会选择高铁，长途（4小时以外）会选择其他交通方式	5	4	3	2	1
HTI3 长途会选择高铁，短途会选择其他交通方式	5	4	3	2	1
HTI4 无论如何都不会首先选择坐高铁	5	4	3	2	1

第六部分 旅游决策行为

高铁对您旅游决策行为的影响：

题项	非常满意	同意	一般	不同意	非常不同意
DM1 我的出游意愿增强	5	4	3	2	1
DM2 我更愿意选择去有高铁的城市旅游	5	4	3	2	1
DM3 我会增加外出旅游次数	5	4	3	2	1
DM4 我会更愿意选择旅行社跟团旅游	5	4	3	2	1
DM5 我会更愿意选择家人朋友自助旅游	5	4	3	2	1
DM6 我会更愿意选择个人自助游					
DM7 我在一次旅游过程中会考虑多去几个地方	5	4	3	2	1
DM8 我会增加出游预算，安排更多的出行计划	5	4	3	2	1

第七部分 旅游消费行为

高铁对您旅游消费行为的影响：

题项	非常满意	同意	一般	不同意	非常不同意
CB1 旅游消费中，交通占我开支的大部分	5	4	3	2	1
CB2 旅游消费中，住宿占我开支的大部分	5	4	3	2	1

(续表)

题项	非常满意	同意	一般	不同意	非常不同意
CB3 旅游消费中，餐饮占我开支的大部分	5	4	3	2	1
CB4 旅游消费中，门票占我开支的大部分	5	4	3	2	1
CB5 旅游消费中，购物娱乐占我开支的大部分	5	4	3	2	1
CB6 我的总体旅游消费支出增加	5	4	3	2	1
CB7 我在选择旅游目的地时会优先考虑高铁沿线地区	5	4	3	2	1
CB8 双休日或节假日，我会选择在异地城市进行逛街、购物和娱乐等休闲活动	5	4	3	2	1

第八部分　时空行为

高铁对您旅游时间和空间选择的影响：

题项	非常满意	同意	一般	不同意	非常不同意
TS1 我一般选择法定节假日出游	5	4	3	2	1
TS2 我一般选择带薪休假出游	5	4	3	2	1
TS3 我一般选择周六日出游	5	4	3	2	1
TS4 我一次旅游在目的地停留时间更长	5	4	3	2	1
TS5 我一般选择城际出游	5	4	3	2	1
TS6 我一般选择省外出游	5	4	3	2	1
TS7 我会选择长时间（4小时以上）旅途的目的地	5	4	3	2	1
TS8 小长假我会选择近距离目的地	5	4	3	2	1

附录二 贵州省旅游基础数据

时间 地区	城市旅游收入（亿元）									
	2009	2010	2011	2012	2013	2014	2015	2016	2017	2018
贵阳市	243.28	318.7	427.06	555.18	705.07	860.19	1040.83	1389.51	1871.95	2456.56
六盘水市	17.25	22.6	30.28	39.37	49.99	60.99	73.8	124.65	200.49	301.06
遵义市	127.88	167.52	224.47	291.82	370.61	452.14	547.09	792.73	1143.2	1577.2
安顺市	88.44	115.85	155.24	201.81	256.3	312.69	378.35	545.96	764.67	1035.41
毕节市	73.06	95.71	128.45	166.72	211.73	258.31	312.56	444.46	641.71	937.12
铜仁市	56.14	73.54	98.55	128.11	162.7	198.5	240.18	347.3	517.93	743.97
黔西南州	32.76	42.92	57.51	74.76	94.94	115.83	140.15	226.21	342.5	509.01
黔东南州	90.5	118.56	158.87	206.53	262.29	319.99	387.19	553.68	777.75	937.23
黔南州	98.78	129.4	173.39	225.41	286.27	349.25	422.59	603.04	855.23	1066.54

时间 地区	地区生产总值（亿元）									
	2009	2010	2011	2012	2013	2014	2015	2016	2017	2018
贵阳市	972	1121.8	1383.07	1700.3	2085.42	2497.27	2891.16	3157.7	3537.96	3798.45
六盘水市	430.16	500.64	613.39	738.65	882.11	1042.73	1201.08	1313.7	1461.71	1525.69
遵义市	719.79	908.76	1121.16	1343.93	1584.67	1874.36	2168.34	2403.94	2748.59	3000.23
安顺市	180.41	232.92	285.55	352.62	429.16	520.06	625.41	701.35	802.46	849.4
毕节市	500.01	600.85	737.41	877.96	1041.93	1266.7	1461.35	1625.79	1841.61	1921.43
铜仁市	251.74	293.62	357.96	457.91	535.22	647.73	770.89	856.97	969.86	1066.52
黔西南州	274.83	307.13	375.48	462.3	558.91	670.96	801.65	929.14	1067.6	1163.77
黔东南州	269.73	312.57	383.63	477.75	585.64	701.71	811.55	939.05	972.18	1036.62
黔南州	302.63	356.68	443.6	533.34	645.54	801.75	902.91	1023.39	1160.59	1313.46

(续表)

时间 地区	旅游人数（万人次）									
	2009	2010	2011	2012	2013	2014	2015	2016	2017	2018
贵阳市	2498.96	3073.72	4026.57	4831.89	6039.86	7247.83	8479.96	11091.79	14877.54	18846.25
六盘水市	368.39	453.12	593.59	712.31	890.39	1068.47	1250.11	1901.41	3000.87	4231.53
遵义市	1833.58	2255.3	2954.45	3545.34	4431.67	5318.01	6222.07	8518.01	11879.7	15478.6
安顺市	1149.9	1414.38	1852.84	2223.41	2779.26	3335.11	3902.08	5408.28	7464.12	10122.73
毕节市	1206.49	1483.98	1944.01	2332.81	2916.01	3499.22	4094.08	5494.26	7740.87	10445.39
铜仁市	913.63	1123.76	1766.55	1766.55	2208.19	2649.83	3100.3	4455.13	6465.77	9094.93
黔西南州	562.39	691.74	906.19	1087.42	1359.28	1631.13	1908.43	2866.46	4303.92	6338.76
黔东南州	1434.74	1764.73	2311.79	2774.15	3467.69	4161.23	4868.64	6704.11	9351.53	10807.59
黔南州	1404.17	1727.13	2262.53	2715.04	3393.8	4072.56	4764.9	6708.98	9333.13	12111.81

时间 地区	年末常住人口数（万人）									
	2009	2010	2011	2012	2013	2014	2015	2016	2017	2018
贵阳市	423.12	432.93	439	445.17	452.19	455.6	462.18	469.68	480.2	488.19
六盘水市	287.96	285.43	285	285.9	287.45	288.2	288.99	290.69	292.41	293.73
遵义市	627.37	613.29	610	611.7	614.25	615.49	619.21	622.84	624.83	627.07
安顺市	235.14	230.04	228	228.34	230.05	230.81	231.35	232.86	234.44	235.31
毕节市	664.09	654.57	652	652.41	653.82	654.12	660.61	664.18	665.97	668.61
铜仁市	321.55	309.63	308	309.44	310.4	311.65	312.24	314.07	315.69	316.88
黔西南州	285.7	281.02	280	281.2	282.22	281.12	282.16	283.82	286	287.17
黔东南州	358.76	348.52	346	347.27	348.34	347.75	348.54	350.74	352.37	353.83
黔南州	333.3	323.51	321	322.64	323.5	323.3	324.22	326.12	328.09	329.21

附录三　广西壮族自治区旅游基础数据

时间\地区	城市旅游收入（亿元）									
	2009	2010	2011	2012	2013	2014	2015	2016	2017	2018
南宁市	181.69	238.57	312.40	403.89	478.15	608.79	742.53	918.67	1127.35	1387.54
柳州市	68.52	90.42	119.73	153.67	185.92	233.14	285.48	356.77	449.88	606.22
桂林市	126.92	168.3	218.34	276.87	348.48	432.07	517.33	637.3	971.76	1391.75
梧州市	36.76	51.58	66.82	83.93	103.61	127.24	158.11	197.69	245.75	349.55
北海市	51.66	68.64	87.74	112.34	139.94	176.03	222.86	288.04	368.62	504.43
防城港市	18.01	29.07	40.48	52.62	64.51	79.75	100.64	129.23	169.1	240.19
钦州市	21.50	27.60	40.76	51.86	61.92	76.75	102.31	173.64	254.55	372.26
贵港市	24.44	35.34	49.73	67.03	87.52	109.41	137.64	179.16	237.85	322.68
玉林市	36.76	50.54	68.08	89.67	117.86	150.12	199.32	281.55	419.62	581.42
百色市	43.36	57.37	74.23	96.31	123.30	157.66	201.82	261.79	336.88	458.88
贺州市	25.29	37.71	54.73	72.59	101.89	131.59	169.8	217.37	272.62	396.23
河池市	32.88	44.1	59.42	90.23	113.40	146.57	182.16	233.58	300.62	410.97
来宾市	10.82	16.1	33.19	41.90	50.59	71.09	101.74	133.79	180.97	243.02
崇左市	21.72	37.62	52.16	66.81	80.06	100.95	132.45	182.79	244.79	354.74
时间\地区	地区生产总值（亿元）									
	2009	2010	2011	2012	2013	2014	2015	2016	2017	2018
南宁市	1524.71	1800.26	2211.44	2503.18	2803.54	3148.32	3410.08	3703.33	4118.83	4026.91
柳州市	1046.05	1315.31	1579.72	1820.61	2010.05	2208.51	2298.62	2476.94	2755.64	3053.65
桂林市	948.23	1103.56	1327.57	1485.02	1657.90	1826.27	1942.90	2054.82	2045.18	2003.61
梧州市	453.65	579.28	742.49	832.58	991.71	1062.00	1078.65	1175.65	1338.10	1029.85
北海市	321.06	401.41	496.60	630.09	735.00	856.54	891.94	1006.98	1229.84	1213.30
防城港市	251.04	320.42	413.77	443.99	530.40	588.89	620.71	676.04	741.62	696.82
钦州市	396.18	520.67	646.65	691.32	753.74	854.96	944.42	1102.05	1309.82	1291.96

(续表)

时间\地区	地区生产总值（亿元）									
	2009	2010	2011	2012	2013	2014	2015	2016	2017	2018
贵港市	437.73	544.66	630.82	679.18	742.01	805.40	865.20	958.76	1082.18	1169.88
玉林市	683.49	840.25	1019.94	1102.08	1210.44	1341.52	1445.91	1553.83	1699.54	1615.46
百色市	452.86	573.99	656.71	755.24	803.58	917.95	980.42	1114.31	1361.76	1176.77
贺州市	249.22	296.87	356.40	394.21	423.85	448.97	468.11	518.19	548.83	602.63
河池市	382.77	468.74	511.96	492.71	528.62	601.17	618.03	657.18	722.59	788.30
来宾市	303.14	405.22	486.21	514.29	515.57	551.12	557.93	589.11	663.69	692.41
崇左市	304.36	392.37	491.85	530.51	584.63	649.72	682.82	766.20	907.62	1016.49

时间\地区	旅游人数（万人次）									
	2009	2010	2011	2012	2013	2014	2015	2016	2017	2018
南宁市	3080.37	3721.75	4390.91	5142.99	5863.57	6935.95	8198.77	9541.88	11041.85	13135.27
柳州市	1126.36	1308.36	1530.23	1917.88	2283.06	2622.84	2919.26	3316.14	4038.82	5360.59
桂林市	1860.08	2246.33	2788.00	3293.00	3584.00	3871.16	4469.95	5385.87	8232.79	10900.00
梧州市	558.63	664.91	853.34	853.34	1149.26	1298.1	1547.4	1748.00	2226.00	3145.60
北海市	815.73	945.73	1109.10	1321.08	1532.74	1782.76	2156.60	2486.79	3084.36	3951.30
防城港市	423.8	557.09	658.92	819.28	979.78	1183.78	1361.86	1585.65	2034.01	2765.37
钦州市	404.17	471.77	573.97	696.91	778.86	873.34	1082.43	1807.40	2571.18	3649.31
贵港市	528.79	627.07	750.2	925.55	1103.09	1274.54	1444.54	1675.67	2100.34	2743.54
玉林市	611.90	715.86	841.77	1029.08	1364.07	1663.34	2037.56	2800.08	4003.55	5259.08
百色市	1033.90	954.91	1123.79	1361.44	1686.82	2004.81	2329.31	2724.51	3273.53	4208.38
贺州市	306.91	503.8318	662.84	811.84	1030.09	1290.24	1561.69	1813.17	2210.38	3252.83
河池市	575.61	731.02	853.27	1068.46	1288.76	1539.26	1852.01	2164.88	2646.84	3422.37
来宾市	300.77	452.86	581.20	754.80	1009.92	1218.76	1545.28	1808.83	2262.85	2832.52
崇左市	488.30	683.21	806.47	985.47	1141.28	1362.53	1597.21	2029.83	2579.79	3655.48

(续表)

时间\地区	年末常住人口数（万人）									
	2009	2010	2011	2012	2013	2014	2015	2016	2017	2018
南宁市	701.30	666.16	673.40	679.08	685.37	691.38	698.61	706.22	715.33	725.41
柳州市	370.83	375.8704	379.39	382.45	385.6	388.65	392.27	395.87	400	404.17
桂林市	491.47	474.7963	478.82	483.94	488.05	491.91	496.16	500.94	505.75	508.55
梧州市	308.05	288.22	290.85	292.94	295.44	297.55	299.94	301.84	303.74	306.11
北海市	158.97	153.9251	155.44	157.20	159.02	160.37	162.57	164.37	166.33	168.00
防城港市	85.28	86.6927	87.84	88.69	89.90	90.80	91.84	92.9	94.02	95.33
钦州市	326.18	307.9721	310.96	313.33	315.92	318.06	320.93	324.30	328.00	330.44
贵港市	430.47	411.8808	415.67	418.68	422.05	425.56	429.37	433.2	437.54	440.92
玉林市	570.76	548.7368	553.84	558.12	562.25	566.01	570.72	575.6	581.08	584.97
百色市	366.08	346.6758	349.46	351.81	354.52	356.88	359.67	362.02	364.65	366.94
贺州市	211.57	195.4072	197.03	198.73	199.98	201.34	202.59	203.87	205.67	207.26
河池市	384.73	336.9251	339.34	341.55	343.19	345.14	347.68	349.90	352.35	354.57
来宾市	230.86	209.9711	211.82	213.51	214.90	216.37	218.20	220.05	221.86	223.39
崇左市	219.45	199.4285	201.14	201.97	202.81	203.98	205.45	206.92	208.68	209.94

附录四 云南省旅游基础数据

时间\地区	城市旅游收入（亿元）									
	2009	2010	2011	2012	2013	2014	2015	2016	2017	2018
昆明市	226.34	288.73	366.36	431.98	515.89	614.77	723.47	1073.53	1608.66	2180.08
曲靖市	38.69	43.35	57.13	63.72	75.69	92.95	2.43	153.04	281.23	439.79
玉溪市	33.94	40.54	57.11	70.57	85.58	108.57	126.41	162.86	283.21	368.34
保山市	24.07	30.76	39.90	51.14	65.56	92.32	112.79	173.00	263.50	336.68
昭通市	14.98	20.06	26.26	41.01	58.22	87.83	113.29	147.06	234.68	311.90

(续表)

时间 地区	2009	2010	2011	2012	城市旅游收入（亿元） 2013	2014	2015	2016	2017	2018
丽江市	88.66	112.46	152.22	211.21	278.66	378.79	483.48	608.76	821.90	998.45
普洱市	13.44	17.14	29.58	50.89	71.09	89.67	107.52	168.36	270.00	354.11
临沧市	10.99	14.49	19.56	23.47	30.82	42.66	65.61	112.07	177.41	256.73
楚雄市	21.58	31.07	40.33	49.68	66.12	83.52	105.69	178.18	332.70	452.17
红河	57.96	69.22	86.37	103.95	127.13	157.57	191.64	274.61	514.12	699.22
文山	30.40	34.84	45.09	55.80	68.31	84.00	96.61	151.26	243.01	320.22
西双版纳	62.36	80.33	99.96	139.96	171.67	228.02	286.70	420.28	507.75	671.14
大理	92.26	115.01	138.41	195.36	248.88	322.93	388.40	534.58	650.82	795.82
德宏	38.53	46.21	60.07	81.23	103.15	127.22	157.58	221.43	386.90	476.25
怒江	6.64	8.00	9.97	11.76	17.19	21.13	26.10	36.30	47.48	55.54
迪庆	49.84	54.61	71.98	101.53	127.30	133.78	185.72	205.60	298.86	275.00

时间 地区	2009	2010	2011	2012	地区生产总值（亿元） 2013	2014	2015	2016	2017	2018
昆明市	1837.46	2120.30	2509.58	3011.14	3415.31	3712.99	3968.01	4300.08	4857.64	5206.9
曲靖市	870.94	1005.60	1209.93	1400.17	1583.94	1548.46	1630.26	1768.41	1941.12	2013.36
玉溪市	644.40	736.44	876.55	1000.17	1102.47	1184.73	1244.52	1311.88	1415.14	1493.04
保山市	221.66	260.90	323.24	389.96	449.74	503.09	551.96	612.39	678.95	738.14
昭通市	320.45	379.64	465.03	555.6	634.7	669.51	708.38	765.53	832.45	889.54
丽江市	120.67	143.59	178.50	212.24	248.81	269.68	289.61	309.29	339.48	350.76
普洱市	211.70	248.08	301.19	366.85	425.39	476.95	514.01	567.54	624.59	662.48
临沧市	181.33	216.97	272.43	352.98	416.1	465.12	502.12	550.82	604.06	630.02
楚雄市	343.95	404.73	482.50	570.02	632.5	705.66	762.97	846.72	937.37	1024.33
红河	560.88	650.42	780.64	905.43	1026.95	1127.09	1221.08	1333.79	1478.57	1593.77
文山	284.90	329.85	401.40	478.02	553.36	615.87	670.04	735.88	809.11	859.06
西双版纳	138.64	160.32	197.59	232.64	272.32	306.02	335.91	366.03	393.84	417.79
大理	404.50	474.13	568.10	672.09	760.77	832.33	900.1	972.2	1066.55	1122.44
德宏	115.71	140.63	172.32	201	230.9	274.2	292.73	323.55	356.97	381.06
怒江	48.05	54.76	64.63	74.94	85.82	100.12	113.15	126.46	141.5	161.56
迪庆	63.66	77.10	96.39	113.63	131.3	147.21	161.14	176.88	198.65	217.52

(续表)

时间 地区	旅游人数（万人次）									
	2009	2010	2011	2012	2013	2014	2015	2016	2017	2018
昆明市	3115.02	3557.35	4102.5	4694.24	5602.19	6268.66	6911.4	10113.61	13342.52	16053.43
曲靖市	641.6	709.03	779.9	872.51	1027.03	1129.27	1338.42	1730.3	2608.93	3926.65
玉溪市	973.1	1164.4	1308.9	1461.7	1756.8	2030.4	2310.1	2711.2	3580.6	4290.9
保山市	560	620	700	805.39	951.35	1101.51	1279.38	1833.8	2511.4	2982.1
昭通市	475.37	591.3	708.8	1014.71	1377	1790.11	2065.79	2489.25	3278.57	3821.32
丽江市	758.14	909.97	1184.05	1599.1	2079.58	2663.81	3055.98	3404.1	4069.46	4643.3
普洱市	315.12	358.98	560.23	823.51	1143.44	1332.02	1529.01	2087.73	2913.31	3487.28
临沧市	257.9	273	319.5	380.01	461.62	600.98	817.27	1291.96	1856.92	2546.26
楚雄市	812.38	964.56	1165.3	1343.28	1659.81	1851.64	2030.21	2535.76	3631.2	4455.31
红河	1199.35	1214.19	1449.29	1486.56	1747.79	2133.22	2587.14	3535.26	4823.72	5718.56
文山	422.66	486.06	561.35	645.49	830.80	978.20	1139.00	1554.00	2225.30	3019.80
西双版纳	732.03	853.14	1012.65	1253.61	1494.35	1700.26	2001.4	2519.95	3326.47	4043.41
大理	1141.22	1337.75	1545	1847.28	2240.9	2648.01	2928.51	3859.18	4222	4710
德宏	413.3	470.12	532.09	657.26	793.15	897.45	1040.07	1279.51	2101.08	2528.02
怒江	141.37	155.9	173.44	198.79	234.82	253.28	263.2	312.21	383.96	414.57
迪庆	526.11	602.99	817.6	1016.67	1246.53	1440.89	1758.07	1975.72	2676.89	2410.2

时间 地区	年末常住人口数（万人）									
	2009	2010	2011	2012	2013	2014	2015	2016	2017	2018
昆明市	628	643.91895	648.64	653.3	657.9	662.6	667.7	672.8	678.3	685
曲靖市	581.8	586.14064	589.89	593.6	597.4	600.9	604.7	608.4	612.2	615.54
玉溪市	228.7	230.60098	231.8	233	234	235.1	236.2	237.5	238.1	238.6
保山市	247.7	250.921	252.52	254	255.4	256.7	258.1	259.7	261.4	262.7
昭通市	534.3	521.91885	525.85	529.6	534.2	538.7	543	547.5	553.7	559.1
丽江市	122.6	124.61193	125.41	126.2	126.9	127.5	128	128.5	129	129.6
普洱市	258.7	254.56565	256.09	257.5	258.7	259.4	260.5	261.7	262.7	263.7
临沧市	239.6	243.21405	244.77	246.3	247.9	249.3	250.9	252	252.6	253.6
楚雄市	270.1	268.70837	270.43	271.9	272.4	272.8	273.3	273.9	274.4	274.8

(续表)

时间 地区	年末常住人口数(万人)									
	2009	2010	2011	2012	2013	2014	2015	2016	2017	2018
红河	444.2	450.57795	453.46	456.1	459.1	462	465	468.1	471.3	474.4
文山	345.4	352.17572	354.23	356.1	357.8	359.3	360.7	362.1	363.6	365.4
西双版纳	107.6	113.47446	114.2	114.9	115.2	115.7	116.4	117.2	118	118.8
大理	350.8	346.00623	347.8	349.3	351	352.7	354.4	356.3	358.4	359.93
德宏	119.4	121.27541	122.0532	122.9	124.5	126.4	127.9	129.4	130.9	131.6
怒江	53.6	53.491664	53.61	53.8	53.9	54.1	54.2	54.4	54.7	55.3
迪庆	37.9	40.061611	40.28	40.5	40.6	40.7	40.8	41	41.2	41.4